Marion Bayer
**Eindrücke einer Landschaft**

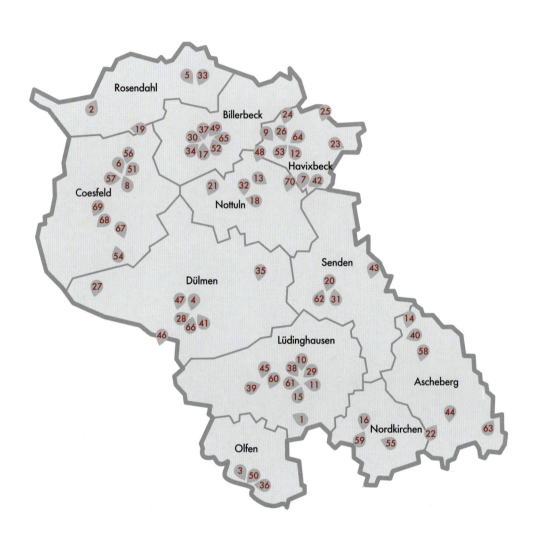

Marion Bayer

# Eindrücke einer Landschaft

70 Zeugnisse der Geschichte im Kreis Coesfeld

Herausgegeben vom Kreis Coesfeld
Fotografien von Andreas Lechtape

Beiträge zur Landes- und Volkskunde des Kreises Coesfeld
Band 27

Bibliografische Information der Deutschen Bibliothek
Die Deutsche Bibliothek verzeichnet diese Publikation in der Deutschen Nationalbibliografie; detaillierte bibliografische Daten sind im Internet über <http://dnb.ddb.de> abrufbar.

© 2017 Aschendorff Verlag GmbH & Co. KG, Münster

www.aschendorff-buchverlag.de

Das Werk ist urheberrechtlich geschützt. Die dadurch begründeten Rechte, insbesondere die der Übersetzung, des Nachdrucks, der Entnahme von Abbildungen, der Funksendung, der Wiedergabe auf fotomechanischem oder ähnlichem Wege und der Speicherung in Datenverarbeitungsanlagen bleiben, auch bei nur auszugsweiser Verwertung, vorbehalten. Die Vergütungsansprüche des § 54 Abs. 2 UrhG werden durch die Verwertungsgesellschaft Wort wahrgenommen.

Printed in Germany

Gedruckt auf säurefreiem, alterungsbeständigem Papier ∞
ISBN 978-3-402-13281-4

# Inhaltsverzeichnis

Vorwort . . . . . . . . . . . . . . . . . . . . . . . . . . . . . . . . . . . . . . . . . . . . . . . 9

1 Hof Grube, Haupthaus, Seppenrade, Lüdinghausen
  Der rettende Blick – eine Einleitung . . . . . . . . . . . . . . . . . . . . . 13

2 Holtwicker Ei, Holtwick, Rosendahl
  Vom Teufel und Eis . . . . . . . . . . . . . . . . . . . . . . . . . . . . . . . . . 19

3 Bronzemünze aus dem Römerlager Olfen
  Krokodile an der Lippe . . . . . . . . . . . . . . . . . . . . . . . . . . . . . . 23

4 Bruchstück einer Gussform aus der Glockengussgrube, Dülmen
  Neuer Glaube, neuer Klang . . . . . . . . . . . . . . . . . . . . . . . . . . . 27

5 Darfelder Taufstein, St. Nikolaus, Rosendahl
  Made in den Baumbergen . . . . . . . . . . . . . . . . . . . . . . . . . . . . 31

6 Coesfelder Kreuz, St. Lamberti
  Ein doppeltes Kreuz . . . . . . . . . . . . . . . . . . . . . . . . . . . . . . . . 35

7 Havixbecker Landwehr
  Schützende Hecken . . . . . . . . . . . . . . . . . . . . . . . . . . . . . . . . 39

8 Walkenbrückentor, Coesfeld
  Die mittelalterliche Stadt . . . . . . . . . . . . . . . . . . . . . . . . . . . . 43

9 Poppenbecker Kreuz, Havixbeck
  Zur Erinnerung ein Wegekreuz . . . . . . . . . . . . . . . . . . . . . . . . 47

10 Burg Vischering, Lüdinghausen
   Konkurrierende Herrschaften . . . . . . . . . . . . . . . . . . . . . . . . 51

11 St. Felizitas, Lüdinghausen
   Die Täuferbewegung in Lüdinghausen . . . . . . . . . . . . . . . . . 55

12 Torbogen, Havixbeck
   Unruhige Zeiten . . . . . . . . . . . . . . . . . . . . . . . . . . . . . . . . . . 59

13 Wassermühle Schulze Westerath in Stevern, Nottuln
   Mehr als eine Mühle . . . . . . . . . . . . . . . . . . . . . . . . . . . . . . . 63

14 Turm der Burg zu Davensberg, Ascheberg
   Hexenverfolgung und Machtpolitik . . . . . . . . . . . . . . . . . . . 67

15 Hakehaus, Lüdinghausen
   Armut und Seelenheil . . . . . . . . . . . . . . . . . . . . . . . . . . . . . . 71

16 Schloss Nordkirchen
   Der verlorene Thron – eine Kulturgeschichte des stillen Örtchens . . 75

17 Johannis-Kirchplatz, Billerbeck
   Vom Hof zum Platz . . . . . . . . . . . . . . . . . . . . . . . . . . . . . . . . 79

| | | |
|---|---|---|
| 18 | Stiftsplatz Nottuln<br>Ein barockes Ensemble | 83 |
| 19 | Schloss Varlar, Osterwick, Rosendahl<br>Neue Herrschaften | 87 |
| 20 | Schloss Senden<br>Als Senden zu Frankreich gehörte | 91 |
| 21 | Haus Darup, Nottuln<br>Der erste Kreis Coesfeld | 95 |
| 22 | Schloss Westerwinkel, Herbern, Ascheberg<br>Ein Schloss und sein Garten | 99 |
| 23 | Burg Hülshoff, Havixbeck<br>Eine adelige Tochter | 103 |
| 24 | Bleichhäuschen von Haus Stapel, Havixbeck<br>Die Oberen und die Unteren | 107 |
| 25 | Spritzenhaus Hohenholte, Havixbeck<br>Der Kampf gegen das Feuer | 111 |
| 26 | Baumberger-Sandstein-Museum, Havixbeck<br>Der Stolz der Steinhauer | 115 |
| 27 | Wildpferdebahn Merfelder Bruch, Dülmen<br>Befreite Bauern und halbwilde Tiere | 119 |
| 28 | St. Viktor, Dülmen<br>Die Märzrevolution 1848 | 123 |
| 29 | Evangelische Kirche an der Burg, Lüdinghausen<br>75 unter 35.000 | 127 |
| 30 | Kleines Steinhaus Münsterstraße 8, Billerbeck<br>Die Sparkasse | 131 |
| 31 | St. Laurentius, Senden<br>Eine Million Ziegelsteine | 135 |
| 32 | VII. Kreuzwegstation, St. Martinus, Nottuln<br>Der Kulturkampf | 139 |
| 33 | Heimat- und Bürgerhaus Bahnhof Darfeld, Rosendahl<br>Die Eisenbahn | 143 |
| 34 | Jüdischer Friedhof, Billerbeck<br>Jüdisches Leben | 147 |
| 35 | Schloss Buldern, Dülmen<br>Der tolle Romberg | 151 |
| 36 | Kanalüberführung über die Lippe, Olfen<br>Der Dortmund-Ems-Kanal | 155 |

| | | |
|---|---|---|
| 37 | St. Ludgerus, Billerbeck<br>Der heilige Liudger und das Kreisgebiet | 159 |
| 38 | Kloster St. Antonius, Lüdinghausen<br>Höhere Bildung endlich auch für Mädchen | 163 |
| 39 | Parapuzosia seppenradensis,<br>LWL-Museum für Naturkunde Münster<br>Der größte Ammonit der Welt | 167 |
| 40 | Haus Byink, Davensberg, Ascheberg<br>Die Jagd | 171 |
| 41 | Forum Bendix, Dülmen<br>Industrialisierung und Baumwolle | 175 |
| 42 | Wasserturm des Stiftes Tilbeck, Havixbeck<br>Ein neues Zuhause | 179 |
| 43 | Venner Moor, Senden<br>Einen Millimeter pro Jahr | 183 |
| 44 | Heimathaus Herbern, Ascheberg<br>Ein einfaches Handwerkerhaus | 187 |
| 45 | Transformatorenhäuschen, Seppenrade, Lüdinghausen<br>Es wurde Licht | 191 |
| 46 | Fundstücke aus dem Kriegsgefangenenlager Dülmen<br>Der Erste Weltkrieg | 195 |
| 47 | Wildpark, Dülmen<br>Der unbeliebte Herzog und die Novemberrevolution | 199 |
| 48 | Longinusturm, Nottuln<br>Weitblick | 203 |
| 49 | Alte Landwirtschaftsschule, Billerbeck<br>Modernisierung der Landwirtschaft | 207 |
| 50 | Hotel Zur Rauschenburg, Olfen<br>Die Ruhrbesetzung | 211 |
| 51 | Kreishaus II, Coesfeld<br>Gruppenbild mit einer Abgeordneten | 215 |
| 52 | Wohnhaus Wilhelm Suwelack, Billerbeck<br>Beschauliche Moderne | 219 |
| 53 | Wohnhaus Stahl, Havixbeck<br>Der Landarzt | 223 |
| 54 | Barackenlager Lette, Coesfeld<br>Braune Revolution im schwarzen Münsterland | 227 |
| 55 | Hof Pentrop, Nordkirchen<br>Überleben im Versteck | 231 |

56 WBK, Coesfeld
Vom Militärgelände zur Kulturmeile .......................... 235

57 Stufenportal von St. Jakobi, Coesfeld
Zerstörung und Wiederaufbau ............................. 239

58 Gnadenkapelle, Ascheberg
Eine neue Heimat ...................................... 243

59 Mensa der Fachhochschule für Finanzen,
Schlosspark Nordkirchen
... oder kann das weg? ................................... 247

60 Rosengarten Seppenrade, Lüdinghausen
Müll und Rosen ........................................ 251

61 Ehemaliges Kreishaus, Lüdinghausen
Die Kreisreform ........................................ 255

62 Wohnsiedlung Am Mühlenfeld, Senden
Aus Besatzern werden Freunde ............................ 259

63 Teufgerüst, Schacht Donar 1, Herbern, Ascheberg
Bergbau im Kreisgebiet .................................. 263

64 Teilstück der Berliner Mauer, Havixbeck
Der Tag X ............................................. 267

65 Freilichtbühne Billerbeck
Ein Ort für Einheimische und Gäste ......................... 271

66 Heilig-Kreuz-Kirche, Dülmen
Eine Selige auf der Straße der Moderne ..................... 275

67 Ernsting Service Center, Lette, Coesfeld
Motivierende Meisterwerke ............................... 279

68 Photovoltaikanlage, Coesfeld-Flamschen
Neue Energien ......................................... 283

69 Artenschutzhaus Animal's Inn,
Industriepark Nord.Westfalen, Coesfeld
Zimmer frei ........................................... 287

70 Dettener Dorfladen, Schapdetten, Nottuln
Einer für alle .......................................... 291

Anmerkungen ............................................. 295
Literatur ................................................. 329
Eine Chronik ausgewählter Ereignisse ......................... 345
Adressen ................................................ 351
Bildnachweis ............................................. 357
Danksagung .............................................. 359

# „Eindrücke einer Landschaft..."

Liebe Leserinnen und Leser,

Sie halten ein besonderes Buch in Händen: Denn dieser Band stellt ausgewählte, signifikante Bauten und Kunstwerke des Kreises Coesfeld in ihrem jeweiligen Kontext dar. Das hat eine geschichtswissenschaftliche oder kunsthistorische Dimension, geht aber auch darüber hinaus. Denn Landschaft wird nicht nur durch Natur, sondern auch durch Kultur und Architektur geprägt und gestaltet. Dabei wird der Begriff „Landschaft" im Titel des Buches ganz bewusst weit gefasst und wurde auch deshalb gewählt, weil viele Bauten im Kreis Coesfeld intensiv mit ihrer Umgebung korrespondieren: Von Gräften umgebene Burgen, Schlösser und Herrensitze, malerisch gelegene Höfe inmitten der so typischen Parklandschaft, Kirchtürme, die in der Fernsicht Ortssilhouetten prägen, zum Beispiel in den Baumbergen – die Vielfalt ist groß, eine Auswahl füllt diese Seiten. Aber vor allem wollen wir Ihnen spannende Geschichten erzählen, indem wir die Bauten selbst zu Wort kommen lassen. Mit Marion Bayer konnten wir eine Autorin gewinnen, die dies souverän beherrscht und noch dazu aus unserem Kreis stammt. In dem gleichermaßen erfahrenen Fotografen Andreas Lechtape, der schon einige ausdrucksstarke Bildbände vorgelegt hat, fand sie ein kongeniales Gegenüber. Beiden danke ich herzlich für die gute Zusammenarbeit. Mein Dank gilt auch den Mitgliedern des Coesfelder Kreistages, die mit großer Mehrheit dieses Projekt unterstützt und auf den Weg gebracht haben. Aus der Kreisverwaltung haben Frau Kreisarchivarin Ursula König-Heuer und Herr Alois Bosman intensiv daran mitgearbeitet.

Es sind immer Menschen, bekannt oder unbekannt, die Bauten und Kunstwerke schufen, aber zugleich auch Landschaft gestalteten, stumme Zeitzeugen, die so dem Geist ihrer jeweiligen Epoche Ausdruck verliehen haben, was bis heute fortwirkt. Inbegriff der Volksfrömmigkeit ist das berühmte, vielfach als wundertätig verehrte Coesfelder Kreuz in St. Lamberti, das als gotisches Gabelkreuz zu den kostbarsten Kunstwerken des Mittelalters überhaupt zählt. Auch der kunstvoll aus Baumberger Sandstein, dem „Westfälischen Marmor", gefertigte Darfelder Taufstein in St. Nikolaus spiegelt die tiefe Religiosität der Bevölkerung wider. Von den Konflikten und Machtansprüchen früherer Zeiten berichtet die historische Havixbecker Landwehr – ein Erdwall, der damals der Abgrenzung und Fortifikation diente. Dieses Bodendenkmal erstreckt sich entlang der Gemeindegrenze zwischen Havixbeck und Nottuln durch die Baumberge, inmitten eines wunderschönen Naturschutzgebietes. Für das prägende bäuerliche Leben und die Landwirtschaft im Kreis steht das Haupthaus des Hofes Grube in Seppenrade mit seiner rund 500-jährigen Geschichte. Aussagekräftige Details, winzige Nagellöcher, archäologische Funde und weggeworfene Keramik lassen dort ein plastisches Bild entstehen.

Diese vier ganz unterschiedlichen Beispiele zeigen: Hier ist ein Buch entstanden, das in Bild und Text im besten Wortsinne unterhaltsam ist – keine staubtrockene Abhandlung, sondern ein lebendiger Beitrag zum 200-jährigen Bestehen des Kreises Coesfeld, ein interessanter Band, den man immer wieder gern zur Hand nimmt. Er soll neugierig machen auf die dargestellten Orte, indem er sich an unsere Bürgerschaft, aber auch an Touristen und Tagesausflügler gleichermaßen, also an ein breites Publikum richtet. Gleichwohl wollen wir damit auch die Geschichte unseres Kreises nachzeichnen, die natürlich nicht erst mit der preußischen Kreisgründung nach dem Wiener Kongress im August 1816 begann, als der Jurist Dr. Clemens von Bönninghausen auf dem Hause Darup als „landräthlicher Commissarius" mit der Einrichtung des Kreises betraut wurde.

Und sie endet auch nicht mit der kommunalen Neuordnung der 1970er-Jahre. Das alles ist doppelt spannend, denn es schreibt die Geschichte zweier Kreise: Der heutige Kreis Coesfeld ging aus den ehemaligen Kreisen Lüdinghausen und Coesfeld und aus Teilen des Kreises Münster hervor. Seine Ursprünge reichen natürlich viel weiter zurück; ein Beispiel findet sich zu Beginn des Buches. Viele Erzählungen beziehen sich auf das „Holtwicker Ei" in Rosendahl – ein massiger Findling, der in die Saale-Eiszeit vor 240.000 bis 125.000 Jahren zurückweist und aus Skandinavien stammt. Im Mittelpunkt aller Legenden dazu steht der Teufel, dem die fortschreitende Christianisierung natürlich ein Ärgernis war. Hier verbindet sich Geschichte untrennbar mit Geschichten; dieses Buch schöpft aus einer reichen, vielfältigen und bis heute noch gepflegten Tradition, vieles wurde mündlich überliefert, anderes gezielt dokumentiert.

Über die Jahrhunderte hat sich eine typisch münsterländische Baukultur entwickelt; die „Westfälische Symphonie" aus Klinker und Baumberger Sandstein begegnet uns an vielen Orten. Dem „Stolz der Steinhauer" kann man im Sandsteinmuseum in Havixbeck nachspüren, dessen Gebäude mit ihren Sandsteinfassaden selbst die größten Exponate sind.

Architektur und Kunst haben mit Identität und Selbstverständnis einer Region zu tun. Wir haben zweifellos ein besonderes Verhältnis zu den Baudenkmälern und Kunstschätzen unseres Landstrichs. Das hat zwei Gründe, der erste leitet sich aus der Erfahrung des Zweiten Weltkrieges her: In Dülmen und Coesfeld wurde jeweils die historische Altstadt fast vollständig zerstört, ganz ähnlich war die Situation im nahen Münster, dessen Zentrum bei Kriegsende ebenso in Schutt und Asche lag. Auch viele Kunstwerke gingen unwiederbringlich verloren. In Olfen war es ein Großbrand vor genau 160 Jahren, nach dem das heutige Stadtbild geprägt wurde. Was Feuer und Krieg verschont ließen, fiel zudem oft den „Modernisierungen" der 1960er- und 1970er-Jahre zum Opfer – Beton statt Sandstein und Klinker lautete die Devise. Nicht umsonst sprechen viele Fachleute von „Brutalismus", wenn der Baustil jener Jahre gemeint ist.

Vielleicht macht auch das die Relikte unserer gemeinsamen Vergangenheit so kostbar. Im Kreis Coesfeld haben sich derweil einige schöne Ensembles erhalten, der Johannis-Kirchplatz in Billerbeck mit seiner spätromanischen Kirche etwa oder der barocke Stiftsplatz in Nottuln mit seinen Schlaun'schen Kurien, die an die Zeit des adeligen Damenstiftes erinnern. Der erhaltene Torbogen im Herzen von Havixbeck steht dagegen für „Unruhige Zeiten", wie die Kapitelüberschrift lautet: Seine Einschusslöcher erinnern an den Spanisch-Niederländischen Krieg. Von wahrer Landschafts-Architektur können wir sprechen, wenn wir das barocke Schloss Nordkirchen betrachten. Die imposante Anlage ist in einen weitläufigen Park mit imposanten Sichtachsen eingebettet und findet ihren kompositorischen Höhepunkt in der wieder erstrahlten Pracht im Garten der Venusinsel. Zu diesem Thema wird ein interessanter und amüsanter Nebenaspekt aufgegriffen – mit einer kleinen Kulturgeschichte des „Stillen Örtchens", die aufzeigt, welchen Komfort man am Hofe des Premierministers Graf Ferdinand von Plettenberg im 18. Jahrhundert genoss.

Ein breites Spektrum zeichnet unseren schönen Kreis Coesfeld und dieses Buch gleichermaßen aus. Dabei entspricht diese Veröffentlichung der Sehnsucht vieler nach schönen und zugleich aussagekräftigen Orten mit einer besonderen Geschichte. Ich lade Sie herzlich ein zu einem reizvollen Ausflug durch den Kreis Coesfeld und seine elf Städte und Gemeinden im Herzen des Münsterlandes. Ich wünsche Ihnen eine spannende wie auch erkenntnisreiche Lektüre, die natürlich immer erst durch einen Besuch vor Ort vollkommen wird.

Dr. Christian Schulze Pellengahr
Landrat

# 1
## Hof Grube, Haupthaus, Seppenrade, Lüdinghausen

# Der rettende Blick – eine Einleitung

Bauzeit: ab 1517

500 Jahre ist das Kerngerüst des Fachwerkbauernhauses auf Hof Grube in der Seppenrader Bauerschaft Tetekum alt – sogar ein paar Jahre älter als die Hauptburg der Burg Vischering (Kap. 10). Und doch stand dem Haus ein düsteres Schicksal bevor, nachdem Heinrich Grube, der letzte Landwirt der Familie nach 25 Generationen, den Hof Anfang der 1970er-Jahre aufgab. Er sah seine berufliche Zukunft nicht als Landwirt. Die neuen Besitzer interessierten sich wenig für das alte Haupthaus, das über Jahrhunderte Mensch, Vieh und Vorrat unter einem Dach vereint hatte. Sie bauten ein neues Wohnhaus auf dem Gelände, das Vieh wurde in einem neuen Stall untergebracht und das alte Bauernhaus blieb leer. Dann kaufte das Wasserstraßen-Neubauamt das Grundstück am Dortmund-Ems-Kanal. Der Aushub der zweiten Kanalerweiterung sollte auf der Hofstelle deponiert und das Haupthaus abgerissen werden.[1]

Es ist natürlich kein Zufall, dass dieses Buch mit einem Bauernhaus beginnt, auch wenn sicher die eine oder der andere bei dem Stichwort „geschichtliches Bauwerk" eher an die Burgen und Herrensitze im Kreisgebiet denkt. Einer dieser ehemaligen Herrschaftssitze, die Burg Vischering, ist auf dem Umschlag

Abb. 1: Hof Grube. Blick von Osten auf den Wohnteil des Haupthauses mit der Fassade von 1789

dieses Buches zu finden. Als Museum und Veranstaltungsraum ist sie einer der geschichtsträchtigsten Orte des Kreises. Sicher auch einer der schönsten.

Doch waren (und sind) die wenigsten Menschen hier Burgherren. Sie waren Bauers- und Kötterleute oder hielten bis ins letzte Jahrhundert hinein zumindest etwas Vieh und bauten etwas an, um zusätzlich zu ihrem Handwerk ihren Lebensunterhalt abzusichern. Ihre alten Häuser aber fanden lange Zeit wenig Beachtung.[2]

Das Haupthaus Grube geriet gerade noch rechtzeitig in den Blick einer Gruppe von Hausforschern. In der Vorbereitung einer Tagung des „Arbeitskreises für ländliche Hausforschung in Nordwestdeutschland" hatten sie Ende 2003 den Hof in Augenschein genommen. „Das Unterrähmgefüge war der erste Hinweis für uns, dass das Haupthaus deutlich älter ist", erklärt Johannes Busch, der mit seiner Frau Karin schließlich den Hof gekauft hat, um das Bauwerk zu retten. „Das ist eine Bauweise, die spätestens im 17. Jahrhundert aufgegeben wurde."[3] Was ein Unterrähmgefüge ist, lässt sich besonders gut an der südlichen Traufseite, der langen Seitenwand, erkennen. Dort zeigt sich das für den Fachwerkbau typische Bild aus Hölzern und Wandfeldern – Gefachen –, die hier mit Ziegeln gefüllt – ausgefacht – sind. Die vertikalen, von unten nach oben durchgehenden Hölzer heißen Ständer. Ganz oben

Abb. 2: Südliche Traufwand, Wirtschaftsteil mit Kerngerüst von 1517. Die drei Gefache gen Westen sind jünger.

liegt ein durchlaufendes Holz auf den Ständern. Dies ist der Rähm. Lasten wie in diesem Fall die Dachbalken auf dem Rähm, ist von einem Unterrähmgefüge die Rede.[4]

Die Hausforscher ließen Holzproben aus unterschiedlichen Bereichen des Hauses untersuchen, um das Alter des Hauses zu bestimmen. Sie erwarteten ein Fälldatum nach 1600, da ein zweites Konstruktionsmerkmal des Hauses – der Vierständer-Hallenbau – der Forschungslage nach erst ab dieser Zeit verbreitet war.[5]

Bei diesem Bautyp tragen nicht nur die zwei Ständerreihen im Innenraum, sondern auch die hohen Außenwände. Die Konstruktion erlaubt es, ein zweites Geschoss einzuziehen. Die Knechte des Hofes bekamen mit dem Neubau eine Kammer im Wirtschaftsteil über dem Vieh. Das winzige Fenster in der südlichen Traufseite zeugt noch von diesem Raum. Die wichtigste Neuerung dieses Typs war für die münsterländischen Getreidebauern aber, dass das Dach nun die gleiche Grundfläche wie das Haus besaß. Das Haupthaus ist 13 Meter breit – so lang waren die Eichenstämme, die für die Dachbalken in dieser Gegend verwendet wurden – und genauso hoch. Es besitzt ein gigantisches Speichervolumen auf dem Dachboden.[6]

Die Ergebnisse waren eine Überraschung. Die dendrochronologische (gr. *dendros* = Baum und *chronos* = Zeit) Untersuchung ergab, dass die Hölzer, die für das Kerngerüst genutzt wurden, überwiegend von Bäumen stammen, die im Jahr 1517 gefällt wurden.[7] In der Regel verwendeten die Zimmermeister Bäume, die erst kurz vorher geschlagen wurden. Deshalb kann das Fälldatum als Baudatum gelten. Die Datierung ist möglich, da Bäume je nach Klimabedingungen besser oder schlechter wachsen und dabei breitere oder dünnere Jahresringe bilden. Anhand von „Jahresringkalendern" kann das Alter von Hölzern bestimmt werden.[8] „Wir haben hier einen der ältesten Bauten dieser Art überhaupt, der älteste in Westfalen", fasst Johannes Busch zusammen.[9]

Möglicherweise war es Bernt Grubinck, der das Haus errichten ließ. 1498, als für den neugewählten Bischof von Münster eine Steuer, die Willkommschatzung, erhoben wurde, verzeichneten die Steuerlisten in Tetekum einen Hinrick Grube mit sechs Haushaltsmitgliedern. Aufgeführt wurden alle Personen des Hofes, die schon zur Kommunion gingen, also über 12 Jahre alt waren. Ein Jahr später, als die zweite Hälfte der Zahlung fällig wurde, steht Hinrick als „senior Grubessche" mit fünf Personen im Verzeichnis. Zusätzlich wird Bernt Grubinck „cum uxore" – mit Ehefrau – genannt.[10] Bernt dürfte Hinricks Sohn und der Erbe der Hofpacht gewesen sein. Er war zuvor unter den Haushaltsmitgliedern geführt worden. Mit der Heirat hatte er einen eigenen Haushalt gegründet und wurde deshalb einzeln vermerkt. Dass die Namen unterschiedlich enden, widerspricht dem nicht. Die Namensschreibweisen waren im 16. Jahrhundert noch nicht gefestigt.

Die Familie Grube war zwar Besitzer des Hofes, aber nicht sein Eigentümer.

Der Hof gehörte der Adelsfamilie von Oer, die auf Burg Kakesbeck bei Lüdinghausen lebte.[11] Der Bauer, seine Familie und das Gesinde waren wie der größte Teil der Bevölkerung unfrei und ihrem Grundherrn eigenhörig.[12] Für den Hof zahlte der Bauer Pacht. Eine spätere Generation der Familie tilgte diese 1631 durch zwei gehäufte Malter Roggen, zwei Malter Gerste, vier Malter Hafer, zwei Schweine, ein Ziegenlamm und vier Paar Hühner. Zudem mussten sie Holz-, Dienst- und Flachsgeld entrichten.[13]

Die Pacht zeigt, dass der Hof zu den größeren in der Bauerschaft gehörte. Auch am Haupthaus ist dies zu erkennen. Es war nicht nur ausgesprochen modern, es besaß auch eine stattliche Länge. Es verfügte in der Längsrichtung über sieben Gefache. Ein Blick in das Kirchspiel Olfen – den Pfarrbezirk St. Vitus – macht deutlich, dass nur die Schulten, also die Bauern, die für ihre Grundherrn Verwaltungsaufgaben übernahmen, so langgestreckte Häuser besaßen. Die anderen Höfe besaßen höchstens sechs Gefache. War es ein Kötterhaus, konnte es auch nur aus zweien bestehen.[14] Eine Gräfte umschloss darüber hinaus den Hof, von ihr ist inzwischen nur noch ein Teil erhalten. 1517 erfüllten die meist drei bis sieben Meter breiten Gräften immer noch eine gewisse Sicherheitsfunktion und erschwerten ungebetenen Gästen den Zugang. Sie hielten zudem Vieh auf dem Hof und Wildtiere fern. Doch drückten die Gräftenhöfe vor allem eines aus: den Stolz und Wohlstand der besitzenden Bauern, die angepasst an ihre Bedürfnisse die herrschaftlichen Wasserburgen imitierten.[15]

Wie viel Bedacht in dem Bau von 1517 steckt, wird noch an einer weiteren Stelle deutlich. Der Wirtschaftsteil wurde erst 1829, dann 1881 noch einmal gen Westen verlängert. Am ursprünglichen

Abb. 3: Hausgerüste wurden vorgefertigt und später am Bauplatz zusammengesetzt. Das Abbundzeichen VIIII auf Ständer und Kopfband markiert die beiden zusammengehörigen Hölzer von 1517. Das helle Holz ist neu.

Westgiebel, dessen Hölzer stehen blieben, sind zwei Balkenstücke aus Vorgängerbauten, sogenannte Spolien, zu entdecken, die 1517 dort eingesetzt wurden. Eine Spolie stammt aus dem Jahr 1362 (d), die zweite wurde auf 1427 (d) datiert.[16]

Über die Jahrhunderte erfuhr das Haupthaus fünf Verlängerungen und zahlreiche Umbauten. Besonders prägend ist die Umgestaltung des Wohnteils und die Einrichtung einer „Kalten Pracht" in der südöstlichen Ecke. Diese repräsentative Stube, die nur zu besonderen Gelegenheiten benutzt wurde und sonst ungeheizt (kalt) blieb, besitzt große Sprossenfenster nach Süden. Sie richten sich nicht mehr nach den Gefachen des

Abb. 4: Giebelbalken des Kernbaus mit zwei Hölzern von Vorgängerbauten. Das schwarze Mittelstück ist von 1362 (d).

Baus, sondern greifen über sie hinaus. Möglich war der Familie dieser Umbau durch die große Nachfrage nach landwirtschaftlichen Produkten aus dem immer dichter besiedelten Ruhrgebiet.[17] Auch der Schweinestall, der um 1850 auf einem trockengelegten Teil der Gräfte hochgezogen wurde, dürfte in diesem Zusammenhang stehen.[18]

Zu diesem Zeitpunkt hatte die Viehwirtschaft schon an Bedeutung gewonnen. Seit dem Zweiten Weltkrieg ist die Viehhaltung so entscheidend geworden, dass inzwischen nicht mehr das hohe Dach mit viel Speichervolumen für Getreide für diese Gegend prägend ist. Vielmehr sind es die Viehställe der etwa 1.600 landwirtschaftlichen Betriebe, die derzeit im Kreisgebiet Arbeitsplätze für mehrere Tausend Personen bereithalten.[19]

Über Hof Grube gäbe es noch vieles mehr zu erzählen. Zum Beispiel, dass die Hofstelle spätestens seit dem 10. Jahrhundert besiedelt war, wie ein Pferdegrab mit zeitgenössischer Keramik zeigt, das bei den umfangreichen archäologischen Grabungen auf dem Hof entdeckt wurde.[20]

Viel ist über seine Bewohnerschaft der vergangenen 500 Jahre durch winzige Nagellöcher, archäologische Funde und weggeworfene Keramik zu erfahren. Das Haus offenbart das Traditionsbewusstsein der Eigenhörigen, die zwei Balken aus Gebäuden ihrer Vorfahren an prominenter markanter Stelle in den Neubau einfügten. Es zeigt ihr Selbstbewusstsein, mit dem sie den Adeligen und deren Wasserburgen nacheiferten. Es macht aber auch deutlich, dass Bauwerke, so massiv sie wirken, nicht starr sind. Sie werden erweitert, verändert, ausgebaut, manchmal auch vergessen oder abgerissen.

Im Frühjahr 2017 wurde auf Hof Grube das „Zentrum für historische ländliche Baukultur im Münsterland e.V." gegründet. Der Verein richtet seine Fürsorge auf die eher unscheinbaren und scheinbar unbedeutenden Flur- und Kleindenkmäler der Region, seien es Bauernhöfe oder Zeugnisse ländlicher Industriearchitektur, wie zum Beispiel Transformatorenhäuschen (Kap. 45). Er nimmt nicht nur die Bauten in den Blick, sondern auch die sie umgebende Infrastruktur und Landschaft. Damit will der Verein die traditionell stark auf Wasserburgen und Schlösser fixierte Perspektive aufbrechen und die Bedeutung der ländlichen Architekturformen für die historische Identität des Münsterlandes aufzeigen.

Nicht jedes der hier vorgestellten Zeugnisse – Bauwerke, Objekte und Landschaften – erfordert so viele Fachbegriffe und Wissen. Dieses Buch erwartet nicht, alle zu Expertinnen und Experten zu machen. Es will vielmehr den Blick der Lesenden weiten. Statt Zahlen, Namen und Großereignissen nimmt es bekannte und unbekannte Zeugnisse in den Fokus und erzählt anhand ihrer Erscheinung und ihren Begebenheiten Geschichte.

Dabei versteht sich dieses Buch nicht als eine Auflistung der wichtigsten Bauwerke, Objekte und Landschaften im Kreisgebiet. Ganz im Gegenteil, es ist eine Auswahl – an Zeugnissen und

Abb. 5: Hofansicht. Der Backsteingiebel wurde 1923 gebaut, der Giebel von 1881 war bereits baufällig gewesen.

an Geschichten. Viele mehr hätten einen Platz verdient, doch der Platz ist begrenzt. So stellt das Buch Zeugnisse vor, die diesen Kreis prägen und solche, die versteckt sind. Es ist eine Einladung, selber einen oder mehrere Blicke auf die hier vorgestellten Zeugnisse zu werfen und weitere zu entdecken.

Und zu guter Letzt ist dieses Buch eine Aufforderung, Denkmale zu schätzen, zu bewahren, zu nutzen und zu vermitteln.

## 2
### Holtwicker Ei, Holtwick, Rosendahl

# Vom Teufel und Eis

Datierung: Saale-Eiszeit

Ein mächtiger Stein steht im Zentrum eines kleinen Parks am nördlichen Rand des Dorfes Holtwick. Der Weg führt genau auf ihn zu und öffnet sich zu einer kreisrunden Fläche, auf der der Steinblock präsentiert wird. Hohe Bäume grenzen das Gelände von dem Baugebiet ab. Noch in den 1950er-Jahren sah es hier ganz anders aus. Eine Wiese erstreckte sich an dieser Stelle und die Bebauung endete weiter südlich. Nur der Stein war schon da.

1966 wurde er als „mannshoch" beschrieben.[1] Nun ragt der Stein mit ca. 2,50 Meter noch weiter in die Höhe, während ein Teil von ihm im Boden verborgen bleibt. Wie groß der unterirdische Teil ist, ist unbekannt. Der Stein ist ein Findling, der wohl nie von Menschenhand bewegt wurde. Spätestens seit dem 17. Jahrhundert trägt er die Bezeichnung „Holtwicker Ei". In einem Verzeichnis aus dem Jahr 1654 heißt es, dass der Garten des Heinrich Theis „ahn Steinecke bey Holtwicker Ey" liege.[2]

Mehrere Legenden versuchten zu erklären, wie der Stein, der offensichtlich nicht aus der Gegend stammt, ins Münsterland kam. In allen spielt der Teufel die entscheidende Rolle, der sich bemüht den Bau von Kirchen zu verhindern. Über eine informiert ein Schild am Eingang zum Park:

„*Holt wiek oder ik smiet* [Holz weiche oder ich schmeiße], rief der Teufel aus, als das Christentum ins Münsterland kam und auch in unserer Gegend mit dem Bau von Kirchen begonnen wurde. Der Teufel glaubte, durch Steinwürfe die Kirchenbauten zertrümmern zu müssen, um dem Christentum Einhalt zu gebieten. Ein gewaltiger Block musste es nur sein, wenn seine Absicht gelingen sollte. Schwer drückte ihn die Last des Steinbrockens, den er im Ärmel trug. Auch hinderte ihn ein alter Eichenwald, als er von Norden kommend das Kirchlein unseres Ortes sah. Über den Wald hinwegzufliegen, dazu war der Stein zu schwer. Deshalb versuchte er, das Kirchlein mit einem Wurf aus der Ferne zu treffen. Er setzte zum Wurf an, jedoch der Stein flog nicht weit. Mit großer Wucht schlug er tief in den Boden ein." In einer anderen Variante hatte der Teufel noch nicht zum Wurf angesetzt. Der Stein war ihm zu schwer geworden. „In diesem Augenblick schwebte er gerade über einen großen Wald. Voll Mitleid mit dem schönen Bestand rief er, als der Block seinen Händen entglitt: *Holt wik oder ik schmiet.*"[3]

Abb. 1: Holtwicker Ei, Rosendahl. Der Ortsname Holtwick dürfte „umzäunte Siedlung am Wald" bedeuten.

Es ist nicht klar, wann diese Legenden entstanden sind. Aufgeschrieben wurden sie, soweit bekannt, erst im

Abb. 2: Aufnahme von 1955. Der Park wurde nach der Erschließung der Baugebiets Ende der 1960er-Jahre angelegt.

20. Jahrhundert.[4] Sie dürften aber viel früher entstanden sein. Nicht nur um das Holtwicker Ei ranken sich solche Sagen. Viele Findlinge, seltsame Gesteinsformationen und Großsteingräber sind mit ähnlichen Geschichten verbunden. Eine der frühesten Erklärungen für ihre scheinbar unnatürliche Existenz stammt aus dem Hochmittelalter. Nicht dem Teufel, sondern Riesen schrieb der dänische Historiker Saxo Grammaticus um 1200 die Errichtung von Großsteingräbern zu.[5]

Die wissenschaftliche Beschäftigung mit den Findlingen oder erratischen – verirrten – Blöcken, die in Norddeutschland und in den Alpen vorkommen, begann im 18. Jahrhundert. Eine frühe Erklärung brachte der Genfer Gelehrte Louis Bourget hervor. Er ging davon aus, dass die Findlinge schlicht vom Himmel gefallen seien.[6] Der Berliner Schulrektor Johann Jesaias Silberschlag vermutete dagegen, dass Ausbrüche unbekannter Vulkane die Steine verteilt hätten.[7] Eine andere, weit verbreitete Ansicht war, dass gigantische Fluten die Findlinge an Ort und Stelle gespült hätten.[8]

Der berühmteste Forscher, der sich mit erratischen Blöcken beschäftigte, war Johann Wolfgang von Goethe. Ihm widerstrebte die These von den Vulkanausbrüchen. Da die Steine im Aussehen den Felsen in Skandinavien ähneln, schloss er sich anfangs der Meinung an, dass sie während der Eiszeit mit Eismassen nach Norddeutschland gekommen seien.[9] Doch als er 1828 die beiden Markgrafensteine bei Fürstenwalde untersuchte, änderte er aufgrund ihres Ausmaßes – der größere dürfte vor der Teilsprengung über 700 Tonnen gewogen haben, das Holtwicker Ei wird dagegen auf 30 Tonnen geschätzt – seine Auffassung: „Mir mache man aber nicht weiß, dass die in den Oderbrüchen liegenden Gesteine, dass der Markgrafenstein bei Fürstenwalde weit hergekommen sei; an Ort und Stelle sind sie liegen geblieben, als Reste großer in sich selbst zerfallener Felsmassen."[10] Er hätte bei seiner ersten Theorie bleiben sollen. 1875 gelang dem schwedischen Geologen Otto Torell der Beweis. Er hatte an den Muschelkalkfelsen von Rüdersdorf bei Berlin lange Furchen, Gletscherschrammen, entdeckt, die durch die sich vorbei schiebenden Gletschermassen verursacht worden waren.[11]

In der vorletzten großen Vereisungsperiode vor 240.000 bis 125.000 Jahren, der Saale-Eiszeit, bedeckte eine zeitweise bis zu 300 Meter dicke Eisschicht das spätere Norddeutschland. Das Eis stammte von Gletschern im heutigen Skandinavien und schob sich bis zur Linie Düsseldorf – Dortmund – Paderborn vor. Bei ihrem Vordringen überfuhren die Eismassen den Boden und trugen Sand, Ton und Gesteine, zum Teil von beachtlicher Größe, mit sich. Als das Eis schließlich schmolz, blieb die Grundmoräne, also der mitgeführte Sand, Kies und die Gesteine, zurück.

Zu diesen Gesteinen gehört auch das Holtwicker Ei. Es handelt sich dabei um einen Granitblock aus Schweden, der entweder aus der Gegend Småland (Växio-Granit)[12] oder Värmsland (Flipstad-Granit)[13] stammt.

Das Holtwicker Ei ist nicht der einzige Findling im Kreisgebiet. Mitte des 19. Jahrhunderts gab es in der Billerbecker Bauerschaft Gerleve einen mächtigen Granitblock ähnlicher Größe. Auch ihn

Abb. 3: Findlinge auf dem Kirchplatz Seppenrade. Sie wurden im Fundament der Vorgängerkirche gefunden.

umgab eine Legende. Auf ihm soll ein wilder Jäger samt seinem Höllenhund seine Fußstapfen hinterlassen haben. Der zweifelhafte Ruhm konnte den sogenannten Bonenjägerstein nicht retten. Er wurde gesprengt, um Pflastersteine zu gewinnen.[14] Dass das Holtwicker Ei nicht ebenfalls als Baumaterial genutzt wurde, schrieb Heinrich von Dechen, der sich 1868 als erster mit dem Findling befasste, seinem Eigentümer zu: „Der Besitzer Graf Droste-Vischering hat denselben bisher der Gegend als eine der größten Merkwürdigkeiten erhalten, da er sonst beim Bau der Straße als Beschüttungsmaterial verwendet worden wäre."[15]

Nicht alle Findlinge sind seit jeher bekannt. So fanden Bauarbeiter im Mai 1993 am Südrand der Stadt Gronau bei der Aushebung einer Baugrube einen Findling. Für den Bauherrn hätte es ein kostenintensiver Fund werden können. Er hatte aber Glück, denn der ursprünglich aus Mittelschweden kommende Stein ist deutlich größer als das Holtwicker Ei. So war die Stadt bereit, in ein eigenes Naturdenkmal dieser Art zu investieren. Mit einem riesigen Kran wurde der 47 Tonnen schwere Brocken aus der Grube gehoben und dann 1,5 Kilometer weiter vorm Hallenbad aufgestellt.[16]

## 3
### Bronzemünze aus dem Römerlager Olfen

# Krokodile an der Lippe

Prägezeit: 27/20–10 v. Chr.

Vor etwas mehr als 2000 Jahren waren Krokodile an der Lippe ein gewohnter Anblick – sofern sich die römischen Legionäre die Mühe machten, die Bronzemünzen anzuschauen, die sie als Sold erhalten hatten. Die Darstellung eines Krokodils ziert diese Münzen, die etwa die Größe eines 20-Cent-Stücks haben. Das Krokodil hat seinen Schwanz erhoben, spitze Zähne säumen den Unterkiefer. Doch das wilde Tier ist gebändigt. Es ist an eine Palme gekettet.

Das Krokodil symbolisiert das einstige Königreich Ägypten, das Octavian, der spätere Kaiser Augustus, 30 v. Chr. als Provinz in das Römische Reich einfügen konnte. Noch im Jahr zuvor hatte der Adoptivsohn und Erbe Caesars mit dem ehemaligen römischen Senator Marc Anton um die Macht im Reich gerungen. In der legendären Seeschlacht von Actium gelang es Octavian dann mit Hilfe seines Feldherrn Marcus Agrippa, die Flotten seines Gegners und dessen Geliebter, der ägyptischen Königin Kleopatra, zu schlagen. Der Sieg ebnete den Weg für Octavians Alleinherrschaft und die Unterwerfung Ägyptens.

Dass die Münzen an diesen Zusammenhang erinnern sollten, zeigt die Vorderseite. Auf ihr sind zwei Köpfe abgebildet: links Agrippa und rechts Octavian Augustus.[1] *IMP(ERATOR) DIVI F(ILIUS)* – Imperator, Sohn des Vergöttlichten (Caesars) – lautet der umstehende Text. Die Inschrift auf der Rückseite, oberhalb des Krokodils, verweist auf die Prägestätte der Münzen in der römischen Provinz Gallia Narbonensis, im heutigen Südfrankreich: *COL(ONIA) NEM(AUSUS)* – Siedlung Nîmes. Nach ihr werden die Münzen Nemausus-Dupondien genannt, wobei Dupondius (Pl. Dupondien) den Münzwert bezeichnet.

Die Dupondien sind Unikate, die zwischen 27/20 und ca. 10 v. Chr. geprägt wurden.[2] Bei dieser Münze ist dem Münzpräger die Bronzescheibe, der Schrötling, verrutscht. Der Schwanz des Krokodils ist angeschnitten. Die abgeplatzten Stellen wie etwa zu Füßen des Krokodils sind Korrosionsbeschädigungen. Die Münze lag lange im Erdreich verborgen und war Bodenfrost ausgesetzt. Ehrenamtliche der LWL-Archäologie für Westfalen fanden diese und andere Münzen unweit der Lippe in Olfen-Sülsen, als sie das Gelände mit Metalldetektoren absuchten.

Zwischen 11 und 7 v. Chr. befand sich auf dem Lippehochufer ein Römerlager. Es war ein idealer Standort für einen Militärposten, der den Legionären eine freie Sicht auf das Flusstal und den Landweg ermöglichte. Vermutlich nutzten die Römer schon die Furt bei der späteren Rauschenburg und konnten

Abb. 1: Nemausus-Dupondium aus dem Römerlager in Olfen-Sülsen, Rückseite. Die Münze wurde in Nîmes geprägt.

so relativ schnell auf die andere Flussseite gelangen.³ Das Lager war mit ca. 5,4 Hektar nur ein kleiner Posten. Doch war es winterfest und konnte Platz für mindestens 1.000 Legionäre bieten – das größte Lager an der Lippe, in Bergkamen-Oberaden, war zehnmal so groß. Eine rund zwei Meter breite Holz-Erde-Mauer schützte den kleinen Stützpunkt. Der Kern bestand aus einem Erdwall, der durch Holz eingeschalt wurde. Oben auf der Mauer befand sich ein Wehrgang. Eine Rekonstruktion einer vergleichbaren Befestigung zeigt das Stadtmuseum Bergkamen im Römerpark Bergkamen. Zusätzlich sicherte ein mindestens vier Meter breiter und 1,6 Meter tiefer Graben das Lager, wie eine kleine Ausgrabung beweisen konnte.

Viele Erkenntnisse über das Lager stammen nicht aus Grabungen. So ließ sich im trockenen Frühjahr 2011 mit Hilfe der Luftbildarchäologie am Wachstum des Getreides der Verlauf der Holz-Erde-Mauer erkennen. Wo sie verlief, ist der Boden trotz der intensiven landwirtschaftlichen Nutzung immer noch gestört, bei ungünstigen Bedingungen wachsen die Pflanzen an diesen Stellen schlechter.⁴ Auf Magnetikbildern sind wiederum die Pfostengräbchen der Holz-Erde-Mauer und zahlreiche Gruben, vielleicht von den Latrinen und Abfallgruben der Mannschaftsbaracken, zu erkennen.⁵ In den Bereichen ohne diese Spuren, zum Beispiel in der Mitte des Lagers, könnte ein riesiger Speicherbau gestanden haben.⁶

Erbaut wurde das Lager in Olfen während der Drusus-Feldzüge (12–9 v. Chr.). Immer wieder hatten germanische Stämme, darunter auch Krieger der Sugambrer, die zwischen Lippe und Ruhr lebten, auf die römische Provinz Gallien auf der linken Rheinseite übergesetzt. Um ihre Angriffe und Plünderungen zu unterbinden, zog Augustus' Stiefsohn Nero

Abb. 2: Vorderseite der Münze mit den Köpfen des Feldherrn Agrippa (links) und des Kaisers Augustus

Claudius Drusus mit seinen Truppen in das rechtsrheinische Gebiet bis hinauf zur Weser, wenngleich es auch noch andere Gründe für den Vormarsch gegeben haben dürfte.⁷ Neuerrichtete Lager, die wie Perlen an einer Schnur am Ufer der Lippe lagen, sicherten den Feldzug der Römer. Das Lager in Olfen hatte wohl die Funktion einer Nachschubstation. Sie verband das große Lager in Oberaden mit einem Hafen in Haltern. Vielleicht konnten die Rheinschiffe sogar bis dorthin fahren. Ab Haltern wurde die Ladung auf Flachkähnen über die Lippe transportiert. Die Entfernung zwischen den Lagern betrug etwa 20 Kilometer – eine Distanz, die die Legionäre zu Fuß an einem Tag zurücklegen konnten.⁸

Ob es im Kreisgebiet Kriegshandlungen zwischen Römern und Germanen gab, ist ungewiss. In den germanischen Siedlungen in der Nähe lassen sich keine archäologischen Spuren, zum Beispiel Brandschatzungen, erkennen, die darauf hindeuten, dass die Römer sie angegriffen hätten. Die kleinen Siedlungen be-

Abb. 3: Rekonstruktion einer Holz-Erde-Mauer im Römerpark Bergkamen des Stadtmuseums Bergkamen

standen unverändert weiter. Römische Waren oder Münzen lassen sich dort nicht finden. Viel Kontakt untereinander scheint es somit nicht gegeben zu haben. Erst zwei bis drei Generationen später, ab dem 1. Jahrhundert n. Chr. kam im Lipperaum ein intensiver Handel mit den Römern zu Stande.[9]

7 v. Chr. wurde das Lager in Olfen-Sülsen aufgegeben. Germanien galt als befriedet. Die Stützpunkte der Drusus-Feldzüge wurden ausgeräumt und von den Legionären niedergebrannt.

Auf eine Sache konnten die Ausgrabungen in Olfen und an anderen Standorten noch keine Antwort geben. So wundern sich die Archäologinnen und Archäologen, warum sie so viele Münzen finden. Haben die Römer all die Münzen verloren? Ein gelegentlich verlorenes Münzstück wäre verständlich, schließlich spielte sich das Leben auf der Straße im Lager ab.[10] Doch blieben sie nur für die begrenzte Zeit von fünf Jahren in den Lagern der Drusus-Feldzüge und verließen diese schließlich geplant und mit all ihren Habseligkeiten. Ein Wein kostete zwei der Bronzemünzen, so dass die Geldstücke, obwohl sie zum Kleingeld gezählt werden, zu viel Kaufkraft besaßen, um sie einfach zurückzulassen. Und dennoch wurden trotz der im Umfang geringen archäologischen Arbeiten im Römerlager in Olfen über 100 Münzen gefunden, davon 80 Nemausus-Dupondien.

## 4
## Bruchstück einer Gussform aus der Glockengussgrube, Dülmen

# Neuer Glaube, neuer Klang

Datierung: vor/um 775

Auf den ersten Blick mag dieses Fundstück aus den archäologischen Grabungen im Dülmener Stadtkern nicht beeindrucken: Ein Stück verziegelter – gebrannter – Lehm mit unregelmäßigen Kanten, die deutlich machen, dass es sich um ein Fragment eines größeren Objektes handelt. Was das für ein Objekt war, konnte das Team der LWL-Archäologie für Westfalen unter Leitung von Gerard Jentgens und Hans-Werner Peine durch den Fundkontext erkennen. Sie waren Ende 2015 auf dem Bauplatz des Intergenerativen Zentrums (IGZ), dem ehemaligen Pfarrgarten, auf eine Glockengussgrube gestoßen.[1] Einige Monate später entdeckte das Team etwas tiefer und leicht versetzt sogar noch eine zweite, wenige Wochen ältere Glockengussgrube.[2]

Eine große Glocke zu gießen, war und ist ein langwieriger Prozess. Im Mittelalter geschah dies in der Nähe der Kirche, für die sie gedacht war, damit die schwere Glocke nicht mehr weit transportiert werden musste.[3] Die Gussformen bestanden aus drei Lagen: Zuerst fertigte der Gießer einen Kern aus Lehm (erste Lage) an, dessen Oberfläche die Gestalt besaß, die die spätere Glocke innen haben sollte. Darauf trug er Wachs auf und modellierte die Form der Glocke (zweite Lage). Auf diese Lage strich der Gießer erneut Lehm (dritte Lage), bis sie komplett von einem stabilen Lehmmantel umschlossen war. Das Bruchstück ist ein Teil einer solchen Gussform.

In der Grube ruhte die Glockenform auf zwei parallelen Sockeln. Zwischen ihnen verlief ein Kanal, die Feuergasse. Bei den Ausgrabungen waren die Feuergassen der Gruben deutlich durch dicke Holzkohleschichten und Aschereste zu erkennen. Das Feuer hatte einen doppelten Zweck. Zum einen wurde die Form gebrannt und zum anderen schmolz die Hitze das Wachs der zweiten Lage, das durch Löcher im Boden der Form abfloss und einen Hohlraum zurückließ.

Im nächsten Schritt verschloss der Gießer die Löcher. Die Grube rings um die Form wurde mit Erde gefüllt und verfestigt, damit diese dem Druck während des Gusses standhielt. Der Gießer mischte in einem Ofen neben der Grube Kupfer und Zinn sowie in Dülmen auch Blei und goss die flüssige Bronze durch eine Öffnung an der höchsten Stelle der Form in den Hohlraum. Nachdem die Bronze erstarrt war, wurde die Grube wieder ausgehoben, der Formmantel aus Lehm zerschlagen und die Glocke entnommen.[4]

Zwei Glocken fertigte der Gießer, vermutlich ein wandernder Spezialist, in Dülmen. Das geschah vor über 1.200 Jahren, wie schon die Keramik, die neben zahlreichen Formbruchstücken,

Abb. 1: Die Glockengussform musste am Ende zerschlagen werden, um die Glocke entnehmen zu können.

verkohltem Eichenholz und Tropfen grünlicher Bronze aus der Grube geborgen wurde, nahelegt, da sie ins 8./9. Jahrhundert datiert werden kann.[5] Mit der naturwissenschaftlichen Methode der C14-Analyse gelang es, die Datierung weiter einzugrenzen. Es war ein überraschender Befund: Die beiden untersuchten Kohlestücke stammen aus der Zeit zwischen 665–775 (cal.)[6] bzw. 670–775 (cal.).[7] Die Dülmener Glockengussgruben nehmen damit einen Sonderstatus ein. Die seltenen Befunde anderer frühmittelalterlicher Gruben reichen nur ins 9. Jahrhundert zurück.[8]

Im Jahr 772 begann der fränkische König Karl der Große mit der kriegerischen Eroberung Sachsens, womit das Gebiet im Nordwesten der heutigen Bundesrepublik Deutschland und im Osten der heutigen Niederlande gemeint ist. Die Sachsenkriege sollten 30 Jahre dauern, denn immer wieder brach Widerstand gegen die fränkischen Eroberer aus. Karls Biograph Einhard zufolge hatte der erste Kriegszug das Ziel, die unruhige Grenze zu sichern. Von einer geplanten Missionierung der heidnischen Sachsen berichtet er nicht. 775 beschloss der Reichstag in Quierzy unter Karl dem Großen die Missionierung der Sachsen oder – sollte dies nicht gelingen – ihre Ausrottung. Der neue Glaube, der das Königtum als Gottes Wille darstellte, sollte zur Sicherung der fränkischen Herrschaft beitragen.[9]

Ein Missionar war für die Verbreitung des neuen Glaubens zuständig. Im Münsterland ist insbesondere Liudger, der erste Bischof Münsters, bekannt. Er hatte 792 auf eigene Bitte das westliche Sachsen von Karl als Missionssprengel zugesprochen bekommen. Mit ihm werden unter anderem die Kirchen Coesfelds, Billerbecks und Lüdinghausens verbunden.[10] Für Dülmen war bis zu diesem Befund die Existenz einer Pfarre aus der Missionsphase umstritten.[11]

Mit der Datierung der Glockengussgruben auf vor/um 775, scheidet Liudger als Begründer der Dülmener Kirche aus. In seiner Vita wird ein Vorgänger namens Beonradh erwähnt. Über dessen Vorgehen bei der Sachsenmission gibt es keine weiteren Quellen.[12] Ausgangspunkt für die Dülmener Urpfarre dürfte aber ein sächsischer Haupthof gewesen sein, dessen Herr früh zum Christentum übergetreten war und danach in die Verwaltung der eroberten Gebiete miteinbezogen wurde.

Aus der Position der Unterlagsteine des Sockels ist anzunehmen, dass die Glocke aus der ersten Grube einen Durchmesser von 90 Zentimeter gehabt haben dürfte. Das ist eine beachtliche Größe. In der karolingischen Stiftskirche in Vreden, die Ende des 9. Jahrhunderts durch ein Feuer zerstört wurde, waren die größten Glocken vermutlich um 44 Zentimeter breit, während die älteste erhaltene Glocke, die Canino-Glocke in den Vatikanischen Museen (8. Jahrhundert?), einen Durchmesser von 35 Zentimeter aufweist.[13]

Es muss ein reicher Hof gewesen sein, denn der Guss zweier großer Glocken und der Bau einer entsprechend massiven Kirche, die sich an der Stelle der heutigen Kirche St. Viktor befunden haben dürfte, war eine kostspielige Angelegenheit. Mit dem Kirchenbau in Dülmen entstand vermutlich einer der ersten Steinbauten in der Umgebung. Der neue Glaube war so schon von weitem sichtbar. Noch weiter reichte der Klang der Glocken. Welch hohe Bedeutung das Geläut hatte, zeigt eine Anordnung Karls des Großen von 801. Als heiligen Dienst hatten die Priester das Läuten selbst auszuführen. 817 wurde dann festgelegt, dass jede Pfarrkirche zwei Glocken besitzen sollte.[14]

Abb. 2: Beide Glockengussgruben mit Blick von Norden. Zuerst hat das Team die obere, linke Grube entdeckt. Auf den vier Unterlagsteinen, die im Quadrat positioniert sind, ruhte die Form.

Glocken riefen nicht nur zum Gottesdienst, sondern unterschieden durch Art und Dauer des Geläuts Wochen- von Sonn- und Feiertagen. Der Lebensrhythmus der Menschen ordnete sich dem neuen Glauben unter. Aber auch weltliche Informationen, wie die Warnung bei Gefahren, wurden bald mit den Glocken vermittelt.[15]

Angesichts ihrer Bedeutung mag es erstaunlich erscheinen, dass kaum Glocken aus dem ersten Jahrtausend erhalten sind. Doch auch Glocken waren Moden unterworfen. Als sich im 13./14. Jahrhundert in der Musik die Mehrstimmigkeit durchsetzte, wurden auch an Glocken neue Anforderungen gestellt. Zahlreiche alte Glocken wurden eingeschmolzen, um neue Geläute mit anderen Stimmtonhöhen zu fertigen.[16] Wie die ersten Dülmener Glocken ausgesehen haben, kann durch eine Computerrekonstruktion der Form ermittelt werden.[17] Alle Bruch- und Fundstücke wurden geborgen, da die Gruben nicht erhalten werden konnten. Sie werden in der Zukunft in Ausstellungen von den ersten Glocken in Dülmen zeugen.

## 5
## Darfelder Taufstein, St. Nikolaus, Rosendahl

# Made in den Baumbergen

Datierung: um 1260

Sehr bedrohlich sieht die Figur des Drachens auf dem Darfelder Taufstein nicht aus. Das Untier hat kleine, spitze Ohren und große Augen. Weder verschlingt es einen Menschen, wie bei Drachendarstellungen des 13. Jahrhunderts häufig üblich, noch beißt das Fabelwesen einem Löwen in den Schwanz, wie es etwa bei dem westlichen Säulenkapitell – dem ausladenden Kopfstück einer Säule – in der Paradiesvorhalle des Doms zu Münster der Fall ist.

Zwei Arkadenfelder (lat. *arcus* = Bogen) weiter ist ein Löwe zu sehen. Dieser übernimmt die sitzende Körperhaltung des Drachens. Wie bei diesem erhebt sich der lange Schwanz steil in die Höhe. Der Löwe verhält sich damit ebenfalls nicht, wie es an einer Skulptur dieser Zeit zu erwarten wäre. Bei anderen Taufsteinen – so in der Jakobikirche in Coesfeld oder der Pankratiuskirche in Südkirchen – tragen mehrere Löwen mit gefletschten Zähnen das Taufbecken.

Genauso rätselhaft sind die anderen Figuren des Taufsteins: In dem Arkadenfeld weiter links erscheint ein frontal ausgerichtetes Gesicht. Die Barthaare kringeln sich in Löckchen und die Stirn ist in Falten gelegt. Ein ähnliches Gesicht nimmt zudem das Arkadenfeld zwischen Drache und Löwe ein. Auch

Abb. 1: Darfelder Taufstein. Naturalistische Pflanzen schmücken die Arkadenzwickel und Kapitelle.

bei ihm ist die Stirn hochgezogen, doch steht das Haupthaar wie Sonnenstrahlen vom Kopf ab. Das Feld gegenüber nimmt eine Maske aus Eichenblättern ein. Aus ihrem geöffneten Mund wachsen drei einzelne Blätter. Die sechste Figur ist ein Kopffüßler. Die Haare dieses Gesichtes enden in Tierläufen mit Krallen.

Eine Deutung besagt, dass die Figuren eine Gegenüberstellung von Gut und Böse darstellen.[1] Der Löwe kann ein positives Symbol für Christus sein.[2] Der Drache wird dagegen in der biblischen Offenbarung des Johannes als „die alte Schlange, die der Teufel ist ...", bezeichnet.[3] Allerdings kann auch der Löwe als Symbol des Teufels gelten. In diesem Sinne ist er an den Taufbecken in Coesfeld und Südkirchen zu verstehen, die er gezwungener Maßen trägt.[4] Stimmt diese Interpretation auch in Darfeld, wären alle Figuren negativ gemeint.[5] Die Darstellung des Bösen sollte das reale Böse bannen. Solche apotropäischen – Unheil abwehrenden – Motive sind an Taufsteinen des 12. und 13. Jahrhunderts nicht ungewöhnlich, denn auch die Taufe wurde als ein Exorzismus, eine Austreibung böser Kräfte, verstanden.[6]

Eine genauere Interpretation – auch der beiden Gesichter – verschließt sich. Denn obwohl es Taufsteine mit ähnlichen Arkaden gibt, so etwa in Dülmen, St. Viktor, oder in Holtwick, St. Nikolaus, haben sie keine figürlichen Darstellungen in den Feldern.

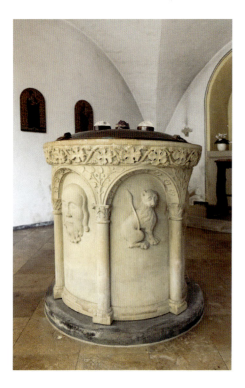

Abb. 2: Blick auf die Arkaden mit dem Löwen und dem Gesicht mit der gerunzelten Stirn. Der Taufstein steht im Westturm der Nikolauskirche, dem einzigen teilweise erhaltenen Bauteil aus dem Mittelalter.

Die Grundform des Darfelder Taufsteins – der Zylinder – war dagegen im 12. und insbesondere im 13. Jahrhundert weit verbreitet. Etwa 70 Exemplare des Westfälischen Zylindertaufsteins sind erhalten.[7] Sie haben fast alle eine weitere Gemeinsamkeit: Sie wurden aus Baumberger Sandstein gefertigt.

Dieser Naturstein kommt zwischen Havixbeck, Nottuln und Billerbeck in den Baumbergen vor. Der Stein besteht bis zu drei Vierteln aus Kalk und hat eine hellgraue bis gelbliche Färbung. Er weist eine gleichmäßige Körnung auf, die eine leichte Bearbeitung ermöglicht.[8] Der Stein eignet sich so hervorragend für figürliche und filigrane Skulpturen und Bauzier und war als „Westfälischer Marmor" weit über die Grenzen des Münsterlandes bekannt.

Baumberger Sandstein wurde spätestens seit dem 12. Jahrhundert abgebaut. Zuerst nachweisen lässt sich seine Verwendung bei dem um 970 errichteten Dom zu Münster, dem Vorgängerbau der bestehenden Basilika. Ein mächtiges Kapitell aus Baumberger Sandstein ist von diesem Bau erhalten geblieben.[9] Ein Jahrhundert später nutzte das Kloster Werden das Material. Es verfügte wie das münsterische Domkapitel über Grundbesitz in den Baumbergen und konnte den Stein vergleichsweise kostengünstig beschaffen.[10]

Spätestens seit dem 12. Jahrhundert war Baumberger Sandstein als Baumaterial für die Kirchen der Region, darunter auch St. Nikolaus in Darfeld, üblich.[11] Die Verbreitung des Materials weitete sich über die Grenzen des Münsterlandes aus. Durch den regen Handel mit Baumberger Sandstein gelangte der Stein bis in die Hansestadt Riga im Nordosten und nach Marburg im Süden.[12] Verkauft wurde das Material sowohl im Rohzustand als auch bereits fertig bearbeitet. Häufig kamen mit dem Sandstein, wenn er bei großen Bauvorhaben vor Ort bearbeitet wurde, auch die münsterländischen Steinmetze und Bildhauer.[13]

Die Westfälischen Zylindertaufsteine wurden dagegen ausschließlich im Bereich des Bistums Münster verkauft, das auch Teile Niedersachsens umfasst und bis nach Ostfriesland hochreicht. In diesem Gebiet bleibt die zylindrische Form lange vorherrschend. Neben ihr kommt eigentlich nur noch der Bentheimer Taufsteintypus vor, der nach seinem vorwiegenden Material, Sandstein aus Bentheim, benannt ist. Warum Zylindertaufsteine in anderen Regionen, die Baumberger Sandstein bezogen, nicht vorkommen, ist nicht ganz geklärt.

Vermutlich waren dort andere Formen prägend.[14]

Die Zylindertaufsteine weisen, während sie unbeirrt die Grundform beibehalten, sehr vielfältige Motive auf. Darin unterscheiden sie sich von den Bentheimer Taufsteinen. Bei diesen gibt es ein beschränktes taufsymbolisches Motivrepertoire. So zählen die Zähne bleckenden Löwen am Fuß des Südkirchener Taufbeckens zum Standard. Auch die Ranke mit Trauben und Blättern ist typisch. Sie symbolisiert die Eucharistie und den Opfertod Christi. Die Bentheimer Taufsteine waren ein Massenprodukt, das eher ein niedrigeres handwerkliches Niveau aufweist.[15]

Die Westfälischen Zylindertaufsteine dagegen waren Einzelstücke von größerer bildhauerischer Qualität. Sie wurden als Auftragsarbeiten von vielen verschiedenen Werkstätten gefertigt. Dass die figürlichen Motive kaum Bezüge zur Taufe aufweisen, scheint an den Wünschen der Auftraggeber zu liegen. So lassen sich bei einigen Werken Verweise auf die Patrone der Aufstellungskirchen erkennen.[16]

Entscheidend für die Wahl des Taufsteintypus war übrigens nicht die Größe oder Bedeutung der Kirche. Demgemäß könnte auch der Darfelder Taufstein für die kleine Kirche gefertigt worden sein. Wer der Auftraggeber war, liegt aber genauso im Dunkeln wie die Auslegung der Gestalten am Taufstein.

Abb. 3: Südkirchener Taufstein, St. Pankratius. Ca. 1225–1250. Er gehört zu den Bentheimer Taufsteinen. Anders als beim Darfelder Taufstein ist die Weinranke stilisiert – nicht naturalistisch.

## 6
### Coesfelder Kreuz, St. Lamberti

# Ein doppeltes Kreuz

Datierung: 1300/1312

„Das Kreuz hat keine gewöhnliche Form", hält der französische Priester Guillaume-André-René Baston, der Frankreich wegen der Französischen Revolution verlassen musste und 1794 in Coesfeld Zuflucht fand, später in seinen Memoiren über das Coesfelder Kreuz in der St. Lambertikirche am Marktplatz fest. „Es ist ein Y, ... die Hände [Jesu] sind an die beiden schrägen Äste geheftet. Das Holz des Kreuzes hat überhaupt kein Ornament ... Indessen hat das Haupt einen so rührenden Ausdruck von Schmerz und Niedergeschlagenheit, dass man es nur schwer betrachten kann, ohne im tiefsten bewegt zu sein."[1]

Der leidende Ausdruck, auf den der französische Geistliche so empathisch reagierte, war im ersten christlichen Jahrtausend nicht üblich. In Skulptur und Malerei wurde der Gekreuzigte bis etwa 1200 als Sieger über den Tod dargestellt. Triumphierend und aufrecht steht er am Kreuz oder hängt scheinbar ohne Gewicht. Sein Kopf ist erhoben, der Blick wachsam. Manchmal lächelt der Gekreuzigte sogar oder trägt eine Krone als Zeichen seiner Göttlichkeit.[2] Ein besonders gut erhaltenes Beispiel ist das Bockhorster Triumphkreuz im LWL-Museum für Kunst und Kultur in Münster.

Abb. 1: Coesfelder Kreuz, Detail. Es ist mit 3,24 Metern das größte Leidenskreuz in Deutschland.

Die Entstehung der Leidenskruzifixe – *Crucifixus dolorosus* – ist eine Folge einer theologischen Beschäftigung mit der Passion Christi. Gerade der Franziskanerorden trug zu ihrem Bedeutungsgewinn bei. Der schmerzerfüllte Christus war den Gläubigen des Spätmittelalters näher, er schien die Bitten der Lebenden besser zu verstehen – zumindest findet er großen Widerhall in der gotischen Kunst, wobei die meist monumentalen Leidenskruzifixe eine eigene Skulpturengruppe bilden.[3]

Der Coesfelder Gekreuzigte steht nicht wie bei dem romanischen Viernageltypus, er hängt mit drei Nägeln an dem Gabelkreuz.[4] An den Füßen, die gemeinsam mit nur einem Nagel an das Kreuz geschlagen sind, hat der Holzschnitzer die Wunden weit eingerissen dargestellt. Als würde viel Gewicht auf ihnen lasten. Jesu Haupt ist nach unten geneigt, seine Augen fallen kraftlos zu. Die Gesamtwirkung wurde ursprünglich durch eine mehrfarbige Bemalung – Fassung – und eine Perücke aus Hanffasern verstärkt.[5] Eine Silberplatte verschließt einen kleinen Hohlraum im Holz des Kopfes. In diesem Kopfsepulcrum (lat. *sepulcrum* = Grabstätte, hier: Reliquiengrab) befand sich ein Holzsplitter, bei dem es sich der Überlieferung nach um eine Partikel des Kreuzes Christi handelt. Die Reliquie gilt als Schenkung Karls des Großen, wobei sich diese Legende nur bis ins 17. Jahrhundert zurückverfolgen lässt. Eine andere Erzählung schreibt die Schenkung dem heiligen Liudger zu. Beide Legenden sehen einen Zusammenhang mit der Missionierung der Sachsen (Kap. 4).

Eine erste schriftliche Nachricht über die Verehrung der Kreuzreliquie stammt aus dem Jahr 1300. In einem Ablassbrief von Papst Bonifaz VIII. an die Kirche werden Wallfahrten erwähnt.[6] Auch, wenn die Partikel nicht explizit genannt wird, dürfte sie der Grund sein, warum Pilgerinnen und Pilger nach Coesfeld kamen. 1312 gewährte der übernächste Papst, Clemens V., einen weiteren Ablass. Dieser bezieht sich direkt auf ein Kreuz in der Lambertikirche, das bei der alljährigen Kreuztracht durch den Ort getragen wurde. Der Erlass der Bußstrafen galt insbesondere den Gläubigen, die an dieser Prozession teilnahmen. Folglich entstand das Kreuz zwischen dem ersten und dem zweiten Ablassbrief – Baston hatte es noch als Werk des 9. Jahrhunderts angesehen.[7] Die Datierung 1300–1312 stimmt mit der kurzen Entstehungsphase der Leidenskruzifixe überein, die fast ausschließlich in den ersten beiden Jahrzehnten des 14. Jahrhunderts geschaffen wurden.[8]

Der Holzschnitzer des Kreuzes dürfte ein wandernder Künstler gewesen sein. Während das später datierte Leidenskreuz in Haltern, St. Sixtus, keine Bezüge zum Coesfelder Gabelkreuz aufweist, findet sich in Pisa in der von deutschen Rittern gestifteten Kirche San Giorgio dei Teutonici eine Arbeit mit so deutlicher Ähnlichkeit, dass von dem selben Künstler auszugehen ist.[9]

Das Kreuz war nicht nur Gefäß für den Kreuzsplitter – zwei weitere Splitter sollen 1712 gespendet worden sein –, sondern auch für zahlreiche Reliquien anderer Heiliger. Auch hinter der Brustplatte von 1626 verbirgt sich ein Reliquienbehälter.[10] Stiftungen zum Unterhalt des

Abb. 2: Gesamtansicht des Kreuzes. Der Korpus ist entgegen der Wachsrichtung aus einem Nussbaumstamm geschnitten worden, die Arme sind aus Eichenholz. Auch das Gabelkreuz selbst ist original.

Kreuzes, Spenden für Kerzenwachs und vieles mehr bezeugen, wie schnell sich die Verehrung der Skulptur verbreitete. 1552 beschwerte sich ausgerechnet der Pfarrer von St. Lamberti, Heinrich Hoebing, über die „abgotterei so mit einem Creuz zu Coesfeld". Er sah das Kruzifix als Götzenbild an, von dem das „einfältige Volk" erwarte, dass es Wunder vollbringe. Hoebing empfahl das Kreuz zu vernichten. Seinem Rat wurde nicht entsprochen, Hoebing verließ einige Zeit später Coesfeld und wechselte zum Protestantismus über.[11]

Im Dreißigjährigen Krieg und über den Westfälischen Frieden (1648) hinaus hielten hessische Soldaten die Stadt besetzt. Sie sollen versucht haben, das Kreuz zu zerstören, was ihnen aber nicht

Abb. 3: Großer Kreuzweg von 1659. Im Jahr 1850 nahmen bis zu 90.000 Menschen an Prozessionen teil.

gelang. Fürstbischof Christoph Bernhard von Galen kaufte Coesfeld schließlich 1651 frei und machte den Ort zu seiner Residenzstadt. Mit zahlreichen Maßnahmen regte er das Stadtleben, den katholischen Glauben und die Kreuztracht neu an. Damit mehr Gläubige aus den umliegenden Regionen kommen konnten, ohne am wichtigsten Pfingstfeiertag reisen zu müssen, verlegte er die Prozession von Montag auf Pfingstdienstag. Darüber hinaus verkürzte er die Prozessionsstrecke, „da der ziemlich lange Weg, der sich über einige Meilen außerhalb des Stadtgebietes erstreckt, bei den Wallfahrern Unwillen und Abneigung gegenüber der frommen Übung hervorrufen konnte ..."[12]

Den neuen Großen Kreuzweg beschreibt Baston ebenfalls: Die „Steinbilder ... werden von Bäumen überschattet, die sie gegen den Wind schützen und stehen in großen Abständen voneinander auf dem Lande in einer kreisförmigen Linie, deren Enden in der Stadt liegen und sich hinter dem Hochaltar der Lambertipfarrkirche vereinigen!"[13]

An der Stelle des Hochaltars steht inzwischen das Coesfelder Kreuz. Hunderte Gläubige nehmen jährlich an der Pfingstprozession teil. Auf dem Prozessionsweg wird nur noch eine Kopie des Kreuzes mitgetragen. Das empfindliche Original darf Licht, Bewegung und Wetter nicht mehr ausgesetzt werden und verbleibt in der Kirche.[14]

## 7
### Havixbecker Landwehr

# Schützende Hecken

Bauzeit: nach 1320

Am Tilbecker Mordkreuz beginnt ein Rotbuchenwald. Er erhebt sich auf der Grenze zwischen den Gemeinden Nottuln und Havixbeck. Nach etwa 300 Metern formen die Bäume auf der Nottulner Seite eine schnurgerade Linie. Sie wachsen dort auf den Resten einer mittelalterlichen Landwehr: zwei Erdwällen mit flankierenden Gräben.

Eine Landwehr ist eine spätmittelalterliche Form der Landsicherung. Das System aus Wällen und Gräben umschloss den Ort mit seinen Feldmarken, den landwirtschaftlichen Nutzflächen, die um die Siedlung lagen.[1] Wer der Havixbecker Landwehr etwa drei Kilometer nach Norden folgt, beobachtet, dass sich die Anlage in Nähe der Straße auf fünf Wälle verbreitert – Durchlässe waren besonders gefährdet. Jenseits der Straße führt sie noch einige Meter durch den Wald, danach ist sie nicht mehr zu erkennen. Einst zog sie sich in einem Bogen um Havixbeck und stieß dann auf die Landwehr des Nachbarortes Altenberge.[2]

In ihrem derzeitigen Zustand wirken die Wälle und Gräben wenig abwehrend. Ihnen fehlt das wichtigste Element: die schützenden Hecken. Die Bäume, die nun auf der Havixbecker Landwehr sowohl auf den Wällen als auch in den Gräben wachsen, stehen in einigem Abstand zueinander. Sie streben in luftige Höhen, ohne zu den Seiten auszuschlagen. Statt Rotbuchen pflanzten die Havixbecker Bauern wahrscheinlich einst mannshohe Hainbuchen in einer Reihe auf den Wällen. Das Besondere an dieser Buchenart ist, dass sie besonders ausschlagfreudig ist. Jedes Jahr schnitten die Bauern die Hainbuchen zurück, so dass sie statt in die Höhe in die Breite wuchsen. Zusätzlich verstärkten „Dörner" wie Brombeere – sie wächst immer noch an der Havixbecker Landwehr –, Weißdorn und Haselnussträucher den Bewuchs. Ihre Äste wurden miteinander verflochten. So entstand eine für Mensch und Tier kaum zu durchdringende Hecke.[3]

Die doppelte Wall-Graben-Anlage mit ihren geschlossenen Hecken war Sperre und Hindernis. Sie verhinderte, dass sich Feinde unbemerkt durch Wald und Feld der Siedlung näherten. Diese waren gezwungen, die Straßen zu benutzen und dabei die Schlagbäume zu passieren, die dort, wo Straßen und Landwehr aufeinanderstießen, angebracht waren. In der Nacht wurden die Schlagbäume geschlossen. Gab es Unruhen in der Region, bewachte ein Baumhüter, auch Bäumer genannt, den Schlagbaum. In manchen Orten waren die Schlagbäume auch ständig besetzt. Das Gehöft des Bäumers lag deshalb meist in der Nähe des Schlagbaums.[4]

Abb. 1: Hohe Bäume wachsen nun auf der Landwehr zwischen Havixbeck und Nottuln.

Abb. 2: Am Tilbecker Mordkreuz beginnt die Landwehr, die nun Teil eines Naturschutzgebietes ist.

Den Bäumer zu überwältigen, war für eine größere Gruppe von Angreifern zwar kein Problem. Doch lag seine Hauptaufgabe nicht darin, Angreifer abzuwehren, sondern darin, ins Horn zu blasen, um die Bevölkerung des Ortes zu warnen.[5]

Fälle, in denen dies nötig war, gab es im Mittelalter häufiger. Im Heiligen Römischen Reich mit seinen unzähligen Territorien gab es keine (grenzüberschreitende) Rechtssicherheit. Konflikte zwischen Adeligen, Städten, Territorien oder mit dem Landesherrn wurden selten von Gerichten gelöst. Stattdessen führten die Konfliktparteien eine Fehde, eine Auseinandersetzung mit Waffengewalt.

Die bäuerliche Landbevölkerung war nicht fehdefähig, das heißt, Bauern durften selbst nicht zur Fehde greifen, wenn ihnen Unrecht angetan wurde. Sie waren aber häufig die direkten Leidtragenden einer Fehde ihrer Herren. Denn eine Fehde zielte nicht primär darauf ab, die Ritter des Gegners zu töten. Vielmehr sollte sie ihn wirtschaftlich so sehr schwächen, dass er aufgab und zu einer für den Gewinner günstigen Einigung bereit war. Zusammen mit Verbündeten überfielen die Ritter der Konfliktparteien die Besitzungen des Gegners. Sie setzten Höfe in Brand, verwüsteten die Felder oder trieben das Vieh der Bauern weg. Gerade letzteres wurde durch die Landwehren erschwert.[6]

Immer wieder versuchten Herrscher und Kirche, Landfrieden durchzusetzen, die das Fehdewesen zumindest einschränken und Bevölkerung wie Besitz schützen sollten. 1319 wurde beispielsweise ein westfälischer Landfrieden geschlossen, für dessen Einhaltung die Landesherren verantwortlich waren. Als Folge gestand Fürstbischof Ludwig von Münster am 16. November 1321 jenen, die beim Bau der „Befestigung, die gemeinhin Landwehr genannt wird", mitgewirkt hatten, das Recht zu, die Hergewede zu behalten. Gemeint sind die Bewaffnung und das beste Pferd eines Bauern. Sie mussten zuvor beim Tod des Bauern an den Grundherren abgegeben werden. Absicht dieses Verzichts war, die Verteidigungsfähigkeit der Bauern zu verbessern.[7] Sie sollten den Landfrieden in ihrem Kirchspiel selbst wahren. Dass auch die Landwehren diesen Zweck hatten, macht die Urkunde deutlich: Sie seien „für den gemeinen Nutzen, Vorteil und [zur] Bewahrung des Friedens" gebaut worden.[8] Obwohl keine schriftliche Quelle Auskunft über den Bau der Havixbecker Landwehr gibt, dürfte auch sie in diesem Kontext entstanden sein.

Bauen mussten die Kirchspielinsassen, wie die Urkunde bestätigt, die Landwehren selbst. Im Einklang mit den Grundherren wurde der Verlauf der Landwehr festgelegt. Dann mussten die Gräben ausgehoben werden. Der Aushub wurde für die Wälle genutzt. Und schließlich erfolgte die Bepflanzung. Meist folgten die Anlagen den Kirchspielgrenzen, doch verlief die Havixbecker Landwehr an einer Stelle über Billerbecker Gebiet.[9] Vielleicht konnte so der Arbeitsaufwand verringert werden. Auch Moore, Bäche und andere natürliche Hindernisse wurden deshalb in den Verlauf miteinbezogen.

Ebenso aufwendig wie der Bau war die Erhaltung der Anlage. Die Gestrüppbarriere bedurfte eines jährlichen Heckenschnitts. Aus der Erhaltungspflicht ergab sich aber auch ein Recht. Diejenigen, die eine Parzelle der Landwehr pflegten, durften im Gegenzug das herausgeschnittene Holz für den Eigenbedarf – als Brennholz – nutzen.[10]

Der Landfrieden von 1319 hielt nicht. Erst der 1495 auf dem Reichstag zu

Abb. 3: Vor allem durch Mountainbikes ist das mittelalterliche Bodendenkmal gefährdet.

Worms geschlossene Ewige Reichslandfrieden brachte formalrechtlich das Ende der Fehde. Praktisch dauerte es allerdings noch einige Jahrzehnte, bis sich die gerichtliche Streitschlichtung komplett durchsetzte.[11]

Knapp drei Jahrhunderte nach ihrer Errichtung stand der wirtschaftliche Nutzen der Anlagen und nicht mehr ihre Schutzfunktion im Vordergrund. So beklagten sich die Havixbecker im Jahr 1610, dass die Anrainer das Stück der Landwehr, das auf dem Gebiet der Billerbecker Bauerschaft Bombeck lag, verwüsten und unrechtmäßig das Holz nutzen würden. Diese hielten dagegen, dass die Bombecker schließlich den zugehörigen Schlagbaum hätten bewachen müssen.[12]

Wurde das Holz ganz geschlagen, begann auch der Wall zu verfallen. Zum Teil wurden die Landwehren bewusst niedergelegt, um größere Anbauflächen zu erhalten. Dennoch sind im Kreisgebiet in Waldstücken mehrerer Gemeinden Reste der Landwehren erhalten.[13]

## 8
### Walkenbrückentor, Coesfeld

# Die mittelalterliche Stadt

Bauzeit: 15. Jahrhundert (?)

Als im März 1945 Bomben über Coesfeld abgeworfen wurden, traf eine auch das letzte der mittelalterlichen Stadttore. Einst waren es fünf gewesen. War im 17. Jahrhundert die Stadtbefestigung noch ausgebaut worden, so verlor sie bald an Bedeutung und verfiel langsam.[1] Wie in anderen Orten wurde ein Großteil der noch bestehenden Türme und Mauern im 19. Jahrhundert abgetragen. Für das Coesfelder Süringtor ist etwa bekannt, dass es 1834–1837 abgerissen wurde.[2] Um 1900 stand dann nur noch das Walkenbrückentor. Vielleicht überdauerte es, da es seit 1762 als Stadtgefängnis genutzt wurde.[3]

Die Bombe schlug schnurgerade durch den Turm. Das Innere war völlig zerstört, nur die südliche und nördliche Außenwand standen noch. Zwischen ihnen klaffte unter den Resten des Daches eine riesige Lücke. Angesichts des Ausmaßes der Zerstörung in Coesfeld gab es Überlegungen, die instabile Ruine abzutragen, schließlich versperrte sie den Zugang über die Berkelbrücke. Doch dank des bürgerlichen Engagements und der Zusage finanzieller Hilfe durch den Landeskonservator beschloss der Stadtrat den Wiederaufbau.

Die oberen Geschosse bis etwa zu dem Fries, der aus übereckstehenden Steinen gebildet wird – Deutsches Band oder Zahnfries genannt –, wurden zur Sicherheit abgebrochen, dann konnten die Turmwangen wieder ganz aufgerichtet und durch neue Fundamente gesichert werden. Die Coesfelder Ziegelei Kuhfuß brannte eigens Ziegelsteine im passenden Format und passender Farbe; 1951 war das Stadttor wiederhergestellt.[4] Anfangs zog das glücklicherweise erhaltene Stadtarchiv in das Stadttor. Seit 1988 nutzt das Stadtmuseum die Räume.

Wie alt das Bauwerk ist, kann nicht mit Bestimmtheit gesagt werden. Generell wird es, wenn überhaupt ein Datum angegeben ist, ins 14. Jahrhundert datiert. Spätestens 1339 gab es ein Tor dieses Namens, da in einer lateinischen Urkunde von einem Acker die Rede ist, der vor dem Tor, „das Valkenbrüggenporte genannt wird", liegt.[5] Dieses Datum muss sich aber nicht auf das erhaltene Bauwerk beziehen. Es könnte bereits einen Vorgängerbau gegeben haben. Zumindest geht der Bauforscher Thomas Biller eher von einer Bauzeit kurz vor 1500 aus.[6]

Bauinschriften an den runden Stadttürmen, die im 18. Jahrhundert aufgezeichnet wurden, unterstützen die Spätdatierung. Demnach wurde ein Turm, bei dem es sich um den Pulverturm handeln dürfte, anno 1488 gebaut. Zwei nicht erhaltene Türme wurden ebenfalls im 15. Jahrhundert errichtet.[7] Scheinbar wurde die bestehende Stadtmauer in

Abb. 1: Walkenbrückentor, Coesfeld. Blick von der Feldseite. Das Stadtmuseum „DAS TOR" residiert nun dort.

dieser Zeit verstärkt.⁸ Möglich wäre also auch, dass das Tor erneuert wurde.
Von den fünf Stadttoren war das Münstertor, durch das der Stadtherr, der Fürstbischof von Münster, einzog, das prächtigste. Hermann II. von Katzenelnbogen, der das Amt von 1174 bis 1203 innehatte, ist der erste, der in der Geschichtsschreibung als Fürstbischof bezeichnet wird. Der Zusatz „Fürst" soll seine weltliche Herrschaft ansprechen.⁹ Diese suchte Hermann auszudehnen, wofür gerade Stadtgründungen ein geeignetes Mittel waren, denn sie garantierten eine Vielzahl von Abgabenpflichten auf kleinem Raum.
Stadtgründung mag nach einer Neuschaffung einer Stadt auf der „grünen Wiese" klingen. Das war selten der Fall. Vielmehr wurden Orte zur Stadt erhoben, die schon einige städtische Merkmale wie eine verdichtete Bebauung und eine höhere Anzahl von Handwerkern und Händlern besaßen. Coesfeld, so ist durch die Vita Liudgers bekannt, bestand schon 809. Bevor die Siedlung zur Stadt erhoben wurde, dürfte sie den Status eines Wigbolds, einer Minderstadt mit Marktrecht, gehabt haben. Der Grund, auf dem die Altstadt Coesfelds liegt, gehörte Ende des 12. Jahrhunderts hauptsächlich dem Kloster Varlar. So sollte das Kloster nach der Stadtrechtsverleihung die beiden Kirchen der Stadt halten.¹⁰
Die Stadtgründung Coesfelds geschah 1197 durch die Verleihung von Stadtrechten, wobei in der erhaltenen Urkunde das Wort „Stadt" nicht vorkommt.¹¹ Hermann befreite die „cives" – Bürger – Coesfelds von Abgaben an Dritte. Gemeint sind die Herren von Horstmar, die zuvor die Vogtei in Coesfeld besessen hatten. Stellvertretend für das Kloster – Geistliche durften in weltlichen Dingen nicht Gericht halten – regierten und richteten sie in deren Ländereien. Im

Abb. 2: Walkenbrückentor. Aufnahme von 1945. Blick von der Stadtseite. Auch der Pulverturm, der zweite Überrest der Stadtbefestigung, wurde bei dem Bombenangriff schwer getroffen.

Gegenzug musste die Einwohnerschaft ihnen Abgaben zahlen.¹² Nun übernahm der Fürstbischof in Coesfeld diese Funktion, die er von Ministerialen – Beamten – ausüben ließ. So konnte er sich zusätzliche Abgaben sichern und den Einfluss von Dritten auf die wachsende Stadt verringern. Den Bürgern verlieh Hermann die Rechte und Freiheiten, die auch die Bürger von Münster – der einzigen anderen Stadt im Münsterland zu diesem Zeitpunkt – genossen.
Leider ist nicht zu klären, wie das Stadtrecht der Bürger von Münster im ausgehenden 12. Jahrhundert aussah, weshalb auch nicht sicher ist, welche Freiheiten die Bürger Coesfelds erhielten.¹³ Sie waren aber in jedem Fall gegenüber der Landbevölkerung privilegiert. Die

Abb. 3: Pulverturm, Coesfeld. Mehrere Rundtürme sicherten den geschlossenen Bereich der Stadtmauer. Sie wurde zusätzlich durch die Umflut geschützt, die von der Berkel gespeist wurde und noch in Resten besteht.

Selbstverwaltung der Bürger, die eines der Merkmale einer mittelalterlichen Stadt ist, dürfte zu Beginn noch eingeschränkt gewesen sein. Erst im Laufe des nächsten Jahrhunderts konnte sich die Stadt emanzipieren, bis schließlich Rat und Richter aus den eigenen Reihen gewählt wurden.[14] Deutlich wird der Aufstieg der Bürgerschaft an den Bündnissen, die die Stadt mit anderen Städten einging. 1246 trat sie einem Städtebündnis bei, das Münster und Osnabrück geschlossen hatten. Weitere Bündnisse folgten, wobei das bekannteste die Hanse sein dürfte, zu der Coesfeld – und auch Dülmen – ab dem 14. Jahrhundert gehörten. Zweck der Vereinigungen war die Sicherung der Handelswege.[15]

Dülmen war 1311 ebenfalls durch einen Fürstbischof gegründet worden, einige Jahre zuvor – 1309 – hatte Lüdinghausen, wohl im zweiten Versuch, das Stadtrecht durch die Herren von Lüdinghausen erhalten. Schon 1302 wurde Billerbeck zum Wigbold erhoben, während sich für Olfen, der fünften Stadt im Kreis Coesfeld, diese Bezeichnung erst ab dem 16. Jahrhundert findet.[16]

Die anderen sechs Gemeinden im Kreis Coesfeld werden nicht als Städte bezeichnet. Anders als im Mittelalter verfügt die Stadtbevölkerung aber nicht mehr über andere Rechte als die Einwohnerschaft der Dörfer.

## 9
### Poppenbecker Kreuz, Havixbeck

# Zur Erinnerung ein Wegekreuz

Datierung: 1487

Ende des 18. Jahrhunderts reiste der protestantische Theologe Johann Füssel durch das katholische Böhmen. Verwundert zählte er die Kreuze, religiösen Bildstöcke und Heiligenbilder am Wegesrand und kalkulierte schließlich, dass es in Böhmen über 40.000 solcher Wegemale geben müsse.[1] Nicht nur die Anzahl, sondern auch das mit ihnen verbundene Brauchtum verstörten Füssel: „Wir begegneten Reisenden, die vor solchen Bildern, wenn sie gleich noch fern von ihnen waren, ihre Köpfe entblößten, vor ihnen wohl auch niederfielen und vor lauter Eifer, ihren Rosenkranz abzubeten, uns gar nicht bemerkten."[2] Seine Rechnung dürfte etwas zu hoch gegriffen sein. Sie spiegelt dennoch deutlich wider, wie landschaftsprägend die Tradition der Wegekreuze und -bilder in der katholischen Region war. Gleiches kann über den Kreis Coesfeld gesagt werden. Gerade an den alten Straßenläufen und Hofeinfahrten sind sie immer noch zu entdecken. So katalogisierte der Heimatverein Seppenrade 2016 90 Wegemale und Wegekapellen, der Heimatverein Nordkirchen listete 1997 62 Exemplare auf.[3]

Auf dem freien Feld in der Havixbecker Bauerschaft Poppenbeck steht, nur wenige Meter von der Straße entfernt, eines der ältesten Wegemale im Münsterland. Schon von weitem ist das über vier Meter hohe Kreuz aus Baumberger Sandstein zu sehen. Bald lassen sich die dreiblättrigen Enden der Kreuzbalken ausmachen. Doch nur, wer an das Kreuz herantritt, kann die Figuren erkennen.

In der Nische, die die geschwungenen Kreuzbalken bilden, erhebt sich eine kleine Heiligenfigur. Sie trägt über ihrem langen Gewand einen Mantel. Darüber hinaus sind kaum noch Details auszumachen. In den 1960er-Jahren waren die Kennzeichen des Heiligen, die Attribute, noch identifizierbar. Muschel, Pilgertasche und Flasche wiesen ihn als Heiligen Jakobus, den Patron der Pilgerinnen und Pilger aus.[4] Eine weitere Figur kniet auf einer Konsole am Schaft des Kreuzes. Sie trägt eine Rüstung und hat die Hände zum Gebet zusammengelegt. Auf der anderen Kreuzseite wiederholt sich die Figur des Ritters. Der Heilige fehlt dort inzwischen.[5] Während das Wappen auf der Ostseite verwittert ist, zeigt jenes im Westen zwei Zickzackbalken. Es ist das Zeichen der von Bevern.[6]

Das Kreuz erinnert an den Ritter Sweder von Bevern, wie die verwitterten Buchstaben am Sockel verkünden: *„Im Jahr 1487 auff Antoni Dach ist alhir Gehens Dodes Verstorbe Swer von Bevere"*. Der Ritter war am 17. Januar 1487, dem Antonitag, an Ort und Stelle eines plötzlichen Todes (gehens Dodes) verstorben.

Abb. 1: Poppenbecker Kreuz, Havixbeck. Blick von Osten. Der verstorbene Ritter ist im Gebet dargestellt.

Abb. 2: Erinnerungskreuze wurden meist an den Sterbeorten oder an häufig genutzten Wegen aufgestellt.

Viel ist über ihn nicht bekannt. Sweder heiratete um 1450 Cristela von Schonebeck, die, da keine männlichen Erben vorhanden waren, das Schulzengut Brüninghof, das spätere Haus Havixbeck, in die Ehe einbrachte. Sweder war bei seinem Tod also nur etwa eineinhalb Kilometer von seinem Hof entfernt. Woran er gestorben ist, erklärt die Inschrift nicht. Es dürfte allerdings nach dem damaligen Verständnis kein „guter Tod" gewesen sein. Denn vom Ende überrascht, hatte er vermutlich weder die Gelegenheit zur Beichte gehabt, noch eine Vergebung seiner Sünden durch einen Geistlichen erfahren. Beides war im Volksglauben der Zeit eine wichtige Voraussetzung, um die Erlösung der eigenen Seele zu fördern.[7]

Das Gebet für Verstorbene und die Fürbitte bei Heiligen zu ihren Gunsten konnte, so der (katholische) Volksglaube im Mittelalter und in der Frühen Neuzeit, die Zeit der Läuterung im Fegefeuer und damit das Leid der verstorbenen Seele lindern. Ohne eines guten Todes gestorben zu sein, bedurfte Sweder von Bevern umso mehr Unterstützung durch die Lebenden. Die Erinnerung an den Ritter war eine Voraussetzung dafür, dass für sein Seelenheil gebetet wurde. So errichtete seine Familie das prachtvolle Erinnerungskreuz an seinem Sterbeort. All jene Reisende, die am Kreuz vorbeikamen und dort kurz innehielten, sollten ihn in ihr Gebet einschließen.

Ein anderes altes Wegekreuz ist in der Nottulner Bauerschaft Uphoven erhalten. Das Steinkreuz ist sehr viel einfacher gestaltet als das Poppenbecker Wegemal. Gut eineinhalb Meter hoch hat es die Form eines lateinischen Kreuzes. Es ist gänzlich unverziert. Die Inschrift ist nicht mehr zu entziffern. Der Überlieferung nach lautet sie: „Anno 1532 den 14 aprilis alhier Lucas Schulte Westrat jomerlich vermordet, dessen selen wolle God gnedig syn."

Zahlreiche Wegekreuze in Deutschland haben einen ähnlichen Hintergrund. Wie andere Erinnerungskreuze sollten sie dem Seelenheil des Opfers dienen. Anders als dieses wurden sie von dem Täter oder der Täterin errichtet, um die Gewalttat wiedergutzumachen und eine Versöhnung mit den Angehörigen zu erlangen.[8] Im Jahr 1501 wurde zum Beispiel vor dem Abt des Klosters Corvey ein Sühnevertrag zwischen einem Mörder und der Familie des Opfers geschlossen. Neben einer finanziellen Wiedergutmachung verpflichtete sich der Täter zur „Besserung" des Seelenheils der Toten Messen lesen zu lassen, auf zwei Wallfahrten zu gehen und am Ort des Verbrechens ein Steinkreuz aufzustellen.[9] Er übernahm damit die Buße, die sein Opfer nicht mehr selber leisten konnte.

Im Kreisgebiet stammen die meisten Wegemale aus der Zeit nach dem Dreißigjährigen Krieg (Kap. 12). Zahlreiche ältere Kreuze und insbesondere Heiligenfiguren wurden im 16. und 17. Jahrhundert durch calvinistische Soldaten zerstört, die in ihnen – ähnlich wie der Theologe Füssel – einen Götzenkult sahen.[10]

Dass das Poppenbecker Kreuz diese Zeit überstanden hat, mag dadurch zu erklären sein, dass es keine Darstellung des Gekreuzigten zeigt. Vielleicht fühlten die Soldaten aber auch eine Verbundenheit zu dem verstorbenen Ritter. Sweder von Bevern wurde der Legende nach im Krieg des Kaisers gegen die Türken schwer verwundet. Mit Gottes Hilfe erreichte er dennoch seine Heimat und erlag beim Anblick des Dorfes seinen Wunden.[11]

„Leider hat die Legende zwei Haken", erläutert Joachim Eichler, Leiter des Sand-

Abb. 3: Sühnekreuz in der Nähe des Hofes Schulze Bisping (ehemals Schulze Westerath), Uphoven. Es erinnert an den Bauern Lucas Schulze Westerath, der der Legende nach von einem Knecht ermordet wurde.

steinmuseums in Havixbeck, „Erstens: 1487 gab es keinen Türkenkrieg!" Die Kämpfe gegen die Türken fanden Mitte des Jahrhunderts und dann wieder in den 1520-er Jahren statt. Erst bei Letzteren kämpfen Ritter aus dem Münsterland mit. „Und der zweite Haken liegt darin, dass an der Stelle des Kreuzes das Gelände eine Mulde bildet."[12] Sweder konnte also von dort weder das Dorf noch das Gut sehen.

## 10

### Burg Vischering, Lüdinghausen

# Konkurrierende Herrschaften

Bauzeit: ab 1519

Im Sommer 1271 belagerte der Münsteraner Fürstbischof Gerhard von der Mark mit seinen Truppen den Ort Lüdinghausen. Sein Angriff richtete sich gegen die Brüder Hermann von Lüdinghausen und Bernhard von Lüdinghausen-Wolf. Der erste der Brüder lebte auf der gleichnamigen Burg westlich des Siedlungskerns, der zweite auf Burg Wolfsberg, südlich der Kirche. Beide Burgen und die Siedlung waren Lehen des Klosters Werden an die Brüder. Womit genau die beiden den Zorn des Bischofs auf sich gezogen hatten, liegt im Dunkeln. Sie hatten aber in die Rechte des Fürstbischofs eingegriffen, der zugleich der Landesherr im Oberstift Münster war, als sie – ohne seine Erlaubnis – die Burg Wolfsberg und eine Befestigung um den Ort gebaut hatten.[1]

Noch bevor die Belagerung beendet war, belehnte Gerhard Ende Juli 1271 den ihm treu ergebenen Drosten Albert von Wulfheim mit einer Burg, bei der es sich um Burg Vischering handeln dürfte. Der Droste hatte die Burg gegen jeden zu verteidigen, zugleich stand sie dem Fürstbischof jederzeit offen.[2] Damit besaß Gerhard seinen eigenen Vertreter in Lüdinghausen.[3]

Wenige Tage später besiegte der Fürstbischof die Brüder. Zwei Sühneverträge

Abb. 1: Burg Vischering, Blick von Norden. Nur etwas mehr als 500 Meter weiter südlich liegt Burg Lüdinghausen.

regelten den Frieden zwischen den Parteien. In ihnen gestanden Hermann und Bernhard zu, dass der Fürstbischof die Stadtbefestigung um Lüdinghausen, die ohne sein Einverständnis gebaut worden sein dürfte, niederlegen durfte. Ferner wurde die Burg Wolfsberg geschleift, wofür den Brüdern eine Entschädigung von 250 Mark Silber ausgezahlt wurde. Bernhard, der nun keine eigene Burg mehr besaß, erhielt gegen die Übergabe seines Anteils an der Entschädigung von seinem Bruder die Hälfte der unbeschadeten Burg Lüdinghausen.[4]

Schon 1314 bauten die Nachfahren der beiden die Burg Wolfsberg wieder auf. Zu diesem Zeitpunkt gab es im direkten Umfeld der Siedlung also drei Burgen. Diese sahen unterschiedlich aus. Burg Lüdinghausen verfügte einer Urkunde von 1334 nach über einen Burgturm, zwei Steinhäuser mit jeweils eigenen Küchen. Zudem sind Burggräben belegt.[5] Burg Vischering hatte, so ein Teilungsvertrag von 1414, einen Burgplatz, ein altes Steinhaus und ein neues mit Bergfried.[6] Beide Schriftquellen nennen nicht alle Gebäude, sondern nur jene, die für den jeweiligen Vertragsinhalt wichtig sind. So ist davon auszugehen, dass beide Burgen massive, fensterlose Ringmauern besaßen. Der Neubau der Burg Wolfsberg war dagegen weniger wehrhaft. Die Lüdinghauser hatten lediglich die Erlaubnis erhalten, die Burg aus Holz wiederaufzubauen.[7]

Abb. 2: Burg Lüdinghausen. Blick von Süden. Die Burg beherbergt nun unter anderem das Stadtarchiv.

Neben diesen drei Burgen gab es im 14. Jahrhundert noch die Burg Kakesbeck, die erstmals 1341 als weitere Burg des Drosten zu Vischering genannt wird.[8] Burg Patzlar, eine Landesburg des Fürstbischofs, die in einiger Entfernung südlich der Siedlung am Steverlauf lag, ist inzwischen verloren.[9] Darüber hinaus bestanden die Burgen Ermen, Alrott, Tüllinghoff und Vehof im Umfeld des Ortes, sowie zwei befestigte Adelsgüter.[10] In Erinnerung an diese zahlreichen Burgen verfügt der 1980 aufgestellte Marktbrunnen über neun Seiten.

Die bemerkenswerte Burgenzahl ist auf die Besonderheit Lüdinghausen als Eigentum des Klosters Werden zurückzuführen. Da das Kloster selbst die weltliche Macht, zum Beispiel das Gerichtswesen, über den Ort nicht ausüben konnte, versuchten sowohl der Münsteraner Fürstbischof als Landesherr des Oberstiftes, der Kölner Erzbischof und die mächtigen Grafen von der Mark, deren Territorium südlich der Lippe lag, ihren Einfluss auszubauen. Dabei lag Lüdinghausen so weit von den Hauptzentren dieser Parteien entfernt, dass sie auf Mitglieder des Dienstadels angewiesen waren, die sie vertraten. Sowohl der Droste zu Vischering als auch die Herren von Lüdinghausen gehörten zum Dienstadel und damit zur Gruppe der Ministerialen.[11]

Vom Baubestand der Anfangszeiten ist bei den drei Burgen wenig erhalten. An der Burg Lüdinghausen stammt nur noch ein Teil des aufgehenden Mauerwerks an der Südwestecke der Burg aus dem 12. oder 13. Jahrhundert.

Die Hauptburg der Burg Vischering brannte 1521 nieder. Aber schon vorher hatte ein Umbau begonnen, wie die Jahreszahl 1519 über dem erhaltenen Torbogen verrät. Das Resultat des Wiederaufbaus ist eine Burg im Stil der Renaissance. Auf Menschen des 21. Jahrhunderts macht sie einen wehrhaften Eindruck. Doch konnten die klassischen Wasser- und Höhenburgen den Kanonen im 16. Jahrhundert nicht genug entgegensetzen.[12] Dementsprechend verzichteten die Drostes auf die massive Ringmauer. Sie ließen große Fenster einsetzen und erhoben die Gebäude über sie hinaus, statt sie wie zuvor hinter ihr zu verbergen.[13]

Im 17. Jahrhundert, als mit dem Bau der Utlucht – dem erkerartigen Vorbau im Westen – die Hauptburg ihr erhaltenes Erscheinungsbild erhält, war ihre Funktion als „Bollwerk gegen Lüdinghauser Unabhängigkeitsstreben" schon lange vorbei.[14] Die Burg Lüdinghausen war 1443 als Lehen an den Fürstbischof von Münster und wenig später an das Münsteraner Domkapitel gekommen. Es bestimmte fortan die Amtmänner in Lüdinghausen, die auf der Burg wohnten. Sie mussten den eigenen Reihen angehören, darunter waren auch zweimal Mitglieder der Familie Droste zu Vischering.[15]

1549 hatte Heidenreich Droste zu Vischering, dessen Bett auf der Burg ausgestellt wird, vom Münsteraner Fürstbischof das Amt Horstmar und bald darauf auch das Amt Ahaus als erbliches Lehen erhalten. Obwohl zu den Verpflichtungen die Wahrung der Sicherheit in seinen Ämtern gehörte, residierten die Drosten noch bis 1680 auf der Burg Vischering. Dann aber zogen sie auf das repräsentativere Schloss Darfeld im Amt Horstmar und die Burg Vischering entging größeren Modernisierungsmaßnahmen.[16]

1972 wurde auf der Burg das Münsterlandmuseum errichtet, das unlängst im Rahmen des Regionale-Projekts „WasserBurgenWelt" modernisiert wurde. So ermöglicht nun ein Aufzug allen den Zugang zum oberen Geschoss. Die neugestaltete Ausstellung widmet sich der Geschichte der Burg und der Region. Das Wechselspiel zwischen den verschiedenen Burgherren der Stadt erhält in der Ausstellung eine besondere Rolle. Auch landschaftsarchitektonisch wurden im Rahmen der Regionale die Bezüge zwischen den beiden gut erhaltenen innerörtlichen Herrschaftssitzen, Burg Vischering und Burg Lüdinghausen, gestärkt. Denn Lüdinghausen ist eine Stadt mit mehr als einer Burg.

Abb. 3: Burg Kakesbeck. Blick auf die Vorburg. Sie liegt etwa zwei Kilometer von Burg Vischering entfernt. Die dritte innerstädtische Burg, Burg Wolfsberg, ist inzwischen kaum als solche zu erkennen.

1832. 10 October brannten in den Mittagsstunden
von 11 bis 3 Uhr bei Süd- und Westwinde
154 Gebäude ab

1515
DEN ERSTEN TAG NACH DEN
HEILIGEN SAKRAMENTSTAG
IST ZU DIESEN THURM DEN ERSTEN
STEIN GELECHT

Ӕnno vñ xv d’s nesten dages na d’s hylgen sackermēts
tach do wort d’ este sten to dussen tarn gelacht

Anno 1692 Den 8    A° 1558 IS DESEN THORN REDE GEWORDEN
Nouemb seint zv    DE SELVE THIT GULT SCHEPEL RGGE EH DAELER
Ludinghausen 48    V DER DOPERE I BLEEF DI BOV LANG STAEN
Häuser gebrandt   A° 1568 DE 13 OCTOB SINT THO LUNINCHUSEN
                           CXI HUSEN GEBRANT

              HENRICK THIR
        A°NO 1594 DEN 13 DECEMBRIS
            SINT THO LUNINCKHUSEN
               CXIII HUSE GEBRANTH

         A° 1619 Son tags vor Grevermarkt war der 25 Augusti
D H W P  Bi nacht ist Ludingkhausse ganss aff gebrand vch genomen
         De Kerke die Wedemhove vndt drei Huser ahn der
         Stieverbrugge Godt behode uns vortha genedich

## 11

### St. Felizitas, Lüdinghausen

# Die Täuferbewegung in Lüdinghausen

Bauzeit: 1515–1553

Anfang des 20. Jahrhunderts erhielt die spätgotische Hallenkirche in Lüdinghausen auf der Nordseite eine vorgesetzte Eingangshalle. Das ursprüngliche Portal, durch das die Mehrzahl der Gläubigen bis dahin die St. Felizitas-Kirche betreten hatte, wurde zugemauert. In der so entstandenen Nische steht nun ein Marienaltar.

Wer sich vor die Andachtsbank vor der Nische stellt, kann den Blick nachvollziehen, der sich den Eintretenden zuvor bot: Sie schauten auf den runden, südlichen Turmpfeiler und die dort eingemeißelten Inschriften. Die Schriften der acht Aufzeichnungen unterscheiden sich deutlich. Sie sind nach und nach in den Stein geschrieben worden. Die älteste ist am schwersten zu lesen.

Die Buchstaben – es handelt sich um gotische Minuskeln – sind besonders tief eingekerbt. Sie verkünden: *MCCCCCXV des nesten dages na des hiilgen sacramentes dach, do wort de erste sten to dussen tarn gelacht* [Turm gelegt]. Gleich beim Eintreten erfuhren die Gläubigen damit, dass der Grundstein für den Turm am Tag nach Fronleichnam – auch Sakramentstag genannt – 1515 gelegt wurde. Allerdings konnten einige Jahrhunderte später die Eintretenden die Buchstaben wohl nicht mehr

Abb. 1: Südlicher Turmpfeiler. Fünf Inschriften erinnern an Stadtbrände 1556, 1594, 1619, 1692 und 1832.

entziffern, weshalb die Inschrift darüber in Großbuchstaben wiederholt wurde. Die originale Inschrift dürfte zeitnah zu dem Datum eingemeißelt worden sein. Sie ähnelt in der Form den Buchstaben einer Inschrift, die ursprünglich am östlichen Portal der Südseite zu lesen war. Inzwischen ist durch den Anbau eines Windfangs nur noch ein Bruchteil zu sehen. Die Schrift gab das erste Baudatum bekannt: *MCCCCCVII up Romanus dach* [28. Februar 1507] *heft Bernt van Ermen den ersten steen gelacht.*[1]

Bei einem Neubau einer Kirche, die an Ort und Stelle eine ältere ersetzen sollte, wurde meist das alte Gebäude erst nach und nach abgerissen. So konnte es nach dem Einzug provisorischer Wände weiter genutzt werden. In Lüdinghausen waren 1515, zwei Jahre vor dem Anschlag der Thesen Martin Luthers, der Chor und das Langhaus vollendet. Der alte Turm wurde abgerissen und anschließend erfolgte die Grundsteinlegung für den neuen Turm. Als die unteren Geschosse des Turms standen, kam der Bau ins Stocken. Erst 1558 wurde er vollendet.

Eine weitere Inschrift am Turmpfeiler erläutert den Grund für die Verzögerung. Sie steht rechts unter der ersten. *A[NN]O 1558 IS DESEN THORN REDE GEWORDEN. DE SELVE THIT GULT EI[N] SCHEPEL ROGGEN EI[N] DAELER. UM DER DOPEREI BLEEF DIE BAOW [SO]LANG STAEN.*

Ins Hochdeutsche übersetzt lautet die Begründung: Im Jahre 1558 ist dieser Turm fertig geworden. Zur selben Zeit kostet ein Scheffel Roggen einen Taler. Wegen der Täufer(unruhen) blieb dieser Bau(betrieb) solange stehen.

Doperei kommt von dem niederdeutschen Wort doepen (taufen) und war die Bezeichnung für die Täuferbewegung, auch Wiedertäufer genannt. Wie der Name besagt, zeichnete sich diese reformatorische Bewegung durch die Erwachsenentaufe der neuen Mitglieder aus. 1529 verbot der Reichstag des Heiligen Römischen Reiches in Speyer die Verbreitung ihrer Lehre unter Androhung der Todesstrafe. Das Wiedertäufermandat wurde auch mit den Stimmen der lutherischen Fürsten und Reichsstädte verabschiedet. Dennoch verbreitete sich die täuferische Lehre und erreichte 1532/1533 von der Schweiz über die Niederlande auch das Münsterland und insbesondere die Stadt Münster.[2]

Dort nahm Pfarrer Bernhard Rothmann, der zuvor einer starken lutherischen Gemeinde vorstand, die täuferische Lehre an und baute eine Anhängerschaft auf. Die Täuferbewegung gewann bald die Kontrolle über den Stadtrat. So konnten die Anführer Rothmann und Knippperdolling im Januar 1534 den Beschluss durchsetzen, dass alle, die der Bewegung nicht angehörten, die Stadt zu verlassen hatten. Katholische und protestantische Einwohnerinnen und Einwohner verließen die Stadt in Scharen, während die Täuferinnen und Täufer in die Stadt kamen. Unter ihnen waren vermutlich auch Personen aus Lüdinghausen. Aus Coesfeld zogen mehrere Täufer mit ihren Familien nach Münster.[3]

Die Herrschaft des selbsternannten Königs Johann von Bockelson, auch als Jan van Leiden bekannt, endete erst im nächsten Jahr, als das Belagerungsheer unter Fürstbischof Franz von Waldeck die Stadt einnehmen konnte. Bockelson, Knipperdolling und ein weiterer Anführer überlebten den Kampf. Während die Anhängerschaft sofort hingerichtet wurde, ließ der Fürstbischof die drei Anführer zur Demonstration seines Sieges monatelang in Käfige eingesperrt durch das Bistum fahren. Im Januar 1536 wurden sie schließlich nach stundenlanger brutaler Folter hingerichtet. Ihre Leichname wurden als Warnung in Käfigen an der Lambertikirche in Münster aufgehängt.[4]

Im Kreisgebiet ging die Verfolgung der verbleibenden Anhängerschaft der Lehre weiter. Im Mai 1536 wurde in Münster der Eisenkrämer Hermann Pelken aus Hamm festgenommen, der als Täufer überführt werden konnte. Unter Folter nannte er die Namen weiterer Personen, darunter auch mehrere aus Lüdinghausen. Diese wurden umgehend verhaftet, auf die Burg Lüdinghausen gebracht und „peinlich verhört".[5] Zum Teil sind die Verhörprotokolle erhalten. So gab Gertrud Sundermann relativ offen zu, Täuferin zu sein, beharrte aber darauf, an der Osterkommunion teilgenommen zu haben.[6] Sie wie auch die anderen Gefangenen wurden schließlich wieder freigelassen.[7]

In Coesfeld hatte der Fürstbischof durchgesetzt, dass die „wedderdopischer Huser" – die Häuser der in Münster Umgekommenen – eingezogen wurden. Sie sollten zu Gunsten des Bistums verkauft werden.[8] Doch gab es Widerstand in der Bürgerschaft. Niemand wollte die Häuser kaufen. So wurden die Gebäude schließlich den Hinterbliebenen der ehemaligen Besitzer zum Rückkauf angeboten.[9]

Die Anhängerschaft der täuferischen Lehre schwand, die der protestantischen Lehre aber nicht. Neben vielen Adeligen in Lüdinghausen war auch der Großteil

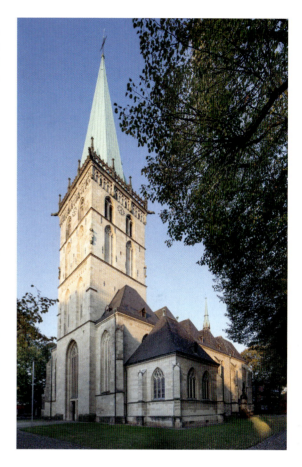

Abb. 2: St. Felizitas, Turm mit Westportal. Das obere Geschoss des Turmes wurde 1875–1878 nach Plänen von Hilger Hertel umgestaltet. Aus dieser Zeit stammen auch der Turmhelm und das Dach der Kirche.

der Bevölkerung lutherisch gesinnt.[10] Als 1570 der alte Seppenrader Pastor starb, ließ Johann von der Recke, der die Seppenrader Kirche als Eigenkirche besaß, in den Vertrag für den neuen Pastor explizit aufführen, dass die Gottesdienste nach „cath. Religio und Verordnung dieses Stifts Münster" zu führen seien.[11] Und der Lüdinghauser Amtsherr Johann von Velen informierte Anfang des 17. Jahrhunderts das Domkapitel darüber, dass viele Kinder nicht in St. Felizitas, sondern in den Häusern getauft würden. Ein besonderer Dorn im Auge war ihm zudem, dass die Lutheraner und Lutheranerinnen auf dem Kirchengelände „vergraben" würden.[12] Erst im Laufe des Jahrhunderts entwickelte sich das Münsterland zu einer katholischen Region.

Der Turm der Felizitaskirche wurde Ende des 19. Jahrhunderts im oberen Bereich stark überarbeitet. Am Westportal ist die Bauunterbrechung und ein Planwechsel – eine Abänderung des bisherigen Bauplans – aber noch zu erkennen. Dort verändert sich in etwa 2,5 Metern Höhe das Profil der Portallaibung abrupt.[13]

## 12

**Torbogen, Havixbeck**

# Unruhige Zeiten

Bauzeit: um 1500

Unzählige Vertiefungen sind in die glatten Sandsteinquader des Torbogens in Havixbeck geschlagen. Manche sind kreisrund, manche eher länglich. Die einen reichen weit in den Stein hinein, andere sind eher flach. Es sind Einschusslöcher. Sie sind über 400 Jahre alt. Soldaten des spanischen Königs feuerten 1587, so die mündliche Überlieferung, mit ihren Musketen auf den Torbogen.[1] Es war die Zeit des Spanisch-Niederländischen Krieges.

Dieser begann 1568 und sollte erst nach 80 Jahren mit dem Westfälischen Frieden, der auch den im Heiligen Römischen Reich Deutscher Nation geführten Dreißigjährigen Krieg beendete, niedergelegt werden.[2] Politische und religiöse Gründe vermischten sich in diesem Krieg zwischen den protestantisch gesinnten, niederländischen Provinzen und der spanischen Krone, zu der die Niederlande gehörten. Das Fürstbistum Münster war in diesem Krieg neutral. Allerdings hatte Fürstbischof Johann Graf von Hoya, der auch Bischof von Osnabrück war, Jahre bevor er Landesherr des Münsterlandes wurde, ein Bündnis mit dem spanischen König Philipp II. geschlossen. Ihr gemeinsames Ziel war der Kampf gegen den Protestantismus.[3]

Abb. 1: Der Torbogen in Havixbeck sicherte den Kirchhof. Blick von Süden – von außen

Dieses Bündnis dürfte ein Grund sein, warum die Spanier die Neutralität missachteten und im Münsterland Quartier bezogen. Die geografische Nähe zum Kriegsschauplatz in den Niederlanden dürfte ein weiterer gewesen sein. Das Münsterland wurde Aufmarsch- und Versorgungsbasis für beide Kriegsparteien.

Im April 1587 – der Krieg währte nun schon 19 Jahre – zog ein spanisches Heer unter dem Oberkommando Alexander Farneses, dem Herzog von Parma, ins Münsterland ein. In der münsterischen Chronik des Melchior Röchell sind die Ereignisse jener Tage beschrieben.[4]

Am 5. April setzte das Heer, da es im Stift Köln alles „uffgezeret und verdorben" hatte, über die Lippe. Die spanischen Kriegsleute „lechten sich zu Buldern, Appelhulsen, Nottelen und Senden und sunst auch uf die besten hausleuthe hoeve [Bauernhöfe], und deiden [taten] ... den hausleuthen groissen und mercklichen schaden." Ein Schreiben des Freigrafen Johann Kerckerinck vom 8. April 1587 bestätigt dies: er habe am Morgen einen Boten im spanischen Lager in Senden gehabt, wo etwa 400 oder 500 Reiter seien. Besorgt berichtet er, dass „die leutte [aus Senden] alle auß den heusern gelauffen seint, ... sie [die spanischen Soldaten] haben ihrer etzliche vorm Dorffe erschossen, haben etzliche gefangen zu schlagen und dreuwen [drohen] denselben morgen das

59

Abb. 2: Immer noch sind die Einschusslöcher von 1587 im Sandstein zu sehen. Auch das Vesperbild – Original im Sandsteinmuseum – wurde getroffen. Nach jedem Schuss mussten die Soldaten die 1,5 Meter langen Musketen nachladen.

Hencken." Dringlich bat er das Domkapitel, die Bürgermeister und den Rat der Stadt Münster zum Schutz der Bevölkerung um die Entsendung von Soldaten. Sein Brief trägt den Vermerk „cito, cito, cito" – schnell, schnell, schnell.[5]
Derweil verlangten die Soldaten in Senden Quartier. Am 11. April versammelte sich ein „gros hauf van buren" zwischen Lüdinghausen und Senden. Röchell verzeichnet, dass das Domkapitel viele Bauern mit Gewehren ausgestattet habe, damit sie das Kriegsvolk wieder aus dem Stift treiben sollen. Doch dann erschien ein Reiter mit einem Schreiben des Domkapitels, das den Angriff auf die Spanischen „bis uf wither bescheidt" untersagte. Die Bauern wussten aber, da sie einen Kundschafter der Spanier abgefangen hatten, dass Senden nur von wenigen spanischen Soldaten bewacht wurde. Da „bekroepen [schlichen sich an] sie die [Wachen] ... und slogen sie alle doet ... Der uberste Don Sanga und etzliche mer namen die kirche in und lieffen uf den torn [Turm]..." Dort konnte sich die kleine Truppe der Spanier verschanzen, während die Bauern im Dorf alles, was „nagelois" war, stahlen.
Der spanische Kommandant Don Sanga hatte es vor dem Angriff geschafft, Boten zu den anderen Kriegslagern auszusenden. So ereignete sich ein weiteres Blutbad, als die Verstärkung ankam. Die Soldaten schlugen die Bauern in die Flucht und ermordeten jene, derer sie habhaft wurden. „Do sie zu Senden inquamen [ankamen], stachen sie es in brandt, das es gaar ausbrande und nichts staen blief als die kirche und der torn."
„Den folgenden dagh darna zogen sie na Havickesbecke und Appenhulsen und stachen dar auch etzliche huser an; ... sie erworgeden und mordeden auch underweges vielle hausleuthe midt den wiberen [Weibern]".[6] Von diesem Tag sollen auch die Einschusslöcher am Torbogen stammen. Es ist gut möglich, dass die Bevölkerung des Ortes sich auf dem umschlossenen Kirchhof vor den plündernden und brandschatzenden spanischen Soldaten verschanzt hatte. So könnte der Beschuss des Gebäudes zu erklären sein.
Die Stadt Dülmen war in diesem April besser gegen die fremden Kriegsleute gerüstet. In weiser Voraussicht hatte der Rat die Stadtbefestigung ausbauen lassen: ein zweiter Wassergraben wurde vor der Stadtmauer gegraben, dazwischen zogen die Dülmener einen Wall hoch. Auch die Landwehren wur-

Abb. 3: Wehrspeicher auf dem Hof Schulze Gaupel. Die Fenster im Obergeschoss waren einst vergittert.

den verstärkt. Zusätzlich hatte die Stadt 1584 zwei neue Geschütze angeschafft und die Bewachung durch die Schützengilde neu organisiert. Die Maßnahmen zeigten Erfolg, das Kriegsvolk sah von Angriffen ab.[7]

Die Truppen Don Sangas verließen das Stift Münster – aber erst, nachdem die münsterische Regierung ihnen 80.000 Reichstaler gezahlt hatte.[8]

Die Ruhe hielt nicht lange. Bald waren es die Niederländer, die durch das Münsterland zogen, dann wieder die Spanier. 1589 konnte sich das Dorf Olfen verteidigen, so dass die Spanier abzogen. Doch meist war die Bevölkerung im Kreisgebiet – gerade außerhalb der Siedlungskerne – weniger glücklich.

Auf den alten Schulzenhöfen finden sich noch einige Steinbauten des 16. und 17. Jahrhunderts, deren Baugestalt zumindest im Ursprung zur Verteidigung gedacht war. Ein solcher Wehrspeicher – auch Steinwerk genannt – erhebt sich auf dem Hof Schulze Gaupel, nördlich von Coesfeld. Der Speicher wurde vermutlich Mitte des 16. Jahrhunderts errichtet. Mit seinen schmalen Schlitzfenstern, dem massiven Mauerwerk und den starken Türen konnte er einem kurzfristigen Angriff standhalten. Gleichzeitig lassen Sandsteinrahmung der Fenster und die profilierten Steine am Rauchfang schon erkennen, dass der Bautyp repräsentative Aufgaben übernimmt (Kap. 13).[9]

Allen Verteidigungsmaßnahmen zum Trotz verlor ein beachtlicher Anteil der Bevölkerung bis zum Friedensschluss 1648 sein Leben – sei es durch die umherziehenden Soldaten oder die grassierende Pest.

# 13

## Wassermühle Schulze Westerath in Stevern, Nottuln

# Mehr als eine Mühle

Bauzeit: vor 1490, um 1490, vor 1599

Wenn das Sonnenlicht auf das Mauerwerk der Wassermühle Schulze Westerath trifft, dann erstrahlt der helle Baumberger Sandstein, als wäre er von innen beleuchtet. Doch auch unabhängig vom Wetter erhebt sich das alte Gemäuer wieder in seinem einstigen Glanz.

Über die letzten Jahre haben zwei Generationen der Familie Schulze Westerath die Kornmühle denkmalgerecht sanieren lassen und dabei selbst mit angefasst. Den Anstoß für das Mammutprojekt gab 2006 der Berliner Architekt Peter Petersen, der auf die Sanierung mittelalterlicher Gebäude spezialisiert ist. „Es bedurfte deutlich mehr Einsatz, als alle angenommen hatten"[1], erzählt Hubertus Schulze Westerath, der gemeinsam mit seiner Lebensgefährtin Kathrin Gausepohl den Hof führt.

Die Mühle erhebt sich leicht abseits von den restlichen Gebäuden an der niedrigsten Stelle des Geländes. Vor ihrer Nordecke staut sich die Stever, die nur wenige Kilometer oberhalb entspringt, in einem künstlich angelegten Teich. Das überlaufende Wasser rauscht das Gerinne herunter. Wo einst zwei oberschlächtige Mühlräder von der Kraft des Wassers bewegt wurden, befindet sich seit der letzten Modernisierung 1928 eine Francis-Schachtturbine.[2]

Abb. 1: Wassermühle Schulze Westerath. Blick von Osten. Im Hintergrund liegt der Hof der Familie.

„Wir hätten gerne wieder ein Mühlrad eingebaut", berichtet Elisabeth Schulze Westerath, „alle Leute, die zur Besichtigung kommen, fragen danach."[3] Doch auch die fast 90 Jahre alte Turbine hat Denkmalstatus. Sie zeugt davon, dass der Betrieb – wie viele andere in Westfalen – nicht vom sogenannten „Mühlensterben" betroffen war, als Ende des 19. Jahrhunderts immer mehr Industriemühlen entstanden.[4] Mit der Turbine wurden zwei Mahlgänge betrieben und Strom für einige Maschinen und die Hofbeleuchtung erzeugt.[5]

„Schon wieder eine Mühle", hätten die Sponsoren anfangs gesagt, erinnert sich Elisabeth Schulze Westerath weiter. Doch diese Zuschreibung greift zu kurz – nicht nur, weil es sich um eine Doppelmühlenanlage handelt. Das einstöckige Gebäude auf der anderen Seite des Gerinnes geht auf eine vor 1599 entstandene Ölmühle zurück.[6] Das Gegenüber der beiden Bauwerke unterstreicht, wie eindrucksvoll die dreistöckige Kornmühle ist. Die fast quadratische Grundfläche ist untypisch groß für eine Mühle, selbst für die Hauptmühle eines Ensembles. Ebenso wären für diese Funktion die beiden oberen Geschosse nicht nötig gewesen. Die Mahlebene im ersten Obergeschoss erschwerte die Arbeit des Müllers, der das Mahlgut erst hochhieven musste. Das zweite Ober- sowie das Dachgeschoss waren nutzlos, denn auch große Lagerräume waren nicht nötig.

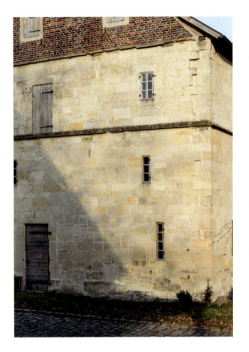

Abb. 2: Blick von Südwesten. Das untere Fenster wurde bei der Aufstockung um 1490 in das Mauerwerk gebrochen. Kurz darüber beginnt das „neue" Mauerwerk mit regelmäßigen Steinquadern und schmalen Fugen.

Die Mühle war eine Kundenmüllerei. Die Mühlgäste brachten das Korn und nahmen das gemahlene Mehl oder den Futterschrot wieder mit.[7]
Das Baumaterial gibt weitere Hinweise darauf, dass das Gebäude nicht als Mühle errichtet wurde. Zwar wurden beim Bau von Wassermühlen gerade die Grundmauern und die wasserseitige Außenwand häufig aus Sandstein gefertigt, für die weniger beanspruchten Seiten wurde aber meist günstigeres Fachwerk genutzt. Bei den Bauherren war zudem der Baumberger Sandstein für die Bauaufgabe Mühle wenig beliebt.[8] Der Stein ist zu spritzwasserempfindlich, die eindringende Feuchtigkeit würde ganze Schollen des Steins absprengen. An der Wassermühle Schulze Westerath wurde deshalb die ursprünglich komplett aus Sandstein bestehende Außenmauer zum unteren Wasserteich im unteren Bereich durch Ziegelsteine ausgebessert.[9]
Noch etwas ist am Mauerwerk auffällig. Die rauen Sandsteine des Sockelgeschosses haben unterschiedliche Formate und sind im Gegensatz zu denen in den oberen Geschossen nicht in durchgängigen Lagen gesetzt. Das Erdgeschoss ist der älteste Teil des Bauwerks. Wann es errichtet wurde und was sich oberhalb befand, lässt sich nicht sagen.[10] Die beiden oberen Geschosse wurden um 1490 aufgesetzt. Ihre Bauzeit konnte anhand der verbauten Eichenhölzer bestimmt werden.[11]
Das zweite Obergeschoss gibt Aufschluss darüber, welche Funktion das Bauwerk vor der Umgestaltung zur Mühle hatte: An der Südwestwand liegt ein großer, offener Kamin, dessen profilierten Seitenwangen noch aus der Bauzeit stammen. Das Gebäude war ein repräsentatives Wohnhaus mit zwei Wohnebenen, Sockel- und Dachgeschoss.[12] Peter Petersen bezeichnet das Denkmal deshalb auch als „Steinwerk"[13], ein beheizbarer, feuer- und einbruchsicherer Steinbau mit quadratischem Grundriss, der gerade auf den Amtssitzen des mittelalterlichen Dienstadels, der Ministerialen, vorkam.[14]
Vermutlich ließ Johannes Schulte to Steveren – bis ins 19. Jahrhundert trug der Hof den Namen Steveren oder Stevermann – das Steinwerk errichten. Sein Name taucht zur Zeit der Aufstockung in Urkunden auf.[15] Die Bezeichnung „Schulte" verrät, dass er zum höheren Bauernstand des Münsterlands gehörte und Verwaltungsaufgaben für die Grundherren übernahm.[16] Die Schulten to Steveren waren dem Stift Nottuln eigenhörig. Das heißt, ihr Hof war Eigentum des Stiftes, das Recht, diesen zu nutzen, lag aber bei den Schulten to

Abb. 3: Die großen Fenster und der verzierte Kamin zeugen von der Wohnfunktion des zweiten Obergeschosses.

Steveren. Und dieser Nießbrauch war, wie das Güter-Register vom Jahre 1539 belegt, erblich.[17] Nur so ist verständlich, dass Johannes einen derart repräsentativen und kostspieligen Bau finanzierte. Er investierte in seine Erben.

Im Laufe des 16. Jahrhunderts haben diese Erben den Hof um ein neues Bauernhaus ergänzt, das im Kern immer noch vorhanden ist. Das Steinwerk hatte damit seine Funktion verloren und stand für eine andere Nutzung zur Verfügung.[18] Ob das vorhandene Gebäude den Ausschlag für die Errichtung einer Mühle gab oder zuerst der Plan bestand, ist nicht zu klären. Die Mühle wurde spätestens seit 1599 betrieben, für dieses Jahr ist eine Steuer auf das gemahlene Getreide erhoben worden.[19]

Damit fällt die Umwandlung des Steinwerks in eine Mühle in eine Zeit des Bevölkerungswachstums. Da Brot das Hauptnahrungsmittel war, kam es zu einem Bauboom im Mühlenwesen.[20] Die Wandlung des Steinwerks war lukrativ. Unter den vier Mühlen in Nottuln war sie am ertragreichsten.[21] Dies dürfte auch an dem starken Gefälle liegen, das verstärkt durch den höher liegenden Mühlteich, den Betrieb oberschlächtiger Mühlräder erlaubte – die effizienteste Antriebsform.[22] Es gab noch einen weiteren Vorteil für die to Steveren: Mit dem Mühlteich, von dem aus sich ein Graben um das abschüssige Gelände zog, erhielt der Hof den Anschein eines kleinadeligen Gräftenhofes.

## 14
### Turm der Burg zu Davensberg, Ascheberg

# Hexenverfolgung und Machtpolitik

Bauzeit: um 1530

Viele Spukgeschichten ranken sich um das Naturschutzgebiet Davert im Osten des Kreisgebietes. Der Rentmeister Schenkewald soll dort umgehen und auch Hexen wurden zwischen den Bäumen gesichtet. Es scheint passend, denn nicht weit von dem sagenumwobenen Wald erhebt sich ein Burgturm. Er ist der einzige erhaltene Bauteil der Burg Davensberg, Gerichtsstätte der Herrlichkeit Nordkirchen und des Gogerichtes Davensberg.[1] In ihm wurden die Frauen und Männer eingesperrt und „peinlich verhört" – gefoltert –, die im 17. Jahrhundert in Davensberg der Hexerei angeklagt wurden.

Das Fürstbistum Münster gilt als ein Teil des Heiligen Römischen Reiches, der bei der Verfolgung von Hexen vergleichsweise zurückhaltend war. In Mecklenburg-Vorpommern wurden 4.000 Prozesse geführt und fast 2.000 Menschen hingerichtet.[2] In Schleswig und Holstein können 846 Prozesse ausgemacht werden.[3] Im Fürstbistum waren es dagegen nur 450 Verfahren, die in ca. 170 Fällen tödlich endeten.[4]

Ein Großteil der Todesurteile wurde im Kreisgebiet verhängt. 1624 verurteilte das domkapitularische Gericht Lüdinghausen innerhalb von vier Monaten mindestens 20 Menschen wegen Hexerei zum Tode. Im Amt Werne, wozu auch das Gericht Davensberg gehörte, wurden 60 Personen getötet. Alleine im Jahr 1629 starben in Davensberg 30 Männer und Frauen durch den Scharfrichter. Die letzte Welle der Hexenverfolgung fand in Coesfeld statt und kostete 1630/1631 25 Menschenleben.[5]

Die Prozesswellen hatten dabei ganz unterschiedliche Beweggründe. Die Hexenhysterie der Bevölkerung, die vielerorts von Historikerinnen und Historikern als Erklärung für die Verfahren herangezogen wird, spielt gerade in Davensberg eine geringe Rolle.[6]

Um die tatsächlichen Hintergründe der Hexenprozesse zu verstehen, ist ein Blick auf die Gerichtsbarkeit in Davensberg notwendig. Das Geschlecht der von Büren, die 1530 den Burgturm bauen ließen, besaßen bis in 16. Jahrhundert das ungeteilte Gogericht Davensberg. „Go" bezeichnet den untersten Verwaltungsbezirk. In diesem war das Gericht sowohl für das Kriminal- als auch das Zivilrecht zuständig. Das Gogericht Davensberg umfasste sieben Dörfer und 14 Bauerschaften.[7] Schon lange hatte der Fürstbischof von Münster dieses Gericht in seinen Einflussbereich einfügen wollen. Nach einem gewaltsamen Konflikt wurde es schließlich 1566 zwischen der Adelsfamilie und dem Landesherrn geteilt. Allerdings war die Teilung des Gerichts nicht gebietsweise abgegrenzt und die Zuständigkeiten waren nicht

Abb. 1: Turm der Burg zu Davensberg. Die restlichen Teile der Burg sind nach 1750 allmählich verfallen.

Abb. 2: Blick von Süden auf das Obergeschoss des Turmes.

klar getrennt, so dass ein Tauziehen zwischen beiden Parteien begann.⁸

Um 1590 starb die Familie von Büren in der männlichen Linie aus. Über eine Tochter gelangte ein Teil des Erbes und mit ihm auch die Rechte am Gogericht an das Nordkirchener Adelsgeschlecht von Morrien. Die Adelsfamilie gehörte zu den großen Häusern des Fürstbistums. Doch befand sie sich ab 1625 in Bedrängnis. Johann von Morrien hatte für den dänischen König Christian IV., der im Dreißigjährigen Krieg als Retter des Protestantismus galt, Soldaten angeworben. Als Folge wurde Johann vom Fürstbischof festgesetzt und einige Zeit gefangen gehalten, zudem verordnete Kaiser Ferdinand II., den Besitz der von Morrien zu beschlagnahmen.⁹

Als Johann 1628 starb, hinterließ er seiner Witwe Anna Sophia von Limburg-Styrum neben der heiklen politischen Lage und dem drohenden Verlust aller Güter auch noch hohe Schulden. Anna Sophia reagierte auf diese Situation mit einer trotzigen Behauptung ihrer Rechte und ihres Standes. Das Mittel ihrer Machtdemonstration war das Gericht Davensberg.¹⁰

Dort wurde auf fünf Jahre alte Besagungslisten zurückgegriffen, um Anklagen wegen Hexerei zu erheben – ein Beleg dafür, dass die Hexenverfolgung bewusst begonnen wurde. Die Listen stammten aus den Gerichtsverfahren in Lüdinghausen von 1624, bei denen auch Untertanen der von Morrien genannt worden waren. Im September 1629 wurden in Davensberg die ersten Personen verhaftet und im Burgturm eingekerkert.¹¹ Im wahrsten Sinne des Wortes, denn der Burgturm besitzt ein unterirdisches Verlies, das immer noch erhalten ist. Eine ebenerdige Tür führt in einen nur spärlich beleuchteten Raum, der für die peinliche Befragung genutzt wurde. Durch eine Falltür im hölzernen Boden konnten die Gefangenen in das Verlies hinuntergelassen werden.

Fast wöchentlich fielen Todesurteile und unter Folter entstanden neue Listen. Auch die 80-jährige Anna Walboem aus Ottmarsbocholt wurde als Hexe genannt.¹² Sie wurde im November verhaftet und gefoltert, doch die fromme Greisin gestand nicht. Im Gegensatz zu den Angehörigen der anderen Opfer zog ihre Familie einen Anwalt hinzu, der sich an die juristischen Räte des Landesherrn in Münster wandte. Deutlich wies er dabei darauf hin, dass Richter Johann von Ascheberg und Rentmeister Johann Freusberg, die „alte persohn [ohne] erhebliche inditia" hätten foltern lassen und fügte ein Gutachten von fünf Rechtsgelehrten bei, das sich gegen die Folter der alten Frau aussprach.[13] Der Anwalt forderte die übliche Beurteilung der Akten durch unparteiische Juristen aus Münster. Die juristischen Räte mahnten nur wenige Tage später die Einhaltung der Gerichtsordnung an und wiesen den Richter in Davensberg an, die Greisin aus dem Gefängnis zu entlassen, da wegen der kalten Witterung ihr Tod zu befürchten sei. Aus Davensberg kam darauf die Antwort, dass das Gericht nicht den Räten aus Münster, sondern der Gerichtsherrin Anna Sophia verpflichtet sei. Nur diese könne die Milderung der Haft bestimmen. Die alte Frau blieb in Haft und starb Anfang Januar im Burgturm.

Der Streit ging auch nach ihrem Tod weiter, denn nun wehrte sich die Familie gegen die Aussage des Scharfrichters, dass der Teufel der alten Frau das Genick gebrochen habe. Als die Juristen aus Münster nun das Verfahren rügten und die Akten anforderten, griff Anna Sophia von Morrien selbst in den Streit ein. Die Juristen hätten mit ihren Befehlen „zu viel" getan und damit den Vertrag über die Teilung des Gogerichts von 1566 verletzt, antwortete sie.[14] Statt der Einbeziehung unparteiischer Ge-

Abb. 3: Das Folterbett stammt aus dem 16./17. Jahrhundert. Es gehört zum Originalbestand des Turmes. Der Heimatverein Davensberg stellt nun historisches Ackergerät und Werkzeug im Erdgeschoss des Burgturms aus.

lehrter aus Münster wandte sich ihr Richter an den bekannten Hexenjäger Heinrich von Schultheis aus Arnsberg. Von ihm war eine passende Beurteilung des Verfahrens zu erwarten.

Erfolgreich demonstrierte Anna Sophia ihre Unabhängigkeit vor dem Landesherrn.[15] Die juristischen Räte des Landesherrn blieben letztendlich machtlos, das Vorgehen in Davensberg hatten sie nicht stoppen können. Die Gerichtsverfahren gegen Hexen gingen weiter, allerdings nur noch vereinzelt, die Welle der Prozesse war vorbei.

PRÆN·D· THEOD AB HARE
PAVPERIB· LVDINGHVS:
ET SEPERADENS HANC
DOMVM FVNDAVIT OBYT
ANNO 1648 DIE 4 IAN:

## 15

### Hakehaus, Lüdinghausen

# Armut und Seelenheil

Bauzeit: 1667

Ein Wappen ziert das historische Fachwerkhaus an der Kirche St. Felizitas in Lüdinghausen. Goldene Perlen liegen auf dem schwarzen Kreuz vor goldenem Grund. Seltsamerweise sind es zehn statt neun Perlen, die das Wappen des Geschlechts von Hake eigentlich führt.[1] Unter dem Wappen steht eine Inschrift: *Praen(obilis) D(ominus) Theod(ericus) ab Hake Pauperib(us) Ludinghus et Seperadens hanc domus fundavit obyt anno 1648 die 4 Ian* – Der vornehme Herr Theoderich von Hake hat dieses Haus für die Armen aus Lüdinghausen und Seppenrade gestiftet. Er starb am 4. Januar 1648.

Seltsamerweise ist der Vorname falsch wiedergegeben. Es war Dietrich von Hake, der die Stiftung gründete. Die Namensverwechselung dürfte dadurch zu erklären sein, dass Dietrich eine Namensvariante von Theoderich ist und der Bau des Hauses erst knapp 20 Jahre nach dem Tod des Stifters begann.[2]

Dietrich von Hake zu Patzlar war der letzte seiner Linie.[3] Wie er in seinem Testament vom 22. Dezember 1643 festhielt, hatte er „in stehender Ehe mit meiner Allerliebsten selig keine Kinder gezeugt." Deshalb ernannte er zu seinen „wahren Erben und Erbfolgern ... die gemeinen Armen [der] Kirchspiele Lüdinghausen und Seppenrade". Diese sollten den Nachlass genießen und „für meine, meiner Allerliebsten und deren von Haken und sonst auch alle christlich abgestorbenen Seelen fleißig beten."[4]

Der Mangel an Kindern und insbesondere an Söhnen als legitime Erben war ein häufiger Anlass für Armenstiftungen im 16. und 17. Jahrhundert. Da die Familienlinie und ihr Name somit ausstarb, sollte so die Erinnerung an den Stifter oder das Stifterehepaar – nur in Herbern waren es zwei Frauen, die das Armenhaus stifteten – gesichert werden.[5] Dietrich von Hake förderte mit der Stiftung aber nicht nur eine stille Erinnerung an seine Person, er forderte vielmehr das aktive Gebet für sich, seine Familie und alle verstorbenen Christinnen und Christen. Damit sorgte er zweifach für sein Seelenheil. Einmal durch die gute Tat der Stiftung und zum zweiten durch das andauernde Gebet der Begünstigten für sein Seelenheil (Kap. 9).

Dietrich legte in seinem Testament weder explizit fest, dass ein Armenhaus gegründet werden sollte noch wie die begünstigten Armen für ihn und seine Familie beten sollten. Erst der Testamentsvollstrecker Heinrich von Graes – er war ein entfernter Verwandter – formulierte nach seinem Tod die Einzelheiten. Es sollte ein Armenhaus für zwölf „kenntliche Arme und alte breßhafte [gebrechliche] Leute" errichtet werden. Sechs Frauen und sechs

Abb. 1: Hakehaus, Lüdinghausen. Das Wappen und die Inschrift erinnern an den Stifter Dietrich von Hake.

Abb. 2: Blick von Südwesten. Auch nach 350 Jahren erfüllt das Hakehaus immer noch einen sozialen Zweck. Unterschiedlichste Gruppen und Verbände, Jung und Alt, nutzen die Räumlichkeiten.

Männer sollten aufgenommen werden – „mitnichten aber Unkatholische, kenntlich übel lebende, Unsinnige, Blinde, oder sonst mit ... Krankheiten behaftete arme Leute ..."[6] Dennoch schloss Heinrich letztere nicht komplett aus, ihnen könnte nach Ermessen des jeweiligen Stiftungsvorstehers außerhalb des Armenhauses geholfen werden.
Auch sollten zur Vermeidung von Unfrieden keine Eheleute oder junge Leute beherbergt werden. Die Statuten Heinrichs erwähnen das Thema Kinder nicht. Andere Armenhäuser des Kreisgebietes sahen die Unterbringung von Kindern nicht vor. So lehnte der Vorsteher des Armenhauses in Nordkirchen 1789 eine Witwe mit fünf kleinen Kindern ab, da die meisten Pfründer alte Menschen seien, die sich selten mit Kindern anderer Leute verständen.[7]

Die Hausbewohnerinnen und Bewohner hatten an allen Tagen zur Messe zu gehen, ihre Mittag- und Abendgebete sollten sie kniend verrichten, um dabei für Dietrich von Hake und seine Familie zu beten. „Fluchen und Gotteslästerung, Schwören und Übelwünschen" waren verboten. Wer andere mit „Teufel, Hageldonner oder dergleichen" beschimpfte, musste eine Silbermünze Strafe zugunsten der Armenstiftung zahlen oder auf einen Teil seiner Nahrungsration verzichten.

Heinrich folgte in seinen Vorgaben dem Vorbild eines älteren Armenhauses in Lüdinghausen, das bereits 1586 von Gottfried von Raesfeld gestiftet worden war. Architektonisch unterschieden sich die beiden Fachwerkhäuser – das Raesfelder Armenhaus wurde 1898 abgerissen – voneinander.[8] Während die Armen bei dem älteren von außen zu ihren Kammern gelangten, erschlossen sich die Kammern im Hakehaus, vor einem Umbau 1929, über einen Mittelgang: „Von der Straßeneingangstür führte durch die Mitte des Hauses ein längerer, mit roten, stellenweise arg ausgetretenen Ziegelsteinen ausgelegter Flur links zur Küche mit jetzt noch erhaltenem großen Kamin und Rauchfang ... Hinter der Küche befand sich für alle Bewohner der täglich dienende Aufenthaltsraum, die sog. Spinnstube. Rechts am Ende des Flures gelangte man mittels einer 4–5 Stufen eingebauten Holzstiege zu einer Upkammer, die als Betraum eingerichtet war ... An beiden Seiten des Flures lagen ... sechs Zellen..."[9]

Die Bewohnerinnen und Bewohner erhielten eineinhalb Pfund Brot und eine Kanne schlechtes – dünnes – Bier oder eine halbe Kanne gutes Bier pro Tag. Pro

Abb. 3: Blick von Nordosten. Das Hakehaus ist das älteste profane Bauwerk Lüdinghausens.

Woche kam ein Pfund Butter dazu. Weitere Nahrungsmittel waren Weizen und Speck, sowie zur Fastenzeit Erbsen und Bohnen sowie Stockfisch. Zwei Kannen Rüböl mussten im Jahr zum Kochen und Beleuchten reichen. Für Kleidung sorgte die Stiftung nach Bedarf.[10]

Die Stiftung, die immer noch besteht, finanzierte das Armenhaus aus der Verpachtung des umfangreichen Landbesitzes der von Hake. Zudem verlieh sie Geld und konnte durch die Zinsen weiter anwachsen.[11]

Über 250 Jahre waren die Kammern des Armenhauses belegt. Dechant Deilmann vermutete 1932, dass der Großteil der Armen, die dort wohnten, Frauen gewesen seien – zumindest in den letzten Jahren war dies der Fall.[12] Häufig wurden die Vorgaben der Armenstiftungen von den Verwaltern großzügig ausgelegt, um jemanden zu unterstützen. So lebte beispielsweise 1750 im Havixbecker Männerarmenhaus eine 30-jährige Witwe mit ihren zwei Kindern.[13]

Im 20. Jahrhundert war das Hakehaus baufällig. Die letzten Bewohnerinnen zogen in das Marienhospital, das ebenfalls Bedürftige aufnahm. Das Haus wurde saniert und erhielt einen neuen Verwendungszweck: 1929 wurde ein Jugendheim im Hakehaus eröffnet. Dies versuchten die Nationalsozialisten wenige Jahre später auszunutzen. Mit dem Hinweis, dass die Stiftung mit dem Jugendheim nicht mehr ihrem eigentlichen Zweck nachkäme, planten sie den Stiftungsbesitz einzuziehen. Doch da Dietrich von Hake in seinem Testament nur eine Stiftung für die Armen verfügt hatte, konnte die Beschlagnahmung verhindert werden.[14]

## 16
### Schloss Nordkirchen

# Der verlorene Thron – eine Kulturgeschichte des stillen Örtchens

Bauzeit: 1708–1712

Ein minutiöses Protokoll bestimmte Ende des 17. Jahrhunderts den Tagesablauf im französischen Schloss Versailles (Bauzeit 1661–1682). Das Leben am Hof Ludwigs XIV. war ganz auf den Sonnenkönig ausgerichtet. Sogar sein Gang zur Toilette gehörte zum Zeremoniell und wurde von Günstlingen begleitet. Der Sonnenkönig thronte auf einem beweglichen Leibstuhl, der mit grünem Velours gepolstert war. Ein verzierter Topf fing die königliche Notdurft auf.[1] Anschließend wurde sie von den Leibärzten begutachtet, dann trug die Dienerschaft den Topf durch das Schloss zu einer der Sickergruben im Schlossgarten.

274 Leibstühle soll es zu seiner Zeit in Schloss Versailles gegeben haben – bei weitem nicht genug für den riesigen Hofstaat des Sonnenkönigs.[2] Liselotte von der Pfalz beschreibt 1702 in einem Brief die Folgen dieses Mangels: „An eine schmutzige Sach kann ich mich hier am Hof nicht gewöhnen, nämlich dass alle Leute in den Galerien vor unseren Kammern in alle Winkel p ... und dass man nicht aus seinem Appartement gehen kann, ohne jemandes p ...

Abb. 1: Schloss Nordkirchen mit Blick von Nordosten. An der Schmalseite des Mittelbaus verläuft der Abwasserschacht im Mauerwerk zwischen der ersten und zweiten Fensterachse von Norden.

zu sehen."[3] Das Problem löste sich auch Mitte des 18. Jahrhunderts nicht, als die Örtlichkeiten modernisiert wurden. Erst jetzt wurden fest installierte Toiletten und Ableitungen für Abwasser in das Prunkschloss eingebaut.[4]

Schloss Nordkirchen, das „westfälische Versailles", verfügte dagegen von Anfang an über diesen Komfort. Der münsterische Fürstbischof Friedrich Christian von Plettenberg hatte 1694 das alte Schloss Nordkirchen von der Familie von Morrien abgekauft. Am 13. Juni 1703 legte er den Grundstein für einen kompletten Neubau. Baumeister Gottfried Laurenz Pictorius errichtete in einem beachtlichen Tempo das neue Schloss. Schon 1712 war das Hauptgebäude auf der Schlossinsel fertig. Es bestand aus einem Mittelbau, der von zwei zurückgesetzten, kurzen Seitenflügeln flankiert wurde.[5] Die Zwischenpavillons, die nun die Nebenflügel mit dem Haupthaus verbinden, stammen erst aus dem frühen 20. Jahrhundert.

Die Repräsentationsräume des neuen Schlosses lagen im Erdgeschoss des Mittelbaus. Hinter dem Gartenrisalit – dem leicht vorspringenden Bauteil – befindet sich der große Saal, in dem die Schlossherren Feste feierten. Nach Osten schließen zwei größere Zimmer mit jeweils zwei Fenstern an. Das letzte Fenster der Gartenansicht gehört zu

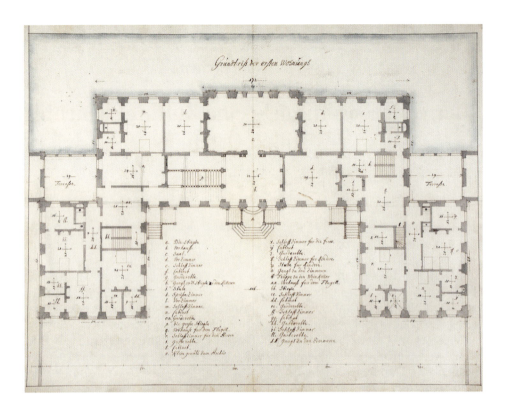

Abb. 2: Generalplan des Schlosses von 1703, Erdgeschoss. Die Toiletten sind als schwarze Punkte eingezeichnet.

einem Kabinett. In dieser Fensterachse, angrenzend an das Kabinett, befand sich ursprünglich eine der Toiletten des Schlosses. Im Grundriss von 1703, dem Generalplan, ist sie als schwarzer Punkt eingezeichnet. Der Toilettenraum ist nicht mehr erhalten, dort befindet sich inzwischen ein Fahrstuhl.

Wie die Toilette, die auch als Heimlichkeit oder Secret bezeichnet wurde, ausgesehen hat, ist unbekannt. Möglicherweise hatte sie einen Sitz, der ähnlich wie der Leibstuhl Ludwigs XIV. gepolstert war. Doch hatte die Heimlichkeit keinen Topf, sondern einen Abfluss. Die Notdurft verschwand in einem Abwasserschacht, der in der Außenmauer der Schmalseite zwischen dem ersten und zweiten Fenster verborgen war. Zwei Toiletten im Ober- und Kellergeschoss waren ebenfalls angeschlossen. Der Schacht endete in der Gräfte des Schlosses unterhalb des Wasserspiegels. Nach oben reichte er hoch bis zum Dach. Dort wurde er durch eine Öffnung belüftet. Durch dieselbe Öffnung floss das Regenwasser aus der Dachrinne ab und reinigte auf dem Weg nach unten den Schacht. Belüftung und Wasserspülung halfen, Gestank im Schloss zu vermeiden.[6] In den Seitenflügeln, die nicht direkt am Wasser standen, verbanden gemauerte Abflusskanäle unterhalb des Bodenniveaus die Abwasserschächte mit der Gräfte.[7]

Dieses Entsorgungssytem war für das Kreisgebiet eine Neuheit. Das alte Schloss hatte Aborte, wie sie etwa bei Burg Vischering oder Haus Havixbeck noch zu entdecken sind. Die Aborte waren als Erker an der Außenmauer angebracht. Statt eines Abflussschachtes hatten sie ein Loch, durch das die Notdurft im besten Fall in den Burggraben fiel oder sonst an der Außenwand entlang nach unten lief.

In den meisten Bauernhäusern des Kreisgebietes gab es bis ins 20. Jahrhundert keine Toiletten im Gebäude. Lange galt der Misthaufen als Örtchen. Dann wurden im 19. Jahrhundert vermehrt und schließlich gesetzlich verordnet Plumpsklos in kleinen, meist separaten Häuschen gebaut. Es waren einfache Örtchen mit einem Sitzkasten aus Holz und einem Loch, das mit einem Deckel verschlossen wurde. „An verschiedenen Orten fand ich, daß die Sitzfläche des Klos eine Abstufung um die Hälfte der Höhe nach unten hatte, die Öffnung in der tiefer liegenden Stufe war auch kleiner, diese Einrichtung diente als Kinderklo", beschrieb der Volkskundler Ernst Langenbach die „Schiethüsken" in Westfalen.[8] Stroh, Blätter und Zeitungen dienten der Reinigung. Toilettenpapier kam erstmalig im letzten Viertel des 19. Jahrhunderts auf den Markt – sogar schon in Rollenform –, doch fand es gerade auf dem Land wenig Absatz.[9]

Auch die Einführung von Wasserklosetts war im Gegensatz zu den Großstädten verzögert. Der Hof Rabert, der nun das Sandsteinmuseum beherbergt (Kap. 26), erhielt 1930 einen modernen Anbau mit Kuhstall und Innenklo – allerdings immer noch in Form eines Plumpsklos.[10] Dabei war die erste Wasserspülung schon im 16. Jahrhundert entwickelt worden. Queen Elisabeth I. besaß einen Topf mit Spülung und zusätzlicher Kammer zur geruchsfreien Aufbewahrung. Aber erst mit dem Bau der Kanalisationen – der in den Großstädten zur Verringerung der Seuchengefahr, insbesondere der Cholera, schon im 19. Jahrhundert begann – wurde das Wasserklosett wirklich inte-

Abb. 3: Burg Vischering. Blick von Norden. Der Schacht unter dem Abort ist eine Zutat des 20. Jahrhunderts.

ressant.[11] Im Kreisgebiet entstanden die ersten Kanalisationsteile in den Jahren vor und während des Ersten Weltkrieges. So wurde in Nordkirchen 1911 mit dem Bau der unterirdischen Abwasserentsorgung begonnen. Und in Dülmen grub 1915 das Arbeitskommando „Gymnasium", das aus 80 französischen Kriegsgefangenen bestand, Teile der Kanalisation in der Innenstadt.[12]

An die ersten Kanalisationen waren bei weitem nicht alle Ortsteile angeschlossen. In Olfen begann 1959 ein langwieriger Streit um den Ausbau des Systems. Dem Gemeinderat war die Angelegenheit zu teuer.[13] Der Nordkirchener Ortsteil Capelle erhielt überhaupt erst nach dem Zweiten Weltkrieg eine Kanalisation. Im Zuge einer Erweiterung des Nordkirchener Systems wurde auch das Schloss angeschlossen, das zuvor eine eigene Anlage genutzt hatte.[14]

## 17

### Johannis-Kirchplatz, Billerbeck

# Vom Hof zum Platz

Bebauung: ab dem 15. Jahrhundert

„... da bey Westen und Nordwesten Winden, bey welchen die Dünste am stärksten hervor zu treten pflegen, alle etwa schädlichen Dünste aufs freye Feld hinaus fliegen...", hielt der Billerbecker Richter und Obervogt Johann Bernhard Reinhartz es im Dezember 1776 nicht für zwingend notwendig, den Friedhof, der um die Johannis-Kirche lag, zu verlegen.[1] Mit der Aufklärung hatte sich das Verhältnis zum Bestattungsplatz verändert. Jahrhundertelang war es üblich gewesen, die Toten um die Kirche herum zu bestatten. Dies entsprach dem Bedürfnis, im Tod möglichst den Reliquien der Kirche nah zu sein, um dadurch im Fegefeuer weniger Qualen zu erleiden. Im 18. Jahrhundert wurden die innerörtlichen Friedhöfe dagegen von den gebildeten Schichten als unordentlich, unhygienisch und gesundheitsgefährdend angesehen. Insbesondere die Dämpfe, die vermeintlich von den Gräbern aufstiegen, wurden als krankheitserregend wahrgenommen.[2]

Der Kirchhof war während des letzten Drittels des 18. Jahrhunderts in einem schlechten Zustand, was der damalige Pfarrer auf den Siebenjährigen Krieg (1756–1763) zurückführte. Seither sei der Kirchhof nicht mehr verschlossen gewesen. Schweine, Kühe und Pferde,

Abb. 1: Johannis-Kirchplatz. Südwestliche Bebauung. Das rote Fachwerkhaus gehörte dem Bürgermeister.

die frei im Ort herumliefen, würden darauf weiden. Ihr Mist und der menschliche Unrat sowie die Nutzung der über den Kirchhof führenden Straße entweihe den Kirchhof.[3] In Billerbeck hatte sich zudem die Bevölkerungszahl vermehrt, weshalb auch mehr Bestattungen stattfanden. Im Jahr 1800 dürften auf beiden Kirchhöfen – auch bei der alten Ludgerikirche gab es einen Friedhof – zusammen um die 150 Personen begraben worden sein. Damit war die Ruhezeit für eine vollständige Verwesung zu kurz. Auch dies wurde als medizinisch bedenklich wahrgenommen.[4]

Nichtsdestotrotz war der Kirchhof ein so beliebter Wohnort, dass der Bürgermeister Anton Boemer dort ein Haus baute. An dessen Stelle hatte spätestens seit dem 16. Jahrhundert ein Speicher gestanden. 1772 erhielt der Bürgermeister vom Kirchspiel die Erlaubnis, beim Neubau einen Teil des Vikariendurchgangs, einem der vier Zugänge zum Kirchhof, zum Teil zu überbauen. Sieben Fuß – etwas mehr als zwei Meter – sollten frei bleiben.[5] Das eingeschossige, traufständige – mit dem First parallel zum Platz stehende – Fachwerkhaus ist inzwischen mit rotem Backstein ausgefacht. Die Jahreszahl 1777 steht über dem Tor. Rechts daneben befand sich die Schule für Knaben, die auch „Meisterschule" genannt wurde. Der Unterrichtsraum war im Erdgeschoss, im Obergeschoss wohnte der Lehrer. Das Gebäude stammt

Abb. 2: Blick von Osten. Der Durchgang an der Nordwestecke war bis 1803 durch einen Torbogen besetzt.

im Kern aus dem Jahr 1658 und war auf Anordnung des Fürstbischofs von Galen für über 500 Taler gebaut worden, da der Vorgängerbau – eine Schule gab es dort schon seit dem 14. Jahrhundert – baufällig war.[6] Lange waren auch die Mädchen dort unterrichtet worden, doch 1712 erhielten sie eine eigene Schule auf der Ostseite des Kirchhofes.[7] Ab 1897 war dann auch die Landwirtschaftliche Winterschule dort angesiedelt.

Die Nähe zwischen Lebenden und Toten war nicht neu. Bereits zur Zeit der Christianisierung dürften die Menschen des Kirchspiels auf dem Platz um die erste Kirche, die schon vor 800 bestanden haben dürfte, Gräber angelegt haben.[8] 1808 wurde dann doch ein neuer Friedhof außerhalb der Stadt angelegt. Zu dieser Zeit gehörte Billerbeck zum Großherzogtum Berg und zum französischen Einflussbereich. Napoleon hatte bereits 1804 ein Dekret erlassen, welches Bestattungen innerhalb von Stadtmauern untersagte. Wigbold und Kirchspiel Billerbeck pachteten nun ein etwa 16 Hektar großes Gelände vom Rheingrafen Salm-Grumbach. Gelegen am Wendelskamp vor dem Mühlentor war es über 400 Meter von den beiden Kirchen entfernt. Aus finanziellen Gründen wurde die Hälfte des Geländes weiterverpachtet.

Dies wurde der Stadt zum Verhängnis, als 1811 die „Rote Ruhr" in Billerbeck grassierte. Aufgrund der vielen Todesfälle war zwei Jahre später der „im November 1808 angelegte neue Kirchhof außerhalb des Wiegbolts ... bereits so angefüllt, daß kaum mehr vier Leichen auf demselben begraben werden können. Die ersten Gräber wieder zu eröffnen [!] würde wegen der Kürze der Zeit gefährlich und gegen die Anständigkeit seyn. Es bleibt daher kein anderer Weg übrig als auf den alten Kirchhöfen, die zwar im Wiegbolt aber doch an den äußersten Grenzen desselbigen, und von einer Seite offen liegen, einstweile die Beerdigung der Reyhe nach fortzusetzen, wenn der noch übrige kleine Raum des neuen Kirchhofes angefüllet ist."[9] Das Schreiben des Billerbecker Pfarrers beantwortete der preußische provisorische Landrat des Bezirks Steinfurt, zu dem Billerbeck temporär gehörte. Er verfügte, dass das weiterverpachtete Land genutzt werden sollte.

Auf dem Kirchhof der Johannis-Kirche kam es zu keinen Bestattungen mehr. Auch das Beinhaus wurde abgebaut. Hatte schon vor 1800 der Bürgermeister hier ein Haus besessen, zogen jetzt mehrere Kaufleute und der Jägermeister Caspar Borgmeyer an den Platz. Ab 1812 betrieb Anton Leyers am Platz einen Kolonialwarenladen und verkaufte Kaffee, Zucker, Zichorien, Tabak, Pfeffer und Reis.[10] Mehrere Häuser erhielten im Laufe des Jahrhunderts eine massive Fassade und 1859 wurde neben der Mädchenschule ein weiteres Schulgebäude erstellt.

Die ursprüngliche Nutzung blieb aber noch lange im Gedächtnis. Als anlässlich des 1100-jährigen Jubiläums des Todestages des heiligen Liudger Buden auf dem Kirchplatz aufgestellt werden sollten, protestierten die Anwohnerinnen und Anwohner sowie die Geschäftsleute, da „unsere Ahnen und Vorahnen auf demselben" ruhten.[11]

Knapp 50 Jahre später war ihre Ruhe wieder in Gefahr. Diesmal war geplant, eine Tankstelle auf dem Johannis-Kirchplatz zu bauen. Der Vorsitzende des Heimatvereins Leiers schrieb einen Brandbrief an die Stadtverordneten, den Bürgermeister, den Westfälischen Heimatbund und das Landesdenkmalamt in Münster und sprach sich dringlich gegen das Vorhaben aus. Ihm ging es

Abb. 3: Johannis-Kirche. Blick von Südosten. Langhaus und Chor wurden 1234 geweiht.

aber nicht um den ehemaligen Friedhof, sondern um die kulturhistorische Bebauung.

Ob es allein der offene Brief war, der das Bauvorhaben stoppte, ist nicht mehr zu klären, in jedem Fall wurde die alte Ringbebauung des Platzes gerettet. Zwei weitere Male drohte ein Abriss. 1986, nach dendrochronologischen Untersuchungen der Bausubstanz, wurde das Ensemble unter Denkmalschutz gestellt.[12] Die älteste erhaltene Baustruktur, Hausnummer 6/7 stammt im Kern aus dem Jahr 1492.[13]

Inzwischen wurden die damals zum Teil maroden und verlassenen Gebäude liebevoll saniert. Der Johannis-Kirchhof ist seither eine beliebte Filmkulisse für Historienfilme.

## 18

**Stiftsplatz Nottuln**

# Ein barockes Ensemble

Bauzeit: ab 1748

Verheerend wütete das Feuer am 3. Mai 1748 in Nottuln. Mit der einzigen Wasserspritze, die es in Nottuln gab, vermochten die Dorfbewohner das Feuer nicht zu stoppen. Sie war am Eingang zum Dorfkern aufgestellt, an allen anderen Brandherden konnte nur mit Löscheimern gegen die Flammen gekämpft werden. Schon bald erkannte Amtmann Otto Henrici, der für die Stiftsdamen die weltlichen Rechts- und Geldgeschäfte pflegte, dass die Löschversuche vergebens waren.

Nun galt es zu retten, was zu retten war. Henrici eilte mit zwei Knechten zur Abtei und warf alle fassbaren Unterlagen in Säcke. Mit gefüllten Beuteln schickte er die Knechte los. Sie kamen nicht wieder. Vermutlich versuchten sie nun, ihre eigenen Habseligkeiten aus dem Bauhaus zu retten. Henrici hastete weiter. Zum Hospital, zur eigenen Amtsstube in der Amtmannei und schließlich in die Kirche St. Martinus. Auch sie drohte von den Flammen verschlungen zu werden. Vom Damenchor – dort befindet sich nun die Orgel – barg er mit der Unterstützung einiger aus Appelhülsen hinzugeeilter Helfer das kostbare Urkundenarchiv des Stiftes.

Henricis Mühen zahlten sich aus, ihm ist es zu verdanken, dass das Stiftsarchiv erhalten blieb. Binnen zwei Stunden zerstörte der „Große Brand" rund 240 Häuser. Die Abtei war in Schutt und Asche gelegt, zwölf Kurien – die Wohngebäude der adeligen Stiftsdamen – waren niedergebrannt. Der Kirchturm und das Kirchdach waren zerstört, die Wirtschaftsgebäude des Stifts verloren.[1]

Fünf Tage später traf ein Gremium der Nottulner Stiftsdamen in dem vom Feuer verschonten Dechantinnenhaus den Beschluss, „daß die Mühle und Backhaus, auch Ambtmanns Haus aufgebauet und nach darüber machender Verordnung eingerichtet werden mögte und müßte."[2] Es sollten somit zuerst die wirtschaftlich entscheidenden Gebäude wieder aufgebaut werden. Für das Stift bedeutete die Zerstörung eine schwere finanzielle Belastung. Die Wirtschafts- und Stiftsgebäude, so etwa die Abtei, mussten aus dem Vermögen des Stiftes errichtet werden. Im gesamten Hochstift Münster wurde deshalb eine Kollekte zugunsten des Stifts gehalten und die Stiftsdamen sandten Briefe mit der Bitte um Spenden an adelige Familien im ganzen Reich – sogar der König in Polen erhielt einen Brief.[3]

So sehr die Zerstörung des Stiftes und des Dorfes die Stiftsdamen und insbesondere die Dorfbevölkerung, die zum Teil erst Jahre später mit dem Wiederaufbau begann, vor schwere Zeiten stellten, so bot sie gleichzeitig auch die Chance einer ganz neuen Gestaltung des

Abb. 1: Die Droste-Sendensche Kurie am Stiftsplatz in Nottuln beherbergt nun die Gemeindeverwaltung.

Abb. 2: Droste-Sendensche, Recksche – oder Äbtissinnen – sowie Kettelersche Kurie (Stiftsplatz 8, 7 und 6)

Stiftsbezirkes.[4] Vor dem Feuer hatten sich die Gebäude auf engstem Raum zwischen der Südseite der Kirche und Nonnenbach, der damals einfach als Beke – Bach – bezeichnet wurde, zusammengedrängt. Die Abtei hatte direkt südlich an den Chor angeschlossen. Vor dem Seitenschiff lag der Friedhof, an den ein kurzer Kreuzgang grenzte. An der Nordseite erhob sich das Dormitorium, der Schlafraum – Dormiter oder Deventer genannt –, der nach dem Feuer verkleinert wiedererrichtet und schließlich 1870 abgerissen wurde. Auf dem verbleibenden Gebiet zwischen Nonnenbach und Kreuzgang lagen ungeordnet die Kuriengebäude. Die Wirtschaftsbauten befanden sich hinter der Amtmannei.[5]

Den Auftrag für den Wiederaufbau und die Neugestaltung erhielt der Münstersche Oberlandingenieur Johann Conrad Schlaun, der für seine Bauten im Münsterland – und darüber hinaus – berühmt ist. Schon wenige Tage nach dem Brand kam Schlaun gemeinsam mit dem Maurermeister Rettenbach und dem Zimmermeister Schmitz nach Nottuln – ein Spesenbeleg im Rechnungsbuch des Stiftes gibt darüber Auskunft. Bald darauf legte er einen Sicherungsplan für die Kirche vor – die kurz darauf durch den Einsturz der östlichen Giebelwand weiter in Mitleidenschaft gezogen wurde – und einer seiner Mitarbeiter erstellte eine genaue Vermessung des Stiftsbezirks.[6]

Seine Neugestaltung sah eine Ausweitung und Entzerrung des Geländes vor. Statt die Bauten wieder direkt vor dem Seitenschiff zu errichten, setzte er die Kurien auf die andere Seite des Nonnenbaches. Der Platz davor blieb frei und wurde durch die immer noch bestehende „Große Allee" gegliedert. Die Linden wurden allerdings erst viel später gepflanzt. Geldsorgen – trotz der zahlreichen Spenden genügte das Kapital nicht – brachten die Pläne ins Stocken oder ließen sie wie im Fall der Abtei ganz scheitern.

Die Kurien waren davon nicht betroffen. Sie wurden durch die Familien der Stiftsdamen finanziert. So steht über dem Portal der Aschebergschen Kurie (Stiftsstraße 4), die 1750 errichtet wurde, auf lateinisch die Inschrift: „Mit helfender Güte Gottes hat dieses Haus seiner und der zukünftigen Nachkommenschaft errichtet Ernst-Friedrich von Ascheberg."

Die Kurien auf der anderen Seite des Nonnenbaches sind mit ihren großzügigen Traufseiten zum Platz ausgerichtet. Die Trennung durch das Gewässer überwinden jeweils eigene Bogenbrücken, die im Fall der Äbtissinnen- und der Kettelerschen Kurie direkt auf die Mittelachse der Bauten stoßen. Während die Fassaden der Bauten keine übermäßige barocke Opulenz aufweisen, sind die Wappen, die die Eingangsportale betonen, mit für den Barock typischen geschwungenen Wappenkartuschen versehen. Sie geben zusätzlich Auskunft über die Adelsfamilien, die die Kurien für ihre Töchter und Verwandten errichten ließen.

Wer die Schlaunschen Bauten im Münsterland genauer anschaut, kann gerade im Inneren, an Treppengeländern, Türen und Kaminfassungen, Gemeinsamkeiten erkennen. Schablonen und Profilhobel wurden für mehrere Aufträge verwendet.[7]

Auch der Kirchturm fügt sich in die neue Gestaltung ein. Seine Turmhaube, die noch erhalten ist, wird als welsche Haube bezeichnet. Gerade in Süddeutschland ist sie häufig zu sehen. Im Kreisgebiet mit den vielen neogotischen Kirchen ist sie inzwischen dagegen eine wahre Besonderheit. Das Meisterwerk

Abb. 3: Die Bauten sind auf den Platz jenseits des Bachs ausgerichtet. Im Hintergrund die Aschebergsche Kurie

Abb. 4: St. Martinus, Nottuln. Langhaus und Chor stammen größtenteils aus dem 15. Jahrhundert.

der Zimmermannskunst wurde 1755 von Zimmermeistern aus Werl und Hamm hergestellt, die ihren Entwurf vorher Schlaun hatten präsentieren müssen.[8]

Nicht nur der Stiftsplatz trägt Schlauns Handschrift. Auch die Amtmannei, die inzwischen als „Alte Amtmannei" bezeichnet wird, geht auf Schlaun zurück.

## 19
## Schloss Varlar, Osterwick, Rosendahl

# Neue Herrschaften

Umbau: 1828, 1868

Eine schmale Brücke, hinter der sich ein Tor mit steinernen Pfeilern erhebt, führt im Nordosten auf die Insel, auf der das Schloss Varlar liegt. Doch handelt es sich nicht um einen der typischen umgräfteten Herrensitze des Münsterlandes. Für die längste Zeit – fast 700 Jahre lang – war die Anlage kein weltlicher Herrschaftssitz, sondern ein Kloster.
1123 stiftete Graf Otto von Cappenberg auf dem Haupthof Varlar, der vermutlich schon die Gräfte besaß, ein Prämonstratenserkloster.[1] Anfangs nahm das Kloster Männer unabhängig von ihrem Stand und ihrer Bildung auf, doch schnell entwickelte es sich zu einem Adelskloster mit wachsendem Grundbesitz. Zur Anlage gehörte ein Wirtschaftshof, auf dem immer noch ein landwirtschaftlicher Betrieb angesiedelt ist. Auch dieser Bereich war wahrscheinlich von einer Gräfte umgeben. Nur über diesen war die Hauptinsel zu erreichen. Im 18. Jahrhundert sicherte ein zweigeschossiges Torgebäude den Übergang. Die nördliche Brücke gab es noch nicht.
Zu dieser Zeit lag das Hauptgebäude auf der Ostseite der Insel. Es war eine Vierflügelanlage, die vermutlich im Innenhof einen Kreuzgang besaß. Im Süden war dem Gebäude ein weiterer,

Abb. 1: Ein Leopard (links) und gekrönter Löwe halten den mächtigen Wappenschild der Salm-Horstmar.

langgestreckter Flügel angefügt, der bis an das Westende der Insel reichte. Dieser Flügel ist in veränderter Form bewahrt. Er bildet nun mit dem westlichen Trakt der Vierflügelanlage das L-förmige Schloss.
Im Norden erhob sich die Klosterkirche, die vermutlich über das Querhaus mit der Vierflügelanlage verbunden war. Ein kleiner Friedhof lag neben der Kirche. Zwei weitere Gebäude säumten den Nordrand der Insel.[2]
Anfang des 19. Jahrhunderts verließen die Prämonstratenser die Insel. Das Kloster war aufgelöst worden und im Münsterland nahmen neue Herrschaften ihren Einzug. Begonnen hatte diese Entwicklung mit dem Ausbruch der Französischen Revolution 1789. Voller Sorge betrachteten die Adeligen im restlichen Europa und in Russland den Umsturz. Sie fürchteten, dass die Revolution auch ihre Länder erreichen könnte. Die beiden mächtigsten Könige im Heiligen Römischen Reich, der preußische König und der Kaiser, der gleichzeitig König von Österreich war, erklärten 1791 ihre Unterstützung für den abgesetzten französischen König Ludwig XVI.
Der erste der Koalitionskriege gegen Frankreich begann 1792. Koalitionskriege heißen die bis 1815 in Europa wütenden Konflikte, da immer wieder andere Bündnisse gegen Frankreich kämpften. Im ersten Koalitionskrieg bestand das Bündnis unter anderen aus

Abb. 2: Schloss Varlar, Hofseite. Blick von Nordwesten. 1896 erhielt das Schloss das markante Mansardendach.

Österreich, Preußen und England. Das „Kriegsglück" lag auf Seiten der Revolutionäre. Bereits im Oktober besetzten sie Mainz, dann Aachen. Nach zeitweisen Rückgewinnungen eroberten die französischen Truppen 1794 endgültig die deutschen linksrheinischen Gebiete. Die drei linksrheinischen Kurfürsten von Köln, Mainz und Trier flohen mit ihren Höfen auf die rechte Rheinseite.

Die französischen Besatzer erließen in den Folgejahren Gesetze und Verordnungen, die deutlich machten, dass die gewonnenen Gebiete in den französischen Staat integriert werden sollten. Insbesondere der Adel und die Geistlichen waren von ihnen betroffen, ihre Jahrhunderte alten Privilegien wurden beschnitten. Deshalb entschlossen sich viele linksrheinische Adelige, ihre Ländereien zu verlassen.[3] Zu ihnen gehörte auch der Rheingraf Karl Ludwig Theodor zu Salm-Grumbach, der in Grumbach in der Nähe von Kaiserslautern residierte. Vor die Wahl gestellt, französisch zu werden oder das Gebiet zu verlassen, zog er zu Verwandten auf die Burg Braunfels bei Wetzlar. Er unterstehe schließlich nur dem römisch-deutschen Kaiser, wird zur Begründung in der Familie der Salm-Horstmar erzählt.[4] Dort wurde 1799 Friedrich Carl August geboren, der später der erste Fürst zu Salm-Horstmar sein würde.[5]

Zu diesem Zeitpunkt stand bereits in Aussicht, dass die linksrheinischen reichsunmittelbaren – nur dem Kaiser unterstehenden – Adeligen für die Verluste erblicher Lande entschädigt werden sollten. Schließlich hatten auch die beiden mächtigsten, der preußische und der österreichische König, Gebiete verloren. Geistliche Fürsten erhielten keine Anwartschaft, da diese Fürstentümer nicht erblich waren. Die für die Entschädigung nötigen Lande entstanden durch eine Umverteilung der deutschen Gebiete. Wichtigste Mittel waren dabei die Säkularisierung, also die Verweltlichung von Kirchengut, und die Mediatisierung, die Unterstellung traditionell nur dem Kaiser unterstehender Gebiete unter einen anderen Landesherrn.[6] 1803 wurden die Veränderungen im Reichsdeputationshauptschluss, einem Verhandlungsergebnis eines Sonderausschusses des Immerwährenden Reichstages in Regensburg, festgelegt.

Betroffen war auch das Fürstbistum Münster. Preußen erhielt – wie erhofft – einen großen Teil, der seine zuvor verstreuten Gebiete im westfälischen Raum verband. Da 1803 der Bischofssitz unbesetzt war, gab es keinen Widerstand. Die Rheingrafen Salm-Grumbach erhielten das Amt Horstmar und mehrere säkularisierte Stifte sowie das Kloster Varlar zugesprochen.

Im April 1803 traf die rheingräfliche Familie ein. Karl Ludwig war inzwischen verstorben und so wurde sein vier Jahre alter Sohn Friedrich Carl den Untertanen in Uniform und Degen als neuer Landesherr präsentiert, die ihn widerstandslos akzeptierten. Er sollte nur kurz Landesherr sein. 1806, als das Münsterland auch unter französischen Einfluss geriet (Kap. 20), endete die Herrschaft.[7]

Die Familie zog anfangs in das Jesuitenkloster in Coesfeld, während die Räume des Klosters renoviert und vor allem von nicht mehr benötigtem Mobiliar befreit wurden. Im Münsterischen Intelligenzblatt war deshalb im April 1804 eine Bekanntmachung über eine Versteigerung auf Varlar zu lesen. Zu verkaufen seien die „Glocken, Turmuhre, 3 Altäre, und Kanzel, fort ganz neue Kirchenbänke, Beichtstühle und sonstige Kirchengereitschaften".[8] Die Glocken fanden ihren Weg nach Ibbenbüren, wo zuvor die größere Glocke gesprungen war.[9]

Abb. 3: Die Alte Mühle aus dem späten 18. Jahrhundert trägt das Wappen des letzten Propstes des Klosters.

Auch über den Abriss des Kirchengebäudes aus dem 17. Jahrhundert ist im Intelligenzblatt zu lesen. Im Oktober 1810 wies eine Anzeige auf den Verkauf verschiedener Immobilien hin und bot dabei auch „die Materialien der abzubrechenden Kapelle auf der vom hiesigen [Coesfelder] Viehtor gelegenden Citadelle" sowie „die Materialien der abzubrechenden Kirche zu Varlar" feil.[10]

Zudem wurden der Kreuzgang und drei Flügel der Vierflügelanlage abgerissen. Sie machten Platz für einen Park, der vom verbleibenden Westtrakt aus den Blick auf die Gräfte zuließ. Die vielfach beachtete Ostfassade dieses Traktes schuf der Architekt Adolf Vagedes 1828.[11] Die Hofseite erhielt ab 1868 ihr neues Gesicht. Nun entstand der markante runde Treppenturm im Winkel der beiden erhaltenen Bauteile.[12] Über dem Haupteingang wurde das mächtige Wappenschild angebracht. Stolz verkündet es den Anspruch des Fürstenhauses Salm-Horstmar.

## 20
**Schloss Senden**

# Als Senden zu Frankreich gehörte

Bauzeit: ab dem 15. Jahrhundert

Hinter den Nordfenstern des Herrenhauses birgt das Schloss Senden eine der vielen Besonderheiten des denkmalgeschützten Ensembles. Dort liegt im Erdgeschoss ein Kaminsaal mit einer auffällig verzierten Balkendecke. Stuck überzieht die Unterseite der Dielen des Obergeschosses und die sie tragenden Balken. Während die Kanten der Balken eine wellenartige Verzierung aufweisen, sind auf den Flächen florale Motive zu entdecken. Die Akanthusblätter und Rosetten wiederholen sich detailgetreu, sie wurden offensichtlich mit Hilfe einer Form hergestellt. Möglicherweise waren sie ursprünglich bemalt.

Stuck kam Ende des 16. Jahrhunderts aus Italien nach Nordeuropa. Die Stadt Köln wurde zu einem der deutschen Zentren der Stuckateurkunst. Bis 1770 war dort diese spezielle Form der Deckengestaltung so üblich, dass sie in der Kunstwissenschaft als „Kölner Decke" bezeichnet wird. Im Münsterland ist die Stuckbalkendecke dagegen selten. Die bekannten Exemplare stammen vermutlich von einem einzigen Stuckateur, da sie sich stark ähneln und auch die gleichen Motive vorkommen. Um 1695 fertigte er zum Beispiel eine Decke in der Johanniter Kommende von Steinfurt und kurz nach 1703 erhielten die obere

Abb. 1: Schloss Senden. Herrenhaus. Die Stuckbalkendecke ist einer der Schätze, die das Schloss zu bieten hat.

Halle und der Bereich der Großen Treppe im Schloss Nordkirchen eine Kölner Decke.[1] Aus dieser Zeit stammt auch die Verzierung im Schloss Senden.[2]

Bis vor einigen Jahren war die Zukunft der Anlage mit ihrer Bausubstanz aus fünf Jahrhunderten ungewiss. Doch nun kehrt Stück für Stück neues Leben in das alte Gemäuer. Jüngst ließ der neue Besitzer, der gemeinnützige Verein Schloss Senden, die wertvolle Stuckarbeit durch einen Fachrestaurator sichern, später soll sie wiederhergestellt werden. Das bürgerliche Engagement wird inzwischen durch eine breite Förderung unterstützt. So kann zum Beispiel das schief stehende Mannenhaus gerettet werden. Ziel des Vereins ist es, nicht nur das Schloss für kommende Generation zu erhalten, vielmehr sollen Besucherinnen und Besucher Eindrücke vom Alltagsleben der Menschen bekommen, die früher hier gelebt haben.

Wie anders mag das Schloss Senden zu Beginn des 19. Jahrhunderts ausgesehen haben? Damals wohnte Maximilian Friedrich Freiherr von Droste zu Senden im Schloss. Das Wappen seiner Familie ziert das schiefe Mannenhaus. Der Droste zu Senden war ein vielbeschäftigter Mann. 1809 wurde er der erste Bürgermeister, oder präziser gesagt, „Maire" Sendens.

Inzwischen hatte Europa den vierten Koalitionskrieg gegen Frankreich hinter sich. Napoleon Bonaparte, der seit 1799

Abb. 2: Schloss Senden. Herrenhaus. Blick von Nordosten. Tatkräftige Unterstützung erhielt der Verein Schloss Senden von der Jugendbauhütte der Deutschen Stiftung Denkmalschutz.

Frankreich regierte und sich 1804 zum Kaiser gekrönt hatte, war 1806 in Berlin eingezogen. Das Heilige Römische Reich deutscher Nation war im selben Jahr erloschen und die französische Armee setzte in Münster eine Militärverwaltung ein. Im Juli 1808 wurde der Großteil des Kreisgebietes – auch Senden – zum 1806 gegründeten Großherzogtum Berg geschlagen, an dessen Spitze sich eine Folge von Napoleons Günstlingen abwechselte.[3]

Die Verwaltung des neuen Staates stützte sich auf die einheimischen Beamten. Als kleinste Verwaltungseinheit dienten die Bürgermeistereien, die im Münsterland meist von eingesessenen Adeligen geführt wurden. Eine Wahl der Maires gab es nicht, sie wurden nach französischem Recht, das auch im Großherzogtum Berg galt, aus der Gruppe der wohlhabenden Bürger ernannt. Da sie für ihre Tätigkeit kein Gehalt bekamen, hätten sich Bürger aus anderen Schichten das Amt auch weder zeitlich noch finanziell leisten können.[4]

Der Jahresbeginn 1811 brachte für Maximilian eine ungewöhnliche Amtsaufgabe. Kurz zuvor hatte Napoleon einen großen Teil Norddeutschlands, einschließlich ein paar deutscher Rheinbundstaaten und eines Teils des Großherzogtums Berg mit dem französischen Kaiserreich vereinigt. Er wollte die Kontinentalsperre, die jeglichen Handel mit England verbot, stärken. Da seiner Meinung nach auch der Herrscher im Großherzogtum Berg nicht genug gegen den Schmuggel tat, erweiterte er kurzer Hand seinen direkten Einflussbereich, um eine gut bewachte Zollgrenze von der Nordsee bis zum Rhein zu ziehen. Wasserläufe und Straßen sollten als klare Grenzlinie dienen. So heißt es im Grenzziehungsprotokoll vom 22. Februar 1811: „Die Grenzlinie folgt vom

Rhein aus flußaufwärts der Lippe bis zur Einmündung der Stever oberhalb von Haltern, sodann dieser letzteren flußaufwärts bis zur Einmündung des Dümmerbach genannten Wasserlaufes oberhalb [eigentlich unterhalb] von Senden und führt an diesem entlang bis zum Übergang des Weges von Senden nach Amelsbüren..."5

Diese Grenzziehung bedeutete, dass Senden zum größeren Teil zu Frankreich – auch das Schloss lag nun in Frankreich – und zum kleineren Teil zum Großherzogtum Berg gehörte. Auch Seppenrade war nun Teil von Frankreich – der Droste zu Senden wurde auch dort Maire –, während der Großteil Lüdinghausens in Berg verblieb. Für den Dümmerbach ergab sich die Schwierigkeit, dass umstritten war, um welchen Wasserlauf es sich in Höhe des Hofes Berge – Schulze Tomberge – handelte. Dort trifft der Offerbach auch den Dümmerbach. Erst im April 1812 erfolgte die Einigung, indem „einige in dieser Gegend wohlbekannte, ansässige, bejahrte Leute ... [befragt wurden], um durch ihr Zeugniß zu bestätigen, welcher dieser Bäche der eigentliche Dümmerbach sey ..." Einstimmig erklärten die Befragten, dass der „Bach zur rechten, nemlich, der der vom Bickeböller Kotten herab kömmt, die [!] wahre Dümmerbach sey..."6

Die Zollgrenze brachte auch anderen Ärger mit sich. So musste etwa der Pfarrer, dessen Pfarrhaus sich damals in der Nähe des heutigen Friedhofs in Senden befand, bei jedem Besuch der Kirche über die Grenze am Wohnhaus Palz, das als Zollstation diente, gehen. Zudem schlug sich die Grenze wirtschaftlich negativ nieder. Der Lüdinghauser Maire Joseph Funke hält fest: „Da aus dem französischen Gebiethe kein Holz im Großherzogthum Berg dorfte transportirt werden, so stieg der Preiß des Bau-

Abb. 3: Mannenhaus. Mit ausgewählten Veranstaltungen ist das Schloss ein Teil des Gemeindelebens geworden.

und Brandholzes über ein Drittel und war kaum zu haben. Dagegen konnte man im Kirspel Seppenrade das Brandholz nicht los werden, dadurch manche Colonen [Pächter] sehr in Verlegenheit gerieten."7

Während die Münsterländer die französische Herrschaft mit einem gewissen Gleichmut hingenommen hatten, so waren gerade in Senden viele froh, als nach dem Sieg über Napoleon im Oktober 1813 die Grenze wieder verschwand.

## 21
### Haus Darup, Nottuln

# Der erste Kreis Coesfeld

Umbau: 1830

„Am 15. November 1813 rückten nach dem 18. Oktober selbigen Jahres vorgefallenen Schlacht bey Leipzig hier die ersten Kosaken – ein Pulk von 5 Mann – [ein] und wurden in der Stadt Lüdinghausen auf eine Nacht einquartiert, ihr ungeheueres Essen, und Brandtweintrincken erregte allgemeines Aufsehen", so notierte der Lüdinghauser Maire [Bürgermeister] Joseph Funke in seiner Chronik über die Ereignisse, die zur Neuordnung des Kreisgebietes führten. Die Stadt gehörte seit 1808 zum französischen Großherzogtum Berg. Nach der Niederlage in der sogenannten Völkerschlacht bei Leipzig hatte Napoleon den Rückzug angetreten. Die französischen Beamten, die im Großherzogtum gedient hatten oder die im zu Frankreich gehörenden Teil (Kap. 20) tätig gewesen waren, verließen die Region. Die einheimischen Beamten und Maires wurden am 19. November zu Beamten und Bürgermeistern einer provisorischen preußischen Verwaltung. „Nun erfolgten Proclamationen," vermerkt Funke in der Chronik, „worin ... [die] Unterthanen zur ... Vertreibung der Frömdherrschaft aufgemuntert, ihnen Befreyung von den [!] erlittenen Druck dieser Herrschaft und ständische Verfassung versprochen wurde."[1]

Abb. 1: Haus Darup. Die Glocke auf dem Treppengiebel schlägt zu jeder vollen und halben Stunde.

Mit dem Wiener Kongress, der unter anderem über die Zukunft der während der Koalitionskriege aufgehobenen Territorien entschied, erhielt Preußen 1815 nicht nur die Ländereien zurück, die es nach dem Reichsdeputationshauptschluss (Kap. 19) innegehabt hatte. Vielmehr konnte der preußische König noch weitere Gebiete in Westfalen gewinnen, darunter auch das ehemalige Amt Horstmar mit Coesfeld, das 1803 den Rheingrafen Salm-Grumbach zugesprochen worden war, und die Grafschaft Dülmen, die der Herzog von Croy erhalten hatte.[2]

Im Erbfürstentum Münster hatte es schon 1803 den Versuch gegeben, Landkreise einzurichten. So entstand mit der Verordnung des preußischen Regierungsbezirks Münster vom 10. August 1816 zum zweiten Mal ein Landkreis Lüdinghausen, der Kreis Coesfeld dagegen zum ersten Mal. Kreisstadt wurde Coesfeld. Der Kreis Lüdinghausen mit der Kreisstadt Lüdinghausen umfasste unter anderem Werne, Drensteinfurt und Bork. Zum Kreis Coesfeld zählten Billerbeck, Buldern, Coesfeld, Darfeld, Dülmen, Gescher, Haltern, Osterwick, Rorup und anfangs auch Havixbeck, das 1832 dann zum Kreis Münster geschoben wurde. Diesem waren wiederum Appelhülsen, Bösensell, Nottuln und Schapdetten zugeordnet.

Zum „landräthlichen Commissarius" des neugeschaffenen Kreises Coesfeld, dem

Abb. 2: Blick von Osten. Die erhaltene Gestalt gab Bönninghausen dem Herrenhaus erst um 1830.

die Kreiseingesessenen „in dieser Eigenschaft schuldige Folge zu leisten" hatten, wurde vorläufig der Jurist Clemens von Bönninghausen ernannt.³ Er entsprach den Instruktionen aus der preußischen Regierung, wonach „angesehene, mit dem öffentlichen Vertrauen beehrte, im Kreise angesessene Gutsbesitzer" für das Amt ausgewählt werden sollten. Das Vertrauen der Bevölkerung war entscheidend, denn der Landrat war eine Art Vermittler zwischen der Verwaltung und dem Volk. Seine Zuständigkeit war breit gefasst. Unter anderem berief er einmal im Jahr den Kreistag ein, der aus vier Ständen bestand.⁴ Alle Kreistagsbeschlüsse mussten dann vom Landrat der Regierung vorgelegt werden.⁵

Das bezahlte Amt des Landrats war durchaus begehrt. Der Daruper Bönninghausen konnte sich bei der endgültigen Besetzung gegen zwei Mitbewerber durchsetzen und wurde im März 1817 im Amt bestätigt. In der schmalen Daruper Pfarrchronik vermerkte der Pfarrer: „1815 und 16 fiel hier nichts besonderes merkwürdiges vor, als daß im Sept. 1816 unser jetziger Mitbürger der hier wohnende Freyherr v. Bönninghausen zur höchsten Freude aller Eingesessenen zum Landräthlichen Commissarius des Kreises Coesfeld allerhöchsten Orts ernannt wurde."⁶

Vermutlich dürften sich die Daruper auch darüber gefreut haben, dass sie für ihre Anliegen nicht weit laufen mussten. Ein offizielles Amtsgebäude, in dem er und seine zwei Mitarbeiter – ein Kreissekretär und ein Kreiskopist – arbeiten konnten, gab es nicht und so nutzte Bönninghausen als „Kreis-Stube" – wie andere Landräte in der Provinz Westfalen auch – sein Privathaus.

Bönninghausens Wohnsitz, und damit die Örtlichkeit des ersten Landratsbüros, ist – im Gegensatz zum Wohn- und

Amtshaus des Lüdinghauser Landrats – erhalten. Das gepflegte Herrenhaus des Hauses Darup mit seinem markanten Eingangsbereich ist schon von der Coesfelder Straße aus zu sehen. Der turmartige Erker über dem Eingang war allerdings noch nicht vorhanden, als Bönninghausen hier seine Amtsgeschäfte führte. Eine Zeichnung des Hauses Darup aus dieser Zeit zeigt eine sehr viel einfachere Gestaltung. Ein Satteldach krönte statt des Krüppelwalmdachs das Bauwerk. Die Giebel waren aus Fachwerk und das Dachgeschoss war noch nicht ausgebaut, besaß also noch keine Gaubenfenster. Bönninghausen renovierte das Haus um 1830 und gab ihm seine heutige Gestalt.[7] Zu diesem Zeitpunkt hatte er sein Amt bereits aufgegeben und widmete sich überwiegend der Botanik und der Homöopathie.

Schon während seiner fast sechsjährigen Amtszeit pflegte er seine Interessen nebenher. Den Bürgermeistern seines Kreises teilte er deshalb 1818 per Kurier mit, dass er für die Amtsgeschäfte „nur allein Montags und Donnerstags Morgen von 8 bis 12 Audienz geben und an allen anderen Tagen der Woche niemand sprechen und anhören" könne.[8]

Nicht nur die eingeschränkten Sprechzeiten stellten eine Schwierigkeit für die Bevölkerung dar, auch die Verkehrslage der Kreisstube war ungünstig. Darup lag am Rand des Kreises. Der Weg von Darup nach Coesfeld betrug allein zweieinhalb Stunden. So beantragte Bönninghausen schließlich bei der Provinzialregierung Räumlichkeiten in Coesfeld: „Die Verlegung der Kreis-Stube nach dem Kreis-Orte gewährt übrigens einige Vorteile, die ich jetzt entbehren muß, worunter ich besonders rechne: 1. Eine leichtere und schnellere Correspondenz

Abb. 3: Das repräsentative Ökonomiegebäude von 1909 vereinte die Verwalterwohnung, Stallungen und die Remise.

nach anderen Orten des Kreises. 2. Für Geld zu habende Hülfe an Schreibern, wenn solches nöthig wird, woran hier garnicht zu denken. 3. Eine sichere Aufbewahrung der einkommenden Gelder, die bei meinen häufigen Abwesenheiten oft viel Unruhe machen."[9]

Dem Antrag wurde stattgegeben. Auch war die Regierung in Münster einverstanden, dass Bönninghausen weiter in Darup wohnte, sofern er einen Tag pro Woche in Coesfeld sei. Seiner Bitte, nur an diesem Tag für persönliche Gespräche zur Verfügung zu stehen, lehnte sie ab. Es stehe jedem frei, an den Werktagen dem Landrat auch auf seinem Landgute ein Anliegen vorzutragen.[10]

Die 1819 angemieteten Büroräume dienten auch seinem Nachfolger. 1868 wurde Bönninghausens Sohn August zum dritten Landrat des Kreises ernannt. Er kaufte daraufhin ein Wohnhaus in der Coesfelder Großen Viehstraße. In vier Zimmern im Erdgeschoss richtete er das neue Landratsbüro ein. Erst 1891 erwarb der Kreiskommunalverband das erste dienstliche Landratsgebäude.[11]

## 22

### Schloss Westerwinkel, Herbern, Ascheberg

# Ein Schloss und sein Garten

Bauzeit: 1663–1669

Schloss Westerwinkel in Herbern und Schloss Lembeck in Dorsten gehören der Grafenfamilie von Merveldt. Beide Schlösser entstanden in der zweiten Hälfte des 17. Jahrhunderts, als die ersten barocken Architekturformen in dieser Region ausgeführt wurden. Zu ihrer Bauzeit waren die Häuser noch im Besitz verschiedener Familien, denn Lembeck wurde von den Freiherren zu Westerholt erbaut. Dennoch gab es familiäre Verbindungen zwischen den beiden Geschlechtern, da Theodor Hermann von Merveldt 1649 Anna Sophia von Westerholt zu Lembeck geheiratet hatte. Vielleicht erklärt diese Verbindung die Parallelen in der Architektur, die besonders an den annähernd quadratischen Turmpavillons der Haupthäuser deutlich werden.[1]

In Westerwinkel besetzen vier dieser Pavillons die Ecken einer geschlossenen Vierflügelanlage. Sie wirken gedrungen und unterstreichen den kastellartigen Eindruck des Haupthauses. Sie ragen direkt aus dem Hausteich, der das Haupthaus und die Vorburg, die auf einer eigenen Insel ruht, umgibt. Die schiefergedeckten Turmhelme wurden Anfang des 19. Jahrhunderts ersetzt. Ursprünglich leitete ein achtseitiger Aufsatz zu einer Kugelform über, die

Abb. 1: Schloss Westerwinkel. Haupthaus. Die durchlaufenden Gesimse dienen als Wasserschlag.

mit einer Laterne bekrönt war. In Lembeck sind ganz ähnliche Turmhauben – der Begriff Haube verrät eine gerundete Turmform – erhalten.

Auffällig ist, dass die Außenansicht des Haupthauses kaum Bauzier aufweist. Einziges Schmuckelement sind die typisch münsterländischen Fensterläden, die jeweils den unteren Teil der Kreuzstockfenster begleiten. Die Strenge des Baus wurde ursprünglich durch eine Bemalung gemildert. In den 1960er-Jahren war es bei einer Erneuerung des Putzes nicht möglich, die Bemalung zu rekonstruieren.

Die Zurückhaltung wird an der Nordseite gebrochen. Dort öffnet sich der Baukörper, ein rundbogiges Tor erlaubt die Einfahrt zum Innenhof. Eine aufwendig gegliederte Portalanlage ziert diese Öffnung. In ihrem gesprengten Dreiecksgiebel – das Dreieck ist nicht komplett geschlossen – befindet sich das Ehewappen der von Merveldt und von Westerholt. Die Jahreszahl 1668 und der Spruch *Soli Deo Gratia* – Gott allein sei die Ehre – steht über dem Eingang. Anders als in Lembeck, das etwas später – um 1674 bis 1679 – errichtet wurde, führt allerdings keine Sichtachse, die zum Ideal des barocken Schlossbaus gehört, vom Hauptportal über die Vorburg in den Schlosspark. Auch befindet sich das Portal nicht in der Mitte der Nordfassade und entspricht damit nicht dem barocken Streben nach Symmetrie.

Abb. 2: Blick von der Garteninsel auf die Westseite des Haupthauses

Schloss Westerwinkel ist noch ein Vertreter des Frühbarocks, bei dem noch nicht alle typischen Merkmale des Stils vorhanden sind.

Eine dritte Insel liegt längs der Vorburg und des Haupthauses. Sie beherbergte einst einen barocken Garten. Ein undatierter Plan zeigt geometrisch angelegte Beete und eine Sichtachse, die zwischen einem Gartenpavillon – er trägt den französischen Namen „La Solitude" (die Einsamkeit) – und dem Haupthaus vermittelt. Auch südlich des Schlosses lag ein formaler Garten. Von den Gärten ist nichts mehr zu sehen, nur die Bäume an der Nord-Süd-Achse, die zwischen dem Baukomplex und der Garteninsel verläuft, zeugen noch von der Ausführung dieses Plans.

1817 war der Gärtner Franz Hüsemann in Westerwinkel angestellt. Er wohnte wie die Gärtner zuvor in einer Wohnung in einem der „Neuen Häuser", die etwa 400 Meter vom Schloss entfernt lagen. Die andere Wohnung im Haus bezog der Schmied. Weitere Bedienstete des Schlosses lebten in den anderen Häusern. Unter ihnen der Jäger, ein Schneider und ein Zimmermann.[2] Für 1823 findet sich in der Personalakte des Gärtners der Hinweis, dass der Garten eine große „Verwilderung" aufweise.[3] Der Garten war zu groß, um von einer Person gepflegt zu werden. 1835 wurde dem Hofgärtner und Inspektor Popp die Verantwortung für den Garten übertragen. Hüsemann scheint zu diesem Zeitpunkt bereits im fortgeschrittenen Alter gewesen zu sein. Er sollte den Joseph Roers, den Sohn des Jägers, anlernen, der auch bei ihm Kost erhielt, aber weiterhin bei seinem Vater wohnte.

Zu den Aufgaben der Gärtner gehörte nicht nur die Pflege des Ziergartens, sondern auch die der Nutzpflanzen. Dass der Obergärtner bemüht war, neue Kenntnisse anzuwenden, zeigt ein Schreiben des Oberrentmeisters Friese an den Graf von Merveldt aus dem Jahr 1842. Darin berichtete Friese, dass Popp in Westerwinkel Kartoffeln anbauen wolle. Er habe dafür Mist auf den Roggenkamps fahren lassen – die Versuche fanden also nicht im herrschaftlichen Schlossgarten statt. Friese sah das Vorhaben allerdings kritisch. Die errechneten Kosten für den Eigenanbau seien hoch. Für die 33 Taler, die benötigt würden, könnten 15 Malter Kartoffeln gekauft werden. Der Graf entschied sich zumindest langfristig für den Anbau, der seit 1844 nachzuweisen ist.[4]

Mitte des 19. Jahrhunderts kam der Lembecker Gärtner Filbry nach Westerwinkel. Er hatte um seine Versetzung gebeten, da seine Frau krank war und ein Umgebungswechsel der Heilung förderlich sein sollte. In seinem Vertrag wurde neben dem jährlichen Lohn von 40 Talern auch festgehalten, dass er zehn Prozent des Erlöses aus dem Verkauf des Gemüses erhielt. Statt in Münster zu verkaufen, zog Filbry es vor, seine Ware in Herben und in Werne auf dem Wochenmarkt am Donnerstag feilzubieten. Spargel und Wurzeln ließen sich gut verkaufen, Kopfsalat dagegen nicht.

Filbry stand in Verbindung mit den Gärtnern der umliegenden Herrenhäuser. So bat er zum Beispiel den Nordkirchener Gärtner, ihm aus Köln 100 Birnbäume und eventuell auch Quittenbäume mitzubringen.[5]

Während die Lieferbücher und Personalakten den Nutzgarten detailliert behandeln, fehlt in den überlieferten Archivalien des Schlosses der Hinweis, wann der englische Landschaftsgarten den formalen Garten verdrängte. Vom Arbeitsaufwand war die neue Garten-

Abb. 3: Neobarocke Orangerie von 1860/1870. Orangerien dienten der Überwinterung von Zitruspflanzen.

form leichter zu pflegen, auch entsprach sie der aktuellen Gartenmode. Möglicherweise war der Landschaftsgärtner Charles Barnard, der ab 1864 den Wildpark in Dülmen gestaltet hatte, wenig später auch hier tätig. Zumindest erinnert die Verteilung von Einzelbäumen und Baumgruppen an den Wildpark. Im Zuge der Veränderung wurden exotische Bäume wie Sumpfzypressen und Platanen gepflanzt, aber auch einige einheimische Baumarten wie Kastanien und Kiefern stammen noch aus dieser Zeit.

Auch nach der Umstellung blieb ein Teil des Gartens der Zucht von Gemüse und Zierpflanzen vorbehalten. Zu Beginn des 20. Jahrhunderts zogen die Gärtner Artischocken, Champignons, Erdbeeren und Pfirsiche.[6]

Diese Zeiten sind inzwischen vorbei. Nun pflegen die Gärtner und Gärtnerinnen den Rasen des Golfplatzes, der seit 1995 einen Großteil des Geländes einnimmt.

## 23

### Burg Hülshoff, Havixbeck

# Eine adelige Tochter

Bauzeit: bis 1545

„Du Vaterhaus mit deinen Thürmen,
Vom stillen Weiher eingewiegt,
Wo ich in meines Lebens Stürmen
So oft erlegen und gesiegt, –
Ihr breiten laubgewölbten Hallen,
Die jung und fröhlich mich gesehn,
Wo ewig meine Seufzer wallen
Und meines Fußes Spuren stehn!"

Die Dichterin Annette von Droste-Hülshoff schrieb das Gedicht „Grüße" im Sommer 1844.[1] Sie befand sich viele Kilometer von ihrer Geburtsstätte, der Burg Hülshoff, entfernt in Meersburg am Bodensee. Die Türme, von denen sie spricht, sind die Türme der Vorburg. Das Türmchen der Kapelle kannte Annette noch nicht. Den neogotischen Anbau errichtete der Baumeister Hilger Hertel erst 1870, Jahrzehnte nach dem Tod der Dichterin. Das Herrenhaus selbst wurde schon 1545 vollendet. Die Westseite ist aus Baumberger Sandstein gebaut, während die restlichen Mauern aus Backstein sind.

Eine Besonderheit sind die drei Staffelgiebel. Sie sind im Kreisgebiet und im Münsterland häufig zu sehen. Staffelgiebel entstanden aus technischen Gründen. Durch die mit einer waagerechten Linie abschließenden Stufen oder Staffeln mussten die Bauleute keine Schrägen mauern und konnten sich so viel Mühe ersparen.[2] Die frühen Staffelgiebel waren deshalb komplett abgetreppt. Bei Burg Hülshoff, wo die Bauleute allerdings eine Schräge mauern mussten, haben die Staffeln eine dekorative Funktion. Deutlich wird das auch an der Giebelspitze. Statt in einer technisch einfacheren Firststaffel zu enden, ist eine Spitze gemauert. Ein schmales Randprofil betont sie. Als optische obere Staffel dient von der Ferne der leicht zurückgesetzte Firstschornstein.

Die Giebel zeigen erste Einflüsse der Renaissance.[3] Typisch für diese Stilrichtung sind die ab der zweiten Hälfte des 16. Jahrhunderts häufig auftretenden zusätzlichen Verzierungen der Staffeln. Am Haus Byink (Kap. 40) oder teilweise rekonstruiert in der Altstadt von Münster ist eine besonders häufige Form zu erkennen: ein Halbkreis mit aufgesetzten Kugeln.

Hinter den wehrhaft dicken Mauern erblickte im Januar 1797 Anna Elisabeth

Abb. 1: Herrenhaus der Burg Hülshoff. Herrenhaus und Vorburg sind auf hintereinanderliegenden Inseln erbaut.

Adolphine Wilhelmine Louise Maria von Droste-Hülshoff das Licht der Welt. Sie wurde deutlich zu früh geboren, nachdem die hochschwangere Mutter gestürzt war. Ende des 18. Jahrhunderts hatten Frühchen wenig Überlebenschancen, dennoch überstand der Säugling durch die Pflege seiner Amme Catharina Plettendorf die kritische Zeit. Das Baby wuchs zu einem zierlichen, häufig kranken Mädchen heran, das alle liebevoll Annette oder Nette riefen.[4]

Unterricht erhielt Annette von ihrer gebildeten Mutter, die ihr früh das Schreiben beibrachte. Latein, Griechisch, Niederländisch, Italienisch und Mathematik lernten sie und ihre Schwester gemeinsam mit den jüngeren Brüdern und erhielten so eine für Mädchen ungewöhnlich umfassende Bildung. Annettes dichterisches Talent trat schnell zu Tage, so verglich ihr Onkel Werner von Haxthausen die Siebenjährige im Jahr 1804 mit der antiken griechischen Dichterin Sappho. Annettes Familie akzeptierte ihre Dichtkunst nur im Sinne einer Freizeitbeschäftigung für adelige Damen. Als aber 1809 der Herausgeber Friedrich Raßmann – die Begabung Annettes hatte sich in Münster herumgesprochen – an die Familie herantrat, um einen Beitrag Annettes für seinen Gedichtband „Mimigardia" zu erbitten, lehnten die Eltern ab.

> „Rastlos treibts mich um im engen Leben,
> Und zu Boden drücken Raum und Zeit,
> Freiheit heißt der Seele banges Streben
> Und im Busen tönts Unendlichkeit.
> ...
> Fesseln will man uns am eignen Herde,
> Unsre Sehnsucht nennt man Wahn und Traum,
> Und das Herz, dies kleine Klümpchen Erde,
> Hat doch für die ganze Schöpfung Raum!"

Das Gedicht „Unruhe" schrieb Annette als 19-Jährige 1816. Sie sandte es an ihren Mentor, den Literat Anton Mathias Sprickmann, mit dem sie seit längerem einen Briefwechsel führte. Veröffentlicht wurde das Gedicht zu ihren Lebzeiten nicht.

Gerade die Mutter, der sich Annette Zeit ihres Lebens verpflichtet fühlte, war gegen jegliches öffentliche Auftreten der Tochter.[5] Levin Schücking, der ihr mit seinen literarischen Kontakten 1842 die Veröffentlichung ihrer ersten und bekanntesten Novelle „Die Judenbuche" ermöglichte, sollte Annettes Mutter später wenig positiv charakterisieren: „Sie hat Alles unterdrückt und entfernt, was von Leidenschaftlichkeit und Excentricität in einem so begabten und phantasiereichen Charakter sich hätte entwickeln können, und jeden jugendlichen Drang auf das Maß des edel Weiblichen zurückgeführt."[6]

Da Annette nicht heiratete, wie es dem Ideal entsprochen hätte, lebte sie auch als Erwachsene im Elternhaus und zog 1826 nach dem Tod des Vaters mit ihrer Mutter auf deren nur wenige Kilometer entfernten Witwensitz Haus Rüschhaus. In der weit verzweigten Familie nahm Annette nun die Rolle der unverheirateten Tante und Tochter ein, von der zu jeder Zeit Unterstützung gefordert werden konnte. An ihren Werken schrieb sie heimlich, auch wenn sie sich immer wieder in literarischen Kreisen bewegte und rege Brieffreundschaften führte.

Als sie im August 1838 kurz davorstand, ihre ersten Arbeiten zu veröffentlichen, suchte Annette die Zustimmung der Mutter. „Ich möchte so gern, dass Du doch etwas Freude von meinen Schreibereien hättest, meine liebe, liebste Mama", bat sie in einem Brief. „Bitte, liebe Mama, antworte mir doch gleich, ob Du nichts gegen die Herausgabe hast …, einen fremden Namen möcht' ich nicht annehmen, entweder ganz ohne Namen, oder mit den Anfangsbuchstaben A. v. D."[7]

Mit den Initialen war die Mutter einverstanden. Ihre ersten Werke erschienen so in der Aschendorff'schen Buchhandlung mit der Angabe „Annette Elisabeth v. D... H...". Die Verwandtschaft reagierte abweisend, dabei hatte Annette sogar im letzten Moment noch Änderungen vorgenommen, um einen Konflikt zu vermeiden. Ihrer Schwester Jenny berichtete sie in einem Brief, dass die Verwandten ihre Gedichte für „reinen Plunder, für unverständlich, konfus" hielten.[8]

Distanz zu ihrer Mutter und der Familie konnte sie vor allem bei den Besuchen in Meersburg am Bodensee finden, wo Jenny seit ihrer Heirat Schlossherrin war. Dort kaufte sich Annette 1843 vom großzügigen Vorschuss auf ihren zweiten Gedichtband, der ein Jahr später bei Cotta erscheinen sollte, ein Haus, das Fürstenhäusle. Endlich hatte sie eine finanzielle Autonomie von der Familie erreicht. Wie wichtig ihr das war, zeigen ihre Versuche, eine Stiftung für andere unverheiratete Frauen aus ihrer Familie einzurichten.[9]

Eine Anerkennung ihres literarischen Werkes seitens der Mutter erfuhr Annette

Abb. 2: Büste der Dichterin im Park der Burg Hülshoff. Das Originalmodell von Anton Rüller entstand Ende des 19. Jahrhunderts, als Annettes Werke bereits Berühmtheit erlangt hatten.

nie. Insgesamt war sie zu Lebzeiten keine allgemein anerkannte Dichterin; ihr war es wichtiger, dass ihre Werke überdauerten. „Nach hundert Jahren möcht' ich gelesen werden", lautet eines ihrer berühmtesten Zitate. Am 24. Mai 1848 starb die Dichterin in Meersburg.

## 24
### Bleichhäuschen von Haus Stapel, Havixbeck

# Die Oberen und die Unteren

Bauzeit: 19. Jahrhundert (?)

Das kleine Fachwerkhäuschen steht am Rande einer Wiese, direkt an der Münsterschen Aa, die auch die Gräfte von Haus Stapel speist. Fenster hat es nicht. Sie waren nicht nötig, denn das kleine Bauwerk sollte lediglich ein Dach über dem Kopf bieten. Es diente als Bleichhäuschen.

Anders als der Name anzudeuten scheint, wurde in ihm nicht die Wäsche gebleicht. Vielmehr steht das Häuschen auf der „Bleiche", der Rasenfläche, auf der bis ins 20. Jahrhundert hinein die weiße Wäsche ausgebreitet wurde, um sie zu bleichen. Dies war der leichtere Teil des Wäschewaschens.

„Zwei- bis dreimal im Jahr wurde eine „Große Wäsche" auf Haus Stapel gewaschen", erinnert sich Hermann Josef Freiherr Raitz von Frentz. „Im Frühjahr, im Sommer und im Frühherbst. Das Waschen passierte so, dass vom Hauptfallrohr am Schloss das Regenwasser in einen großen Zinkbottich reinlief. Die Wäsche kam in einen riesengroßen Kessel, der geheizt wurde. Waschmittel wurde nicht genutzt, sondern Buchenasche. Dadurch wurde das Wasser noch weicher. Und dann wurde gerubbelt, von Hand gewaschen. Das war eine anstrengende Sache."[1]

Anschließend wurde die Wäsche auf der Bleiche ausgebreitet. Flecken oder ein durch die Buchenasche verursachter grauer Stich in der weißen Wäsche sollten durch die Sonneneinstrahlung verblassen. Um den Bleicheffekt zu verstärken, wurde die Wäsche die ganze Zeit über feucht gehalten, so bildete sich auf natürliche Art und Weise Wasserstoffperoxid, das immer noch Bestandteil chemischer Bleichmittel ist. Wegen des hohen Wasserverbrauchs war für die Bleiche eine Wiese am Wasserlauf gewählt worden, so musste wenigstens das frische Wasser nicht weit getragen werden.

Das Bleichhäuschen diente zum Unterstand für diejenigen, die die Wäsche befeuchteten und als Schlafplatz für den Wäschewächter, der verhinderte, dass die teuren Tücher gestohlen wurden. „Meine Frau hat als Kind noch erlebt, dass eine schwere eiserne Bettstelle in dem Bleichhäuschen war", berichtet Freiherr Raitz von Frentz.

Wie alt das Gebäude ist, lässt sich ohne eine bauhistorische Untersuchung nicht sagen. Der Überlieferung der Raitz von Frentz zufolge, wie dieser Zweig der Familie Droste-Hülshoff seit einer Einheirat 1956 heißt, gab es auf der Wiese schon seit dem Dreißigjährigen Krieg ein Bleichhäuschen. Im Urkataster, dem ersten kartographischen Grundstücksverzeichnis, für das in den Jahren 1825/1826 auch Havixbeck vermessen

Abb. 1: Bleichhäuschen und Bleiche. Blick von Norden. Im Hintergrund erhebt sich Haus Stapel.

Abb. 2: Haus Stapel. Vorburg. Das prunkvolle Torhaus wurde 1719 errichtet. Als Architekt wird Maximilian von Welsch angesehen. Er war der Lehrer des Baumeisters Johann Conrad Schlaun.

wurde, ist es nicht eingetragen. Dabei verzeichneten die Landvermesser damals üblicherweise jede Baustruktur gewissenhaft. Vielleicht gab es zu diesem Zeitpunkt gerade kein Häuschen. Die Nutzung der Wiese ist dagegen in der Mutterrolle, dem ebenfalls erfassten Eigentümerverzeichnis, vermerkt. Das Flurstück trägt den Namen „Bleiche".[2]

In den westfälischen Adelshäusern übernahmen Mägde die Aufgabe des Wäschewaschens. Dienstpersonal – Gesinde – gehörte sowohl zu den Schlössern als auch zu den großbürgerlichen Häusern und bäuerlichen Höfen. Es ist davon auszugehen, dass neben den männlichen Bediensteten, die generell besser verdienten als die Frauen, eine Zofe, eine Haushälterin und mehrere Mägde sowie, wenn Kinder im Haus lebten, eine Erzieherin zu den Beschäftigten auf Haus Stapel gehörten.[3]

Vor 1820 hatten die Hörigen im Münsterland meist einen halbjährigen unentgeltlichen Gesindezwangsdienst zu leisten. Ungelernte Positionen, wie die der Stallmägde, wurden häufig durch junge Frauen besetzt, die den Dienst ableisten mussten. Mit der Abschaffung der Hörigkeit (Kap. 27) endete diese Pflicht, die vorher zum Teil schon durch Abgabe abgelöst wurde. Die Tätigkeit am Adelshof erhielt den Charakter eines bezahlten Arbeitsplatzes. Insbesondere die Arbeit als Hausangestellte und Küchenmädchen war beliebt, da die jungen Frauen durch den Kontakt mit der Adelsfamilie feinere Umgangsformen erlernen konnten, die ihnen wiederum zu anderen Stellen verhalfen.[4]

Ein hierarchisches Verhältnis blieb allerdings bestehen. So unterstellte die preußische Gesindeordnung die Dienstboten der rechtlichen Gewalt des Hausherrn, was auch explizit das Züchtigungsrecht beinhaltete. Die Herrschaften konnten zudem das Gesinde jederzeit fristlos kündigen, während dieses auf dem Lande meist eine dreimonatige Kündigungsfrist einhalten musste.[5]

Mit diesem Verhältnis war aber häufig auch ein Verantwortungsbewusstsein für die Menschen in der Umgebung verbunden. Dies zeigt sich insbesondere Mitte des 19. Jahrhunderts, als Missernten, eine steigende Bevölkerung und fehlende Arbeitsplätze für große Not in Westfalen sorgten. Die Adeligen des Kreisgebietes sahen es als ihre Aufgabe an, besonders in diesen Zeiten Arbeitsstellen bereitzustellen. So hielt Gräfin Maria Esterhazy, Besitzerin des Schlosses Nordkirchen, für das Jahr 1847 fest: „Gottlob ist hier die Not nicht so groß wie in anderen Teilen Westfalens; auch

Abb. 3: Haus Stapel. Herrenhaus. Gartenseite. Das Herrenhaus wurde zwischen 1819 und 1828 gebaut.

geschieht viel für die Armen ... Wir ließen wöchentlich in neunzig Kirchspielsfamilien 5 Pfd. Brote zu halben Preisen verteilen. Auch erhielten alle begehrenden Hände Arbeit."[6]
Und der Amtmann von Osterwick berichtete: „In meinem Bezirke sind keine erwerbslosen Arbeiter vorhanden. Im Amte Osterwick lassen der Fürst von Salm-Horstmar und im Amte Darfeld der Graf Droste so viele Arbeiten verrichten, daß jeder seinen angemessenen Tagelohn verdienen kann, selbst nicht mehr ganz arbeitsfähige Menschen erhalten vollen Tagelohn."[7]
Im 20. Jahrhundert sank die Zahl des Gesindes deutlich. 1925 gab es auf den westfälischen Adels- und Bauernhöfen noch rund 35.000 Knechte und 40.000 Mägde. 1961 waren es nur noch 14.800 Männer und 8.500 Frauen, die dieser Arbeit nachgingen.[8]

Nötig war bezahlte Haushaltshilfe in den riesigen Häusern aber auch immer noch. Allein das Heizen – erst in den 1980er-Jahren bekam Haus Stapel eine Zentralheizung – war eine tagesfüllende Aufgabe.
Die letzte „alt-stapler Große Wäsche" fand 1957 statt. „Wir hatten zwar schon eine Waschmaschine seit 1955", erinnert sich der Freiherr. Seit diesem Jahr gab es auf Haus Stapel Strom. Der Haushalt gehörte damit zu den frühen Besitzern einer vollautomatischen Waschmaschine, die es in der Bundesrepublik seit 1951 zu kaufen gab, wenngleich sie bis in die 1960er-Jahre kaum zu bezahlen war. „Die Waschmaschine und das mit dem Waschmittel waren den unverheirateten Tanten meiner Frau, die auch im Haus wohnten, aber doch suspekt. Deshalb haben sie die ‚Große Wäsche' noch einmal aufrecht gehalten."[9]

## 25

### Spritzenhaus Hohenholte, Havixbeck

# Der Kampf gegen das Feuer

Bauzeit: 1829

Das Rot des Wetterhahns blitzt im Sommer zwischen den Blättern der Linde auf. Er verrät, welche Funktion das kleine Gebäude mit dem offenen Torbogen einst hatte: Es war ein Gerätehaus der Feuerwehr, ein Spritzenhaus. Gebaut wurde das Gebäude, so verkündet eine kleine Tafel, im Jahr 1826. Damals war es noch kürzer, 1929 wurde das kleine Gebäude hinten verlängert, vermutlich, um die 1926 angeschaffte Motorspritze besser unterbringen zu können.[1] Ursprünglich hatte das Haus ein Walmdach – alle vier Seiten haben eine durchgehende Dachschräge – statt eines Satteldachs. Auf der Mitte des Daches erhob sich ein schmaler, hoher Turm – der Steigerturm. In solchen Türmen wurden die benutzten Schläuche zum Trocknen senkrecht aufgehängt, weshalb sie manchmal auch Schlauchtürme genannt werden. Bei Neubauten wird inzwischen häufig auf einen Turm verzichtet, dort wird dann ein elektrischer Schlauchtrockner genutzt.

Der Wetterhahn ist ebenso wie das Satteldach erst eine spätere Zutat. Dass das Tier auf vielen Feuerwachen und Feuerwehremblemen zu finden ist, verdankt er seinem roten Kamm, an den die lodernden Flammen eines Feuers erinnern. Sprichwörtlich sitzt der rote Hahn auf einem brennenden Haus.

Abb. 1: Das Feuerwehrgerätehaus in Hohenholte nutzte die örtliche Freiwillige Feuerwehr bis 1988.

Dass es in der Vergangenheit im Fall eines Feuers meist nicht bei einem Haus blieb, zeigt ein Blick nach Lüdinghausen. Eine der Inschriften in St. Felizitas (Kap. 11) vermerkt: *1832 in October brannten in den Mittagsstunden von 11 bis 3 Uhr bei Süd und Westwinde 154 Gebäude ab.* Es war nicht der erste verheerende Brand. Auch in Nottuln zerstörte 1748 ein Feuer den Ort (Kap. 18). Die Liste ließe sich lange fortsetzen. Für Hohenholte ist überliefert, dass 1730 ein Blitz in die Kirche einschlug. Die Kirche brannte aus und war danach baufällig. Doch konnten die Hohenholter das Feuer auf ungewöhnliche Art bändigen. So heißt es in einem Bericht: „Das oben brennende Feuer wurde durch aufgießen aller nur zu habender Milch gelöscht."[2]

Neben dem Blitzschlag gehörten die offenen Feuerstellen und die bis ins 19. Jahrhundert meist fehlenden Schornsteine zu den Brandursachen. Die brennbaren Baumaterialien der Fachwerkhäuser, Strohdächer und eine dichte Bebauung taten ihr Übriges, um die Feuersbrünste zu verbreiten.

Bekämpft wurden die Brände lange nur mit einfachsten Mitteln – vor allem mittels Löscheimern. Im 18. Jahrhundert verbreiteten sich dann langsam die ersten Feuerspritzen oder Feuerpumpen, bei denen das Wasser aus einem großen Behältnis durch einen langen Schlauch – auch Schlange genannt –

*111*

Abb. 2: Feuerwehrhaus Hohenholte. Nach 1929. Im Steigerturm wurde der Schlauch zum Trocknen aufgehängt.

auf das Feuer gepumpt werden konnte. 1793 kaufte der Havixbecker Pastor Növer beim Pumpenmacher Johann Peter Kersting aus Münster eine Spritze. Bezahlt wurde sie unter anderem durch eine Kollekte in der Gemeinde und den Verkauf der auf dem Kirchhof stehenden Linden. Die Gemeinde hatte sich zu dem Kauf entschlossen, da „die Kirche und die übrigen geistlichen Gebäude schon zwei Male abgebrannt waren und es im Dorf keine Brandspritze gab."[3] Die Anschaffung scheint noch so ungewöhnlich gewesen zu sein, dass der Pumpenmeister mit einer Anzeige im Münsterischen Intelligenzblatt zur Übergabe einlud, bei der die Spritze vorgeführt werden sollte.[4]

Wann Hohenholte eine Feuerspritze erhielt, ist nicht bekannt. Vielleicht erst als das Spritzenhaus gebaut wurde. Im Lösch-Reglement der Gemeinde Havixbeck von 1828, das auch für Hohenholte galt, ist von einer Pumpe, wie die Geräte auch genannt wurden, die Rede. Detailliert regelt die Verordnung das Verhalten im Brandfall. „Den Ausbruch von Feuer, er mag gefährlich erscheinen oder nicht, ist jeder Eingesessene bei 3 Rthl. [Reichstalern] Strafe durch Hülfe rufen, und Anklopfen an den benachbarten Häusern verbunden, sofort zur öffentlichen Kenntnis zu bringen" heißt es zuerst.[5] Den Ausbruch des Feuers hatte dann der Küster durch das Läuten der Brandglocke mitzuteilen. In den Bauerschaften verkündete ein Trommler die Gefahr.

Die Beschaffung des Wassers war eine der dringlichsten Aufgaben. So hatten sofort nach Bekanntwerden diejenigen, „welche Brunnen oder andere Wasserbehältnisse in ihren Häusern oder auf ihren Höfen haben" den Zugang zu ermöglichen. Brannte es im Dorf Havixbeck, mussten „sogleich von der Bauerschaft Lasbeck drei Gespanne mit ihren Wagen mit leeren Tonnen besetzt zum Wasser anfahren, aus dem Hausgraben des Hauses Havixbeck zu beordern."[6]

Um das Wasser in die Pumpe zu gießen – zumindest die Havixbecker Spritze von 1793 hatte noch keinen Saugmechanismus –, kamen Löscheimer zum Einsatz. Jeder Haushalt musste einen der teuren Eimer bereithalten.

Noch gab es keine Freiwillige Feuerwehr. So war jeder „männliche Einwohner über 16 Jahren" verpflichtet, sofort zum Brandort zu eilen und den Feuereimer und einen Feuerlöschwisch mitzubringen. Der Feuerlöschwisch bestand aus einer langen Holzstange, um die ein nasser Lappen gewickelt war. Er diente dazu, überspringende Funken auszudrücken. Die Gefahr durch den Funkenschlag war groß. In der Seppenrader Feuerlöschordnung von 1886 wurde deshalb auch festgelegt, dass das Feuer vom Kirchturm aus zu beobachten sei, um Flugfeuer zu erkennen.[7]

Für die Spritzen waren im Dorf Havixbeck ein Pumpenmeister und ein Rohrführer mit ihren Stellvertretern zuständig. Acht Pumper und acht Reserven waren in die Technik der Spritze eingeführt. In Hohenholte war die Spritzmannschaft kleiner. Nur sechs Pumper und zwei Reserven vermerkt

Abb. 3: Die Feuerwache in Bösensell wurde 1952 gebaut (linker Bauteil) und seither mehrfach erweitert.

das Lösch-Regelment: Das Dorf hatte zu diesem Zeitpunkt nur 120 Einwohnerinnen und Einwohner und einschließlich der Schuppen lediglich 20 Gebäude.[8]

Bei einem großen Feuer eilten zudem die Bewohner der Nachbarorte mit den Spritzen heran. So kam etwa die Bösenseller Spritze 1838 bei einem Brand in Albachten zum Einsatz. Bekannt ist dies, da sie dabei beschädigt wurde.[9] Kein außergewöhnlicher Fall – beim Lüdinghauser Stadtbrand von 1832 wurden alle drei Stadtspritzen Raub des Feuers.

Eine Magd hatte den Brand in Lüdinghausen ausgelöst, als sie versuchte, Flachs für die Leinenproduktion im Backofen zu trocknen. Der schnell entflammbare Rohstoff fing Feuer. Erschrocken zog die Magd den brennenden Flachs aus dem Ofen und ermöglichte so die Ausbreitung des Feuers. Erst als hier Hilfe aus den Nachbarorten kam – Freiherr von Romberg war mit Hilfskräften und eigenen Spritzen hinzugeeilt –, konnte das Feuer gelöscht werden.[10]

Inzwischen liegt die Feuerlöschung im Kreis Coesfeld im Wesentlichen in den Händen von Freiwilligen. Träger des örtlichen Brandschutzes sind die Kommunen. Die ersten Freiwilligen Feuerwehren wurden im Kreisgebiet im 20. Jahrhundert gegründet. In Hohenholte fanden sich erstmals im Jahr 1924 Ehrenamtliche zusammen, in Bösensell wohl 1933. Nicht einmal zehn Jahre später wurde dort eine Jugendfeuerwehr ins Leben gerufen. Der Beitritt zu den Feuerwehrgruppen steht inzwischen auch Mädchen und Frauen offen.

## 26
## Baumberger-Sandstein-Museum, Havixbeck

# Der Stolz der Steinhauer

Erweiterung: 1872

Wer durch das Kreisgebiet fährt, sieht links und rechts der Straßen unzählige Bauernhöfe. Etliche besitzen noch das eine oder andere stattliche Gemäuer aus der Zeit zwischen 1870 und 1890. Häufig sind es Fachwerkhäuser, die in dieser Zeit eine Ziegelsteinausfachung erhalten haben, oder Neubauten aus massivem Backsteinmauerwerk. An vielen dieser Bauten sind Fenster und Türen mit Sandstein gerahmt und immer wieder sind auch Bauwerke zu sehen, die ganz aus Sandstein gebaut wurden. Auf dem Hof Rabert in der Bauerschaft Gennerich, der seit 1990 das Baumberger Sandsteinmuseum beherbergt, flankieren gleich zwei Sandsteingebäude den Hofraum. Der Hof zählte vermutlich zu den Gewinnern der Markenteilung im 19. Jahrhundert. Er hatte bei der Aufteilung der ehemals mit anderen Höfen zusammen genutzten Ländereien, den Gemeinheiten oder Marken, nach 1821 besonders großzügig Landbesitz zugesprochen bekommen.[1] Der mündlichen Überlieferung nach soll der Hof zudem in Besitz eines Steinbruches gewesen sein.[2] Dies könnte erklären, warum sich die Familie Rabert so viel Sandstein leisten konnte. 1872 erhielt das ältere Fachwerkbauernhaus an der Straßenseite eine massive Wand aus Bruchstein und auch der neue Giebel der verlängerten Tenne wurde aus Sandstein gebaut. Noch hochwertiger ist das Material des Torhauses von 1894. Das fünfbogige Gebäude ist aus besten Baumberger Quadern errichtet worden.[3] „Es ist die einzige Wagendurchfahrtscheune aus Baumberger Sandstein, die ich kenne", betont Joachim Eichler, der Leiter des Sandsteinmuseums.[4]

Bei dem Sandsteinreichtum des Hofes lag es Ende der 1980er-Jahre nah, den aufgegebenen Bauernhof als Standort des neuen Baumberger Sandsteinmuseums auszuwählen. Ebenso liebevoll wie wissenschaftlich fundiert präsentiert das Museum Geschichte(n) um den Sandsteinabbau und die Steinbearbeitung. Vor Wind und Wetter geschützt bewahrt und zeigt es originale Sandsteinskulpturen, die an ihrem ursprünglichen Standort nicht mehr lange erhalten geblieben wären.

Zu den ausgestellten Stücken gehört eine Wappentafel aus dem Jahr 1836. Wie bei adeligen Wappen, die ihren Stand durch Helme oder gar Kronen auf dem Wappenschild erklärten, spiegelt diese Tafel das Selbstbewusstsein des Wappenträgers. Franz Forman war Steinhauermeister, wie die Tafel stolz verkündet. In der Wappenkartusche sind die typischen Werkzeuge eines Steinhauers und Steinmetzes dargestellt: Zirkel, Zweispitz, Schlag-, Spitz-, Scharriereisen, Knüpfel und Winkelmaß.

Abb. 1: Haupthaus mit Hofgiebel von 1872. An der Traufseite ist die Fachwerkkonstruktion zu erkennen.

Abb. 2: Wappentafel des Steinhauers Franz Forman. Das Wappen hing ursprünglich über der Eingangstür seines Hauses.

1833 nennt der Havixbecker Bürgermeister Franz Forman als einzigen einheimischen Steinmetz, der „durch Ausführung von Bauwerken" selbständig sein Gewerbe betreibt. Seit 1824 besaß Forman das Recht im Sandsteinbruch am Detter Berg die Werksteinbank mit dem qualitativ hochwertigen Stein abzubauen, nachdem der Abraum von der Straßenbau-Verwaltung für die Befestigung der Chaussee abgeräumt worden war. Dies ersparte Forman einen Großteil der Erschließungskosten, da die im Tagebau abgebauten Schichten für den Bau- und Kunstbetrieb von weniger qualitätsvollen Lagen abgedeckt waren.

Abgesehen von der Wappentafel, die Forman für sein Wohnhaus angefertigt hatte, ist keines seiner Werke bekannt. Sicher ist aber, dass er 1840 für 240 Taler Platten für die Neuverfliesung der Havixbecker Kirche lieferte. Zudem führte er ab 1841 in seinem Haus, Masbeck 30, eine Schankwirtschaft. Es war ein gutes Geschäft, denn nach seinem Tod 1858 versuchte Everwin Füsting, der zweite Ehemann der Witwe Forman, die Schankkonzession zu erneuern: „Ich erlaube mir hierbei die Bemerkung", fügt er dem Antrag zu, „dass die Schankwirthschaft zwar nicht bedeutend, für die fremden Steinmetze aber ein Bedürfnis ist, um auf dem Rückwege vom Baumberge einzukehren und die Pferde zu füttern, da hier ein gelegener Abfuhrplatz ist."[5]

Die meisten hatten wie Forman einen weiteren Erwerbszweig für die Zeiten, in denen es nicht genug Aufträge gab. Üblicherweise waren dies kleine Landwirtschaften.

Dass die Landwirtschaft bei gutlaufenden Geschäften nur der Ausgangspunkt war, zeigt ein Blick auf die Steinhauerfamilie Wichmann. Die Familie besaß im 16. Jahrhundert einen Kotten in der Nottulner Bauerschaft Uphoven. Üblicherweise gehörten die Kötter zur bäuerlichen Unterschicht. Die Landwirtschaft, die sie auf ihren kleinen Parzellen betreiben konnten, reichte häufig nur für das Nötigste. Zudem hatten sie Dienste auf den größeren (Schulzen-)höfen zu leisten. Heinrich Wichmann der Ältere baute zusätzlich Sandstein ab. Er lieferte Steine, Fensterbänke und Gewölberippen für Schloss Horst im Vest Recklinghausen. Vermutlich fertigte er diese direkt im Steinbruch an. Sein Sohn Heinrich der Jüngere scheint in Münster eine Steinmetzausbildung gemacht zu haben. Zudem konnte er lesen, was für diese Zeit für einen Köttersohn eher ungewöhnlich war. Ein, zwei Generationen später zählten die Kötter Wichmann zu den wohlhabendsten Männern auf dem Baumberg. Ihr sozialer Status richtete sich nicht mehr nach dem Kötterhof, sondern nach dem Steinhauerbetrieb. So konnte Berndt Wichmann 1675 sogar in die bäuerliche Oberschicht auf den Hof Iber in Havixbeck einheiraten.[6]

Innerhalb der Orte Havixbeck und Nottuln äußerte sich das Selbstbewusstsein der Steinhauer noch auf eine ganz andere Art. 1827 stellte der Landrat eine Anfrage an die Kirchspiele, inwieweit die Läuteordnungen – gemeint sind die Vorschriften zum Läuten der Kirchenglocken – eingehalten wurden. Der Nottulner Dechant Bernhard Vehoff antwortete darauf: „Unregelmäßigkeiten beim Läuten sind hier nicht, nur dass die Steinhauer auf dem Baumberge in der [Bauerschaft] Uphoven wan sie einen Toten haben, das Läuten nach dem begräbnisse zuweilen bis nachmittag fortsetzen, und bei Erinnerung und Untersagen darüber dem Pfarrer schon einmal ihr lächerliches Privilegium, was sie haben wollen, dass sie so lange läuten dorften wie sie wollen, entgegengesetzet, weswegen über diesen Mißbrauch ein förmliches Untersagen der höheren Obrigkeit gut seyn würde."[7]

Abb. 3: Im Torhaus von 1894 präsentiert das Sandsteinmuseum nun Sonderausstellungen.

Die Uphovener Steinhauer begründeten ihr Privileg damit, dass ihre Vorfahren die Steine für den Bau der Nottulner Kirche – dieser begann 1489 – besonders günstig geliefert und teils sogar gestiftet hatten. Aus diesem Grunde habe die Äbtissin des Stifts Nottuln ihnen ein besonderes Läuterecht eingeräumt. Eine ähnliche Begründung hatten auch die Steinhauer aus der Havixbecker Bauerschaft Lasbeck.[8]

Die auf den Umfragen basierende neue Läuteordnung vom 18. November 1828 verbot die „Missbräuche". Nur verlief die Durchsetzung wenig erfolgreich. 1832 verschaffte sich ein trauernder Lasbecker Steinhauer mit seinen Nachbarn gewaltsam Zugang zum Kirchturm. Anschließend wandten sich die Steinhauer mit Unterstützung des Barons von Twickel an die Regierung, um ihr Gewohnheitsrecht durchzusetzen – mit Erfolg.[9]

# 27
## Wildpferdebahn Merfelder Bruch, Dülmen

# Befreite Bauern und halbwilde Tiere

Einrichtung: Mitte 19. Jahrhundert

Einige Gelehrte sahen schon in dem Ortsnamen Merfeld, der zum ersten Mal als „Marefeldon" um 890 im Urbar des Klosters Werden auftaucht, den ersten Hinweis auf die kleinen Pferde, die seit Jahrhunderten im Kreisgebiet leben. Denn „Mere" bezeichnet ein Pferd, eine Stute. Wahrscheinlich ist aber, dass der Namensteil „Mer-" von dem mittelniederdeutschen Wort „Mere, mer" für „Meer, See, Wasserstelle" kommt.[1]

Belegt ist die Existenz der Wildpferde seit dem Jahr 1316, als die Cousins Johannes von Lette und Hermann von Merfeld um das Vieh stritten, das die offenen Markengrenzen überschritt. Johann versicherte schließlich, „das [!] die Fischerei in der ganzen Mark dem vorgenannten Hermann gehört, ebenso die wilden Pferde und die Jagd genannt Wildfort."[2]

Das Gelände, auf dem die Wildpferde beheimatet waren, war aufgrund des hohen Grundwasserstandes landwirtschaftlich unattraktiv. Feuchtwald-, Moor- und Heidegebiet wechselten sich ab, die die Bauern und Kötter der Umgebung als Gemeinheit nutzten, auf der sie ihr Vieh weideten. Sie dürften auch einzelne Wildpferde gefangen und gehalten haben. Das Oberrecht dafür lag aber bei dem besitzenden Adel.[3]

Abb. 1: Den Merfelder Wildpferden steht ein Gelände aus Wald- und Grünflächen zur Verfügung.

In der Französischen Zeit, Anfang des 19. Jahrhunderts, veränderte sich die Hierarchie zwischen Herren und Bauern. In Frankreich war das Feudalsystem im Zuge der Französischen Revolution abgeschafft worden. In den deutschen Gebieten, die ab 1806 unter französischer Herrschaft waren, wurde die Eigenhörigkeit ebenfalls beseitigt. Auch in Preußen, wo zuerst die Bauern aus den preußischen Domänengütern aus der Bindung entlassen wurden, endete die Hörigkeit 1807 mit dem „Edict den erleichterten Besitz und den freien Gebrauch des Grundeigenthums so wie die persönlichen Verhältnisse der Land-Bewohner betreffend". Im Grunde genommen änderte sich mit der Bauernbefreiung aber nur wenig, lediglich die Handdienste, die die Bauern vorher hatten leisten müssen, fielen weg.[4]

In Frankreich hatte der Adel sowohl das Anrecht auf das Land, das die Bauern bewirtschafteten, als auch die Abgaben verloren, ohne dass sie dafür entschädigt wurden. 1813 kam das Kreisgebiet unter preußische Herrschaft. Die Bauern waren nun frei, mussten aber weiter die Abgaben zahlen. Sie bekamen allerdings das Recht, ihr Land, sofern ihre Familie es mindestens 30 Jahre bewirtschaftet hatte, abzulösen. Die Ablösesummen waren hoch, sie betrugen das 25-Fache der festgesetzten jährlichen Abgabenhöhe. Kaum ein Bauer konnte sich diese Summe leisten. Das änderte sich erst

Abb. 2: „Wild" sehen die Tiere selten aus. Meist grasen sie friedlich oder durchstreifen den Wald.

nach der Revolution von 1848. Nun wurden die Ablösesummen verringert und Rentenbanken ermöglichten den Bauern die Finanzierung.[5]

Zu den preußischen Reformen gehörte auch die Teilung der Markenflächen, die für den Bestand der Wildpferdebahn entscheidend war. Marken oder Gemeinheiten waren die landwirtschaftlichen Ländereien, die nicht zu einer Hofstelle gehörten und von verschiedenen Höfen gemeinschaftlich bewirtschaftet wurden. Meist waren die Marken Weiden, Heideland oder Wälder. Die Nutzung der Marken war nur den Berechtigten vorbehalten.[6]

Im 19. Jahrhundert wurden die meisten Marken im Kreisgebiet geteilt, um die Produktivität der Landwirtschaft zu erhöhen. Gerade dieses Ziel wurde aber nur in den wenigsten Regionen erreicht, da die Marken sich meist nicht als Ackerland eigneten. In Billerbeck, wo 17 ehemalige Marken geteilt wurden, gab es keine wesentliche Produktivitätssteigerung. Während die Markenberechtigten Ländereien hinzubekamen, gingen das Gesinde, die Heuerlinge und die kleinen Kötter leer aus.[7]

Auch das Merfelder Bruch wurde zwischen 1840 und 1850 geteilt. Einer der wichtigsten Berechtigten war der Herzog von Croy, der mit dem Reichsdeputationshauptschluss 1803 die Grafschaft Dülmen als Entschädigung für seine linksrheinischen Gebiete zugesprochen bekommen hatte. Bei der Markenteilung erhielt er etwa 35 Hektar des Landes.

Für die Wildpferde – auch in anderen Teilen Westfalens – bedeutete die Markenteilung eine Einschränkung ihres Lebensraums. Während die Wildpferde in anderen Regionen verschwanden, überdauerten die Wildpferde im Merfelder Bruch. Alfred Herzog von Croy ließ die verbliebenen 20 Pferde einfangen und gewährte ihnen auf seinem Anteil der Gemeinheit Zuflucht.[8]

In der Folge vergrößerte die Familie das Gelände immer weiter und die Wildpferde wurden zu einer beliebten Attraktion im Münsterland. Inzwischen stehen den rund 400 Pferden 350 Hektar zur Verfügung. Dort leben sie halbwild, was bedeutet, dass die Stuten und die Jungtiere weitestgehend sich selbst überlassen werden. Bei schlechter Witterung finden sie Unterschlupf unter den Bäumen. Weide, Moor, Heide bieten abwechslungsreiche Nahrung. Nur in strengen Wintern werden sie ähnlich wie Wild mit Heu und Stroh zugefüttert.[9] Um Inzucht und Kämpfe unter geschlechtsreifen Hengsten auf dem begrenzten Gelände zu verhindern, werden die Junghengste im Frühjahr gefangen und seit den 1950er-Jahren verstärkt polnische Koniks eingekreuzt.[10]

Während die Wildpferdefänge jedes Jahr Tausende anziehen, ist weniger bekannt, dass im Sommer 1969 „eine Stierkampfveranstaltung als Volksfest" veranstaltet wurde. Schon im Vorfeld hatte das Ordnungsamt Bedenken geäußert, dass ein Stierkampf wie „in südlichen Ländern, insbesondere in Spanien" nach dem Tierschutzgesetz als Tierquälerei gewertet werden könnte. Die Croy'sche Ver-

Abb. 3: Wildpferdebahn. Blick auf die Arena. Seit 1907 werden die geschlechtsreifen Junghengste alljährlich im Mai aus der Herde herausgefangen.

waltung gab daraufhin bekannt, dass es sich um einen französischen Stierkampf handele, der „in keiner Weise gegen das Tierschutzgesetz vom 24.11.1933" verstoße. In Berlin sei eine ähnliche Veranstaltung durchgeführt worden.[11]

Der Amtsoberinspektor fragte in Berlin nach, wie der Stierkampf mit dem Tierschutz vereinbar war. Die Antwort lautete, dass „jegliche Grausamkeiten und Tierquälereien ausgeschaltet" gewesen seien. Eine zweite Anfrage ging nach München. Dort hätten die Tiere „in laufender veterinärärztlicher Überwachung gestanden." Allerdings sei die Besucherzahl hinter den Erwartungen zurückgeblieben.[12]

Nach Bekanntwerden der Pläne schalteten sich Tierschutzvereine ein. Die geplanten Stierkämpfe entsprächen „keineswegs der Mentalität der Bevölkerung" und wirkten „verrohend auf die Jugend" Nordrhein-Westfalens. Dülmen solle nicht in den „fragwürdigen Ruhm" bekommen, „die erste Stadt Nordrhein-Westfalens zu sein, die solch unwürdige Schauspiele zulässt."[13]

Es gab noch zahlreiche weitere Proteste. Dennoch fanden die Stierkämpfe statt und mehrere tausend Gäste kamen. Eine Wiederholung gab es allerdings nicht.

Auch der Wildpferdefang ist der Kritik ausgesetzt. Die Croy'sche Verwaltung reagierte auf die Vorwürfe mit einer Veränderung der Fangpraxis. Seit 2007 werden die Pferdefänger von der Stiftung Tierärztliche Hochschule Hannover geschult. Ein entscheidender Unterschied zu früher ist, dass die Junghengste beim Überstreifen des Halfters nach Möglichkeit nicht mehr zu Boden gedrückt werden.[14]

## 28

### St. Viktor, Dülmen

# Die Märzrevolution 1848

Bauzeit: 13.–16. Jahrhundert, 1950–1951

Innerhalb von 16 Minuten warfen US-Kampfflieger am 22. März 1945 allein 400 Tonnen Spreng- und Brandbomben über der Dülmener Innenstadt ab. Das Ergebnis des zweitägigen Bombardements war verheerend. 200 Menschen kamen ums Leben. Die Innenstadt war ein Trümmerfeld. Ein US-Pilot berichtete später: „Als wir nach dem letzten Angriff Aufklärung flogen, um Aufnahmen von der Zerstörung zu machen, hatten wir Schwierigkeiten, Dülmen überhaupt noch zu finden. Es war eine Wüste mit ein paar Ruinen darin."[1]

Eine der Ruinen war die katholische Pfarrkirche St. Viktor. Wie alle Gebäude in der näheren Umgebung war die Kirche komplett ausgebrannt. Die Dächer fehlten und ein Großteil der Außenwände des Langhauses war eingestürzt oder einsturzgefährdet. Nach dem Krieg wurden die Reste des Langhauses aufgegeben und durch eine neue Architektur ersetzt, während der Chor wiederhergestellt wurde. Erstaunlicherweise hatte der Kirchturm den Angriff überstanden. Auch er konnte wiederhergestellt werden. Und so sind die Fensteröffnungen erhalten, an denen am 22. März 1848 – genau 97 Jahre vor dem Bombardement – die schwarz-rot-goldene Fahne wehte.[2]

Abb. 1: Blick durch das Lüdinghauser Tor auf St. Viktor. Schon von weitem war 1848 die Fahne sichtbar.

Die Farben der Fahne werden traditionell auf die Uniformen der Lützower Reiter zurückgeführt, einem Freiwilligencorps, das 1813 in der Hoffnung auf einen liberalen deutschen Staat auf preußischer Seite gegen Napoleon kämpfte. Ihre schwarzen Jacken hatten goldene Knöpfe und rote Vorschöße. Sie wurden gleichzeitig als Farben des „Alten Reiches" – des Heiligen Römischen Reiches deutscher Nation – gewertet, da der Reichsadler häufig schwarz auf goldenem Grund und mit roten Fängen dargestellt wurde. 1817 trugen die Studenten auf dem Wartburgfest Kokarden in diesen Farben. Und spätestens seit dem Hambacher Fest 1830 wurden sie allgemein als Ruf nach einer liberalen Verfassung, Pressefreiheit und der Gründung eines deutschen Nationalstaats verstanden. In vielen der monarchisch regierten deutschen Lande, auch in Preußen, waren sie deshalb verboten.[3]

Die 1840er-Jahre hatten eine Verschärfung der sozialen Probleme mit sich gebracht. Die Bevölkerung nahm zu, denn durch die besseren hygienischen Bedingungen sank die Sterblichkeitsrate. Gleichzeitig waren nicht ausreichend Erwerbsmöglichkeiten vorhanden. Eine Missernte im Jahr 1846 hatte zudem zu einer Hungersnot im folgenden Winter geführt, die Getreidepreise schnellten nach oben. Besonders erregte die Gemüter in Dülmen aber der Mangel an

*123*

Abb. 2: Blick von Süden. 1848 fehlte der Turmabschluss, nachdem 1836 die Turmhaube nach einem Blitzschlag abgebrannt war. Der heutige Turmhelm stammt aus den Jahren 1950/1951.

bezahlbaren Pachtparzellen, auf denen die Dülmener Ackerbürgerinnen und -bürger Gemüse und Getreide anbauen und Kleinvieh halten konnten. Weitgreifende Landkäufe des Herzogs von Croy hatten unter anderem dazu geführt, dass die Pachtpreise in die Höhe geschossen waren. Sie lagen nun außerhalb der Reichweite der unteren Schichten, die aber auf die Selbstversorgung mit Lebensmitteln angewiesen waren.[4]

Es war eine angespannte Lage, in die im Februar 1848 die Nachricht von einem Bürgeraufstand in Paris platzte. Bald darauf waren Nachrichten von den „Märzforderungen" zu hören. Diese waren von einer Volksversammlung in Mannheim aufgestellt worden und verbreiteten sich in Windeseile in den deutschen Staaten. Gefordert wurden Versammlungs-, Rede- und Pressefreiheit, die allgemeine Volksbewaffnung und ein Verfassungseid des Heeres, eine unabhängige Justiz, politische Gleichberechtigung aller Staatsbürger und nicht zuletzt die Einberufung einer Nationalversammlung.[5]

Am 18. März fielen bei Demonstrationen vor dem Stadtschloss in Berlin Schüsse. Die darauffolgenden Barrikadenkämpfe zwangen den preußischen König Friedrich Wilhelm IV. schließlich, auf die aufgebrachte Menge zuzugehen. Er versprach nun, eine verfassunggebende Nationalversammlung einzuberufen und trug, um diese Haltung zu unterstützen, eine schwarz-rot-goldene Armbinde. „Ich habe heute die alten deutschen Farben angenommen und Mich und Mein Volk unter das ehrwürdige Banner des Deutschen Reiches gestellt. Preußen geht fortan in Deutschland auf", hieß es in einer Erklärung vom 21. März.[6]

In der Provinz Westfalen hatten die Landräte bereits Mitte März die Order erhalten, Volksversammlungen und Demonstrationen zu unterbinden. Zwar erwartete Landrat Mersmann wegen des „guten Geist[es] der Provinz", wie er an den Magistrat der Stadt Dülmen schrieb, keine Schwierigkeiten, doch erinnerte er an die Möglichkeit, Sicherheitsvereine zu gründen. Am 22. März wurde in Dülmen ein solcher Verein gegründet, in den sich schnell 192 Einwohner eingetragen hatten. Waffen gab es allerdings für maximal 60 Personen.[7]

Am selben Tag fand auch ein schon zuvor einberufener Frühjahrsappell der Landwehr statt. Dieser diente zur Überprüfung der Vollzähligkeit aller zum Militäreinsatz verpflichteten Reservisten. Er fand – ohne Waffen – im Gasthaus ‚Drüger Pütt' statt. Unter den Männern waren einige, bei denen sich Ärger über die erneut steigenden Pachtzinsen des Herzogs von Croy angesammelt hatte. Nach dem Appell wollten sie ihre Beschwerde bei ihm vorbringen. Da der Herzog aber hörte, dass die Männer bereits betrunken waren, flüchtete er mit seiner Familie zum Freiherrn von Romberg nach Buldern.

Gegen Abend erschienen die aufgebrachten Männer vor dem Schloss. Als sie schließlich erfuhren, dass der Herzog geflohen war, entlud sich ihr Ärger. Sie drangen ins Haus ein und zerstörten Mobiliar im Wert von 6.000 bis 7.000 Reichstalern. Alles in allem hielt sich ihr Vandalismus aber in Grenzen. Der Tumult zog eine Menschenmenge an, die schaulustig zuschaute, sich sonst aber nicht beteiligte. Auch der neu gegründete Sicherheitsverein trat nicht wirklich in Erscheinung.

Als Nachspiel zogen am folgenden Tag 50 Husaren, die der Bürgermeister angefordert hatte, in die Stadt. 19 Dülmener wurden verhaftet und der Herzog erhielt eine Entschuldigung, weil befürchtet wurde, dass er die Eisenhütte verlegen könnte. Ansonsten blieb es ruhig. Eine große Politisierung der Bewohnerinnen und Bewohner der Stadt

Abb. 3: St. Viktor. Die Zerstörung der Stadt dokumentierte der Dülmener Fotograf Kleimann 1945 heimlich.

gab es nicht, auch keine revolutionären Ausschreitungen.

Wer die schwarz-rot-goldene Fahne gehisst hat, ist unbekannt. Ob sie als Aufruf zur Anarchie zu verstehen war, wie es lokale konservative Stimmen später vermuteten, ist ungewiss. Sie könnte auch ein Ausdruck der Freude gewesen sein, da schon vor dem Berliner Geschehen die Pressefreiheit in Preußen verkündet worden war.[8]

## 29

### Evangelische Kirche an der Burg, Lüdinghausen

# 75 unter 35.000

Bauzeit: 1857–1859

Carl Alexander Fritz Gisbert Ludwig von Bodelschwingh-Plettenberg wurde am 17. Dezember 1829 geboren. Detailliert vermerkt das Kirchenbuch der katholischen Pfarrgemeinde St. Vitus in Dülmen die Uhrzeit: „vormittags 4 Uhr".[1] Als Eltern sind Adolph von Bodelschwingh-Plettenberg zu Sandfort und seine Frau Ludewica eingetragen. Erstaunlich ist die nächste Spalte, die das Taufdatum angibt: „siebzehnten 17. Januar" 1830. Der kleine Carl war schon einen Monat alt, als er getauft wurde.

Aufgrund der hohen Säuglingssterblichkeit war es bis zur Mitte des 20. Jahrhunderts üblich, Kinder so bald wie möglich nach der Geburt in die Gemeinschaft der Gläubigen aufzunehmen. So geht aus dem nachfolgenden Eintrag im Kirchenbuch hervor, dass Bernard Joseph Möller, der am Mittag des 16. Januar zur Welt kam, am Tag nach seiner Geburt getauft wurde.

Im nächsten Jahr zeigt sich, dass auch Carls Bruder Friedrich, geboren am 3. April, erst Wochen später getauft wurde. Diesmal gibt das Kirchenbuch einen Anhaltspunkt für den Grund. Unter dem Tag der Taufe steht der später durchgestrichene Eintrag „zwanzigsten Mai auf Sandfort vom Evangelischen Prediger Wilh. Bäumer aus Bodelschwingh getauft".[2] Im Gegensatz zu den sofort getauften Säuglingen des Ortes waren Carl und Friedrich evangelisch. Einen vor Ort lebenden evangelischen Pfarrer gab es aber noch nicht. Es musste erst der Pfarrer aus dem Heimatort der Adelsfamilie anreisen, um die Taufe vorzunehmen.

In das Kirchenbuch fanden die Kinder dennoch Eingang. Denn seit 1820 mussten im preußischen Teil der Diözese Münster die Geburten, Heiraten und Todesfälle der Angehörigen anderer christlicher Konfessionen im katholischen Kirchenbuch aufgeführt werden, sofern es im Pfarrbezirk keine Gemeinde dieser Konfession gab.[3] Im Altkreis Lüdinghausen gab es zu diesem Zeitpunkt noch keine Gemeinde. Und die nächsten Gemeinden in Hamm, Lünen oder Münster waren schwer zu erreichen. Im Altkreis Coesfeld hatte sich durch den Zuzug der protestantischen Adeligen von Salm-Grumbach und ihres Hofes dagegen schon früher eine Gemeinde konstituiert, die zwar erst 1839 offiziell anerkannt wurde, aber schon 1803 in der ehemaligen Kirche des aufgehobenen Jesuitenordens evangelische Gottesdienste abhielt.[4]

Die wenigen evangelischen Gläubigen im Altkreis Lüdinghausen schlossen sich 1843 zum „Verein zur Abhaltung von evangelischen Gottesdiensten in Lüdinghausen" zusammen. Drei Jahre später gehörten der Gemeinde 75 Personen an, während die katholische Kirche

Abb. 1: In Lüdinghausen gehörten 2011 4.406 Personen der evangelischen, 14.838 der katholischen Kirche an.

Abb. 2: Die Kirchenbänke, der Altar und die Kanzel gehören zur ersten Ausstattung.

im Landkreis 35.000 Mitglieder zählte.[5] Einmal im Monat fand in Lüdinghausen in weltlichen Räumen ein Gottesdienst statt. 1852 konnte dann der heutige Kapitelsaal der Burg Lüdinghausen als Betraum eingerichtet werden.[6]

Dass das Leben für die evangelischen Gläubigen im katholischen Münsterland nicht immer leicht war, deutet eine Anmerkung an, die der evangelische Pastor Kriege anlässlich des Grundstücksankaufs für das Pfarrhaus (Münsterstr. 54) 1857 notierte: „Was den alten Mann bewogen hat, uns den Garten zu verkaufen, weiß ich nicht. Man sagte, er habe es getan, um die Besitzerin des Nachbargartens, mit welcher er mancherlei Streitigkeiten wegen der auf der Grenze stehenden Hecke gehabt, zu ärgern. Ihr Garten sollte ihr durch ein daneben liegendes evangelisches Pfarrhaus verleidet werden."[7]

Die neue evangelische Kirche baute die Gemeinde gleichzeitig nur wenige Meter weiter an der Straße in Richtung Burg Vischering. Sie ist einer der ältesten evangelischen Kirchenbauten im Münsterland. Möglich wurde das Bauvorhaben durch die großzügige Stiftung des Freiherrn Adolph von Bodelschwingh-Plettenberg. Am 26. Oktober 1859, so berichtete der katholische Bürgermeister Josef Wormstall später, „wurde die neu erbaute evangelische Kirche feierlich eingeweiht. Um zehn Uhr morgens bewegte sich der feierliche Zug, woran ... der Amtmann des Kirchspiels und mehrere der nicht evangelischen Einwohner theilnahmen, unter Glockengeläute von dem früheren Betsaale auf dem Amtshause aus zur neuen Kirche hin ... Freiherr von Bodelschwingh, der die Kosten des Baues bestritten, ... übergab ... die Schlüssel an den General-Superintendenten, und dieser dieselben an den Pastor Kriege, welcher die Kirche aufschloss, worauf der Einzug erfolgte ... [dann] wurden nach Absingung eines passenden Liedes von dem General-Superintendenten, einigen anderen Geistlichen und dem Pastor Kriege dem Feste entsprechende Reden gehalten, und den Schluss bildete ein Festessen im middlerschen Saale [Gasthaus Middler], woran sich die höhere Behörde, die städtische Behörde sowie mehrere Bürger betheiligten. Es herrschte nur Freude und Frohsinn, und erst spät abends trennte sich die Gesellschaft."[8]

Die unterschwellige Spannung zwischen den Konfessionen sprach der General-Superintendent in seiner Rede an, als er die Gemeinde zu Liebe und Eintracht auch gegenüber den „katholischen Mitchristen" aufrief. Mit den Worten „Eintracht macht stark" schloss er seine Ansprache, wie in der nächsten Ausgabe der Lüdinghauser Wochenschrift für Stadt und Land zu lesen war.

Die Berichterstattung widmete sich auch dem Gebäude selbst: „Die im gotischen Style gebaute Kirche macht auf Jeden, der sie betritt, einen freundlichen Eindruck", beurteilte der Redakteur die Architektur. „In ihrem Aeußeren eine Zierde der Stadt, in ihrem Inneren einfach und schön, bietet sie der Gemeinde eine köstliche Zufluchtsstätte für ihre Gottesdienste dar". Trotz des positiven Urteils und der traditionellen Form wirkte die Kirche dennoch wie ein Fremdkörper auf den Redakteur. „Mag nun mit dieser Kirche der Stadt Lüdinghausen auch etwas Neues, ihr bisher Fremdes dargeboten sein, so ist wohl zu beherzigen, es gilt das Wort der heiligen Schrift festzuhalten und zu üben: Und seid fleißig zu halten die Einigkeit im Geiste durch das Band des Friedens."[9]

Abb. 3: Wappen der von Bodelschwingh-Plettenberg. Auch Louise, die Tochter des Stifters, engagierte sich für die Gemeinde. Sie leitete die Sammlung für die beiden Glocken mit den Namen „Einheit" und „Freundschaft".

Das in den Reden und der Berichterstattung wiederkehrende Thema der Einheit und Eintracht galt aber nicht nur dem Miteinander der Konfessionen. Ende der 1850er-Jahre erhielt die deutsche Nationalbewegung wieder Aufschwung. Und so endete der Beitrag der Wochenzeitung mit dem Aufruf zur Vaterlandstreue: „In unserer zerrissenen Zeit thut unserem deutschen Volke Einigkeit nach allen Seiten hin immer mehr noth! Eine sehr ernste Zukunft liegt vor uns, aber die Augen unseres theuern Königs und Herr sehen nach den Treuen im Lande, daß sie bei ihm wohnen."[10]

## 30
### Kleines Steinhaus Münsterstraße 8, Billerbeck

# Die Sparkasse

Bauzeit: 16. Jahrhundert

An Heiligabend 1865 erhob Küster Huesmann nach dem Hochamt vor der Kirche St. Johanni seine Stimme und verkündete, dass am 1. Januar 1866 die neue Billerbecker Sparkasse eröffnet würde. Auch nach den Hochämtern der nächsten Tage wiederholte er seine Ankündigung und erhielt dafür sechs Silbergroschen Lohn. Die Bekanntmachung dürfte damit einen Großteil der Bevölkerung des Ortes und des Kirchspiels erreicht haben. Für diejenigen, die nicht zur Messe in Billerbeck gingen, war bereits am 20. Dezember eine Anzeige im Coesfelder Kreisblatt erschienen.[1] Rendant der Sparkasse war Heinrich Brockmann, der seit 1850 bereits die Gemeindekasse führte.

Zu finden war die neue Institution in der Münsterstraße 8, dem Wohnhaus Brockmanns, in dem er 36 Jahre zuvor geboren worden war. Den Kassenraum richtete der Rendant im ersten Obergeschoss ein. In einer Wandnische, die bis zur Mitte des 20. Jahrhunderts erhalten blieb, befand sich der Geldtresor.[2]

Während die Unterbringung einer öffentlichen Einrichtung in privaten Wohnräumen inzwischen unorthodox erscheint, erregte dies im 19. Jahrhundert keinerlei Bedenken. Es sei nur daran erinnert, dass der erste Landrat des Kreises Coesfeld ebenfalls sein Privathaus nutzte. Und auch die anderen Sparkassen in der Region begannen in den Wohnhäusern ihrer Rendanten.[3]

Das Bauwerk, das Kleine Steinhaus, gehört zu den ältesten Profanbauten im Ort. Im Vergleich zum zweifarbigen Nachbargebäude, dem Haus Beckebans, ist das weiß verputzte Gebäude schlicht und klein – trotz seiner zwei Geschosse. Es gehörte zum selben Anwesen wie das deutlich größere Haus Beckebans, das Große Steinhaus, das um 1560 von dem Kaufmann Arndt Bitter von Raesfeld erbaut wurde. Während das große Renaissancegebäude als Wohn- und Geschäftshaus diente, dürfte das Kleine Steinhaus als Speicher genutzt worden sein.[4]

Die Bauzier des Hauses Beckebans folgt mit dem Dreistaffelgiebel und den Muschelaufsätzen auf den Staffeln den in dieser Zeit typischen Formen der Herrenhäuser. Es zeigt das Selbstbewusstsein des aufstrebenden frühkapitalistischen Großbürgertums. Ob die Fassade des Kleinen Steinhauses einst ebenfalls aufwändig gestaltet war, ist unbekannt. Sie wurde mehrfach erneuert.[5]

300 Jahre später wurde das Kleine Steinhaus zum Ort eines auf die unteren Bevölkerungsschichten ausgerichteten Kapitalismus. Mit der Sparkassengründung durch die Stadtverordnetenversammlung wurde für die Menschen in Billerbeck und aus

Abb. 1: Kleines Steinhaus, Billerbeck. Im Obergeschoss befanden sich die Räumlichkeiten der Bank.

Abb. 2: Bahnhofstraße 5, Billerbeck. Die Sparkasse Billerbeck gehört inzwischen zur Sparkasse Westmünsterland.

dem Umland die Möglichkeit geschaffen, kleinste Geldbeträge gewinnbringend anzulegen. Kleinstsparerinnen und -sparer wurden den Gründungsstatuten nach sogar besonders gefördert. Einlagen bis zu 50 Reichstalern – was etwas mehr als der Jahresverdienst eines Großknechtes war, während eine Großmagd etwa 20 bis 25 Reichstaler verdiente[6] – wurden mit „Drei ein Drittheil" verzinst, höhere Beträge erzielten nur drei Prozent Zinsen.[7]

Diese den Sparkassen eigene Bevorzugung der niedrigeren Bevölkerungsschichten hing eng mit der Sozialen Frage und dem Armenwesen zusammen. So betont das Preußische Sparkassenreglement von 1838, dass die Sparkassen „auf das Bedürfnis der ärmeren Klassen" ausgerichtet sein sollten und in den Statistischen Nachrichten des Kreises Coesfeld heißt es im Jahr 1865, die Sparkassen ermunterten die „geringen Leute ... zum Sparen für die Tage der Noth".[8] Das erste Geldinstitut mit dieser Ausrichtung, die Hamburgische Allgemeine Versorgungsanstalt, war bereits 1778 gegründet worden und die erste kommunale Sparkasse entstand 1801 in Göttingen. Im Münsterland war die Stadtsparkasse Münster von 1829 die erste. Im Kreisgebiet folgte dann 1848 die Kreissparkasse Lüdinghausen.

Gleich die erste Kontoeröffnung in Lüdinghausen kam aus der gewünschten Zielgruppe. Vier Tage nach der offiziellen Eröffnung legte die Magd Bernadina Osthues, die bei einem Lüdinghauser Kaufmann tätig war, ihr erspartes Geld an. Sie brachte den stattlichen Betrag von 25 Reichstalern mit, sie dürfte also schon einige Zeit Geld zurückgelegt haben. Mit dieser Summe überschritt sie den geforderten Mindestbetrag um ein Vielfaches. Schon mit 10 Silbergroschen – ein Taler war 30 Silbergroschen wert – hätte sie ein Konto eröffnen können.[9]

Bernadinas Beispiel folgten allerdings im Laufe des Jahres nur sechs weitere Personen. Zwei Jahre später gab es gerade einmal 100 Konten.[10] Noch war das Vertrauen der Bevölkerung gering. In Coesfeld und Dülmen wurden 1854 und 1856 jeweils Stadtsparkassen eröffnet, die bereits einen größeren Zulauf im ersten Geschäftsjahr erhielten. Auch in Billerbeck wurde für die Kassen geworben. So war der Sparkassengedanke im Ort und im Umland weit verbreitet, als Küster Huesmann seine Bekanntmachung verlas. Mehr als 300 Personen, die großteils nicht aus dem Ort kamen, eröffneten hier im ersten Jahr ein Konto.[11]

Sie zahlten im Durchschnitt 165 Reichstaler ein, mehr als doppelt so viel wie bei den anderen Kassen der Region. 1888 stand die erfolgreiche Billerbecker Sparkasse an 11. Stelle unter den

Abb. 3: Volksbank Capelle. Aufnahme um 1987. In dem Gebäude war bis 1963 die Volksschule untergebracht.

33 Sparkassen des Regierungsbezirks Münster.[12]

Das Verleihen von Geld war ebenfalls eine Aufgabe der Sparkassen. Doch oft hatten die Bauern und Handwerker keine Sicherheiten, um Geld zu leihen. Diese Schwierigkeit hatten Friedrich Wilhelm Raiffeisen, auf den die Raiffeisenbank zurückgeht, und Hermann Schulze-Delitzsch, der Begründer der Volksbanken, unabhängig voneinander im Auge, als sie die Gründung von Genossenschaftsbanken initiierten. Durch den Kauf von Anteilen brachten die Mitglieder ein Kapital zusammen, das an einzelne Mitglieder verliehen werden konnte. Im Kreisgebiet fanden sich ab dem letzten Viertel des 19. Jahrhunderts – gerade auch in den kleinen Orten – Menschen zusammen, um genossenschaftliche Vereine zu gründen. So kamen beispielsweise in Südkirchen am 4. Dezember 1887 26 Einwohner zusammen und etablierten den Spar- und Darlehnskassenverein Südkirchen. Auch hier befand sich die Institution in der Folge im Privathaus des Geschäftsführers Franz Wichmann. Im Jahr 1900 belief sich die Bilanzsumme auf 149.811,49 Mark – eine ansehnliche Summe bei 113 Mitgliedern.[13] In Nordkirchen wurde 1893 ein ähnlicher Verein ins Leben gerufen. Viele der Mitglieder kamen aus Capelle, wo noch vor Kriegsende im September 1918 ein eigener Verein gegründet wurde. Durch die enge Verbindung beider Vereine wurde schon 1926 vom Capeller Verein der Wunsch zum Zusammenschluss geäußert. Dem Wunsch wurde erst Jahrzehnte später entsprochen. 1969 kam es zur Verschmelzung mit der Südkirchener Spar- und Darlehnskasse. Fast zehn Jahre später kam die Nordkirchener Volksbank dann auch dazu.[14] In dieser Kombination besteht sie immer noch.

## 31

### St. Laurentius, Senden
# Eine Million Ziegelsteine

Bauzeit: 1869–1892

Am 16. September 1873 waren die Straßen der Gemeinde Senden mit Fahnen, Kränzen, Transparenten und Laubgewinden geschmückt. Abgesehen von den „so exakt vorgetragenen Liedern" des Männerchors der Artillerie, urteilte der Westfälische Merkur, „bildete den Glanzpunkt [der Festlichkeiten] ein prachtvolles Feuerwerk".[1] Die Gemeinde feierte die Weihe des neuen Kirchengebäudes.

Die alte gotische Kirche war deutlich kleiner gewesen. Sie hatte nur drei Joche – Gewölbefelder – und schmale Seitenschiffe, während die neue, neogotische Basilika vier Joche, breite Seitenschiffe, ein Querschiff mit einer großen Vierung – Schnittpunkt von Quer- und Mittelschiff –, ein extra Chorjoch und eine Apsis besitzt.[2] Die neue Kirche verfügt über mehr als die doppelte Fläche der alten.

Mehr Platz – das war das Ziel des Neubaus. Der alte Kirchenbau hatte zum Schluss nur etwa die Hälfte der 2238 im Jahr 1864 gezählten Pfarrangehörigen fassen können. Da zu dieser Zeit alle Pfarrmitglieder auch zur Messe gingen, zählte der Platzmangel zu den dringend zu lösenden Problemen der Gemeinde. Grund für den Anstieg der Pfarrangehörigen war die Bevölkerungsexplosion im 19. Jahrhundert. Zwischen 1800 und 1850 war die Agrarproduktion rasant gestiegen und die Industrialisierung ermöglichte auch den besitzlosen Schichten in den ländlichen Bereichen eine zusätzliche Verdienstmöglichkeit, zum Beispiel durch Leinenweben.[3] So konnten nun auch die Landlosen heiraten und eine Familie gründen.

Spätestens seit Wilhelm Schulz 1825 das Amt des Pfarrers in Senden angetreten hatte, dürfte es Überlegungen zur Behebung des Platzmangels gegeben haben. Anfangs stand eine Erweiterung der Kirche im Raum, wie sie etwa in Rorup 1912 gebaut wurde. Dort dient die alte gotische Saalkirche nun als südliches Kirchenschiff.[4] Doch dann fiel in der Gemeinde die Entscheidung für einen kompletten Neubau. Als Architekt wurde Hilger Hertel ausgewählt, der später noch mehrfach im heutigen Kreisgebiet tätig sein würde, zum Beispiel beim Neubau der St. Vitus-Kirche in Olfen.[5] Zur Finanzierung des Vorhabens gründete die Gemeinde einen Kirchenbaufond.[6]

Doch die Pläne stockten. Der Landrat des Altkreises Lüdinghausen (Kap. 21) hielt das Bauvorhaben für nicht dringlich genug. Vielmehr sollte die Gemeinde weiter sparen. Ein weiteres Hindernis war, dass auf dem Kirchhof weiterhin bestattet wurde (Kap. 17). Ein größerer Neubau würde den Platz dort weiter verknappen. Abhilfe sollte die Anlage eines kommunalen Friedhofs schaffen, doch lehnte die Diözese Münster

Abb. 1: St. Laurentius, Senden. Wetterhahn und Blitzableiter wurden 1892 vergoldet.

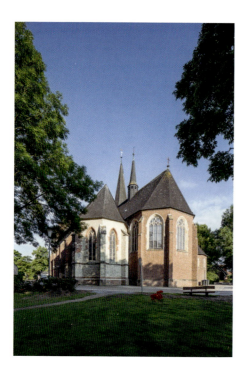

Abb. 2: St. Agatha, Rorup. Die spätgotische Kirche blieb als Seitenschiff (links) erhalten.

den Plan ab.[7] 1848 fiel schließlich die Entscheidung, auf Wünnings Kämpen einen neuen katholischen Friedhof zu gründen.[8]

In der Zwischenzeit war der Fond angewachsen. 1862 zählte er 5090 Reichstaler und neun Silbergroschen sowie eine Million Ziegelsteine im Wert von ca. 8000 Reichstalern. Die Ziegelsteine hatte Ziegelmeister Friedrich Gräfe mit zahlreichen Helfern in Eigeninitiative für das neue Gotteshaus gebrannt. Trotz dieser bemerkenswerten Aktion fehlten gemäß einer Kalkulation im November des nächsten Jahres noch rund 10.000 Reichstaler.[9]

Amtmann Koch bezweifelte, dass die Gemeinde in der Lage sein würde, die fehlende Summe aufzubringen: „Die Gemeinde hat größtentheils schlechte Bodenart, welche wenig produktionsfähig ist und noch über 1/3 unkultivierten Haideboden enthält ... Die untere Volksklasse lebt größtentheils in Dürftigkeit und ernährt sich durch Torfgewinnung und Tagelohn."[10] Mit Erlaubnis des Oberpräsidenten der Provinz Westfalen gingen deshalb von Dezember 1863 bis Mai 1864 114 Freiwillige – darunter 13 Personen, die nicht zur Gemeinde gehörten – in Westfalen von Haus zu Haus und baten um Spenden. 6523 Reichstaler kamen zusammen.[11]

Die Baumaßnahmen begannen schließlich 1869 mit der Errichtung eines „Notkirchleins" in der Nähe des Pastorats. In diesem provisorischen Gebäude fand in den nächsten Jahren der Gottesdienst statt, denn die spätgotische Kirche wurde nun abgerissen, um Platz für den Neubau zu machen. Der Bau ging gut voran. Im Dezember 1872 konnte Pfarrer Johannes Wegerhoff auf einem Tragaltar die erste Messe im neuen Kirchbau feiern. Vermutlich dürfte auch das Weihnachtsfest schon dort gefeiert worden sein. Im März des nächsten Jahres wurde die Notkirche abgebrochen und das Material verkauft.[12]

Im September 1873 zelebrierte die Gemeinde die feierliche Weihe durch Bischof Johannes Boßmann. Die Kirche war zu diesem Zeitpunkt mitnichten vollendet. Die Ausmalung fehlte noch, die Fenster waren aus einfachem Glas und auch die Ausstattung war noch nicht komplett. Vor allem aber war der Kirchturm noch nicht gebaut. Eine provisorische Wand trennte das Langhaus von der Turmbaustelle.

Drei Jahre später stand dann auch der Turm, der wenige Monate später Grund zur Sorge gab. Alarmiert schrieb der Landrat an den Regierungspräsidenten, „daß der colossale Thurm, der später als die Kirche gebaut ist, mit demselben in Verband gebracht ist und diese letzte, als das Mauerwerk sich zu setzen anfing,

Abb. 3: St. Pankratius, Südkirchen. Der Neubau stammt von den Architekten Bernhard Kösters und Herbert Blake.

nach Westen beigezogen hat."[13] Es gab Risse im Gewölbe und die Säulen neigten sich leicht. Glücklicherweise konnte das Problem leicht behoben werden, so dass 1878 die provisorische Mauer entfernt wurde. 1892 wurde schließlich die Turmspitze aufgerichtet.[14]

Nicht nur in Senden entstand eine neue Kirche. Im Kreisgebiet lassen sich 11 weitere Neubauten aus der Zeit zwischen 1870 und 1920 entdecken. Sie sind alle mit dem Wachsen der Dörfer zu erklären, deren Einwohnerschaft fast ausschließlich katholisch war.

Während der genannte Zeitraum die Hochphase für solche Projekte war, gab es auch davor und danach vereinzelt Neubauten. So brannte zum Beispiel 1823 beim dritten großen Stadtbrand in Appelhülsen die Kirche ab, so dass ein Neubau nötig wurde. Eine der letzten

Abb. 4: St. Pankratius, Südkirchen. Innenraum der neuen Kirche. Blick nach Norden

neuen Kirchen im Kreisgebiet ist die neue St. Pankratiuskirche in Südkirchen. Sie vereint gleich drei Kirchenbauten: den spätromanischen Turm (um 1100), die alte Kirche von 1691–1694 und den großen Neubau im Norden von 1965/1966.[15]

## VII. Kreuzwegstation, St. Martinus, Nottuln

# Der Kulturkampf

Datierung: um 1873

Wer in der katholischen Pfarrkirche St. Martinus in Nottuln eingehend die Kreuzwegstationen betrachtet, dem mag die Figur eines römischen Soldaten ins Auge fallen, der einen auffälligen Schnauzbart trägt. Er ist gleich in mehreren der Stationen zu entdecken, die den Leidensweg Jesu von der Verurteilung durch Pontius Pilatus bis zur Grablegung darstellen. Immer befindet sich der Soldat im Hintergrund. Er bewacht die Gruppe, die Jesus zum Berg Golgatha führt, wo dieser gekreuzigt werden soll. Auf der siebten Station ist er am besten zu erkennen. Jesus bricht zum zweiten Mal unter der Last des Kreuzes zusammen, während der Soldat – die vierte Figur von links – unbeteiligt nach vorne schaut.

Der Schnurrbart deutet an, dass es sich um Reichskanzler Otto von Bismarck handeln soll.[1] Es ist kein Zufall, dass dieser in der negativ bewerteten Rolle des Schergen in Erscheinung tritt. Als der Bildhauer Heinrich Fleige um 1873[2] die Kreuzwegstationen schuf, herrschte im ersten deutschen Nationalstaat, dem Deutschen Kaiserreich, der „Kulturkampf".

„Es war eine schreckliche Verfolgung der katholischen Kirche", urteilt die Olfener Pfarrchronik über den Kulturkampf, „Gesetz auf Gesetz ward erlassen, eins schlimmer als das andere. Fürst Bismarck war der Anstifter. So ward die Treue, Vaterlandsliebe und Opferwilligkeit der Katholiken im französischen Kriege schmählich gelohnt!"[3]

Schon nach dem Deutschen Krieg zwischen Preußen und Österreich 1866 war klargeworden, dass ein deutscher Nationalstaat ohne Österreich gebildet würde. Für die katholische Bevölkerung bedeutete dies, dass sie in der konfessionellen Minderheit sein würde. In Preußen war dieses Verhältnis bereits Realität. Nur 36 % der Bevölkerung waren katholisch, wobei sich diese in Westfalen – und damit im Kreisgebiet –, im Rheinland und in Schlesien konzentrierte. Der protestantischen Mehrheit galten die katholischen Gläubigen als rückständig und „romhörig", einem Papst verfallen, der seine Unfehlbarkeit 1870 in einem Dogma festgehalten hatte. Katholische Politiker gründeten deshalb 1870/71 die Deutsche Zentrumspartei (Zentrum), die auch andere Minderheiten ansprach. Bismarck wähnte in der Zentrumspartei den verlängerten Arm von Papst Pius IX., obwohl die katholischen Politiker den Nationalstaat unterstützten, und in den Katholiken Staatsangehörige, deren Treue nicht beim deutschen Kaiser lag.[4]

Bismarcks „Feldzug" begann im Juli 1871 – nur wenige Monate nach der Reichsgründung in Versailles – mit der

Abb. 1: VII. Kreuzwegstation, St. Martinus. Der Kreuzweg enthält Anspielungen auf den Kulturkampf.

Auflösung der katholischen Abteilung im preußischen Kultusministerium, deren Aufgabe der Interessenausgleich zwischen Staat und katholischer Kirche gewesen war. Auf Reichsebene folgte im Dezember das erste der Gesetze. § 130a Strafgesetzbuch – der „Kanzelparagraph" – verbot Geistlichen aller Konfessionen, in Ausübung ihres „Berufes Angelegenheiten des Staates in einer den öffentlichen Frieden gefährdenden Weise zum Gegenstand einer Verkündigung oder Erörterung" zu machen. Zuwiderhandlung wurde mit bis zu zwei Jahren Haft bestraft.[5] Im nächsten Jahr wurden die Niederlassungen des Jesuitenordens verboten und in Preußen wurde die zuvor kirchliche Schulaufsicht verstaatlicht.

Besonders schwer wurde das Münsterland von den preußischen „Maigesetzen" aus dem Jahr 1873 getroffen. Diese legten unter anderem fest, dass Theologen zukünftig eine staatliche Abschlussprüfung, das Kulturexamen, ablegen mussten. Zudem mussten Neubesetzungen geistlicher Stellen beim zuständigen Oberpräsidenten angezeigt und genehmigt werden.[6] Keiner der katholischen Bischöfe Preußens beantragte das Kulturexamen für die Priesterseminare und auch der Melde- und Genehmigungspflicht kamen sie nicht nach.[7]

Viele der Geistlichen im Kreisgebiet übten ihr Amt deshalb ohne staatliche Befugnis aus. In Seppenrade, wo der Pfarrer 1873 verstorben war, waren sogar zwei Geistliche betroffen. Der Geistliche Heinrich Fortmann war bereits 1874 verhaftet und später des Verwaltungsbezirks und sogar des Landes verwiesen worden.[8] 1875 wurde dann der Seppenrader Kaplan Moll festgenommen.[9] Der Westfälische Merkur, die katholische Zeitung in Westfalen, berichtete am 21. Juli ausführlich über die Entlassung des Kaplans aus der Haft. Er hatte im Kreisgericht in Lüdinghausen seine Haftstrafe verbüßt und sollte morgens um halb zehn entlassen werden. Trotz des Verbotes kirchenpolitischer Ovationen und Demonstrationen, das insbesondere bei Haftentlassungen von Priestern galt, liefen „sehr viele Leute aus der ganzen Umgebung ... vor dem Gerichtsgebäude" zusammen.[10] Der protestantische Landrat und Befehlshaber der Polizeibehörden Graf von Wedel hoffte, dass sich die Menge verstreuen würde, und befahl, Kaplan Moll weiter festzuhalten. „Eine dumpfe Gärung des Unwillens über diese Polizeimaßnahme ging durchs Volk. ... Der Regen goss in Strömen. Im murrenden Volk wurden viele Stimmen laut, sie würden nicht eher weichen, bis Moll entlassen sei, und währe es auch 3 Tage und regne es auch Steine."[11]

Gegen 14 Uhr verließ von Wedel die Stadt. Zu einem gewaltsamen Vorgehen gegen die Menschenmenge hatte er sich nicht entschließen können, zumal die Zahl der verfügbaren Polizisten gering war. Eine halbe Stunde später entließ der Lüdinghauser Bürgermeister den Kaplan, der mit Jubel empfangen und „im Triumph" nach Seppenrade begleitet wurde.[12]

1878 war ein Viertel der 4.627 katholischen Pfarreien in Preußen aufgrund von Verhaftung, Ausweisung oder Flucht der Priester unbesetzt. Nur noch drei Bischöfe amtierten, drei Bistümer waren vakant und die anderen sechs Bischöfe waren abgesetzt – darunter auch der Bischof von Münster, der bis 1884 im Exil lebte. Das Verhältnis der katholischen Bevölkerung zur Kirche war hingegen nur stärker geworden. Bei den Reichstagswahlen hatten bereits 80 % der wahlberechtigten Katholiken für das Zentrum gestimmt, das seinen Stimmenanteil auch in den nächsten Jahrzehnten wahren konnte[13].

Ab 1878 beendete Bismarck den Konflikt – er benötigte unter anderem die Unterstützung des Zentrums bei der Verfolgung der Sozialisten. Auch war der neue Papst Leo XIII. zu einer Versöhnung und zu Zugeständnissen bereit. Während das staatliche Examen für Theologen zurückgenommen wurde, blieben die Zivilehe, die staatliche Schulaufsicht und auch der Kanzelparagraph bestehen.

Der Kulturkampf war indes im Münsterland lange nicht vergessen. Zeugnisse des künstlerischen Widerstands finden sich an vielen Orten. Fleiges politischer Kreuzweg war den Auftraggebern bewusst und er war gefragt: So ist er immer noch in St. Felizitas in Lüdinghausen – dort sogar noch mit Bemalung –, in Beckum und in Velen zu sehen, um nur einige Orte zu nennen.[14] In Beckum wurde er 1875 heimlich eingeweiht. In der zeitgenössischen Pfarrchronik ist vermerkt: „Es ist noch erwähnt, dass auf dem fünften Stationsbilde drei Figuren von Personen enthalten [sind], die ich aber zu verschweigen mich genötigt sehe".[15]

Abb. 2: Detail. Als Erkennungsmerkmal für Reichskanzler Fürst Otto von Bismarck (4. Figur v. l.) dient der Schnäuzer. Zu lebensnah durfte die Darstellung aber nicht sein, um einer Zensur zu entgehen.

## 33
### Heimat- und Bürgerhaus Bahnhof Darfeld, Rosendahl

# Die Eisenbahn

Bauzeit: 1878

Am 1. Juli 1879 dürfte in Darfeld einiges los gewesen sein. Vielleicht spielte eine Kapelle und der Bahnsteig der neuen Bahnhofsanlage war mit Menschen gesäumt. Zum ersten Mal fuhr an diesem Tag ein Zug auf der eingleisigen Strecke zwischen Coesfeld und Rheine, die zur Gesamtstrecke Duisburg–Quakenbrück gehörte. Und zum ersten Mal hielt er in Darfeld. Das schmucke Empfangsgebäude, vor dem der Zug zum Stehen kam, war gerade erst errichtet worden.[1]

Mehrere Bahnhofsgebäude auf der 173 Kilometer langen Strecke gleichen dem roten Backsteinbau. So weist zum Beispiel jenes in Horstmar, der nächsten Station gen Norden, auch den hervorspringenden Mittelteil mit den drei Fensterachsen auf. Und es wird ebenfalls durch ein markantes Stockgesims – dem Fries zwischen Erd- und Obergeschoss – gegliedert. Im Vorbeifahren sind die Bauten leicht zu verwechseln. Ein an beiden Orten nicht mehr vorhandenes Schild mit dem Stationsnamen sollte dies seinerzeit verhindern.

Dass die Bahnhofsgebäude sich gleichen, liegt an ihrer gleichzeitigen Erbauung und an der gemeinsamen Auftraggeberin, der Rheinischen Eisenbahn-Gesellschaft. Die private Eisenbahngesellschaft hatte 1873 vom Preußischen Staat die Genehmigung erhalten, die Strecke zu bauen.[2] Für die Neubauten gab es einen Musterentwurf, 11 von 21 Stationen folgten ihm.

Bei genauerem Hinsehen fallen allerdings auch Unterschiede zwischen den Empfangsgebäuden in Darfeld und Horstmar auf. So weisen die Öffnungen in Darfeld mit Ausnahme der Lichtschlitze unter dem Dach alle eine Rundbogenform auf. In Horstmar ist diese Form auf das Obergeschoss beschränkt, die Öffnungen im Erdgeschoss enden in Flachbögen. Auch die Gestaltung des Stockgesimses ist unterschiedlich, in Darfeld hat es die Form eines doppelten Zickzackbandes mit dekorativen Fliesen. Zudem gibt es hier noch ein zweites Stockgesims am Übergang zum Dachgeschoss. Die Unterschiede könnten auf verschiedene ausführende Architekten zurückzuführen sein. Die Bahnhöfe Bottrop und Freren könnten hingegen nach den Plänen des für Darfeld verantwortlichen Architekten gebaut worden sein.

Begonnen hatte das Eisenbahnzeitalter in den deutschen Landen mit der sechs Kilometer langen Strecke zwischen Nürnberg und Fürth. 1838 fuhr der erste Fernzug zwischen Leipzig und Dresden, für den auch der erste deutsche Eisenbahntunnel gegraben worden war. Die nun folgende rasante Entstehung neuer Strecken war von

Abb. 1: Vier Gleisstränge gab es in Darfeld einst. Das vierte Gleis verkörpert nun die RadBahn.

Abb. 2: Die verschiedenen Friese zeigen die hohe Kunstfertigkeit der Maurer.

unternehmerischen Gesichtspunkten abhängig. So waren es vor allem die Bergbaustädte, die schnell einen Anschluss erhielten. Handelsstädte wie Münster mussten länger warten.
Als in den 1840er-Jahren die Bahnverbindung Köln–Minden geplant wurde, gelang es der Stadt Münster trotz aller Bemühungen nicht, bei der Streckenfestlegung berücksichtigt zu werden. Hamm erhielt den Zuschlag. 1848 bekam dann aber auch Münster durch die Errichtung einer Stichbahn einen Bahnhof.
Der Westfälische Merkur berichtete am nächsten Tag: „Gegen 9 1/2 Uhr vormittags fanden sich die zum Feste Geladenen, so wie sehr viele Aktionäre, Damen und Herren, auf dem Bahnhofe ein. ... Nachdem ... die Lokomotive ‚Wittekind' vorausgeeilt war, den Zug anzukündigen, folgte derselbe mit ... den mit Blumen und Laubgewinden umkränzten Lokomotiven ‚Münster' und ‚Hamm'."

60 Minuten brauchte die Eisenbahn fahrplanmäßig für die Strecke, während die Fahrt mit der Postkutsche vier Stunden und 20 Minuten dauerte. Allein der Zeitersparnis wegen ist es kaum verwunderlich, dass auch die ländlichen Gemeinden Interesse an der Bahn hatten. Auch für die landwirtschaftlichen Betriebe brachte die Eisenbahn wirtschaftliche Vorteile. Kraftfutter und Dünger konnten in größeren Mengen und zu billigeren Preisen angekauft werden. Da nun auch mehr Vieh verbracht werden konnte – von Darfeld fuhr beispielsweise bis 1973 jeden Freitag und Samstag ein Viehtransport nach Duisburg zum Schlachthof – wuchsen die Tierbestände stetig an.
Coesfelder Bürger hatten sich bereits in den 1850er-Jahren um einen Bahnanschluss bemüht. Doch als am 1. Januar 1870 die erste Strecke im heutigen Kreisgebiet eröffnet wurde, verlief sie von Wanne über Dülmen und Appelhül-

sen nach Münster. Der Bahnhof Buldern kam erst später dazu (Kap. 35). Betrieben wurde die Strecke von der Köln-Mindener Eisenbahn. Die Strecke über Darfeld sollte später in Konkurrenz zu ihr entstehen.

Das zweite Projekt galt der Nord-Süd-Achse zwischen Dortmund und Gronau und wurde von der privaten Dortmund-Gronau-Enscheder Eisenbahn-Gesellschaft durchgeführt. Mit ihr erhielten Lüdinghausen, Dülmen, Lette und nun auch Coesfeld eine Station. Die Trassenführung wurde auch hier stark diskutiert. Ursprünglich war Olfen als Station vorgesehen. Doch Streitigkeiten zwischen den Vertretern von Olfen-Stadt und Olfen-Kirchspiel sowie der Weggang des Amtmanns ermöglichten der Stadt Lüdinghausen, den Zuschlag zu erhalten. Sie hatte der Bahngesellschaft das Bahngrundstück kostenlos überlassen.[3] Das Dorf Lette sollte ursprünglich nur ein Wärterhäuschen und keine Haltestelle bekommen, denn eine Station war aus rein ökonomischem Interesse nicht notwendig. Die Bevölkerung vor Ort war auch hier bereit, das Grundstück kostenfrei abzugeben und zahlte zudem noch 1.000 Taler an die Eisenbahn-Gesellschaft.[4]

1879 begann der Staat Preußen die konkurrierenden Privatbahnen aufzukaufen und zu verstaatlichen. Auch der Bahnhof in Darfeld kam so in die Hände des Fiskus. Für die beiden noch folgenden Strecken bedeutete dies eine andere Herangehensweise bei der Trassenführung. Statt die Bahn dort zu verlegen, wo es eine florierende Wirtschaft gab, sollte sie nun der Wirtschaftsförderung dienen.[5] Seit 1907/1908 fährt ein Zug von Coesfeld über Billerbeck und Havixbeck nach Münster. Nach dem Ersten Weltkrieg kam 1928 als letztes die Trasse von Münster über Davensberg, Ascheberg und Capelle nach Preußen (Dortmund) dazu.[6]

Abb. 3: Die Gleise am Bahnhof Appelhülsen werden noch genutzt, ein Bahnhofsgebäude gibt es aber nicht mehr.

Zu diesem Zeitpunkt machte sich bereits das Auto als Konkurrent bemerkbar. Für den Schienenverkehr bedeutete dies letztendlich eine Ausdünnung der Fahrpläne. Im Fall Darfelds folgte 1984 sogar das Aus, da sich die Strecke von Coesfeld nach Rheine nicht rentierte. So hielt am 28. September 1984 zum letzten Mal ein Personenzug in Darfeld. Statt mit Kränzen war er mit einem Trauerflor geschmückt. Ende der 1980er-Jahre endete dann auch der Güterverkehr.[7]

Am 5. Mai 2013 war wieder einiges los in Darfeld. Kein Dampfross sondern Drahtesel standen im Zentrum der Aufmerksamkeit. Die Darfelder Bevölkerung war zur Eröffnung der RadBahn, einem Fahrradweg, der an der alten Bahnstrecke entlangführt, zusammengekommen. Am Tag zuvor war der Generationenpark eingeweiht worden. Ein Café im Bahnhofsgebäude, kleine Ausstellungen sowie „Spielgeräte" für Jung und Alt laden nun zum Verweilen ein.

### 34
#### Jüdischer Friedhof, Billerbeck

# Jüdisches Leben

Entstehungszeit: vor 1802

Kleine Steine liegen auf den beiden schwarzen Gedenksteinen, dem Geschwister-Eichenwald-Denkmal, auf dem Vorplatz des jüdischen Friedhofs in Billerbeck. Die Steine sind, ähnlich wie Blumen auf einem christlichen Friedhof, ein Zeichen der Erinnerung an die Verstorbenen. Es ist ein uralter Brauch, der aus Zeiten stammt, als Jüdinnen und Juden in Wüstenregionen lebten und mit kleinen Steinhaufen die Gräber ihrer Toten kennzeichneten.

Das Geschwister-Eichenwald-Denkmal wurde zum 9. November 2006 – dem 68. Jahrestag der Pogromnacht von 1938 – von dem Billerbecker Künstler Jörg Heydemann auf dem jüdischen Friedhof aufgestellt. Stellvertretend für alle Opfer der Shoa – hebräisches Wort für den Holocaust, es bedeutet übersetzt Unheil/ Katastrophe – aus Billerbeck erinnert das Denk- und Mahnmal an die Kinder Eva und Rolf-Dieter Eichenwald.[1] Zusammen mit ihren Eltern Ruth und Otto sowie der Großmutter Selma Isaacson sind sie 1941 nach Riga deportiert worden. Dort verliert sich ihre Spur.[2]

Die Gedenksteine übernehmen die typische rechteckige Form, die jüdische Grabsteine aus der Zeit der Weimarer Republik häufig aufweisen.[3] Ein Beispiel für einen Grabstein aus dieser Zeit findet sich ganz am Anfang des Grabsteinfeldes. Wie das Denkmal besteht auch der Stein des Ehepaars Sofie und Benno Bendix aus schwarzem und poliertem Granit, allerdings wurde hier statt eines gradlinigen Umrisses eine unregelmäßige Kontur gewählt. Benno Bendix ist 1930 verstorben, seine Frau 1938. Üblicherweise werden in der jüdischen Bestattungskultur die Grabsteine nach dem Ende der einjährigen Trauerzeit gesetzt.[4] Der Grabstein dürfte also aus dem Jahr 1931 stammen.

Die Ausschnitte in den Gedenksteinen, die das ausgelöschte Leben der Kinder symbolisieren, haben dagegen einen halbrunden Abschluss wie ihn viele der insgesamt 20 Grabsteine auf dem Friedhof aufweisen. Diese Grundform war im 19. Jahrhundert gängig. Auch der älteste Grabstein auf dem Friedhof folgt ihr. Er erinnert an Pins Bendix, der 1804 in Billerbeck geboren wurde und 1849 auch dort starb. Von der Inschrift sind nur noch wenige Buchstaben zu erkennen. Vermutlich verfügte der Stein auf der Rückseite über eine Platte mit einer hebräischen Inschrift. Sie scheint herausgebrochen zu sein. Auf dem Grabstein seiner Frau Bella Bendix, geborene Levi Cohen, sind die hebräischen Buchstaben auf der Vorderseite dagegen noch zu lesen: *„[Hier liegt begraben] eine gepriesene [Da]me / eine tugendhafte F[rau], Zierde ihres Mannes / und leuchtendes Vorbild ihrer*

Abb. 1: Jüdischer Friedhof Billerbeck. Blick von Osten über das Geschwister-Eichenwald-Denkmal

Abb. 2: Der älteste erhaltene Grabstein (4. v. r.) erinnert an den 1849 gestorbenen Pins Bendix.

*[Söhne], / sie war eine gottesfürchtige Frau / und handelte gut alle ihre Tage ... [Ihre Seele] sei [eingebunden] im Bündel [des Lebens]".*[5]
Die Schlussformel betont die in der jüdischen Bestattungskultur geforderte Unversehrtheit des Leibes sowie die im Christentum übernommene Verbindung der Lebenden und der Toten. Auch das Sterbedatum nennt der Grabstein. Es entspricht dem jüdischen Kalender.[6] Auf der Rückseite, wo sich eine deutsche Inschrift befindet, ist es nach dem in Europa üblichen Gregorianischen Kalender angegeben: 1893.
Wann genau der Friedhof angelegt wurde, ist nicht bekannt. Eine Quelle aus dem Jahr 1802 gibt an, dass der jüdische Bestattungsplatz früher an einer verschlammten Straße vor dem Mühlentor gewesen sei.[7] Dies impliziert, dass es schon früher einen Friedhof gab, dieser aber verlegt wurde. Wo genau er gelegen hat, ist nicht bekannt. Die Beschreibung vor dem Tor verdeutlicht den schwierigen Status der konfessionellen Minderheit. Anders als bei den christlichen Begräbnissen, die bis 1808 auf den beiden Kirchhöfen stattfanden (Kap. 17), waren die jüdischen Bestattungen von Anfang an aus dem geschützten Bereich der Siedlung verbannt gewesen.
Eine Ansiedlung jüdischer Familien lässt sich weiter zurückverfolgen als der Friedhof, da Jüdinnen und Juden eine landesherrliche Genehmigung, das sogenannte Geleit, brauchten, um sich niederzulassen. Bereits 1567 bat ein Jude namens Arndt vergeblich um das Geleit für den Wigbold Billerbeck. Er hatte zuvor 20 Jahre in Borken gelebt, war dann aber durch die landesherrliche Regierung ausgewiesen worden. Weshalb ist nicht bekannt. Zuflucht fand er in Gemen, Herzogtum Schauenburg.[8] Das erste bekannte erfolgreiche Gesuch dürfte Samuel Marcus gestellt haben. Er wird 1720 in einer Auflistung der im „hiesigem Hoch-Stift Munster fur damahl gnädigst beglaideten Sechssig

Juden" für Billerbeck genannt. Die Zahl der Jüdinnen und Juden war recht überschaubar, auch wenn gerade Fürstbischof Christoph Bernhard von Galen, der von 1650 bis 1678 amtierte, ihre Ansiedlung gefördert hatte. Denn sie mussten zum einen höhere Steuern – auch das Geleit war teuer zu bezahlen – leisten, zum anderen aber als Bankiers und Hoflieferanten seine Kriege unterstützen.[9]

1816 lebten fünf jüdische Familien – 21 Männer und Jungen, 15 Frauen und Mädchen – in Billerbeck. Eine Synagoge scheint es auch gegeben zu haben, denn als der preußische Staat Mitte des Jahrhunderts die Bildung von Synagogenbezirken anstrebte, gaben die Juden aus Billerbeck zu Protokoll: „Es besteht hier seit langer Zeit, seit länger als 100 Jahren, eine Synagoge." Allerdings war sie verfallen und abgetragen worden, „gegenwärtig ist ein Zimmer im Wohnhaus des Bendix zur Synagoge eingerichtet ...".[10] Ihr Versuch, einen eigenen Synagogenbezirk zu erhalten, war nicht erfolgreich. Die kleine Gemeinschaft wurde 1862 dem Coesfelder Synagogenbezirk zugeordnet. Diese Zuordnung führte in den folgenden Jahren immer wieder zu Auseinandersetzungen um die Gemeindekosten. Die jüdische Gemeinschaft war übrigens nicht die kleinste konfessionelle Minderheit in Billerbeck. 1871 waren 1.461 Personen in Billerbeck katholisch, 32 jüdisch und gerade einmal drei Personen protestantisch.[11]

Während Vorurteile bestehen blieben, hatten die Jüdinnen und Juden im 19. Jahrhundert in Preußen und im Kaiserreich eine annähernd rechtliche Gleich-

Abb. 3: Wohnhaus Bendix, Billerbeck. An der Haustür sind noch Spuren der Pogromnacht von 1938 zu sehen.

berechtigung erreicht. Diese spiegelt sich auch in ihren Wohnstätten und auf ihren Grabsteinen wider.

Frei in der Berufswahl, hatte der Jude Benno Bendix Ende des 19. Jahrhunderts einen Handwerksberuf ergriffen. Er wurde Lohgerber und stellte erfolgreich strapazierfähiges Leder, beispielsweise für Schuhsohlen, Sättel oder Taschen her. Das große, repräsentative Haus, das Benno 1913 an der Daruper Straße (nun: An der Kolvenburg 6) baute, ist typisch für die Architektur des wohlhabenden Bürgertums im Münsterland im späten Kaiserreich.

Auch der Grabstein des Ehepaars Bendix spiegelt diese Verbürgerlichung. Die einzige Inschrift ist auf Deutsch und verwendet den gregorianischen Kalender. Religiöse Formeln fehlen, stattdessen wird die Rolle in der Familie betont. Nur der Davidstern gibt Auskunft über ihre Religionszugehörigkeit.

## 35

### Schloss Buldern, Dülmen

# Der tolle Romberg

Bauzeit: 1838

„Dieser angebliche ‚Schelmenroman' ist kein ‚herzquickendes Buch', wie es eine Münstersche Buchhandlung leichtfertig anpreist", empörte sich der Münsterische Merkur im Jahr 1923 über Josef Wincklers Roman „Der tolle Bomberg". „Nein, es ist ein abscheuliches, verdammenswertes Machwerk." Die Erzählung über die schelmischen Streiche, derben Späße und dekadenten Ausschweifungen eines münsterländischen Adeligen war im selben Jahr erschienen – ein Jahr, das durch die rasante Inflation im Deutschen Reich geprägt war. Ein anderer Kritiker urteilte deshalb: „Winckler befreit sich und seine Leser durch ein unendliches Gelächter." Seine erheiternde Wirkung übt das Buch immer noch aus. 2016 erschien es in der 50. Auflage, weit über 750.000 Exemplare wurden seit seinem Erscheinen verkauft.

Wincklers *enfant terrible*, Baron Bomberg, ist keine ganz und gar erdachte Phantasieperson. Sie nimmt sich ein Vorbild an dem münsterländischen Adeligen Freiherr Gi(e)sbert II. von Romberg und den Anekdoten, die über ihn erzählt wurden und gar schon mehrfach publiziert worden waren.[1]

Dieser Gisbert wurde am 22. Juli 1839 auf Schloss Buldern geboren. Dort starb er auch 1897 im Alter von 58 Jahren. In Wincklers Roman erhält das Schloss den Namen Bullbergen. Im Gegensatz zum Palais der Familie in Münster „zeichnet sich das eigentliche Schloss Bullbergen", so Winckler im Vorwort, „durch besonderen Geschmack nicht aus."[2] Vielleicht resultiert Wincklers Urteil aus der Schlichtheit des klassizistischen Herrenhauses. Der hell verputzte Bau verzichtet auf barocke Schnörkel, die mit der Aufklärung als übertrieben empfunden wurden. Gerade Linien, Symmetrie und der von einem Dreiecksgiebel bekrönte Mittelrisalit – der leicht vorspringende Bauteil in der Mittelachse des Traktes – gestalten dagegen die Schauseite des Schlosses.

Das Anwesen war im 18. Jahrhundert durch Heirat an die Familie von Romberg gelangt, die ihren Stammsitz auf Schloss Brünninghausen bei Dortmund hatte. Nicht nur durch diese Herkunft unterschied sich die Familie vom alteingesessenen münsterländischen Adel. Anders als bei diesen landwirtschaftlich geprägten Häusern gründete das ungeheure Vermögen auf industriellem Unternehmertum. Gisberts gleichnamiger Großvater hatte in der Zeche „Vollmond" bei Langendreer, Bochum, die erste Dampfmaschine im Ruhrbergbau aufstellen lassen.[3]

Gisbert I. setzte zudem auf seinen Gütern in Buldern einen Rentmeister ein, der auf dem Anwesen modernste englische

Abb. 1: Schloss Buldern. Blick von Nordosten. Im Dreiecksgiebel ist das Wappen der von Romberg zu erkennen.

*151*

Argrartechnik – zum Teil wurden die Geräte extra geschmiedet – einführte. Unter anderem wurde 1823 in Buldern eine Kornbrennerei errichtet, die wichtige Impulse für die Region gab.[4] 1836 übernahm Gisberts Vater Clemens Conrad von Romberg das Anwesen. Er veranlasste den Umbau und begann auch die Pferdezucht in Buldern.[5]

Auch Gisbert war ein geschickter Geschäftsmann, der den Landbesitz der Familie deutlich ausdehnte. Anders als sein Vater und Großvater war er allerdings nicht sparsam. Es wird von großartigen Festen auf Schloss Buldern berichtet, bei denen durch Feuerwerke und Böllerschüsse alle Fensterscheiben zu Bruch gegangen sind. Auch seine ausgiebigen und kostspieligen Besuche im Café Midy in Münster sind verbürgt.[6] Doch viele andere Eskapaden des Romanhelden gehören der Fiktion an. Winckler schränkt in seinem Vorwort bereits ein: „Ob diese historische Treue aller Details einer peinlichen Nachprüfung standhält, scheint eine untergeordnete Frage."

Eine der bekanntesten Geschichten betrifft den Bulderner Bahnhof. Nach Winckler verhielt sich diese wie folgt: „Damals hielt die Bahn nur an den Hauptknotenpunkten und wichtigeren Städten; kleinere ländliche Stationen waren noch wenige eingerichtet. Der Baron aber zog einfach jedes Mal in der Nähe von Bullbergen [Buldern] die Notleine, zahlte 30 Mark und ging pfeifend querfeldein: ‚Ich will doch mal sehen, wer es länger aushält, der Fiskus oder ich!' ... Dies hatten sich bald allerhand Mitfahrer zunutze gemacht, die genau aufpassten, an welchen Tagen der Baron zu fahren pflegte, und stoben alsdann wie auf Verabredung aus allen Coupés heraus. Denn die nächste Station in dieser Gegend war Dülmen, und wer nicht im Weichbild wohnte, konnte den Zug nicht benutzen ... Die Staatsräson verlor von Fall zu Fall mehr an Autorität, denn das unheimliche Phänomen des urplötzlich still stehenden Zuges ... ging wie ein Gespenst nun in Dutzenden Eingaben, Gutachten, Protokollierungen durch alle Instanzenwege, bis der Amtsschimmel sich müde hinlegte, das Rennen aufgab und die Bahnverwaltung in aller Stille kleine Brötchen backte und Bullbergen eine Station präsentierte."[7]

Der Streckenabschnitt zwischen Wanne-Eickel und Münster war 1870 eröffnet worden. Die Strecke der Cöln-Mindener Eisenbahn-Gesellschaft verlief durch Buldern – nur wenige Kilometer vom Schloss Buldern entfernt –, die Züge hielten aber nur in Dülmen und Appelhülsen. 1874 schrieb Landrat von Bönninghausen an die Gesellschaft und bat um die Errichtung eines Bahnhofs in Buldern, doch wurde sein Ansinnen abgelehnt. 1879 wurde die Strecke – wie die meisten anderen Privatbahnen auch – verstaatlicht. Nun wandten sich 50 Gewerbetreibende aus Buldern und Hiddingsel an den zuständigen Minister. Ihren Antrag begründeten sie mit den wirtschaftlichen Vorteilen, die ein Bahnanschluss für Buldern, Hiddingsel, aber auch Darup und Lüdinghausen hätte. Der zuständige Minister sah aber weiterhin keinen Grund für eine Bahnstation. Allerdings sollten ab Mitte Mai 1881 versuchsweise „zwei Züge täglich nach beiden Richtungen" in Buldern halten.[8]

Aus den Akten lässt sich keine Beteiligung Gisbert von Rombergs erkennen, dabei dürfte die Haltestation auch für den landwirtschaftlichen Betrieb des Gutes und die Brennerei von Vorteil gewesen sein. Statt auf die Launen eines Adeligen ist der Bahnhof auf die Initiative der Bulderner Bürger zurückzuführen. Der Versuch war erfolgreich. Ein Bahnhofsgebäude entstand dann ab 1884. Diesmal war der Baron von Romberg beteiligt. Er stellte einen Großteil des Baugrundes unentgeltlich zur Verfügung.[9]

Die Züge halten immer noch in Buldern. Das Bahnhofsgebäude aber entging nur durch bürgerliches Engagement 2011 dem Abriss. Auch auf dem Schloss hat sich einiges verändert. Die Familie von Romberg lebt schon lange nicht mehr dort. Stattdessen bot Gisbert III. von Romberg, der Enkel des tollen Rombergs, Ende 1950 dem Max-Planck-Institut Teile des Schlosses an, um dort eine Außenstelle einzurichten. Bis zum Tod des Barons 1954 beobachtete nun der bekannte Verhaltensforscher Konrad Lorenz auf einem extra auf dem Schlossgelände angelegten Teich das Verhalten von Graugänsen.[10]

Inzwischen gilt die Aufmerksamkeit auf Schloss Buldern dem menschlichen Verhalten. Seit 1958 dient das Anwesen als Schule und Internat.

Abb. 2: Die Skulptur am Großen Spieker in Buldern nimmt unter anderem Bezug auf den tollen Romberg. Diese Ansicht erinnert an Pfarrer Tellen, der in einem der Glasfenster der Kirche als Bettler dargestellt sein soll.

## 36

Kanalüberführung über die Lippe, Olfen

# Der Dortmund-Ems-Kanal

Bauzeit: 1892–1894

„Bald spielten die massenhaft eingesetzten Fische, zumeist Karpfen, munter in ihrem Wasserelement", hält der Olfener Pfarrer August Dirking für das Jahr 1891 in der Pfarrchronik fest. „Sie gediehen und wuchsen erstaunlich rasch, da jeden Tag eine Anzahl von Fremden die Fische mit Weißbrot und anderen Leckerbissen fütterten."[1] Bei dem Gewässer, von dem Dirking berichtet, handelte es sich um ein 250 Meter langes Probestück des Dortmund-Ems-Kanals, das in Sülsen neben der Lippe gegraben worden war. Das Wasser des Kanals sollte zwischen dem Schiffshebewerk Henrichenburg und der Schleuse in Münster aus dem Fluss gespeist werden. Mit dem Probestück wurde die Pumptechnik ausgetestet und gleichzeitig geprüft, ob das Kanalbecken das Wasser hielt. Der Versuch war ein Erfolg.

Mit sehr viel weniger positiver Resonanz waren die Pläne für den Bau eines Kanals, der das östliche Ruhrgebiet mit der Nordsee verbinden sollte, in den 1860er-Jahren aufgenommen worden. Unter anderem sprach sich die Eisenindustrie gegen das Projekt aus, da sie mehr Interesse am Ausbau der Eisenbahnstrecken hatte. Andere Parteien fürchteten den Import billigen ausländischen Getreides. Erst in den 1880ern bekamen die Pläne Aufwind – unter anderem auch aus militärischen Gründen. Die wachsende Kriegsflotte sollte mit Stahl und Kohle aus dem Ruhrgebiet versorgt werden, ohne über den Rhein die Niederlande passieren zu müssen. 1886 votierte der preußische Landtag mit knapper Mehrheit für das Projekt.[2]

In den nächsten drei Jahren legte die Kanalbaukommission in Münster die Linienführung fest und entschied, dass die 186,5 Kilometer lange künstliche Wasserstraße bei Olfen über die Lippe geführt werden sollte. Die Landbesitzer wurden für den benötigten Boden gut bezahlt. An den Kosten musste sich Olfen beteiligen, wofür der Ort ein Darlehen bei der örtlichen Sparkasse aufnahm. Für den Kanalbau wurden insgesamt Verträge mit 1.763 Grundbesitzern geschlossen, 194 von ihnen mussten enteignet werden.[3]

Der Olfener Streckenabschnitt war besonders schwierig. Zweimal musste der Kanal hier über Flüsse geführt werden, einmal über die Lippe und dann über die Stever. Zwei weitere Brücken waren für die Überführung über die Chausseen Olfen-Selm und Olfen-Lüdinghausen nötig. Um zudem das Wasserniveau zwischen der Schleuse in Münster und dem Schiffshebewerk in Henrichenburg zu halten, mussten starke Dämme errichtet – im Stevertal bis zu 12 Meter hoch – oder tief ins Gelände hinab gegraben werden.[4]

Abb. 1: Kanalüberführung über die Lippe, Olfen. Blick von Süden. Unter der Brücke fließt die Lippe.

Abb. 2: Blick gen Olfen. Die ersten 20 Jahre wurden die Schiffe von Tieren getreidelt, dann setzte um 1914 vermehrt die Dampfschifffahrt ein. Nun führt ein Rad- und Fußweg über die Kanalüberführung.

1892 begannen auf der gesamten Strecke die Bauarbeiten. „Wo bis dahin Wiesen und Äcker gewesen", notiert Pfarrer Dirking in der Pfarrchronik, „setzen jetzt Spaten und andere Gerätschaften ein, um die Kanallinie auszuheben. Es tat mir leid, wie überall das erst halbreife Korn von den bisherigen Eigentümern abgemäht werden musste. Die Kanalstrecke Olfen erforderte kolossale Arbeiten: Es waren hierorts gegen 1.400 Arbeiter tätig; man sagte mir, es seien auf unserer Strecke von etwa sechs Kilometern Länge rund zwei ein Viertel Millionen Kubikmeter Erde zu bewegen."[5]

Die Stadt profitierte von dem Großprojekt. Zahlreiche Olfener heuerten, trotz Schwerstarbeit und langer Arbeitszeiten, bei den Kanalbauunternehmern als Arbeitskräfte an, da die Verdienstmöglichkeiten dort deutlich besser waren als in den eigenen Handwerksbetrieben. So hatten schon beim Probebau die meisten Olfener Handwerker ihr Geschäft vorübergehend geschlossen, wie die Stadtverordnetenversammlung im November 1891 festhielt.[6] Zusätzlich zu den Arbeitsplätzen für die einheimische Bevölkerung brachte der Kanalbau Arbeiter aus anderen deutschen Regionen und aus dem Ausland nach Olfen. Wer konnte, bot Kost und Logis an und verdiente zusätzlich.

Neben niederländischen Arbeitern kamen auch italienische Maurer und Steinhauer nach Olfen. Pfarrer Dirking sorgte sich um ihr Seelenheil: „Wiederholt ließ ich einen italienisch sprechenden Priester für sie kommen, aber der Erfolg war fast null."[7] Die Italiener errichteten die Kanalüberführung über die Lippe. Architekt Karl Hinckeldeyn basierte die Baugestalt dieser und der anderen Brücke auf römischen Aquädukten. Bewusst entschied sich die Kanalbaukommission gegen eine Eisenkonstruktion, sie fürchtete Korrosionsprobleme. Die Brücke sollte lange halten, so wurde Ruhrkohlesandstein als Material gewählt.[8]

Drei Rundbögen mit einer Spannweite von 21 Metern wölben sich in 18 Meter Höhe über den Fluss. Der Brückentrog ist 70 Meter lang und 15 Meter breit.[9] Drei Millimeter dicke Bleiplatten verhindern, dass das Wasser des Kanals ausläuft. Auf Olfener Seite wurde 1896 die Pumpstation errichtet, die den Kanal auf dem über 50 Kilometer langen Teilstück zwischen dem Schiffshebewerk und der Schleuse Münster mit Wasser speiste. Mittels drei Dampfpumpen mit je 400 PS wurde das Wasser der Lippe nach oben in den Kanal gehoben. Im Notfall konnte über die Pumpstation auch Wasser abgelassen werden.[10] Allerdings nur bis 1914 – nach der Fertigstellung des Datteln-Hamm-Kanals erfolgte die Wasserübergabe in Hamm.[11]

Der Dortmund-Ems-Kanal war bereits nach sieben Jahren Bauzeit fertiggestellt. Sein Bau hatte 79.430.000 Mark gekostet. Die Einweihung wurde auch in Olfen feierlich begangen. „Im Anfange nach der Fertigstellung", notiert der Pfarrer, „als die ersten Schiffe den Kanal befuhren, eilte stets eine Menge Kinder und Neugierige auf die hohen Kanaldämme, um das Schauspiel anzusehen."

Die Schiffe, die über die Kanalüberführung dampften, durften maximal 750 Tonnen laden. Schon bald galt die Ladekapazität dieser Schiffe als zu gering. Bereits 28 Jahre nach der Fertigstellung begann die erste Erweiterung des Dortmund-Ems-Kanals, damit die größeren 1000–1350 Tonnen fassenden

Abb. 3: Das Pumpwerk an der Kanalüberführung wurde 1896 fertiggestellt. Aufnahme undatiert.

Schiffe die Wasserstraße nutzen konnten. Als erstes Teilstück wurde 1937 die „Neue Fahrt" in Olfen fertiggestellt, wozu auch eine neue Kanalüberführung gehörte. Das letzte Teilstück wurde 1959 abgeschlossen.[12] Die „Alte Fahrt" blieb anfangs als Notfallstrecke erhalten.

1994 setzte die Planung für die nächste Erweiterung ein. Sie ermöglicht Großmotorgüterschiffen mit einem Ladevermögen von 2.400 Tonnen und Schubverbänden mit einem Ladevermögen von 4.200 Tonnen den Kanal zu befahren. Dies entspreche 175 Lastkraftwagen, wirbt die Wasser- und Schifffahrtsverwaltung des Bundes.[13]

Inzwischen ist die „Alte Fahrt" vielerorts zurückgebaut oder führt wie bei der Überführung über die Stever kein Wasser mehr. Die Kanalüberführung über die Lippe hält weiterhin Wasser. Sie ist Teil des Naherholungsgebiets und bietet als Biotop zahlreichen Tier- und Pflanzenarten einen Lebensraum.

## 37
### St. Ludgerus, Billerbeck

# Der heilige Liudger und das Kreisgebiet

Bauzeit: 1892–1898

Gleich zweifach bezieht sich das Wappen des Kreises Coesfeld auf Liudger, den ersten Bischof Münsters. Geboren um 742 in Friesland, wo seit Ende des 7. Jahrhunderts angelsächsische Missionare wirkten, trat der adelige Liudger im Alter von etwa 13 Jahren in das St. Martinskloster zu Utrecht ein. Nach einem Studium in York empfing er 777 vom Kölner Bischof Ricolf die Priesterweihe und übernahm eine Missionstätigkeit im friesischen Ostergau, aus dem er 784 durch den sächsischen Herzog Widukind vertrieben wurde. Zu diesem Zeitpunkt wirkte im Gebiet des Münsterlandes der Abt Beonradh als Missionar (Kap. 4). Der sächsische Aufstand endete mit der Taufe Widukinds und Liudger kehrte zurück.

792 wandte er sich den Westsachsen zu und gründete in „Mimigernaford" ein Kloster (lat. *Monasterium*), dem die Stadt Münster, deren Bischof er 805 wurde, ihren Namen verdankt. In seinem neuen Missionssprengel soll er den Götzendienst ausgerottet, Kirchen errichtet und Priester geweiht haben. Am 26. März 809 starb Liudger in Billerbeck. Sein Leichnam fand schließlich in der von ihm gegründeten Benediktinerabtei Werden, heute Essen-Werden, seine letzte Ruhestätte.[1]

Abb. 1: Blick vom Rathaus auf St. Ludgerus. Fast Dreiviertel der Spenden für den „Dom" kamen aus Billerbeck.

Viele Legenden ranken um Liudger, der auch als Ludger oder Ludgerus bezeichnet wird. Eine Sage aus dem 15. Jahrhundert berichtet, dass der Heilige bei Billerbeck eine Gänseplage beendete, eine andere, dass er eine Quelle erschuf, indem er zwei Gänse kopfüber in den Boden steckte. Eine Gans begleitet deshalb die Gestalt des Bischofs auf dem rechten Feld des Kreiswappens – diese Seite steht für den Altkreis Coesfeld bis 1975. Auf der anderen, die an den Altkreis Lüdinghausen erinnert, ist eine Glocke zu sehen. Auch sie ist mit einer Sage verbunden. Ihr zufolge sollen, als der Leichnam Liudgers durch Lüdinghausen gebracht wurde, die Glocken von selbst geläutet haben.[2]

Die Verehrung des Heiligen begann direkt nach seinem Tod und erlebte im 19. Jahrhundert einen Höhepunkt. Mit der Auflösung des Fürstbistums 1803 hatten die Bischöfe von Münster ihre weltliche Macht verloren. Nun beschworen sie Liudger als Regionalheiligen herauf, in dessen Nachfolge sie standen. 1809, zum 1000. Todestag, fand aufgrund der politischen Wirren keine Wallfahrt statt. 1860 erreichte der spätere Bischof Johann Brinkmann dann die Übergabe von Liudger-Reliquien aus Werden. Zur feierlichen Festwoche anlässlich der Reliquienübertragung kamen im Juni 100.000 Pilgerinnen und Pilger.[3]

1873 nutze Brinkmann, der inzwischen zum Bischof geweiht worden war, die

Abb. 2: Sterbekapelle im Südturm des „Doms". Im Altar befindet sich eine Reliquie des Heiligen Liudger.

Wallfahrt nach Billerbeck, um in Zeiten des Kulturkampfes ein Zeichen der Stärke der katholischen Gemeinschaft zu setzen. Vor 7.000–8.000 Menschen hielt er am Ludgerusbrunnen, der über der legendären Quelle steht, in Billerbeck eine Rede. Er schwor, eher sein Hab und Gut und sein Leben zu verlieren, als den antikirchlichen Gesetzen zu folgen. Zwei Jahre später, als die preußische Regierung verlangte, dass er sein Amt niederlege, ging Brinkmann ins Exil. 1881 kamen 3.000 Gläubige in Billerbeck zusammen, die für seine Rückkehr beteten.

Zu diesem Zeitpunkt war eine Diskussion über einen Neubau der Wallfahrtskirche oder eine Erweiterung der Johannis-Kirche schon im vollen Gange, wenngleich eine Verwirklichung des Bauvorhabens während des Kulturkampfes unwahrscheinlich war. So schrieb der Billerbecker Anzeiger am 29. Januar 1882: „Mit der Zeit, d. h. wenn der Culturkampf glücklich beendet ist, und dann große Aussicht vorhanden, daß Billerbeck Wallfahrtort wird, müßte eine neue, große und dem heiligen Ludgerus würdige Kirche erbaut werden."[4] Als schließlich die Kirche gebaut wurde, war es ein gigantisches Bauvorhaben. Die Größe des Neubaus – die Türme sind beispielsweise mit 100 Metern Höhe unter den höchsten des Münsterlandes – war auch ein Zeichen des Triumphs. Bischof Hermann Dingelstad wollte ein großes und würdiges Denkmal für den heiligen Liudger. Von Wilhelm Rincklake, dem Architekten des sogenannten Billerbecker „Doms" stammt die Idee Doppeltürme zu bauen, damit er besser von der eintürmigen Johannis-Kirche zu unterscheiden sei. Das alte Rathaus – der Neubau begann 1891 etwas weiter entfernt vom Platz – und einige Häuser mussten weichen. Und auch die alte

Wallfahrtskirche wurde abgerissen, um Raum für die neogotische Basilika zu machen.[5]

Die Kosten trugen hauptsächlich die Billerbecker sowie die Gläubigen aus der Umgebung. „Da fehlten nicht mit reicher Spende die Fürsten der Kirche, der Adel des Landes, die Spitzen der Gesellschaft; da fehlten aber auch nicht die Heller der Wittwen und die Gaben der Armen", würdigte der Abt des Klosters Maria Laach, der die Festpredigt am zweiten Tag der Kirchweihe hielt, die Spendenbereitschaft der Gläubigen. Da aber, wie bei den Großbauvorhaben der Gegenwart, das Geld nicht reichte, fügte er seiner Predigt noch einen weiteren Aufruf zur Großzügigkeit hinzu.[6]

Nicht nur in Billerbeck ist die Erinnerung an Liudger immer noch lebendig. Auch St. Martinus, Kirche des ehemaligen Damenstifts Nottuln, wird traditionell mit Liudger verbunden. 1823 hatte der Nottulner Pfarrkaplan Albert Wilkens eine Urkunde veröffentlicht, die die Gründung des Frauenklosters auf den Heiligen zurückführt. Sie ist eine Fälschung, was erst in den 1960er-Jahren aufgefallen ist. Das Kloster ist erst um 860 entstanden. Damit ist auch Wilkens' Behauptung, dass die Schwester Liudgers, die heilige Heriburg, die erste Äbtissin in Nottuln gewesen sei, falsch. Nichtsdestotrotz gilt das Grab, das bei Ausgrabungen 1978 im Südschiff der Kirche entdeckt wurde, als letzte Ruhestätte Heriburgs. Die Gebeine könnten durchaus von einer Äbtissin des Klosters stammen. Dafür spricht der Begräbnisplatz, über dem sich einst eine an die Kirche grenzende Kapelle befunden hat. Es war aber nicht die erste Äbtissin, denn die dendrochronologische Untersuchung datiert den Sarg auf 960.[7]

Abb. 3: Ludgerusbrunnen, Billerbeck. Die Statue des Heiligen trägt die Gesichtszüge Bischofs Clemens von Galen, der für seine Predigten gegen die Euthanasiemorde im Nationalsozialismus bekannt ist.

Wer nun das Interesse an Liudger als eine rein münsterländische Angelegenheit ansieht, dem empfiehlt sich ein Blick auf die jüngste Glocke des Billerbecker „Doms". Sie trägt den Namen Liudger-Europa-Glocke. Gegossen wurde das 7200 Kilogramm schwere Stück zum 1250. Geburtstag des Heiligen 1992. Eine Europakarte mit den Wirkungsstätten Liudgers und das Europa-Signet zieren den Klangkörper. So schwingt bei jedem Läuten der Gedanke, Grenzen zu überwinden, mit.

## 38

### Kloster St. Antonius, Lüdinghausen

# Höhere Bildung endlich auch für Mädchen

Bauzeit: 1894, Erweiterung: 1904

„Am 14. Juni 1895 am Tage des hl. Fronleichnamsfestes wurde der erste Spatenstich zum Klostergebäude gemacht", hält die Chronik des Antoniusklosters zu Lüdinghausen fest.[1] Die Ausschachtungsarbeiten gingen zügig voran und so konnte am 12. August die feierliche Grundsteinlegung zelebriert werden. „Die Geistlichkeit, die ehrenwerte Generaloberin Mutter Camilla nebst einigen Schwestern, die Spitzen der Stadt und Landgemeinde, ferner die Herren Graf Droste, Dr. Pieper und Baumeister Schwarz aus Münster waren zu der Feier erschienen", berichtet die Chronik. „Herr Pfarrer Weßelinck gab in einigen Worten seiner Freude darüber Ausdruck, dass er in der Gemeinde den Grundstein zu einer neuen klösterlichen Niederlassung legen könne, welche vorzugsweise der Erziehung der weiblichen Jugend dienen solle ..."[2]

Die Schwestern, Franziskanerinnen von der Buße und der christlichen Liebe, waren von den Bürgern und Bürgerinnen nach Lüdinghausen eingeladen worden, um dort eine Haushaltsschule für Mädchen zu gründen. Dass sich diese gerade an diesen Orden gewandt hatten, war kein Zufall. Die Ordensfrauen, deren Mutterkloster Heythuysen in den Niederlanden ist, führten seit 1852 auf der Insel Nonnenwerth bei Bonn und in Freckenhorst Unterrichts- und Erziehungsanstalten für Mädchen.[3] Wie viele Glaubensgemeinschaften war der Orden erst im 19. Jahrhundert gegründet worden, da mit der Säkularisierung die meisten alten Gemeinschaften aufgelöst worden waren. Neben der Lehrtätigkeit widmete sich der Orden auch der Pflege von Kranken.[4] 1875 war das Engagement der Schwestern im Deutschen Reich unterbrochen worden. Eines der Kulturkampfgesetze (Kap. 32) löste alle Orden auf, die im Schulwesen tätig waren.[5] Viele Schülerinnen folgten den Schwestern deshalb ins Exil in die Niederlande.

Inzwischen war der Kulturkampf vorbei und Orden durften wieder – unter einer staatlichen Schulaufsichtsbehörde – tätig werden. Die Franziskanerinnen folgten der Einladung der Lüdinghauser unter der Bedingung, dass sie neben der Haushaltsschule auch eine Industrie-, Bewahr- und Töchterschule eröffnen dürften. Die Genehmigung der preußischen Regierung für die ersten drei Schulen wurde schnell erteilt. In einer Haushaltsschule lernten Mädchen Haushaltsführung sowie Handarbeit. Die Industrieschule sollte zur Vorbereitung auf eine Tätigkeit dort dienen. Im landwirtschaftlich geprägten Lüdinghausen fand sie wenig Anklang. Die Bewahrschule wiederum war eine Art Kindergarten für Kinder unterhalb des Schulpflichtalters von 6 Jahren.[6]

Abb. 1: Kloster St. Antonius, Lüdinghausen. Über dem Hauptportal erhebt sich eine Statue des Schutzpatrons.

Abb. 2: Alter Gebäudetrakt. Seit 1975 ist die Stadt Trägerin des Antoniusgymnasiums.

Die Töchterschule gab Mädchen, deren Eltern das Schulgeld zahlen konnten, nun endlich die Möglichkeit einer höheren Schul- und damit Allgemeinbildung. Zunächst war die Genehmigung der Regierung ausgeblieben. Diese sah eine Töchterschule in Lüdinghausen nicht für notwendig an. Erst als der Arzt Dr. Pieper und Amtsgerichtsrat Siebertz in Berlin vorsprachen, wurde die Erlaubnis am 25. Mai 1894 erteilt.[7] Ein Jahr später nahmen die Schwestern, noch in gemieteten Räumen in der Münsterstraße, die ersten Schülerinnen an. In der Töchterschule standen Deutsch, Französisch, Erdkunde, Geschichte und Rechnen auf dem Lehrplan.

Als Baugrund für das Kloster kaufte die Oberin vom Drosten zu Vischering das Gelände gegenüber der Burg. Die gräfliche Familie erhielt im Kaufvertrag das Recht zugesichert, die zukünftige Klosterkapelle zu nutzen – dies schloss die weibliche Dienerschaft ein. Dort sollte der Familie eine eigene Kirchenbank zur Verfügung stehen. Zudem verpflichtete sich der Orden an jedem ersten Freitag im Monat einen Rosenkranz für sie zu beten.[8]

60 Bauarbeiter arbeiteten an dem Bau. Dank der günstigen Witterung konnte das Gebäude so innerhalb von sieben Monaten fertiggestellt werden.[9] „Am 1. Oktober", heißt es in der Chronik für das Jahr 1896, „trafen die Pensionärinnen, 19 an der Zahl, ein, 13 zur Erlernung des Haushalts und sechs für die wissenschaftliche Ausbildung."[10]

Bis zur Eröffnung der Klosterschule hatten in Lüdinghausen und Umgebung nur Jungen eine höhere Bildung genießen können. Neben der Volksschule, deren Abschluss nicht zum Studium an der Universität berechtigte, war 1863 eine Rektoratsschule eröffnet worden. Diese vermittelte unter anderem die notwendigen Lateinkenntnisse, was zuvor nur durch Privatunterricht abgedeckt worden war. 1878 wurde sie mit der Landwirtschaftsschule vereinigt. Mäd-

chen war zu diesem Zeitpunkt, selbst wenn sie Privatunterricht nahmen, der Zugang zur Universität verwehrt.[11]
1898 erhielt das Kloster die Genehmigung Selekta, Fortbildungskurse, für Absolventinnen der höheren Schulen einzurichten. Insbesondere der pädagogische Kursus, der im darauffolgenden Jahr mit 19 Schülerinnen eröffnet wurde, war bei den jungen Frauen und ihren Familien beliebt. Viele der Schülerinnen kamen aus einfacheren Verhältnissen und hofften, so eine berufliche Perspektive zu haben. Die Anwärterinnen stammten nicht nur aus der Region, sondern auch aus anderen Teilen Preußens und des Reiches. Die große Nachfrage machte 1904 eine Erweiterung des Gebäudes nötig.[12]
Bis 1926, als die Lehrerausbildung neu geordnet wurde, absolvierten 480 Frauen erfolgreich die staatlichen Abschlussprüfungen. Diese Prüfung war ab 1908, als Frauen in Preußen zu den Universitäten zugelassen wurden, eine Zulassungsmöglichkeit.[13] Ab 1911 konnten die ersten Schülerinnen das Abitur ablegen, das ebenfalls ein Universitätsstudium ermöglichte.[14]
Beide Weltkriege waren eine Zäsur für die Schule. Dienten im Ersten Weltkrieg Turnhalle und Aula als Lazarett, wurde im Zweiten Weltkrieg die Schule ganz geschlossen. Die Ordensfrauen mussten das Haus verlassen. Das Gebäude beherbergte von 1942 bis 1944 eine nationalsozialistische Heimschule für Jungen. Doch bereits Ende 1945 konnte der Orden das Haus, das inzwischen als Krankenhaus genutzt wurde, wieder übernehmen. Die Eröffnungsfeier fand im Mai 1946 im Freien statt. Es war damit das erste Mädchengymnasium,

Abb. 3: Der „neue" Trakt von 1904 gehört zur Schule, den alten bewohnen weiterhin die Ordensfrauen.

das im Altkreis Lüdinghausen wieder lehrte.[15]
Als 1895 der Grundstein verlegt wurde, hatten die ersten Schwestern mehrere Beigaben hinzugefügt: Einige Reliquien, die letzten zwei Ausgaben des Lüdinghauser Volksblattes und ein Pergament waren in ihm eingelassen. „Der Zweck des Hauses ist", so verkündet das Pergament, „jungen Mädchen Gelegenheit zu geben, sich in allen Zweigen der Wissenschaft und des Hauswesens weiter zu bilden. Möge das Haus auf die Fürbitte seines heiligen Schutzpatrons, des heiligen Antonius von Padua, Segen verbreiten für Stadt und Land bis in ferne Jahrhunderte."[16]
Im für die Gründerinnen fernen 21. Jahrhundert hat das Antoniusgymnasium, das nun in städtischer Trägerschaft ist, über 800 Schülerinnen und Schüler – letztere können seit den 1970er-Jahren ebenfalls auf die Schule gehen – und über 70 Lehrerinnen und Lehrer.

## 39

## Parapuzosia seppenradensis, LWL-Museum für Naturkunde Münster

# Der größte Ammonit der Welt

Funddatum: 22. Februar 1895

Im Museum für Naturkunde in Berlin hängt über dem ehemaligen Kassenbereich der Abguss eines Ammoniten. Auch im Geologisch-Paläontologischen Museum der Universität Hamburg, das die weltweit umfangsreichste Sammlung von Ammoniten besitzt, findet sich ein solcher Abguss. Das 1,80 Meter hohe Original aber steht im LWL-Museum für Naturkunde in Münster. Prominent im Foyer platziert, ist es das Ausstellungsexponat, das die Besucherinnen und Besucher bei ihrem Eintreten begrüßt. Das Besondere an ihm ist: es ist der größte Ammonit der Welt. Und sein Name lautet *Parapuzosia seppenradensis*, denn der Riesenammonit wurde am 22. Februar 1895 in Seppenrade gefunden.[1]

Das versteinerte Tier lebte vor 80 Millionen Jahren, als ein Meer das Münsterland bedeckte. Es war ein Kopffüßer, ein naher Verwandter der Tintenfische. Anders als diese verfügten Ammoniten über ein kalkhaltiges Gehäuse, das ihnen Schutz bot. Diesem aufgerollten Außenskelett, das an Widdergehörn erinnert, verdankten sie ihre Bezeichnung nach dem altägyptischen Gott Amun. Er wird mit einem Widderkopf dargestellt. Das Gehäuse diente nicht nur zum Schutz des Tieres, das sich komplett in die Wohnkammer zurückziehen konnte. Die anderen Kammern im Zentrum der Spirale waren mit Luft gefüllt, die es dem Tier ermöglichte, im Wasser zu schweben und sich rückwärts zu bewegen. Ihre gigantische Größe dürfte auch ein Schutzmechanismus gewesen sein. Fressfeinde konnten ihnen so kaum etwas anhaben. Am Ende der Kreidezeit starben die Ammoniten jedoch ebenso wie die Dinosaurier aus.[2]

Dieser Ammonit dürfte dagegen unter einer Schlamm- oder Sandlawine begraben worden sein und versteinerte dann. Er war in dem „Schicksal" nicht allein. Denn schon im Jahr 1887 wurde ein riesiger Ammonit im Steinbruch Kortmann, kurz außerhalb des Ortskerns von Seppenrade, entdeckt. Der Steinbruch lag links der heutigen Straße nach Dülmen. Nur eine Tafel, die der Heimatverein aufgestellt hat, erinnert an den Fundort.

Als er den Fund sah, erklärte Hermann Landois, Direktor des Westfälischen Provinzialmuseums für Naturkunde – und Autor der ersten Baron Romberg-Geschichten (Kap. 35) –, triumphierend, dass es sich bei dem 1,36 Meter großen Fossil um den größten Ammoniten der Welt handele. In der Fachwelt erregte der Fund helles Aufsehen. So verglich etwa der bekannte württembergische Geologe Oskar Fraas seine Begeisterung für das Fossil mit dem Anblick der

Abb. 1: Seit 2002 steht der Riesenammonit im Foyer des Westfälischen Museums für Naturkunde Münster.

*167*

Abb. 2: „Um dessen ausserordentliche Grösse zu veranschaulichen" setzte sich Landois neben das Fossil. Wenn er mit der Rekonstruktion der Wohnkammer recht hat, hatte das Tier einen Durchmesser von etwa 2,5 Metern.

Riesenquader des ägyptischen Tempels in Edfu oder der Pyramide von Sakkara. „Vielmehr noch als diese Steinriesen überwältigte mich der Anblick ... [dieses] Ammoniten, an dem ich förmlich hinaufschauen musste, ob ich gleich das normale Mass der schwäbischen Körperlänge von 165,1 Zentimeter etwas überschreite."[3]

Acht Jahre später erreichte Landois eine telegraphische Depesche: „Seppenrade. Zweiter Riesenammonit gefunden, Durchmesser 180 cm. Nopto."[4] Die Nachricht stammte von dem Seppenrader Kaufmann und Heimatforscher Theodor Nopto. Er hatte Landois bereits den ersten Ammoniten angeboten. Der zweite Ammonit war etwa 100 Schritte und sieben Meter tiefer vom Fundort des ersten gefunden worden. Beim Heben brach der Ammonit in mehrere Stücke, „welche sich aber leicht wieder zusammenkitten liessen ... Die kleinen Fugen zwischen den einzelnen Teilstücken wurden mit Lehm verschmiert, sodass der ganze Ammonit jetzt ein einheitliches Bild abgiebt".[5]

Landois schickte umgehend seinen Assistenten nach Seppenrade, um das Fossil zu kaufen. Der Kaufpreis betrug 125 Goldmark. Am 8. März 1895 wurde der Ammonit bei „scharfen Frostwetter" unter dem Einsatz von sechs Pferden – sie mussten 3.500 Kilogramm ziehen – nach Münster gebracht. Im westfälischen Provinzialmuseum mussten die Treppen und der Fußboden verstärkt werden, „weil mit Recht befürchtet werden musste, das kolossale Gewicht könne von der vorhandenen Unterlage nicht getragen werden."[6]

Stolz präsentierte Landois sich mit dem Riesenammoniten. In seinem Beitrag über den Fund veröffentlichte er eine Liste, um die Sensation besser zu veranschaulichen. Das nach den beiden Seppenrader Fossilien nächst größte Exemplar, das er aufführte, war gerade 67 Zentimeter groß. Zuvor hatte er in der Zeitschrift der deutschen Geologischen Gesellschaft darum gebeten, ihm gegebenenfalls in der Behauptung des Rekordes zu widersprechen. Niemand meldete sich.

Wäre der Ammonit noch ganz erhalten, wäre seine Größe noch imposanter. Die Wohnkammer fehlt größtenteils. Landois hat sie in der ersten Ausstellung zur „instruktiven Anschaulichkeit wegen aus Draht konstruiert und deren hintere Hälfte mit Papier überkleben lassen."[7]

Anfangs erwarteten die Geologen, dass nun weitere Riesenfossilien in der Gegend entdeckt würden. Das war allerdings nicht der Fall. Erst 1985 wurde ein weiterer *Parapuzosia seppenradensis* gefunden. Diesmal in Dülmen. Auch

Abb. 3: Abguss des weltgrößten Ammoniten an der Kreuzung in Seppenrade. Der Rekord ist ungebrochen.

dieses Fossil ist nicht ganz vollständig. Mit 145,8 Zentimetern ist es das zweitgrößte Exemplar, den Rekord hält weiterhin der Fund von 1895.[8]

Und noch ein Superlativ ist in Bezug auf die Versteinerung zu nennen. Der Seppenrader Ammonit wurde 2008 von der Paläontologischen Gesellschaft zum ersten „Fossil des Jahres" gekrönt. Die Auszeichnung wird vergeben, so erklärt der Präsident der Gesellschaft Jes Rust, Professor an der Universität Bonn, „um auf die Bedeutung der uralten Funde für die Erforschung der Naturgeschichte hinzuweisen."[9] Die Auszeichnung sollte vor allem die Öffentlichkeit aufmerksam machen, denn in der Fachwissenschaft ist der Seppenrader Ammonit so bedeutend, dass er als Kopie in den anderen deutschen Naturkundemuseen und sogar in New York, Tokio oder Buenos Aires zu sehen ist.[10]

Die Form für diese Abgüsse wurde 1936 hergestellt. In Seppenrade, wo der Ammonit die Identität des Ortes prägt – er ist im Wappen zu sehen – steht natürlich auch eine Kopie. Aufgrund ihres Alters ist sie, da sie Wind und Wetter ausgesetzt ist, nicht mehr im besten Zustand. Der Heimatverein Seppenrade wird deshalb 2017/2018 eine neue Kopie aufstellen, diesmal von beiden Ammoniten. Und eine Kopie des Dülmener Ammonits wird sie begleiten.

## 40

### Haus Byink, Davensberg, Ascheberg

# Die Jagd

Bauzeit: 1561

„Der gesamte Bau ist aus Ziegelmosaik, verziert mit ein paar ballspielenden Landsknechten", lautet eine Beschreibung von Haus Byink. Die Umrissfiguren, die sich zu beiden Seiten eines Fensters über dem Bogen des Torhauses vom restlichen Mauerwerk abheben, scheinen tatsächlich einen Ball zu werfen. Die Figur zur Rechten trägt einen Helm und einen leicht überstehenden Blechschurz. Daran ist sie als Landsknecht, ein zu Fuß kämpfender Soldat, zu erkennen. Sie streckt beide Arme in die Höhe. Eine Kugel aus Backstein ist dort, wo die Handfläche wäre, eingemauert. Auch bei der linken Gestalt gibt es eine Kugel, die aus dem Mauerwerk herausragt.

Am Bauhaus, dem Wirtschaftsbau des Adelshauses, sind ebenfalls Umrissfiguren zu entdecken. Diese Figuren strecken die Arme nicht hoch, sondern lassen sie hängen. Sie weisen keine Merkmale einer Rüstung auf. Eingemauerte Kugeln sind dort nicht vorhanden. Diese Besonderheit gibt es also am Torhaus auf der Eingangsseite.

Solche eingemauerten Kugeln finden sich im Münsterland – und darüber hinaus – an etlichen Gebäuden. So zum Beispiel an Burg Vischering, dort sind mehrere Kanonenkugeln in Außenmauern der Hauptburg eingefügt. Die sind größer. Die kleine Kugel im Mauerwerk der Wassermühle Schulze Westerath passt von der Größe besser zu jenen des Byinker Torhauses. Die Kugeln haben eine symbolische Funktion. Das Bauhaus wie auch das Haupthaus der Burg Vischering entstanden in einer Zeit, als Kanonenkugeln die Verteidigungswirkung der Wasserburg deutlich eingeschränkt haben. Mit Kanonen konnten die Mauern eingeschlagen werden. Die eingemauerten Kugeln sollten nun die Stärke des Bauwerks demonstrieren. Die Aussage war, dass es unnötig sei, das Torhaus zu beschießen. Denn die Mauern seien zu stark, um zerbrochen zu werden.[1]

Das Recht Befestigungen zu bauen, war bis im 19. Jahrhundert ein herrschaftliches Vorrecht. Ein weiteres Vorrecht war das Jagdregal. Neben dem Landesherrn stand nur dem grundbesitzenden landsässigen Adel dieses Recht zu. Dies bedeutet aber nicht, dass alle kleineren Adelshäuser jagdberechtigt waren, selbst nicht auf dem eigenen Grundbesitz.[2]

Wie ernst dieses Privileg auch unter den Adeligen genommen wurde, zeigt ein Rechtsstreit um die Jagdberechtigung von Haus Darup aus dem 18. Jahrhundert. Im Jahr 1714 bezog Generalmajor Caspar Lothar Dietrich von Bönninghausen mit seiner Ehefrau Haus Darup. Er war ein passionierter Jäger und wartete nicht lange, bis er auf seinen

Abb. 1: Haus Byink. Torhaus. Blick von Norden. Glasierte Ziegel formen Muster im Mauerwerk.

Abb. 2: Torhaus und Bauhaus (links). Blick von Osten. Das Haupthaus ist nicht mehr vorhanden.

Ländereien eine große Jagd veranstaltete. Zu seinen neuen adeligen Nachbarn und Nachbarinnen scheint er kein gutes Verhältnis gehabt zu haben. So sahen sich die Adeligen der Umgebung in ihren Jagdrechten beschnitten, sie beanspruchten die örtliche Jagdgerechtigkeit für sich. Deshalb wandte sich die Äbtissin des adeligen Stiftes Nottuln, Helene Elisabeth Freiin von Wrede zu Amecke, unter anderem an den Freiherrn von Twickel und die Herren von Haus Stapel. Um ihren Anspruch zu demonstrieren, ritten sie am 14. Januar 1715 mit ihren Jägern und Jagdknechten zur Jagd aus. Statt sich um Hasen und Rebhühner zu kümmern, machte sich die Gemeinschaft auf den Weg zum Haus Darup und ritt durch den Park und sogar bis auf dem Vorhof des Anwesens. Den Protest der Hausherrin Anna Maria Sibylla von Bönninghausen – ihr Gemahl war nicht anwesend – ignorierten die Äbtissin und ihre Begleiter.[3]

Der von der ratlosen Hausherrin herbeigerufene Notar Kemper riet nun dazu, das Jagdrecht des Hauses durch einen Rechtsstreit nachzuweisen und so erhob von Bönninghausen Klage gegen die Jagdgesellschaft. Zwölf Zeugen wurden angerufen, um die Jagden der vorherigen Herren des Hauses zu bezeugen. Die greisen Zeugen, darunter ein ehemaliger Rendant des Hauses, bestätigten allesamt, dass der vorherige Besitzer Wilhelm von Droste ohne Widerspruch durch andere gejagt hatte. Zudem hätten einmal Jäger vom Haus Hameren in Darup gejagt. Der Droste habe sie vertrieben. Als sie ein zweites Mal auftauchten, habe der Droste mit allen Knechten, darunter sogar der Koch, die Eindringlinge gestellt und es sei zu einer Schlägerei gekommen.

Der Fall war für von Bönninghausen relevant, da der Landesherr damals eine Geldstrafe für die Hamerschen Jäger verhängte und damit die Jagdberechtigung des Hauses Darup bestätigte. Einen weiteren Beweis lieferte der Kaufvertrag, den der Droste 1650 für das Anwesen abgeschlossen hatte, in dem die Jagdgerechtigkeit ausdrücklich erwähnt wurde.

Trotz der guten Beweislage dauerte es 20 Jahre, bis die Gerichtskommission in Münster zugunsten von Bönninghausens entschied. Von Bönninghausen hatte mit dem Verfahren seinen Status behaupten können. Die Äbtissin – vielmehr ihre Nachfolgerin – und der Rest der Jagdgesellschaft mussten die Gerichtskosten tragen.

Die Revolution 1848/1849 brachte das Ende des jahrhundertealten adeligen Jagdregals. Der Ausschluss der Bauern von der Jagd sorgte gerade bei der ländlichen Bevölkerung für viel Unwillen, insbesondere da das Jagdregal zu den wenigen alten Herrschaftsrechten gehörte, die nicht durch die Reformen zu Beginn des Jahrhunderts verändert worden waren. Nun nahm die Frankfurter Nationalversammlung nach langen Diskussionen den Grundsatz, dass „die Jagdgerechtigkeit auf fremdem Grund und Boden, Jagddienst, Jagdfrohnden und andere Leistungen für Jagdzwecke ... ohne Entschädigung aufgehoben" sind, in die Verfassung mit auf.[4] Selbst nachdem die Revolution gescheitert war, gelang es der preußischen Regierung nicht, die bürgerliche und bäuerliche Jagdausübung wieder zurückzudrängen.[5]

Vielleicht liegt darin der Beweggrund der Herren von Nordkirchen, der Familie

Abb. 3: „Altes Forsthaus", Davensberg. Über dem Eingang hängt das Wappen der von Esterhazy–Plettenberg.

von Familie von Esterhazy-Plettenberg, für ihren Oberjäger 1850/1851 ein stattliches Wohn- und Wirtschaftshaus an der Dorfstraße in Davensberg zu bauen.[6] Zum einen deutete das Haus an, dass das Adelsgeschlecht weiterhin Jagdrechte besaß, schließlich verfügte das Haus Nordkirchen über umfangreichen Besitz. Zum anderen bezeugte es damit den Status ihres Vertreters.

Auch im Torhaus von Haus Byink wohnten einst Jäger des Adelshauses von Beverförde-Werries. Wann genau der erste Jäger, der gleichzeitig als Förster fungierte, dort einzog, ist ungewiss. Der letzte Amtsträger zog nach dem Zweiten Weltkrieg aus. Doch hohen Komfort bot das Torhaus, das auf der einen Seite der Durchfahrt noch als Stall genutzt wurde, zu diesem Zeitpunkt noch nicht. Ganz im Gegenteil, Heizung und fließendes Wasser gab es nicht.[7] Ein repräsentativer Status des Jägers war mit diesem Wohnort nicht mehr verbunden.

## 41
### Forum Bendix, Dülmen

# Industrialisierung und Baumwolle

Bauzeit: 1907/1908 und 1924

Am 9. März 1846 erklärte Joseph Bendix vor einem preußischen Beamten in Billerbeck: „Meine Eltern und Großeltern sind bereits hier in Billerbeck ansässig gewesen, und bin ich mit meinen Descendenten [Vorfahren] unzweifelhaft als Inländer anzuerkennen. Sowohl meine Voreltern, wie auch meine Kinder haben stets den Namen Bendix als Familienname geführt, und ist derselbe bei uns gleichsam erblich geworden."[1] Die Erklärung war notwendig, denn Joseph Bendix war Jude. Um für sich und seine Nachkommen die preußische Staatsbürgerschaft zu erhalten, was seit 1812 möglich war, musste er sich an die christlich-deutsche Kultur anpassen. Er musste bestätigen, Verträge nur noch in Deutsch oder einer anderen „lebenden" Sprache auszufertigen und zukünftig in deutscher oder lateinischer statt in hebräischer Schrift zu unterschreiben. Zudem musste Joseph einen vererbbaren Familiennamen annehmen, statt wie im Judentum üblich den Vornamen des Vaters zusätzlich zum eigenen Rufnamen zu verwenden.[2] Bendix ist eine Variante des Namens Benedikt.

In großen weißen Lettern prangt der Name auf einem der Türme der beiden Spinnereibauten auf dem ehemaligen

Abb. 1: Forum Bendix. Blick von Süden. Links die Dreizylinder-Spinnerei von 1907/1908 und rechts die Zweizylinder-Spinnerei von 1924

Gelände des Textilunternehmens Bendix in Dülmen. Beide sind mit rotem Backstein verblendete Skelettbauten. Große Fenster beleuchten die Werkhallen. Das westliche Gebäude, die Dreizylinder-Spinnerei, wurde 1907/1908 errichtet. Trotz der schlichten Konstruktion der Werkhallen ist der kleine Turm mit einer Art Aussichtsgeschoss ausgestattet und mit Rundbogennischen und Konsolen geschmückt. Das andere Gebäude, die Zweizylinder-Spinnerei, ist einfacher gestaltet. Die beiden stolzen Industriebauten stehen für den Wandel in der münsterländischen Textilproduktion von der traditionellen Leinenproduktion zur Baumwollverarbeitung.

Jahrhundertelang war Flachs in Heimarbeit zu Garn verarbeitet worden, um anschließend Leinenstoffe zu weben. Insbesondere für die ländliche Unterschicht war die Textilproduktion eine Möglichkeit, das Auskommen zu sichern.[3] Im Altkreis Coesfeld wurden 1816 bei der Volkszählung auch die Webstühle erfasst. Neben den 234 Webstühlen für die gewerbliche Nutzung wurden 1.200 Webstühle für den Zusatzerwerb gezählt.[4] Händler wie Moses Bendix, Josephs Sohn, der im Jahr 1824 in Dülmen einen Textilhandel eröffnete, kauften die Stoffe und Garne ein, um sie gewinnbringend weiterzuverkaufen. Bald ging Moses zum Verlagssystem über. Er kaufte nun die Rohstoffe, meist schon als fertiges Garn, im Bielefelder

Abb. 2: Blick von Westen auf den Wasserturm der Dreizylinder-Spinnerei. Der völlig entkernte Bau beherbergt nun die Sporthalle des Annette-von-Droste-Hülshoff-Gymnasiums und die Jugendeinrichtung „Neue Spinnerei".

Raum ein. Dies gab ihm die Möglichkeit, größere Mengen und andere Stoffqualitäten zu handeln, als der heimische Flachsanbau ermöglichte. Die Weberinnen und Weber aus Dülmen und Umgebung fertigten nun gegen Lohn aus den Materialien Stoffe.[5]

In England, wo James Hargreaves 1764 die erste Spinnmaschine „Spinning Jenny" und Edmund Cartwright 1786 den ersten dampfbetriebenen Webstuhl, den „Power Loom", erfunden hatte, hatte zu diesem Zeitpunkt die industrielle Produktion von Garn und Stoffen schon begonnen. In Deutschland setzte diese Entwicklung erst später ein. Es waren Moses Söhne, insbesondere der jüngste Sohn Meyer Bendix, die das Unternehmen von der Heimarbeit auf eine Fabrikproduktion umstellten. Meyer heiratete 1873 die Niederländerin Sara Spanjaard, deren Familie schon 1865 eine mechanische Spinnerei und Weberei errichtet hatte.

Vor den Toren der Stadt entstand im selben Jahr das neue Betriebsgelände. Durch Vermittlung der Firma Spanjaard konnten die Brüder 66 englische Webstühle für die Weberei kaufen. Der holländische Webmeister Egbert Knoef schulte die ersten 65 Mitarbeiter und Mitarbeiterinnen der Firma. Ab 1876 wurden die Webstühle von einer Dampfmaschine angetrieben. Bis zum Ende des Jahrhunderts stieg die Zahl der Beschäftigten auf 271 an, die an 376 Webstühlen arbeiteten.[6]

Damit war Bendix einer der wichtigsten Arbeitgeber in Dülmen, lediglich die Eisenhütte Prinz Rudolph wies ähnlich hohe Beschäftigungszahlen auf. Die Weberinnen und Weber bei Bendix verdienten durchschnittlich 10 Mark in der Woche, ebenso viel wie ein Geselle in Dülmen zur gleichen Zeit etwa erhielt, wenn er nicht Kost und Logis bezog.[7] Zudem gab es seit 1874 eine Betriebskrankenkasse sowie zusätzliche Zuschüsse zu Begräbniskosten, eine Invaliden- sowie Witwen- und Waisenpension. Ab 1882 baute die Firma Werkswohnungen für das Stammpersonal.[8] Hatten im Jahrhundert zuvor noch Kinder unter zehn Jahren in den ersten Faktoreien der Stadt gearbeitet, spielte Kinder- und Jugendarbeit unter 16 Jahren in den Dülmener Fabriken keine Rolle.[9]

„Schnellebig wurde das Volk", hält die Festschrift zum 125. Firmenjubiläum 1949 über diese Zeit fest, „alte Ideale gingen zu Bruch und mit ihnen ... die herbschöne Herrschaft des Leinens. Die sprunghaft wachsende Bevölkerung der

Abb. 3: Briefkopf der Weberei Bendix von 1876. Neben den niedrigen Webereigebäuden liegt das Kesselhaus.

Industriestädte brauchte billige Bettwäsche, wohlfeile Handtücher, bedruckte Kleider. Aus Baumwolle konnten sie um vieles billiger hergestellt werden als aus Leinen … Es waren schlechte Zeiten auch für die Leinenweberei Bendix in Dülmen."[10]

Meyer Bendix' Sohn Paul, der nach dem Tod des Vaters 1904 gemeinsam mit seiner Mutter das Geschäft übernahm, wusste auf die Stimmung des Marktes zu reagieren. Er begann mit der Umstellung des Betriebs auf Baumwolle und führte zudem ein mehrstufiges Produktionsverfahren ein. Mit der Fertigstellung des ersten Spinnereigebäudes 1908 wurde die Baumwolle im Betrieb versponnen, gewebt und anschließend genäht.[11]

Für die westmünsterländische Textilproduktion wurde Bendix nun zum Lieferanten. So verkaufte der Betrieb in „bedeutendem Maße" Garne in die „einstufigen Webereien … besonders im Bocholter Bezirk", rühmt die Festschrift.[12] Die fertigen Waren – Handtücher, Bett-, Tisch- und Betriebswäsche – verkaufte Bendix sogar bis in die USA. Diese Auslandsverträge waren es, die die Firma durch die Inflationszeit der 1920er-Jahre brachte.

Nach dem Zweiten Weltkrieg – Pauls protestantische Söhne hatten auf dem Transport in ein Konzentrationslager fliehen können und die Zeit des Nationalsozialismus überlebt – erreichte die Fabrik noch einmal Höchstzahlen. 1957 waren 1.200 Personen bei Bendix angestellt. Der Betrieb war damit der größte Arbeitgeber im Altkreis Coesfeld.

Doch bald zeigte die neue Konkurrenz von Billigimporten aus der Dritten Welt Auswirkungen. Bis 1993 schaffte es die Familie durch Modernisierung und Spezialisierung den Betrieb aufrechtzuhalten. Dann endete die Textilindustrie in Dülmen.

## 42

### Wasserturm des Stiftes Tilbeck, Havixbeck

# Ein neues Zuhause

Bauzeit: 1907

„Jawohl meine lieben Freunde, Tilbeck ist ein wunderschönes Stift, nennen wir es einmal ein Schloß", würdigte Bischof Johannes Poggenburg im Jahr 1924 die Architektur des Stiftes.[1] Es ist ein helles „Schloss", das am Fuße der Baumberge zwischen Wiesen und Feldern liegt. Die verschiedenen Bauten der Einrichtung, die die Lehrerin Gertrud Teigelkemper 1881 auf Wunsch ihres verstorbenen Onkels als „Private Erziehungsanstalt für epileptische Kinder" gründete, sind in Baumberger Sandstein – und nicht im günstigeren Backstein – ausgeführt. Das Wahrzeichen des Stiftes ist der etwa 33 Meter hohe Wasserturm. Das technische Gebäude, das 1907 fertiggestellt wurde, steht am Eingang zum Zentrum der Einrichtung. Er war – und ist – schon von weitem für die auf der Chaussee Reisenden zu sehen. Unabhängig von seiner Funktion ist er deshalb – wie im 19. und frühen 20. Jahrhundert bei Wassertürmen üblich – aufwendig verblendet. Der Münsteraner Bauunternehmer Heinrich Bücker, der den Bau plante, wählte, von der Eckquaderung abgesehen, Bruchsteine für das Mauerwerk, also unregelmäßige Steine, die nicht in waagerechten Lagen geschichtet werden können. Fein säuberlich sind die Steine zusammengesetzt, die Fugenmasse ist auf ein Minimum reduziert. Das unregelmäßige Fugenbild und die raue Oberfläche des Zyklopenmauerwerks, wie diese Mauertechnik genannt wird, geben dem Turm sein trutziges Aussehen, das von dem Zinnenkranz noch verstärkt wird.

Im Inneren des Turms befand sich die damals hochmoderne Technik, mit der das Stift mit fließendem Wasser versorgt wurde. Zwei Probleme, die bei der Versorgung mit Leitungswasser sonst auftraten, löste sie. Zum einen konnte das Wasser nicht direkt in die Leitungen gepumpt werden, da die Nutzung des Wassers ungleichmäßig war. Deshalb war ein Druckausgleich zwischen Pumpe und Entnahmestelle nötig. So wurde das Wasser erst in den Hochbehälter im Turm gepumpt. Von dort konnte es durch das Gefälle ohne weitere Pumpe entnommen werden. Die Höhe erzeugte auch einen ausreichenden hydrostatischen Druck, so dass zum anderen das Wasser auch die oberen Stockwerke des Bauensembles erreichte.[2]

Modern war auch das Leitbild der während des Kulturkampfes errichteten Anstalt. Geistig behinderte und psychisch kranke Menschen waren insbesondere im ländlichen Bereich bisher von ihren Angehörigen versorgt worden. Welche Versorgung und Zuwendung sie dort erhielten, war von den einzelnen Familien sowie deren Möglichkeiten abhängig. Gesellschaftlich waren die „Irren", was

Abb. 1: Wasserturm des Stiftes Tilbeck. Inzwischen betreut die Stift Tilbeck GmbH über 500 Personen.

Abb. 2: Anfangs las der Pfarrer aus Bösensell jeden Samstag die Messe in der 1883 fertiggestellten neogotischen Kapelle.

bis ins 20. Jahrhundert hinein noch als Fachterminus galt, ausgegrenzt. Von Schule und Beruf blieben sie ausgeschlossen.[3]

Mit der Aufklärung hatte sich der Umgang mit psychisch und unheilbar Kranken geändert. Statt einer reinen Verwahrung und Isolierung setzten sich insbesondere im 19. Jahrhundert pädagogische und therapeutische Konzepte durch. Gleichzeitig brachten Industrialisierung und die Landflucht ein Aufbrechen der Großfamilien mit sich. Viele Familien waren nicht mehr in der Lage, sich um hilfsbedürftige Angehörige zu kümmern. So entstanden staatliche Anstalten und Stiftungen, die sich ihrer annahmen.[4]

1867 wurde in Bielefeld die protestantische Epileptiker-Anstalt Bethel gegründet. Ihr Ziel war es, eine Heil- und Pflegeanstalt für Menschen mit Epilepsie zu schaffen, die im Allgemeinen zwar nicht als geisteskrank galten, aber in staatlichen Einrichtungen meist gemeinsam mit psychisch Kranken untergebracht wurden. Bethel bot den Bewohnern im Sinne einer „praktizierten Nächstenliebe" bald eine Infrastruktur und die Möglichkeit, selbst etwa in der Landwirtschaft oder den eigenen Handwerksbetrieben zu arbeiten – selbst Berufe auszuüben.[5]

„Von meinem verstorbenen Vetter, Kolon Bischoff zu Tilbeck, Gemeinde Havixbeck habe ich sein sämmtliches Vermögen geerbt", führte Gertrud Teigelkemper in ihrem Gesuch zur Eröffnung einer Einrichtung an die Regierung in Münster im Jahr 1881 aus, „um es zu guten Zwecken zu verwenden. Ich hörte von dem Herrn Pfarrer der protestantischen epileptischen Anstalt zu Bielefeld, Freiherrn von Bodelschwingh, daß die dortige Anstalt nicht alle Hülfe Suchenden aufnehmen könne und entschloß mich daher, das geerbte Gut mit allen Ländereien zu einer ähnlichen katholischen Anstalt zu verwenden. Im Winter 1880 besuchte ich daher die Anstalt in Bielefeld und habe gefunden, daß das Kolonat Bischoff [das geerbte Gut] die nämliche gesunde Lage, Quellenwasser u.s.w. hat wie die Anstalt in Bielefeld."[6]

Die Lage außerhalb der Stadtzentren mit frischer Luft – so sollte die Übertragung von Krankheiten vermieden werden, da „schlechte Luft" als krankheitserregend galt – waren zu diesem Zeitpunkt wichtige Kriterien des Krankenhaus- und Anstaltsbaus. Ganz der zeitgenössischen Theorie folgend entwarf Hilger Hertel d. Ä., der als Architekt engagiert wurde, ein Bauensemble im Pavillonsystem. Die Bauten mit Schlafräumen und anderen Örtlichkeiten waren niedrig und hatten im ursprünglichen Plan einigen Abstand zueinander.[7]

Gertrud wünschte eine Ausrichtung der Anstalt auf Kinder. Anfangs sollten es 12 bis 20 sein. Das pädagogische Programm entwarf sie selbst, wobei sie sich an dem von Bethel geschickten Plan orientierte.[8] Die ärztliche Betreuung übernahm der in Nottuln praktizierende Arzt Dr. Anton Bracht. Später war es ein Arzt aus Havixbeck. Psychiatrische Vorbildung besaß Bracht nicht, was aber bei Privatanstalten nicht unüblich war. 1891 übertrug Gertrud die Einrichtung an den Bischöflichen Stuhl von Münster und acht Jahre später übernahmen die Franziskanerinnen von St. Mauritz die Pflege und Betreuung der Patientinnen.[9]

Ordensfrauen hatten auch in einer anderen sozialen Einrichtung die Pflege übernommen. Bereits seit dem Jahr 1853 versahen die Barmherzigen Schwestern

Abb. 3: Kinderheilstätte Nordkirchen. „Leben und Lernen" ist die Leitidee der Maximilian-Kolbe-Schule.

in Münster (Clemensschwestern) die Pflege der Patientinnen und Patienten des neu entstandenen Krankenhauses in Nordkirchen, das aus einer 300 Jahre alten Armenhausstiftung hervorgegangen war. Die Betreuung der 1891 geschaffenen Kinderbewahrschule mussten die Schwestern allerdings ablehnen. So kümmerten sich schließlich Schwestern aus Eichsfeld um die Anstalt.[10]

Beide Einrichtungen in Havixbeck und Nordkirchen erhielten in den folgenden Jahrzehnten einen regen Zulauf. Sie bestehen immer noch und fördern die Inklusion von Menschen mit Behinderungen. Statt einer Isolation im Grünen sucht das Stift Tilbeck bewusst den Kontakt mit der Bevölkerung des Kreises. So laden ein Café und der berühmte Barfußgang zu einem Besuch ein und in pädagogischen Kursen können Menschen ohne Behinderungen beispielsweise Kommunikationsformen lernen, die im Stift Tilbeck gepflegt werden.[11]

## 43
**Venner Moor, Senden**

# Einen Millimeter pro Jahr

Entstehungszeit: seit 6000 Jahren

Das Venner Moor – der Name ist eine Art Tautologie (gr. *tò autó* = dasselbe und *lógos* = sprechen), denn das Mittelniederdeutsche Wort „Venne" bedeutet Moor. Der Name wird, soweit bekannt, das erste Mal 1249 im Zusammenhang mit einem Leprosenhospital der Stadt Münster in der Bauerschaft Westendorpe im Kirchspiel Amelsbüren genannt. Auf die Kapelle des St. Johannes-Hospitals geht auch die kleine, im 16. Jahrhundert gebaute und 1885 vergrößerte Venner Kirche zurück.[1]

1290 wurde die Kapelle selbständige Pfarrkiche und allmählich verlor sich die Bezeichnung Westendorpe zugunsten des Namens Venne.[2] Dieser wurde aber interessanterweise noch nicht für das Moor selbst genutzt. Vielleicht war er aufgrund der Tautologie nicht aussagekräftig genug, schließlich grenzt das ehemals sumpfige Gelände der Davert auf der anderen Seite an das Gebiet. Stattdessen spiegelte die bis ins 19. Jahrhundert benutzte Bezeichnung „Berger Moor" die Besitzverhältnisse wider, denn der größte Teil des Venner Moors gehörte zum Hof Berge im Kirchspiel Senden.[3] 1318 hatte Fürstbischof Ludwig von Münster den Hof an das Deutsche Ordenshaus St. Georg in Münster übergeben. Zudem beanspruchten der bischöfliche Vermögensverwalter, das Kloster St. Aegidii in Münster, die Stadt Münster und das Pastorat der Venne Besitzrechte am Moor.

Das Moor diente zudem den Bauern und Köttern der Gegend als Gemeinheit, auf der sie ihr Vieh weiden ließen. Zudem stachen sie Torf als Heizmittel und Plaggen zur Düngung der Äcker. Doch nicht alle Höfe hatten ein Weiderecht. Und nicht alle Teile des Moors scheinen zur Gemeinheit gehört zu haben. Die vielen Ansprüche und Besitzrechte führten immer wieder zu Unstimmigkeiten.[4]

So beraumte der Deutsche Orden für den 2. Juli 1573 ein Weidegericht, die Schüttung, an. Alle auf dem Moor und den angrenzenden Heideflächen weidenden Tiere sollten zusammengetrieben werden, um zu schauen, ob jemand ohne Berechtigung das Gelände nutzte. Dem Weidegericht stand vermutlich der Schulte des Hofes Berge vor. Ihm standen Schüttherren zur Seite, die seit alters her Weiderecht auf dem Moor besaßen. Doch die Venner und Amelsbürener Bauern, die für sich auch das Recht beanspruchten, ihre Tiere auf dem Moor weiden zu lassen, verweigerten ihre Teilnahme. Letzten Endes ließ der Weiderichter das Vieh gewaltsam zusammentreiben. Es ist ungewiss, ob die Venner Bauern ihre Tiere zurückerhalten haben oder ob sie Strafen zahlen mussten.

1614 gab es erneut Streit. Der Bürgermeister der Stadt Münster forderte den

Abb. 1: Venner Moor. Geflutete Torfkuhle. Im Hintergrund ist die Torfstichkante zu sehen.

Abb. 2: Entlang des zentralen Torfstichs wurde 2010 ein Bohlenweg verlegt. Bäume wie die Birken gehören nicht zum Pflanzenbestand eines Hochmoors. Sie sind das Resultat der Trockenlegung des Moors für den Torfabbau.

Landkommandeur des Deutschen Ordens auf, „unsere Leute, nämlich den Venschott, Eggert, Essmann, Kannenbäumer und andere Venner Kötter ihre Biester frei und frank des Ortes gehen und weiden [zu] lassen." Die Venner Kötter gehörten zum St. Johannes-Hospital und damit zur Stadt Münster. Der Bürgermeister bat den Landkommandeur zudem, den Leuten auf dem Hof Berge zu befehlen, „Versöhnung zu tun". Er argumentierte in dem Streit nicht mit Verträgen, sondern mit Gewohnheitsrechten. So hätten die Bauern auch schon vor 40 wie vor 50 Jahren Torf im Moor gestochen.[5]
Im November 1615 kam es zu einer vertraglichen Vereinbarung, in der die Weide- und Nutzungsrechte geregelt wurden. Die Venner Kötter Claves, Prinz und Krüskemper durften ihre Kühe fortan am Vormittag auf dem Moor weiden lassen. Zum Ausgleich mussten sie einen halben Tag im Jahr auf dem Hof Berge mähen helfen und zu Michaeli zwei Hühner abgeben. Das Verhältnis zwischen den Köttern und dem Hof Berge scheint inzwischen durch den Streit sehr schlecht geworden zu sein, denn die Kötter bekamen die Erlaubnis, die Hühner auch direkt beim Deutschen Orden in Münster abzugeben. Der Pfarrer bekam zusätzlich zum Weiderecht auch das Recht, Plaggen zu stechen. Im Jahr 1653 wurde die Vereinbarung abgeändert, statt des Dienstes auf dem Hof und Naturalien zahlten die Kötter nun eine Gebühr.[6]

Unstimmigkeiten gab es auch mit den anderen Parteien. 1710 meinte der Landkommandeur, dass der bischöfliche Verwalter in Kuhlen Torf stechen ließ, die dem Deutschen Orden gehörten und in denen dieser auch im Vorjahr Torf gestochen hatte. Der Protest nützte nichts. Als der Landkommandeur seine Leute ebenfalls in die Kuhle schickte, wurden sie mit „allerhand gefährlichen Instrumenten von der Arbeit und vom Moor" getrieben.[7] Dieser Streit wurde schließlich durch die Ziehung einer Grenzlinie beigelegt.

Die Besitzverhältnisse änderten sich mit der Säkularisierung und der Bauernbefreiung (Kap. 19, 27) radikal. Die Niederlassung des Deutschen Ordens in Münster wurde 1809 aufgelöst und die Ländereien gingen an die Königliche Domänenverwaltung über. 1822 wurde die Teilung der Gemeinheit bei der preußischen Regierung beantragt. Insgesamt machten 165 Personen Ansprüche geltend, die mit einem Punktesystem bewertet wurden. In der Zwischenzeit erhielt die Gemeinde Senden die Ge-

Abb. 3: Torfstich im Venner Moor. Ohne Datierung. Der nasse Torf musste je nach Wetter wochenlang trocknen.

nehmigung zum Torfstich, die wiederum den Torf verkaufte. Die Interessenten mussten den Torf selber stechen und abtransportieren. Der Preis richtete sich nach ihren Einkünften. Die Armen durften gar kostenfrei eine bestimmte Menge stechen, während die Vermögenden vier Silbergroschen je Fuder – die Ladung eines Ackerwagens – zahlen mussten.[8]

1838 war der Prozess der Gemeinheitsteilung abgeschlossen. Die Preußische Domänenverwaltung sollte das gesamte nicht abgetorfte Moor erhalten. Um die Ansprüche der restlichen Berechtigten zu erfüllen, wurde deshalb die Ventruper Heide mit einbezogen und einige Interessenten erhielten eine Geldzahlung.[9]

Die Domänenverwaltung verpachtete das Recht zum Torfstich, so dass das Moor auch weiterhin die Haupteinnahmequelle der Menschen in Venne war. Die Arbeit wurde ausschließlich per Hand gemacht. Maschinen wurden nicht eingesetzt. Nur beim Abtransport unterstützten Pferde die Arbeit.

Als in den 1960er-Jahren der Abbau aufgegeben wurde, war das Hochmoor zum größten Teil abgetorft. Von dem einst über 280 Hektar großen Moor mit seiner drei Meter mächtigen Torfablagerung ist nur noch eine sechs Hektar große Restfläche übrig.

Inzwischen ist das Venner Moor ein Naturschutzgebiet. Trockengelegte Flächen wurden wieder vernässt. Dafür wurden die Abwässergräben gefüllt und hölzerne Spundwände eingezogen, um in den Torfkuhlen Wasser zu stauen. Ziel ist es, das Moor zu regenerieren. Es ist ein sehr langfristiges Vorhaben. Das Moor wächst nur einen Millimeter pro Jahr.[10]

## 44
### Heimathaus Herbern, Ascheberg

# Ein einfaches Handwerkerhaus

Bauzeit: 1796

*Scheinbar unscheinbar* lautet die Devise eines Preises, der von der STIFTUNG Kleines Bürgerhaus vergeben wird. Geehrt und in den Blick gerückt werden Bauten, die nicht besonders, sondern unscheinbar wirken. Anders als bei Kirchen oder Burgen scheinen sie „keine eigene Geschichte"[1] zu haben, auf den Listen der Sehenswürdigkeiten stehen sie selten. Bei näherer Beschäftigung entpuppen sie sich als eindrucksvoll, voller sichtbarer Spuren der Vergangenheit, denn sie sind eben nur „scheinbar unscheinbar".[2]

2012 erhielt das Heimathaus in Herbern diesen Preis. Das schmale Haus hatte in der zweiten Hälfte des 20. Jahrhunderts länger leer gestanden, als sich der Heimatverein Herbern, unterstützt von der Gemeinde Ascheberg, 1986 seiner annahm. Mit der Begründung, dass das Haus „in dem stark ausgedünnten historischen Zustand von Herbern" fast das „einzige Beispiel der Lebensweise der kleinen Handwerkskreise in den Kirchorten des Münsterlandes" ist, wurde es in die Denkmalliste eingetragen.[3] Bis 1990 wurde das Gebäude behutsam restauriert, um einen „ablesbaren Originalzustand" herauszuarbeiten.[4] „Einen" Originalzustand, denn wie die meisten anderen beschriebenen Bauwerke hat

Abb. 1: Heimathaus Herbern. Südansicht. Ursprünglich endete das Haus im Bereich des dritten Seitenfensters.

sich das Heimathaus über die Jahrzehnte verändert. Es wurde verlängert, modernisiert und an die Bedürfnisse der Bewohnerschaft angepasst. Der Heimatverein Herbern setzte das Haus nicht in seinen ursprünglichen Zustand von 1796 zurück. Dies hätte einen extremen Eingriff in die Bausubstanz bedeutet, so hätte beispielsweise der nordwestliche Teil abgerissen werden müssen. Stattdessen wurde das Bauwerk auf seinen Zustand um 1910 zurückgeführt. Doch auch zum Ursprungszustand lässt sich am Haus einiges ablesen.

Das Haus steht auf einem schmalen Grundstück, das kaum breiter als das Bauwerk ist. Grundbesitz wurde im Münsterland, um eine Zersplitterung zu verhindern, meist nach dem Anerbenrecht nur an einen einzigen Erben, häufig der älteste Sohn, weitergegeben. So wurde auch ein größeres Grundstück am Altenhamm nur an einen Sohn der Familie Weingärtner vererbt. 1796 bat jedoch Theodor Heinrich Weingärtner seinen älteren Bruder Matias Weingärtner, der der Anerbe war, um ein kleines Stück des Grundes. Matias ging darauf ein und überließ Theodor für einen Taler Jahrespacht die kleine Parzelle. Zudem bürgte er für einen Kredit von 100 Talern, den Theodor aufnahm, um das Holz für den Hausbau zu kaufen.[5]

Ursprünglich war das Haus kürzer. Es besaß in der Längsrichtung vier unterschiedliche breite Gefache, die an der

Abb. 2: Detail des Südgiebels. Konsolknagge mit barocker Kontur. Das Nagelloch im Giebelbalken stammt aus der ersten Bauphase. Hier sicherte ursprünglich ein Holznagel den Balken der Längswand im Inneren.

nordöstlichen Traufwand, der Seitenwand, noch zu erkennen sind. Die Flächen zwischen den Wandhölzern waren mit Lehmflechtwerk ausgefacht und der leicht hervorkragende – überstehende – Dreiecksgiebel war verbrettert. Obwohl Theodor das Geld für den Bau leihen musste, geht die Baugestalt über das Nötigste hinaus: die Konsolknaggen – das Winkelholz, das hier den Überstand des Giebels zu tragen scheint – haben keine statische Funktion. Sie sind rein dekorativ.

Ungefähr mittig zog sich eine Längswand durch das Innere des Gebäudes. Sie ist nur noch zwischen Küche und guter Stube vorhanden. Den Bereich östlich der Längswand nahm vorne der Wirtschaftsteil, die Tenne, ein. Dahinter lag die Küche. Nur ein Eingang in der Breite der vorhandenen Tür erschloss dieses Areal. Dies macht deutlich, dass die Besitzer keine große Landwirtschaft betrieben. Ein großes Tor, um ins Haus zu fahren und die Ernte einzulagern, war nicht nötig.[6] Theodor war Schuster. Er fertigte vor allem Lederriemen für die Landwirtschaft und die Handwerksbetriebe an. In Herbern gab es 1804 alleine neun Schuster. Viel Geld wird Theodor nicht verdient haben. Zudem stiegen durch schlechte Ernten zwischen 1811 und 1820 die Preise für Lebensmittel, die nicht durch die heimische Viehhaltung erzeugt werden konnten, drastisch an. Seinen Kredit konnte Theodor nicht zurückzahlen.[7]

Auf der zweigeschossigen, westlichen Seite, die durch eine eigene Tür erschlossen wurde, befand sich vermutlich vorne der Stall für wenige Tiere. Darüber lagerten auf den Futterbühnen, den Hillen, Heu und Stroh. Gegenüber der Küche lag die Stube und darüber eine Kammer. Die Treppe nach oben lag vor dem abschließenden Nordgiebel.[8]

Am 19. November 1822 heiratete Maria Anna Weingärtner, eine Tochter Theodors, Carl Große Richter. Sie würde das Haus nach dem Tod ihrer Mutter, der Witwe Maria Weingärtner erben. Für Carl war dies eine sehr gute Partie. Er war kein Anerbe. Ihm blieb so das Schicksal als Öhm und günstige Arbeitskraft auf dem Familienhof erspart. Er dürfte als Tagelöhner mit unterschiedlichsten Tätigkeiten sein Geld verdient haben. Dabei muss er sehr erfolgreich gewesen sein, denn er konnte sowohl den Kredit des Schwiegervaters zurückzahlen als auch das Haus modernisieren und erweitern.[9] Die Gefache erhielten eine stabilere und isolierende Backsteinausfachung und ein Anbau brachte das Haus auf fast die doppelte Länge. Die

Abb. 3: Um 1910 erhielt der Anbau ein Obergeschoss, dessen Geschossniveau leicht höher ist.

Viehhaltung wurde nun in den Anbau verlegt. Vorne entstand so Platz für eine Werkstatt.[10]
Ob schon Carl eine Werkstatt einrichtete, ist nicht bekannt. Der nächste Besitzer, der Schreiner und Tagelöhner Hermann Angsmann, dürfte diese auf jeden Fall genutzt haben. Er hatte das Haus Mitte des 19. Jahrhunderts gekauft. Seine Tochter Maria Elisabeth brachte es 1886 in die Ehe mit dem aus Haltern stammenden Bauernsohn Wilhelm Mühlenbrock ein. Wilhelm arbeitete als Kastrierer. Durch die zunehmende Schweinemast war es ein einträgliches Geschäft. Die Familie gehörte zum Mittelstand des Dorfes. Die hochwertigen verglasten Türen zeugen von diesem neuen Wohlstand.[11]
Wilhelm ließ die Längswand im vorderen Bereich entfernen und den Giebel mit Backstein ausmauern. Auch der untere Bereich der Giebelwand wurde verändert. Nur noch eine einzige Tür öffnete das Haus zur Straße.[12]
Anfang des 20. Jahrhunderts lebte Wilhelms Sohn Johann Mühlenbrock mit seiner Frau, sieben Kindern und einem Dienstmädchen in dem Haus. Johann Mühlenbrock war Uhrmacher. Seine Werkstatt befand sich im Raum zur Straße. Zwei große Sprossenfenster öffneten nun die Wand. Sie sind nicht im Original erhalten, sondern rekonstruiert. Die letzten Besitzer hatten 1966 an ihrer Stelle ein breites Fenster, ein sogenanntes Blumenfenster, einsetzen lassen.[13]
Den Lebensraum und -alltag der Uhrmacherfamilie sichtbar zu machen, ist das Ziel des Museums Heimathaus Herbern.

## 45

### Transformatorenhäuschen, Seppenrade, Lüdinghausen

# Es wurde Licht

Bauzeit: um 1924

„Gestern abend erstrahlte in unserem Dorfe in etwa 15 Wohnungen zum ersten Male das elektrische Licht", meldete die Lüdinghauser Zeitung am 30. Oktober 1913 über den Beginn der Stromversorgung in Seppenrade. „Es herrschte deshalb eine freudige Erregung unter der hiesigen Einwohnerschaft und Groß und Klein bestaunte das Wunder, an das eigentlich so niemand mehr glauben wollte."[1] Es war ein langwieriger Prozess gewesen, bevor das Dorf endlich an das aus über Olfen aus dem Ruhrgebiet kommende Stromnetz angeschlossen werden konnte. Ein Grund für die Verzögerung war die Unwilligkeit einiger Landwirte, den Bau der Leitungsmasten auf ihrem Boden zuzulassen beziehungsweise diesen Grund abzugeben.[2]

Eine weitere Schwierigkeit stellte die Errichtung des Transformatorenhäuschens dar, das nötig war, um den Strom auf die Gebrauchsspannung von 120 Volt umzuwandeln. Streitpunkt war hierbei nicht das Grundstück, sondern das Aussehen des Häuschens. Für diese Bauten, die auch als Trafohäuschen oder -station bezeichnet werden, hatte sich (noch) kein fester Kanon entwickelt. Durch die Funktion vorgegeben war nur die Höhe.[3] Wie bei vielen neuen Bauaufgaben orientierten sich die Architekten an anderen Bautypen und passten die Häuser der Umgebung an. Gerade das wünschte die Gemeinde und verlangte eine Ausführung in Klinkerbauweise.[4] Ein Plan des Elektrizitätswerks Westfalen vom 9. Juni 1913, der im Archiv der Rechtsnachfolgerin RWE erhalten ist, zeigt dagegen ein verputztes Bauwerk.[5] Das Elektrizitätswerk setzte sich durch, der Bau wurde verputzt. Kostengründe könnten für die Wahl entscheidend gewesen sein. Doch die Kostenfrage war nicht so gravierend, dass auf Bauzier verzichtet worden wäre. Das Transformatorenhäuschen, das am Birkenweg stand, wies an einer Seite einen kleinen Halbturm mit Kegeldach auf.[6]

Während bei der ersten Phase der Elektrifizierung nur die geschlossene Ortschaft Strom erhielt, wurden Mitte der 1920er-Jahre schließlich auch die Bauerschaften angeschlossen.[7] Aus dieser Zeit stammt das Transformatorenhäuschen an der B 474 von Seppenrade nach Dülmen, Abzweig Plümer Feldweg. Dieses Häuschen wurde in Klinkerbauweise ausgeführt. Ansonsten weist es eine sachlich moderne Gestalt auf. Die Ecken werden in den oberen zwei Dritteln durch kurze hervortretende Bänder betont und ein im unteren Bereich geschwungenes Pyramidendach mit Schieferplatten schließt das Häuschen ab.

Naheliegend wäre, dass die anderen Trafohäuschen aus dieser Zeit ebenfalls

Abb. 1 Transformatorenhäuschen, Seppenrade. Moderne Bauform als Ausdruck einer modernen Technik?

Abb. 2: Transformatorenhäuschen Hinterm Hagen, Lüdinghausen. Blick von Süden. Erbaut 1922

diese Gestalt übernehmen. Das war aber nicht der Fall. So wurde beispielsweise auf dem Hof der Ziegelei Pilgrim ein Trafohäuschen mit gleicher Dachform, aber mit Dachziegeln und anderer Baugliederung gebaut. Diese Form wurde dem Bauplan zufolge in Klein-Reken und Dorsten-Hervest erneut errichtet.[8]
Ganz anders, wenngleich auch aus Klinker, sieht das Transformatorenhäuschen Hinterm Hagen in Lüdinghausen aus. Es steht gegenüber dem Antoniuskloster, unweit der Burg Vischering. Das Häuschen kann ins Jahr 1922 und damit noch vor das Ende der Inflation datiert werden, deren Überwindung generell als Beginn der zweiten Elektrifizierungsphase in den westfälischen Landgebieten gilt.[9]
Eigentlich hatte der Transformator im Gebäude des Antoniusklosters Platz finden sollen. In einem Brief des Elektrizitätswerks an den Lüdinghauser Amtmann vom 6. Juni 1922 werden die Kosten für die „Mehrleistung für Niederspannungserdkabel, welches jetzt gebraucht wird, da die Station nicht mehr im Hause [des Antoniusklosters] gebaut worden ist: Mk. 70.000" angekündigt.[10] Stattdessen wurde es auf Grund und Boden des Drosten zu Vischering gebaut. Die Bauform dieses Trafohäuschens ist nicht sachlich, sondern eher neobarock. Auf halber Höhe geht der viereckige Grundriss abrupt auf ein Achteck über. Halbkugeln besetzen die Vorsprünge, die dadurch entstehen. Während der Turm aus Backstein gemauert ist, besteht dieser Bereich aus Sandstein. Das Schiefer gedeckte Dach weist eine komplizierte Form auf, die am ehesten als geschweiftes Glockendach zu beschreiben ist. Zu guter Letzt krönt eine kleine Kugel das Türmchen. Sollte sich das Häuschen mit der fast prunkvollen Bauform an die Umgebung, insbesondere die Burg Vischering anpassen?
Die Leitung für das Kloster verlief nun unterirdisch ins Gebäude. Die Mehrkosten sollten eigentlich vom Kloster gezahlt werden, doch scheint es dort Widerstände gegeben zu haben. So schlug das Elektrizitätswerk dem Amtmann vor: „Diese Mk. 110.000 stellen somit die Gesamtsumme dar, welche das Kloster insgesamt zu leisten hätte. Nach unserem Dafürhalten wäre die Verteilung am zweckmässigsten so, wenn das Kloster 3/6, der Kreis 2/6 und Sie gütigst 1/6 übernehmen wollten." Die Summe scheint sehr hoch, doch wird sie durch die Inflation relativiert.
Der Altkreis Coesfeld begann etwas später mit der Elektrifizierung. Mitte der 1920er-Jahre wurde aber auch hier der Anschluss der Bauerschaften und kleinen Ortschaften angestrebt. So erschien in der Dülmener Zeitung vom

Abb. 3: Das 50-Kilovolt-Umspannwerk Dülmen – hier 1922 vor der Inbetriebnahme – gibt es nicht mehr.

7. Juni 1925 folgender Aufruf: „Elektrisches Licht und elektrische Kraft werden durch das Elektrizitätswerk Westfalen die Gemeinden Kirchspiel und Merfeld in nächster Zeit erhalten. Es ist wichtig, daß bei Umfrage nach der Teilnahme und der Zahl der Lampen und Pferdestärken diese möglichst zutreffend angegeben werden, denn der Zuschuß des Westfalenwerkes richtet sich in seiner Höhe nach diesen Angaben: je mehr Lampen und Pferdestärken angemeldet und angeschlossen werden, desto billiger wird die Anlage."[11]

Während die elektrischen Geräte erst nach und nach Einzug in den Alltag der Bevölkerung fanden – Bügeleisen, Elektroherd und sogar Staubsauger gab es schon –, war die Veränderung für alle durch die helle Straßenbeleuchtung erkennbar.

Inzwischen sind viele der ländlichen Trafohäuschen nicht mehr notwendig. Jenes in Seppenrade wird noch genutzt, doch das Hinterm Hagen wurde im Sommer 2016 stillgelegt. Da viele Trafohäuschen, zum Beispiel das erste in Seppenrade, in den letzten Jahren sang- und klanglos verschwunden sind, haben Ludger Schröer und Johannes Busch vom „Zentrum für historische ländliche Baukultur im Münsterland" vorgeschlagen, das kleine Bauwerk unter Denkmalschutz zu stellen.[12]

**46**

Fundstücke aus dem Kriegsgefangenenlager Dülmen

# Der Erste Weltkrieg

Datierung: 1915–1921

219.992 Pakete von Frankreich ins Deutsche Reich verzeichnete die Oberpostkontrolle in Bern im Februar 1915.[1] Zu diesem Zeitpunkt herrschte schon ein halbes Jahr lang der Erste Weltkrieg in Europa. Seit August 1914 kämpften deutsche Soldaten gegen Belgier, Franzosen und Briten an der Westfront und gegen Russen an der Ostfront. Die Hoffnung auf eine schnelle Entscheidung war längst verflogen.[2]

Unter diesen Umständen scheint es seltsam, dass Pakete von Frankreich ins Deutsche Reich geschickt wurden. Um Feldpost der Soldaten handelt es sich nicht.

Vielmehr sandten Angehörige in Frankreich die Pakete an französische Kriegsgefangene in Deutschland. Organisiert wurden diese Sendungen – sowie solche an Gefangene anderer Nationen und in anderen Ländern – durch die Internationale Zentralstelle für Kriegsgefangene in Genf.

Einige der Pakete dürften auch an das Kriegsgefangenenlager Dülmen gegangen sein. Zwei kleine Bleiplomben, die bei einer archäologischen Grabung auf dem ehemaligen Lagergelände gefunden wurden, zeugen noch von solchen Sendungen. Beide Plomben haben ein gleichschenkliges Kreuz eingeprägt,

Abb. 1: Die Bleiplombe versiegelte ein Paket, das an einen Gefangenen des Lagers Dülmen geschickt wurde.

denn die Zentralstelle war kurz nach Kriegsbeginn durch das Internationale Komitee vom Roten Kreuz gegründet worden. Pakete erhalten zu können, gehörte zu den Rechten von Kriegsgefangenen. Sie bargen meist wahre Schätze – Lebensmittel und Kleidung. Da in den Paketen aber auch geheime Informationen oder Fluchtmittel versteckt sein konnten, durchsuchten die Wachsoldaten die Post regelmäßig. Deshalb verplombte das Rote Kreuz die Sendungen. So sollte sichergestellt werden, dass Pakete erst im Lager in Anwesenheit des Empfängers oder eines Vertreters geöffnet wurden.[3]

Anfangs lief der Versand komplett über die Schweiz, doch bald beteiligten sich auch die Postdienste anderer neutraler Länder. Auf den Rückseiten der Dülmener Plomben findet sich deshalb nicht der Hinweis auf die Schweiz, sondern die Markierung NRK – Niederländisches Rotes Kreuz. Allein durch die Zentralstelle wäre diese Aufgabe sonst auch kaum zu erfüllen gewesen, denn die Zahl der Kriegsgefangenen überstieg schnell die Erwartungen der kriegführenden Länder. Allein im Deutschen Reich waren bis 1918 2,4 Millionen gegnerische Soldaten interniert, weltweit ist von acht bis neun Millionen Gefangenen und damit etwa 15 Prozent der mobilisierten Männer auszugehen.[4] Sie unterzubringen, war im Deutschen Reich Aufgabe der Stellvertretenden

*195*

Abb. 2: Kanadische Soldaten kämpften als Teil des Commonwealth seit 1915 gegen das Deutsche Reich.

Generalkommandos. Für die Altkreise Coesfeld, Lüdinghausen und Münster war das Kommando in Münster-Hiltrup zuständig, das elf Stammlager verwaltete, einschließlich dem Lager in der Sythener Mark, die zu diesem Zeitpunkt noch zum Altkreis Coesfeld gehörte.[5]
Gemäß der Haager Landkriegsordnung von 1907 mussten die Gefangenen „mit Menschlichkeit" behandelt werden. Auch durften sie nicht in Gefängnisse eingesperrt werden. Eine Internierung in einem Lager war dagegen erlaubt, denn schließlich sollten die gegnerischen Soldaten von den Kriegsschauplätzen ferngehalten werden. Ihnen war Unterkunft, Nahrung und Kleidung zu stellen. Die Gefangenen – mit Ausnahme der Offiziere – durften zur Arbeit herangezogen werden, wofür sie allerdings entlohnt werden mussten.[6] Dieser Lohn war aber deutlich geringer als für eine reguläre Arbeitskraft.
Schon 1914 trafen die ersten französischen Kriegsgefangenen in Dülmen ein. Sie wurden beim Ausbau der im Jahr zuvor angelegten Rieselfelder herangezogen.[7] Und auch bei anderen Großprojekten wurden die gegnerischen Soldaten eingesetzt, so beim Bau der „Chaussee nach Merfeld" und bei der Anlage der Fischteiche in Hausdülmen. Andere Gefangene arbeiteten später in der Industrie oder der Landwirtschaft. In der Regel mussten die Arbeitskommandos sechs Tage in der Woche, zehn Stunden pro Tag arbeiten. Gerade der Einsatz in der Landwirtschaft konnte für die Soldaten von Vorteil sein, da dort – die Arbeitskommandos blieben bei zu großer Entfernung zum Lager vor Ort – die Versorgung besser war.[8]
Auch der Bau des Lagers 1914/1915 wurde zum Teil von den Gefangenen selber ausgeführt. Die 130 Baracken unterschiedlicher Größe sollten 10.000 Inhaftierte fassen. Offiziell wurden 5296 Franzosen, 2595 Briten, 1135 Russen, 505 Belgier, 237 Italiener, 178 Portugiesen, zehn Rumänen, neun Serben, sechs Zivilpersonen und zwei Offiziere in Dülmen gemeldet.[9] Darüber hinaus müssen 1918 auch Kanadier und US-Amerikaner dort interniert gewesen sein, da bei den Ausgrabungen auch Knöpfe von Uniformen dieser Länder gefunden wurden.
Zu den Gefangenen in Dülmen zählte auch der Brite Albrecht Bonsey. Der 25-Jährige war in Frankreich in die Hände deutscher Soldaten geraten. Er wurde direkt nach Dülmen überstellt. Die letzten Kilometer zum Lager mussten er und seine Mitgefangenen zu Fuß gehen. Dabei seien einige so schwach vor Hunger gewesen, dass sie erst nach Stunden ankamen, berichtete Bonsey später dem britischen Kriegsministerium. Schon ab 1915 mangelte es im Deutschen Reich an allem. Weder Bevölkerung noch Kriegsgefangene hatten genug zu essen, wobei die Situation auf dem Land deutlicher besser war als in der Stadt. Insgesamt verhungerten im Deutschen Reich zwischen 1914 und 1918 700.000 Menschen.[10]

Abb. 3: Militärische Erkennungsmarke eines deutschen Soldaten. Das Heimkehrerlager schloss 1921.

Auch Rohstoffe fehlten. Besonders überrascht zeigte sich Bonsey über die erste Dusche im Lager, denn die Gefangenen mussten sich „mit Sand waschen … Seife gab es nicht, da die Deutschen sehr knapp an Seife waren. … Als wir uns abtrocknen wollten, mussten wir Handtücher benutzen, die aus gedrehtem Papier bestanden … das war wohl der beste Ersatz, den die Deutschen für Handtücher finden konnten, wie für alle Dinge ein Ersatzstoff gefunden worden war, sogar für Nahrungsmittel."[11]

Mit Kriegsende löste der Arbeiter- und Soldatenrat Dülmens (Kap. 47) das Lager auf, indem die Gefangenen freigelassen wurden. Doch beharrten die Alliierten auf einer geregelten Übergabe der eigenen Soldaten. So verließen die letzten erst im Juni 1919 das Lager. Nun dienten die Baracken als Heimkehrerlager für die ab dem Sommer jenes Jahres von den Alliierten freigelassenen deutschen Soldaten.[12]

Gemeinsam mit ihrem Geschichtslehrer Rudolf Hermanns untersuchten Schülerinnen und Schüler der Johann-Gutenberg-Schule im Jahr 1999 einen kleinen Teil des ehemaligen Lager-Geländes. Bis auf eine inzwischen zum Wohnhaus umgebaute Baracke steht keines der Gebäude mehr. Zum Zeitpunkt der Grabung waren bereits zwei Drittel des Areals von den Quarzwerken ausgesandet worden, dort gab es keine Spuren mehr. Durch den unermüdlichen Einsatz der Arbeitsgemeinschaft konnte wenigstens ein Teil der Zeugnisse vom Lager Dülmen geborgen werden.

## 47

**Wildpark, Dülmen**

# Der unbeliebte Herzog und die Novemberrevolution

Entstehungszeit: ab 1864

Am 30. November 1913 ordnete Herzog Rudolf von Croy die Schließung des Wildparks in Dülmen an. Als Gründe gab die herzogliche Verwaltung an, dass die Besucher den Baumbestand beschädigten und das Wild belästigten. Bei der Dülmener Bevölkerung löste die Sperrung Empörung aus. Seit Anlage des Parks in der zweiten Hälfte des 19. Jahrhunderts hatten sie den Wildpark besuchen dürfen.[1]

Der Großvater des Herzogs hatte 1860 den Schultenhof Hinderkinck erworben, um westlich der Stadt Dülmen einen Landsitz mit Landschaftspark anzulegen. Den Auftrag für die Gestaltung des Gartens erhielt der bekannte Gartenkünstler Edward Milner, der unter anderem durch seine Mitarbeit am Crystal Palace in der Nähe von London bekannt geworden war. Er hatte zuvor bereits den Schlosspark umgestaltet. Seinen Entwurf führte der Obergärtner Charles Barnard aus, der 1861 aus England nach Dülmen gekommen war.

Das markanteste Merkmal des von Milner angelegten Gartens ist der malerische Herzteich mit der Holzbrücke. Den Aushub nutzte er, um kleine Hügel anzulegen. Verschlungene Wege, wenn auch ohne die für englische Land-

Abb. 1: Unweit des Stadtzentrums liegt am Rande Dülmens der große Wildpark. Der Besuch ist kostenfrei.

schaftsgärten typischen Blickachsen auf Staffagebauten, führen durch das ursprünglich 120 Hektar große Gelände. Zu beiden Seiten finden sich Wiesenflächen, auf denen vereinzelte Bäume und Baumgruppen, die fachlich als *clumps* (engl. = Büschel) bezeichnet werden, wachsen. Nadelhölzer und Laubbäume wechseln sich ab.

Für die 1920er-Jahre ist bekannt, dass im mehrmals erweiterten Wildpark neben Rehen und Damwild auch Mufflons und Wildschweine gehalten wurden. Inzwischen sind vor allem Damwild und Gänse im Park zu beobachten.[2]

Neben dem Verbot den Park zu besuchen, erzürnte die Bürgerinnen und Bürger Dülmens noch die Steuerfreiheit, die der Herzog von Croy besaß. Er musste, so hatte es der Urgroßvater ausgehandelt, keine persönlichen Gemeindeabgaben an die Stadt zahlen. Hintergrund dieses Zugeständnisses waren die Schulden, die Dülmen noch aus der Zeit des Dreißigjährigen Krieges hatte. Da die Kassen leer waren und auf dem Großteil des städtischen Landbesitzes bereits Hypotheken lasteten, verkaufte die Stadt 1837 den gesamten Grundbesitz an Herzog Alfred von Croy. Die Summe, die sie dafür erhielt, war aufgrund der Hypotheken allerdings gering, so dass der Bürgermeister und der Domänenrat gegen einen Aufschlag von 1.200 Talern dem Herzog für unbegrenzte Zeit und

Abb. 2: Einzelbäume, die sich auf den Wiesen erheben, sind typische Elemente eines englischen Landschaftsgartens. So sollen sich beim Spaziergang immer wieder abwechslungsreiche Blickwinkel eröffnen.

ohne Möglichkeit eines Widerrufes die Steuerfreiheit zusprachen.[3] Spätestens seit Ende des 19. Jahrhunderts versuchten die Bürgermeister diese Freiheit zurückzunehmen und den Herzog zu Steuernachzahlungen zu bewegen, doch war ihr Bemühen vergeblich.

Die Situation änderte sich im November 1918. Zu diesem Zeitpunkt hatten große Teile der deutschen Armee erkannt, dass der Krieg für das Deutsche Reich verloren war. Deutsche Politiker führten erste Vorgespräche für einen Waffenstillstand mit den Entente-Staaten Frankreich, Großbritannien und Russland. Als die deutsche Seekriegsleitung dennoch das Auslaufen der Flotte zu einem letzten „ehrenvollen" Gefecht befahl, meuterten am 3. November in Kiel und Wilhelmshaven die ersten kriegsverdrossenen Matrosen. Der Aufstand breitete sich in Windeseile aus; innerhalb weniger Tage bildeten sich in allen größeren und etlichen kleineren Städten revolutionäre Arbeiter- und Soldatenräte, die die städtischen Verwaltungen übernahmen. Angesichts ihrer rasanten Verbreitung versuchte Reichskanzler Prinz Max von Baden die „Revolution von unten" einzudämmen, indem er am 9. November eigenmächtig den Rücktritt des Kaisers Wilhelm II. erklärte und die Regierung – verfassungswidrig – an den Parteivorsitzenden der SPD, Friedrich Ebert, übergab.[4]

Auch im Altkreis Coesfeld war die Revolution zu spüren. Am 8. November formierte sich in Haltern, wo wie in Dülmen eine Ersatzeinheit stationiert war, ein Arbeiter- und Soldatenrat. Vielleicht war es diese Nachricht, die Herzog Rudolf von Croy in Angst versetzte. Er fürchtete, da „er wusste, dass er wegen seines Privilegs und der 1913 erfolgten Schließung seines Wildparks recht unbeliebt war", die Plünderung und Zerstörung seines Schlosses.[5] Bürgermeister Karl Pieper nutzte die Gunst der Stunde und verhandelte erneut mit dem Herzog. Diesmal mit Erfolg. „... unter der Ein-

Abb. 3: Von den Wegen lassen sich immer wieder neue malerische Blicke auf den Herzteich entdecken.

Abb. 4: Dülmener Schloss. Über das Gelände des im Zweiten Weltkrieg zerstörten Schlosses führt nun die Halterner Straße.

wirkung der Revolution", erinnert sich Pieper später, „verzichtete der Herzog … mit Wirkung vom 1. April 1918 auf das ihm nach § 8 des Vertrages vom 18. Juli 1837 zugestandene Recht der Befreiung von den Gemeindeabgaben. Die für die Jahre 1911 bis 1918 rückständigen Steuern wurden alsbald mit 155.420 Mark bezahlt. Damit war ein jahrzehntelanger Streit zu Gunsten der Stadt beendet. In der selben Verhandlung vom 9. November 1918 erklärte sich der Herzog bereit, den „Wildpark … für jedermann zu öffnen."[6]

Die Ergebnisse der Verhandlung wurden sofort per Anschlag kundgegeben. Das Kalkül des Herzogs ging auf. Sein Schloss blieb in dieser Revolution unbeschadet. Am selben Tag war in Dülmen ein neunköpfiger Soldatenrat entstanden, einen Tag darauf ein Arbeiterrat. Zusammen war es ihnen gelungen, so verkündete die Dülmener Zeitung vom 12. November 1918, „Ruhe und Ordnung" zu wahren.[7] Der Einfluss der Räte auf die Stadtverwaltung sollte aber gering bleiben.[8] Von der Revolution bekamen vor allem die Anwohnerinnen und Anwohner der Lüdinghauser Straße etwas mit. Diese – so die Dülmener Zeitung – müssten, seit „Ausbruch der Revolution fast allnächtlich an ruhestörenden Lärm und groben Unfug etwas erleben, das über das Maß des Erträglichen weit hinausgeht."[9] Die Veränderung des Systems fiel höchstens in Bezug auf den Herzog von Croy auf. Er galt nun nach der Aufhebung der Monarchie als „Mitbürger im wahrsten Sinne des Wortes", wie es der Bürgermeister ausdrückte.[10]

Das Schloss überstand das Ende des Ersten Weltkriegs, den Zweiten Weltkrieg aber nicht. Der Wildpark ist indes weitgehend in seiner ursprünglichen Form erhalten, nur im Westen wird das Areal vom der A 43 angeschnitten.

## 48
**Longinusturm, Nottuln**

# Weitblick

Bauzeit: 1897–1900

1896 beschreibt Fritz Westhoff in seinem „Führer durch die Baumberge" den Blick von der höchsten Stelle im Kreisgebiet, dem Westerberg mit 187,6 Metern über dem Meeresspiegel. „Von hier hat man einen imposanten Rundblick nach allen Himmelsgegenden, jedoch unterbrochen durch die Waldhöhen ..."[1] Bei guter Sicht lassen sich von hier aus Nottuln, Schapdetten, Appelhülsen oder Ottmarsbocholt ausmachen. In der Ferne sind die Kirchtürme von Lüdinghausen und Seppenrade zu sehen, „nur muß man, um ihrer habhaft zu werden, vielleicht den Standort etwas ändern". Die Kirchtürme Billerbecks konnte Westhoff dagegen nicht sehen, auch hier verwehrte ein Hochwald seine Sicht. „Wenn einmal im Gebiete der Baumberge ein Aussichtsturm erbaut werden sollte", so kommt Westhoff zum Schluss, „ist dieses Plateau der einzige geeignete Platz dafür ..."[2]

Die Idee, einen Aussichtsturm zu bauen, war Ende des 19. Jahrhunderts nicht ungewöhnlich. Seit Mitte des Jahrhunderts entstanden überall in den deutschen Landen solche Türme, deren Sinn es war, über die Baumwipfel zu reichen, um eine 360°-Aussicht zu ermöglichen.[3] „Daß ein solcher Bau auf dem höchsten Punkte der Baumberge einem Bedürfnis entspricht", ist zum Bauvorhaben des Longinusturms im Münsterischen Anzeiger vom 14. Februar 1897 zu lesen, „weiß jeder, der je die Baumberge besucht und von den wenigen freien Punkten aus die Fernsicht in Einzelbildern genossen hat. Nur ein ... Thurm erlaubt dem Wanderer den vollkommenen Genuß eins alles umspannenden Rundblicks auf die weitgedehnte Ebene des Münsterischen Tieflandbusens."[4]

Getragen wurden diese Bauten in der Mehrzahl von bürgerlichen Vereinen. Gerade für das Bürgertum hatte sich das Verständnis von freier Zeit verändert. Sie galt nicht mehr nur der physischen Erholung, sondern wurde zur Freizeit, die nach Belieben gefüllt werden konnte. Gleichzeitig war mit der Romanik – es sei nur mal an die Gemälde Caspar David Friedrichs gedacht – eine Begeisterung für die Natur entstanden. Wanderführer mit verschiedenen Spaziergängen, wie der von Westhoff, fanden begeisterten Absatz und Wandervereine schlossen sich zusammen.

Eine dieser Vereinigungen war der Baumberge-Verein Münster. Er wurde 1896 von Mitgliedern der „Geographischen Gesellschaft" gegründet. Initiator und Erster Vorsitzender war der Geograph und Naturwissenschaftler Fritz Westhoff, der wegen seiner Körperlänge von 1,92 Metern Longinus (lat. *longus* = der Lange) genannt wurde. Unter diesem Namen veröffentlichte er auch seinen

Abb. 1: In den Sommermonaten ist der Longinusturm nach vorheriger Anmeldung auch mit dem Bürgerbus zu erreichen.

Wanderführer. Gleich bei der ersten Generalversammlung im September beschlossen die Herren – Frauen wurden erst 1954 zugelassen – auf dem Westerberg einen Aussichtsturm zu bauen. Zur Finanzierung wurden sogleich die ersten Anteilsscheine verkauft. Nicht ganz ein halbes Jahr später waren schon zwei Fünftel der Kosten zusammengetragen und auch der Name des Turmes stand bereits fest, der „auch ein würdiges Denkmal sein wird zu Ehren des heimgegangenen Begründers des Vereins."[5] Westhoff alias Longinus war 1896 im Alter von 39 Jahren gestorben.

Die Grundsteinlegung erfolgte am 19. September 1897. Gemeinsam wanderte der Verein dafür vom nahe gelegenen Gasthaus Gerdes zum Bauplatz. Geplant war ein etwa 100 Fuß – 30 Meter – hoher, viereckiger Turm aus Baumberger Sandstein. Im Turmzimmer sollten Fenster zu allen Seiten den Ausblick ermöglichen. Darüber sollte sich die Aussichtsplattform erheben, die von einem mit einem Blitzableiter versehenen Fahnenmast bekrönt würde.[6]

Der Bau begann zügig, doch dann mussten die Arbeiten gestoppt werden, da sich Risse im unteren Bauteil bildeten. Bei den statischen Berechnungen war zwar das Eigengewicht des Turmes mit einkalkuliert worden, nicht aber der Winddruck, der ungebremst auf das Bauwerk traf. Verschiedene Maßnahmen wurden unternommen, um die Statik zu verbessern. Die Errichtung des noch nicht ausgeführten obersten Geschosses wurde deshalb untersagt. 1899 erteilte die Baupolizeibehörde Nottuln dann die Erlaubnis, das oberste Geschoss und die Plattform in leichter Fachwerkbauweise auszuführen.[7]

Im April 1900 konnte der Turm endlich bestiegen werden. Drei Monate später vermeldete der Münsterische Anzeiger: „Trotz des jetzt schon seit Wochen anhaltenden regnerischen Wetters wird der Longinusthurm verhältnismäßig recht stark besucht. Im Ganzen beläuft sich die Zahl der bis jetzt verausgabten Eintrittskarten auf mehr als 800."[8] Die vielen Gäste hinterließen auch unerwünschte Spuren am neuen Bauwerk, wie dem Artikel zu entnehmen ist: „Leider ist das starke Holzgeländer schon vielfach zerschnitten von solchen, deren Namen man an allen Ecken findet. Vielleicht dürfte es sich empfehlen, nach dem Vorbilde anderer ähnlicher Aussichtspunkte, in dem unteren Thurmzimmer ein Fremdenbuch auszulegen ..."[9]

Die Aussichtsplattform lag in etwa 24 Metern Höhe, über 100 Stufen waren zu überwinden. Bei günstigem Wetter beträgt die Sicht bis zu 30 Kilometer. Vom Wetter war auch die Öffnung des Turmes abhängig. Eine Fahne zeigte an, ob der Turmwächter vor Ort war. Das Interesse an der Aussicht war groß. Im Jahr 1931 stiegen gar mehr als 8.000 Personen auf den Turm. Der Verein hatte bei Baubeginn auf 2.500 pro Jahr gehofft.

Der Zweite Weltkrieg bedeutete eine Zäsur für den Turmbetrieb. Die Wehrmacht besetzte das Bauwerk. 1945 erlitt die Bausubstanz durch Artilleriebeschuss Beschädigungen. 1949 stellte die Jahreshauptversammlung dann fest: „In der Kriegs- und Nachkriegszeit hat der Turm so stark gelitten, daß er in seinem augenblicklichen Zustand als Aussichtsturm nicht mehr benutzt werden kann ... Mit eigenen Mitteln, die zur Zeit sehr bescheiden sind, kann der Verein [die Wiederherstellung] nicht erreichen. Er bedarf fremder Hilfe."[10]

Die fremde Hilfe kam dann nicht von den Unternehmen der Umgebung, sondern von der Deutschen Bundespost. Sie schlug 1951 vor, den oberen Teil für Fernmeldezwecke zu mieten und auszubauen und dabei die Kriegsschäden zu beseitigen. Nun entstand der immer noch erhaltene Turmabschluss mit der ovalen Aussichtsplattform und den zwei Antennenplattformen. An der Südwestseite errichtete die Post einen Anbau für technische Anlagen, das Aggregat für die Stromversorgung und Büros. Fortan sorgte die Fernmeldestelle Baumberge für beste Telefonverbindungen im Westmünsterland.

Die Höhe des Turmes bescherte auch einem weiteren technischen Medium einen guten Empfang, als am 8. März 1952 die Gäste über die erste einwandfreie Fernsehübertragung im Münsterland staunten. Geschaut haben sie übrigens keine Sendung des deutschen Fernsehens, sondern eine von einem näher gelegenen niederländischen Sender. Die Post hat den Turm inzwischen verlassen. Dafür nutzen verschiedene Mobilfunkanbieter seine Höhe. Die Gäste auf der Plattform und im „18|97 – Café am Longinusturm" dürfen eine phantastische Aussicht genießen – und in Zeiten hoher Mobilität zugleich einen guten Empfang.

Abb. 2: Longinusturm Nottuln. Ursprünglicher Zustand. Zur Erinnerung an den Initiator Westhoff stiftete Hermann Landois 1902 eine Bronzeplakette, die am Turm angebracht wurde.

## 49
### Alte Landwirtschaftsschule, Billerbeck

# Modernisierung der Landwirtschaft

Bauzeit: 1922

3.029 Stück Rindvieh, 1.746 Schweine und 983 Pferde wurden im Jahr 1864 im Amt Billerbeck gezählt. Im Vergleich dazu zeigt die Statistik für das Jahr 1883 jeweils einen Rückgang der Viehbestände. Nur noch 2.741 Rindviecher, 994 Schweine und 840 Pferde wurden gehalten.[1] Insbesondere der Rückgang an Rindern und Schweinen ist erstaunlich, da anderswo eine Intensivierung der Viehzucht begonnen hatte.

Im Amt Billerbeck lag die Priorität der Bauern weiter auf dem Ackerbau. Viehhaltung diente zur Selbstversorgung und um Mist zum Düngen der Felder zu gewinnen. Die Tiere weideten und wurden aus der Ernte zugefüttert, damit waren der Steigerung des Viehbestands Grenzen gesetzt. In dieser traditionellen Tierhaltung dürfte der Grund für den Rückgang liegen. Von 1879 bis 1883 fiel die Ernte schlecht aus. Getreide war knapp, der Getreidepreis hoch. Als Folge war weniger Futter für das Vieh vorhanden.[2]

Die Möglichkeiten einer konsequenten Stallfütterung von Vieh war im Münsterland durchaus bekannt, doch konnte sie sich nicht durchsetzen. Hatte der Billerbecker Amtmann in seinen Berichten an den Coesfelder Landrat bis in die 1870er-Jahre lediglich geschrieben: „Ein heben der Viehzucht ist nicht wahrzunehmen", drückte er sich 1877 deutlicher aus: „Mast existiert nicht".[3]

Auch im Ackerbau fanden die Reformen und Neuerungen keinen Anklang. Die Bauern setzten weiterhin auf Stallmist zum Düngen.[4] Den bereits erhältlichen Kunstdünger nutzten sie nicht. Auch neue Feldfrüchte setzten sich nich durch. Zwar nahm die Kartoffel, die seit den 1830er-Jahren im Amt angebaut wurde, „unter den Hackfrüchten ... den ersten Rang ein, sie werden jedoch nur in dem Maaße angebaut, als der eigene Bedarf und der Betrieb von Branntweinbrennereien dies erfordert."[5]

Die Regierung in Münster versuchte die Modernisierung der Landwirtschaft voranzutreiben. 1882 empfahl der Regierungspräsident in einem Rundschreiben die Gründung von Landwirtschaftlichen Winterschulen. Im Altkreis Coesfeld entstand daraufhin unter Vorsitz von Landrat August von Bönninghausen eine Kommission, um eine Eröffnung vorzubereiten. Ziel sollte sein, „junge, aus der Elementarschule entlassene Leute in den Kenntnissen der Elementarschule fortzubilden und in den Grund- und Hülfswissenschaften der Landwirtschaft, sowie der Landwirtschaftskunde selbst zu unterweisen."[6]

Anfangs war der Standort der Schule – Coesfeld oder Billerbeck – umstritten. Die Entscheidung für Billerbeck hätten „interessierte Beteiligte" begrüßt, unter

Abb. 1: Alte Landwirtschaftsschule, Billerbeck. Das Gebäude dient nun als Kulturzentrum.

anderem „da die Schüler in dem kleinen Landstädtchen Billerbeck weniger Gefahren ausgesetzt waren als in der größeren Kreisstadt", wie es in der Jubiläumsschrift von 1983 heißt.[7] 1883 bezog die Landwirtschaftliche Winterschule das Wübken'sche Haus an der alten Ludgerikirche.[8]

Wie der Name andeutet, fand der Unterricht nicht ganzjährig statt. Unterrichtet wurde vielmehr nur in den landwirtschaftlich weniger arbeitsintensiven Wintermonaten. Der Abschluss war nach zwei Jahren erreicht. Da der Lehrer somit im Sommer an der Schule nicht gebraucht wurde, sollte er dann im gesamten Kreisgebiet Vorträge halten sowie die Bauern beraten.[9]

Auch im Altkreis Lüdinghausen gab es eine Anstalt zur Ausbildung der zukünftigen Landwirte. Dort war erst 1852 in Selm eine Ackerbauschule gegründet worden, die seit 1869 durch die „Theoretische Ackerbauschule" auf der Burg Lüdinghausen fortgesetzt wurde. Sie blieb auch nach der Eingliederung der Rektoratsschule als Zweig bestehen. „Dieselbe ist eine theoretische Fachschule für solche Landwirte, welche die Berechtigung zum einjährigen freiwilligen Militärdienst nicht erstreben ... und sich daher ausschließlich für ihren späteren Beruf ausbilden wollen", wie es im Jahresbericht für 1886/1887 heißt. Diese Schüler lernten kein Latein. Das Aufnahmealter lag bei 14 Jahren. In Lüdinghausen gab es auch im Sommer Unterricht, doch konnten „falls die Eltern es wünschen", die Schüler „zur Hülfeleistung bei den Einsaat- und Erntearbeiten" beurlaubt werden.[10]

Die Modernisierung der Landwirtschaft nahm langsam ihren Lauf. 1888 bis 1892 waren die Ernten wieder schlecht. Zugleich schwemmte billiges Getreide aus den USA ins Deutsche Reich, was besonders seit der Abschaffung der Schutzzölle 1891 ins Gewicht fiel. Im Altkreis Coesfeld, allerdings nicht im Amt Billerbeck, stieg nun der Kartoffelanbau an. Gleichzeitig begann die Massentierhaltung. Möglich war dies auch durch die Eisenbahn, die den Viehtransport erleichterte und mit der der Absatzmarkt Ruhrgebiet schnell zu erreichen war.[11]

Bis 1909 stieg der Viehbestand im Amt Billerbeck um 300 %. Rindviecher gab es nun mit 4.278 fast doppelt so viele wie 1883. Und die Zahl der Schweine hatte sich mehr als verachtfacht. Sie lag nun bei 8.506. Im Altkreis Lüdinghausen vervierfachte sich die Zahl der Schweine von 10.600 im Jahr 1864 auf 44.000 im Jahr 1910 – 100 Jahre später sollten es im Kreis Coesfeld 868.551 sein.[12] Die Zahl der Pferde blieb in etwa gleich, was daran lag, dass die Tiere noch nicht zum Verkauf gezüchtet wurden. Sie wurden als Arbeitstiere auf dem Feld eingesetzt.[13]

Die Massentierhaltung begeisterte nicht alle – zumindest nicht, wenn sie zu nah kam. So erhob der Propst Brinkmann in Münster Einspruch gegen die Pläne eines Bauern, einen Stall für „3 Kühe u. 180 Schweine" in der Nähe des Ludgerusbrunnens zu bauen. „Das lärmende Geschrei der Schweine beim Füttern, der Geruch aus den Ställen und ... der allen Menschen mit gesundem Riechorgan äußerst widerwärtige Gestank bei Abfuhr des Düngers und der Jauche, wird zahlreiche Pilger abhalten, die Stätte der Andacht zu besuchen ..."[14]

Auch im 20. Jahrhundert ging die Modernisierung der Landwirtschaft voran. Ein entscheidender Punkt war die Technisierung des Betriebs. Noch wurden die meisten Arbeiten per Hand ausgeführt. Doch die Abwanderung der Arbeitskräfte zwang hier schließlich zur Investition in Maschinen. 1925 waren im Altkreis bereits 2.339 Dreschmaschinen vorhan-

Abb. 2: Als am Markt der neue Ludgerus-„Dom" gebaut wurde, zog die Schule an den Johannis-Kirchplatz (Nr. 9).

den.[15] Genossenschaftlich angelegt war die Molkerei in der Stadt.

Die Modernisierung betraf auch die Landwirtschaftliche Winterschule. 1922 zog sie in den Neubau an der Darfelder Straße. Spenden der Bevölkerung hatten ihren Bau möglich gemacht. Zudem stellte der Droste zu Vischering Holz, die Ziegeleien Suwelack und Ahlers Ziegelsteine und die Gutsbesitzer Dahl und Reckmann Sand kostenfrei oder besonders günstig zur Verfügung. Auch die Landwirte beteiligten sich, sie fuhren kostenfrei das Baumaterial an.[16]

Die meisten Schüler stammten zu dieser Zeit aus Bauernfamilien mit größeren Betrieben und Nutzflächen über 20 Hektar. Im Unterricht wurde inzwischen neben Acker- und Pflanzenbau, Tierzucht und -Heilkunde auch Buchhaltung gelehrt. Schülerinnen konnten ab 1928 Haushaltungskurse in der Landwirtschaftsschule besuchen.[17]

1959 hatte die Landwirtschaftsschule über 100 Schüler und Schülerinnen. Inzwischen war auch in Dülmen eine solche eröffnet worden, die nun allerdings nur noch 30 Jugendliche besuchten, weshalb beide Einrichtungen zusammengelegt werden sollten. Wieder wurde über den Standort gestritten. Diesmal ging Billerbeck leer aus. Im November 1963 beschloss die Landwirtschaftskammer als Trägerin der Schule die Schließung. In Coesfeld sollte eine neue Kreisschule errichtet werden.[18]

## 50
### Hotel Zur Rauschenburg, Olfen

# Die Ruhrbesetzung

Bauzeit: 1878

Auf der Erhebung östlich des Hotels zur Rauschenburg landete in der ersten Hälfte des 20. Jahrhunderts eine massive Steinbrücke. Mit fünf flachen Bögen überspannte sie die Lippe und verband Datteln im Kreis Recklinghausen mit Olfen im Altkreis Lüdinghausen.

Sie zu errichten, hatte viel politischen Willen gekostet, ein erstes Vorhaben hatte Freiherr von Twickel 1835 verhindern können. Er besaß das Recht, dort eine Fähre zu betreiben, was ihm ein gutes Einkommen sicherte. Die Bewohnerschaft der Umgebung, die Unternehmer und der Bürgermeister von Olfen setzten sich dagegen für einen Brückenbau ein. Die Fähre mit ihrem begrenzten Platz und oftmals ungenügenden Fahrzeiten war ein Hindernis für die wirtschaftliche Entwicklung des Ortes. Zudem war die Fähre ein unsicheres Verkehrsmittel. Als im Januar 1850 die Kette der Fähre brach, konnte die übersetzende Postkutsche nur mit Glück durch die herbeieilenden Brüder Tenkhoff gerettet werden.[1]

Erst 1876 konnte Landrat Graf von-Wedel mitteilen: „Euer Wohlgeboren ersuche ich, der Bürgerschaft von Olfen mitteilen zu wollen, dass die dem Brückenbauprojekte bei Rauschenburg bisher entgegenstehenden Hindernisse nunmehr als beseitigt zu betrachten sind, und dass mit dem Beginn der Arbeiten jetzt unverzüglich vorgegangen werden soll."[2]

Als die Brücke um 1878 – ein genaues Datum der Eröffnung ist nicht bekannt – fertiggestellt wurde, erhielt der Fährmeister Joseph Tenkhoff die Konzession für die Brückengeld-Hebestelle, da für die Nutzung der Brücke ebenso wie für die Fähre zuvor eine Gebühr zu zahlen war. Da nun die Reisenden auf jeden Fall am Brückenkopf auf der Olfener Seite halten mussten, war die Einrichtung einer Gaststätte naheliegend.[3]

Der Verkehr auf der Brücke war rege, bis er 1923 ins Stocken geriet. Der Grund dafür geht auf den Ersten Weltkrieg zurück. Im Versailler Vertrag, der 1919 geschlossen wurde, musste das Deutsche Reich nicht nur die Kriegsschuld auf sich nehmen, sondern auch Reparationen zusagen. Die genaue Summe wurde erst 1921 beziffert. Zu zahlen waren 132 Milliarden Mark. Insbesondere Frankreich war an hohen Zahlungen interessiert, da es eine Kontrolle des rheinisch-westfälischen Industrieviers anstrebte.[4] Als Ende 1922 die deutschen Reparationen einen geringen Lieferrückstand aufwiesen, nutzte Frankreich dies als Vorwand. 60.000 französische und belgische Soldaten besetzten ab dem 11. Januar 1923 das Ruhrgebiet und zogen einen weiträumigen Besatzungsring

Abb. 1: Hotel zur Rauschenburg. Der Anbau mit den Rundbögen und der Dachausbau stammen aus den 1930er-Jahren.

um das Kohlerevier. Im Norden reichte dieser Ring bis zur Lippe und an den Übergängen sogar bis auf die anderen Seiten der Brücken.[5]

Am 16. März 1923 besetzte eine Einheit französischer Dragoner den nördlichen Brückenkopf der Lippebrücke an der Gaststätte Tenkhoff, die nun als Hotel Zur Rauschenburg bekannt ist.[6] Vor dem Brückenkopf bauten die Soldaten eine mehrfache Grenzbefestigung. Eine alte Zeichnung des Grenzpostens dokumentiert die umfangreichen Verschanzungen. So versperrte ein doppelter Stacheldrahtverhau die Kreisstraße und die angrenzenden Weiden kurz vor dem Brückenkopf. Dahinter engten versetzte Erdwälle die Fahrbahn ein und erzwangen ein langsames Tempo bei denen, die über die Brücke durften. Hinter weiteren Wällen waren Soldaten mit Maschinengewehren positioniert. An einem Fahnenmast wehte die französische Flagge, die Trikolore, und markierte den französischen Anspruch auf den Übergang. Die südliche Flussseite, die zum besetzten Gebiet gehörte, war weniger stark befestigt, hier gab es lediglich einige Erdwälle.[7]

Die französischen Soldaten – zeitweise waren es 52 Mann – quartierten sich im Gasthof Tenkhoff ein. Eine größere Anzahl Gästezimmer gab es zu diesem Zeitpunkt noch nicht, diese wurden erst in den 1930er-Jahren bei einem tiefgreifenden Umbau hinzugefügt. Die Betten im Haus waren deshalb begrenzt. „Dann haben die Franzosen verfügt: ‚Die ganze Familie raus'", berichtet Franz Josef Tenkhoff von den Erzählungen seines Großvaters. „Wir hatten unten noch einen landwirtschaftlichen Betrieb mit einem Bauernhaus." Da zog die Familie ein. In den Privatgemächern im Gasthaus residierten nun die französischen Offiziere und die einfachen Soldaten wurden in den restlichen Räumlichkeiten untergebracht. „Mein Großvater war Jahrgang 1899 und war im Ersten Weltkrieg noch die letzten Monate an der Westfront. Und dann haben sie sich hier das zweite Mal getroffen. Er hat später häufig erzählt, wie der ‚Franzmann' hier herumkommandiert hat und er selber auf dem eigenen Grund und Boden und dem eigenen Betrieb nichts mehr zu sagen hatte."

Einen nennenswerten Betrieb der Gastwirtschaft gab es nicht mehr. Wer über die Brücke oder in den Grenzbereich wollte, brauchte einen Pass mit Lichtbild, der nur mit großem Aufwand in den Passämtern der Besatzer zu erhalten war. Teilweise sperrten die Franzosen den Übergang auch ganz, was zur Folge hatte, dass die 230 Olfener Bergleute nicht zur Arbeit gelangen konnten, sofern diese nicht eh im Zuge des passiven Widerstandes ruhte.

Nicht nur für sie, sondern auch für die zahllosen ausgewiesenen Bewohnerinnen und Bewohner des Ruhrgebietes, die über die Olfener Brücke gebracht wurden, mussten die Gemeinde Olfen und der Altkreis Lüdinghausen sorgen. Unmittelbar nach der Besetzung waren die ersten Beamten – darunter viele, die sich weigerten der eingeführten Grußpflicht nachzukommen – ausgewiesen worden. Aus Dortmund wurden allein 1177 Personen abgeschoben. Viele von ihnen wurden ohne Hab und Gut einfach auf Olfener Lippeseite ausgesetzt. Insgesamt wurden 120.000 bis 150.000 Menschen vertrieben.[8] Die Bevölkerung Olfens habe sich „der Flüchtlinge aus dem Einbruchgebiet in entgegenkommender Weise angenommen und vor allem die zahlreichen ausgewiesenen Beamten der Schutzpolizei musterhaft untergebracht und verpflegt", betonte der westfälische Oberpräsident Johannes Gronowski in einem Schreiben vom 17. April 1923.[9]

Wie konfliktreich die Situation zwischen den Besatzern und der Bevölkerung war, deutet ein Blick in die Lüdinghauser Zeitung vom 2. Juni 1923 an. Gleich mehrere Nachrichten befassten sich an diesem Tag mit den Besatzern. So war am 30. Mai ein französischer Soldat „beim Wildern" angeschossen worden, woraufhin der Lehrer Borgmann verhaftet wurde. Zuvor war bereits der Ingenieur Aloys Wesel wegen Sabotageverdachts inhaftiert worden. Nun meldete die Zeitung, dass er „von den Franzosen zu 3 Monaten Gefängnis und 700.000 Mark Geldstrafe verurteilt" wurde. Tödlich endete ein anderer Vorfall im September 1923. Der Kolon Josef Höning wurde bei dem Versuch, die Überreste der etwas weiter östlich liegenden Brücke Vinnum-Waltrop zu überqueren, von französischen Soldaten angeschossen und ertrank in der Lippe.[10]

Den passiven Widerstand, zu dem die deutsche Regierung aufgerufen hatte, musste sie im September 1923 aufgeben. Unter Vermittlung der amerikanischen Regierung konnten schließlich

Abb. 2: Historische Aufnahme vor 1930. Die Brücke wurde in den letzten Kriegsmonaten 1945 gesprengt.

die Reparationszahlungen neu geregelt werden. Im September 1924 gaben die französischen Besatzer die kommunale Verwaltung zurück und verließen die Wirtschaftsbetriebe des Ruhrgebiets. Auch die Lippebrücke gaben sie frei und zogen am 24. September aus dem Gasthaus Tenkhoff aus.[11]

## 51
### Kreishaus II, Coesfeld

# Gruppenbild mit einer Abgeordneten

Bauzeit: 1924–1925

„Seit der für Coesfeld glänzenden Zeit unter dem Fürstbischof Christoph Bernhard von Galen ist hier kein Gebäude von gleichem Umfang und gleicher Großartigkeit ausgeführt worden", preist der Heimatpfleger Hans Hüer im Heimatkalender von 1926 das neue Kreishaus am Schützenwall in Coesfeld. „Wer die Pläne für die Ludgerusburg in Coesfeld kennt, der wird beim Betrachten des neuen Kreishauses lebhaft an sie erinnert. Das breite Hauptgebäude mit den zwei vorgezogenen Seitenflügeln ist vorzüglich in den Raum einer früheren Stadtschanze hineingepaßt. Der schöne Baumbestand konnte zum Teil erhalten bleiben, er nimmt der Anlage das neue, abgezirkelte Aussehen. Breit und behäbig dehnt sich das Gebäude unter dem einheitlichen, großen Dach. Die Front, nur durchbrochen von einem Portal mit großer Freitreppe, hat etwas Heimisches, Einladendes an sich. Ruhige Zurückhaltung im Schmuck, aber volle Auswertung der architektonischen Formen machen das Gebäude zu einem hervorragenden Kunstwerk, das seinem Baumeister zur Ehre gereicht."[1]

Vergleichsweise spät hatte der Altkreis Coesfeld einen eigenen Neubau erhalten. In Lüdinghausen war 1898 ein Kreishaus gebaut worden, das bereits 1912 zum ersten Mal erweitert wurde (Kap. 61). Im Altkreis Beckum war ein entsprechendes Gebäude sogar schon 1886 entstanden. Auch in Coesfeld gab es entsprechende Überlegungen, doch wurde stattdessen 1891 ein zweistöckiges Haus in der Großen Viehstraße gekauft, das 1905 einen Anbau erhielt.[2]

Ein Neubauprojekt konnte erst nach dem Ersten Weltkrieg, genauer gesagt nach der Währungsreform 1923, begonnen werden. Nicht nur der Platzmangel veranlasste Landrat Walter vom Hove das Vorhaben anzugehen, wie aus der Urkunde hervorgeht, die bei der Einweihung in den Grundstein versenkt wurde: „Das Kreishaus ... ist in seinen gesamten Arbeiten und Lieferungen durch Kreiseingesessene geschaffen. Zahllose, durch die Not der Zeit erwerbslos gewordene Männer von Kreis und Stadt Coesfeld sind bei demselben beschäftigt worden, so daß durch die einmütige, geschickte und fleißige Zusammenarbeit aller dieser ermöglicht ward, den Rohbau am 26. August 1924 zu vollenden und die völlige Fertigstellung bereits zu Beginn des Mai 1925 erfolgen konnte."[3]

Die Kombination von Wohn- und Arbeitsräumen für den Landrat, wie sie im 19. Jahrhundert typisch war, wurde fortgeführt. Der erste Beamte im Kreis erhielt für sich und seine Familie eine Wohnung mit 18 Räumen und rund 400 Quadratmetern im Kreishaus. Neben den üblichen Räumen wie Schlaf- und Speisezimmer

Abb. 1: Kreishaus II, Coesfeld. Blick auf die stadtzugewandte Seite. Architekt war Johannes Nellissen.

Abb. 2: Gruppenbild der Kreistagsabgeordneten anlässlich der Einweihung des Kreishauses 1925

verfügte sie unter anderem über ein Empfangszimmer, einen Wintergarten, ein Herrenzimmer sowie ein Schrankzimmer und Kammern für die Bediensteten – ein Fräulein und einen Diener.

Nichtsdestotrotz war das Gebäude nicht nur Sitz des Landrats, sondern auch Versammlungsort der gewählten Vertreter und Vertreterinnen des Kreises. Das Gremium, der Kreistag, war in Preußen 1827 etabliert worden. Es war das beschließende Organ, der Landrat das ausführende. Der Kreistag besaß das Vorschlagsrecht für das Amt. Die drei vorgeschlagenen Kandidaten mussten aus dem Stand der Rittergutsbesitzer stammen und wurden vom preußischen König ernannt. Auch für die Vertreter im Kreistag war der gesellschaftliche Stand entscheidend, da ein Ständewahlrecht galt. Den ersten Stand bildeten die drei ehemals reichsunmittelbaren Fürsten, der Herzog von Croy sowie die Fürsten zu Salm-Horstmar und Salm-Salm – letztere hatten in Gescher, das zum Altkreis gehörte, Besitz. Die Besitzer der Rittergüter, beispielsweise der Graf von Merveldt zu Lembeck, formierten den zweiten Stand. Der dritte Stand umfasste die Vertreter der Städte und der vierte die der Landgemeinden. Wahlberechtigt waren in ihrem Stand alle Männer ab 25 Jahren.[4]

Die Anwesenheit der ersten beiden Stände beurteilte Landrat Clemens Mersmann 1862 kritisch: „Die Betheiligung an den Sitzungen des Kreistags ist bei den Mitgliedern des III. und IV. Standes ganz regelmäßig. Fälle, in denen ein Mitglied oder dessen Stellvertreter fehlt, gehören zu den Seltenheiten; dagegen fehlen in der Regel sämmtliche Mitglieder des I. Standes, einzelne sind sogar seit Bestehen des Kreistages noch niemals in den Sitzungen erschienen, und im II. Stande ist in der Regel die Betheiligung eine sehr geringe, gewöhnlich erscheint nicht die Hälfte der stimmberechtigten Mitglieder …"[5]

Erst nach dem Ende der Monarchie 1918 wurde im Deutschen Reich – und auch auf kommunaler Ebene – das allgemeine, freie und gleiche aktive wie passive Wahlrecht eingeführt. Alle Staatsangehörigen ab 20 Jahren durften damit

Abb. 3: 14 Frauen und 40 Männer vertreten seit 2015 die Bevölkerung des Kreises.

wählen und sich wählen lassen. Zum ersten Mal betraf dies auch die weibliche Bevölkerung.
Die Änderung des Wahlrechts ist auf dem Foto abzulesen, das am 26. September 1925 bei der ersten Kreistagssitzung im neuen Kreishaus entstand. Im Rahmen der Sitzung wurde zugleich die feierliche Einweihung des Gebäudes begangen. Tagungspunkt 4c sah eine „photographische Aufnahme aller Beteiligten" vor.[6] Das Bild entstand auf der Freitreppe auf der stadtzugewandten Seite des Neubaus. In der zweiten Reihe – aber voll sichtbar, da die Amtsträger eine Lücke gelassen hatten – steht die erste und einzige Kreistagsabgeordnete. Mit ihrem dunklen Kleid hebt sich Ottilie Schmäing, die für die Zentrumspartei im Kreistag saß, auf den ersten Blick wenig von den Herren ab. Die Lehrerin an der katholischen Lamberti-Volksschule in Coesfeld war zu diesem Zeitpunkt 34 Jahre alt und schon seit 1921 als einzige Frau in dem 25-köpfigen Gremium im Amt. Auch im nächsten Kreistag, der im November desselben Jahres gewählt wurde, sollte sie vertreten sein.[7]

Wer das Bild genau anschaut, entdeckt, dass das Portal im Hintergrund mit einem geschwungenen Rahmen gefasst ist – im Gegensatz zu der heutigen rechtwinkligen Form. Das Kreishaus war bei den Bombenangriffen auf Coesfeld im März 1945 schwer getroffen worden. 1949 beschloss der Kreistag, das Gebäude nach außen in alter Form wiederaufzubauen. Das Innere wurde dem Zeitgeist entsprechend angepasst.
Eine Wohnung für einen Landrat – oder eine Landrätin – gibt es seither im Gebäude nicht mehr. Sie war aber auch schon vor der Zerstörung nicht mehr als solche genutzt worden. Während des Zweiten Weltkrieges hatten die Räume als Büros des Gesundheitsamtes fungiert.
Verzichtet wurde beim Wiederaufbau auch auf Kunst am Bau. Es fehlte das Geld. Vielleicht ist das auch der Grund für das reduzierte Bauornament des Portals. Die künstlerische Ausgestaltung wurde 1962 nachgeholt. Miriam Cappel gestaltete ein Keramik-Mosaikbild für das Treppenhaus. Es zeigt den Kreis Coesfeld in seinen damaligen Grenzen.

## 52
### Wohnhaus Wilhelm Suwelack, Billerbeck

# Beschauliche Moderne

Bauzeit: 1931

„Erhard wohnt wie ein Maulwurf!" titelte die Bild-Zeitung am 21. Mai 1964 als Reaktion auf das neue Wohn- und Repräsentationsgebäude des Bundeskanzlers, den sogenannten Kanzlerbungalow, in Bonn. Und Altbundeskanzler Konrad Adenauer sorgte einige Jahre später mit seiner Meinung über den Bau für einen Skandal: „Ich weiß nicht, welcher Architekt den Bungalow gebaut hat, aber der verdient zehn Jahre."[1]

Es war kein anderer als der renommierte Münchner Architekt Sep Ruf, der den Bau mit seinen beiden flachgedeckten Pavillons geplant und ausgeführt hatte. Während der Wohnteil auf zwei Seiten durch massive Außenmauern geschlossen ist – daher die Anspielung auf den Maulwurf –, öffnet sich der Repräsentationsteil durch verschiebbare Glaswände nach außen. Das von einem Stahlskelett getragene Dach scheint darüber zu schweben. Es gibt weder kolossale Säulen noch ein verziertes Portal, weder eine Freitreppe noch eine Kuppel, wie sie bei politischen Bauwerken zu dieser Zeit eher üblich waren.

Bundeskanzler Ludwig Erhard hatte sich bewusst für eine moderne Architektur entschieden. Er wollte Räumlichkeiten, um „menschliche Beziehungen pflegen" zu können. Dafür sei weder die „kalte Amtspracht des Palais Schaumburg", der schlossartigen Villa aus dem 19. Jahrhundert, die Adenauer zum Amtssitz der Bundeskanzler ausgewählt hatte, noch die „bürgerliche Enge seines Reihenhauses" geeignet.[2]

Dieser bewusste Verzicht auf eine monumentale Architektur macht das Bauwerk für eine politische Residenz so besonders, dass es inzwischen ein „Exponat" des Bonner Hauses der Geschichte ist. Symbolik steckt in diesem Verzicht, der als Bruch mit dem „Pathos des Nationalsozialismus" und als „Bekenntnis zum demokratischen Neubeginn" zu werten ist.[3] Die moderne Architektur eignete sich auch deshalb gut für diesen symbolischen Neubeginn, da sie durch die Nationalsozialisten abgelehnt wurde. Sie war damit ein Bekenntnis für einen anderen Weg.

Diese politische Tragweite hat das Haus von Sep Ruf in Billerbeck nicht. Und einen Skandal gab es im ländlichen Münsterland ebenfalls nicht. Für das Werk des Architekten ist das Wohnhaus Suwelack in der Beerlager Straße 32 dagegen von großer Bedeutung: Es ist sein erster ausgeführter Bau.

Franz Joseph (Sep) Ruf wurde 1908 in München geboren. Zum Wintersemester 1926/1927 nahm er an der Technischen Hochschule München das Architekturstudium auf. Moderne, reformierte Ansätze waren im Lehrkörper wenig vertreten.[4] Doch dürfte Ruf mit

Abb. 1: Wohnhaus Suwelack. Das Vordach und das kleine Fenster (1. OG) wurden später hinzugefügt.

*219*

Abb. 2: Wohnhaus Suwelack. Blick von Südwesten. Aufnahme des Originalzustandes aus dem Jahr 1931

ihnen beispielsweise in der Stuttgarter Weissenhofsiedlung, die 1927 als Bauausstellung des Deutschen Werkbundes entstand, in Kontakt gekommen sein.[5] Der Deutsche Werkbund, der 1907 durch Architekten gegründet wurde, strebte eine Zweckmäßigkeit in allen Formen der Kunst – „vom Sofakissen bis zum Städtebau", wie es einer der Gründer ausdrückte – an. Historisierende Architektur, wie die Neogotik des 19. Jahrhunderts, lehnte der Werkbund ab.[6] Ruf würde ihm 1932 beitreten.

In München und Umgebung erlebte Ruf das „Neue Bauen" mit der Architektur der Postbauschule, die seit den 1920er-Jahren durch ihre Unabhängigkeit von den konservativen bayerischen Baubehörden für die Post in Bayern moderne Dienstgebäude errichtete.[7] Unter anderem entstand 1928/1929 in München die Versuchssiedlung an der Arnulfstraße, deren „Münchner Küche" als Funktionsküche durch einen offenen Durchgang mit dem Esszimmer verbunden war. Die Zwischenwand war zudem größtenteils verglast. So sollte die Isolation der Frau in der Küche aufgehoben werden.[8]

Während Rufs Entwürfe für die Hochschule eher die vom Lehrkörper vertretenen traditionellen Bauformen aufweisen, nahm er 1930 außerhalb des Unterrichtes an einem Architekturwettbewerb für „zeitgemäße Familien-Eigenheime" teil. Sein Entwurf, der ein für das Neue Bauen typisches Flachdach besaß, erhielt eine „Lobende Anerkennung".[9]

Zu diesem Zeitpunkt war Ruf bereits mit Karl Schwend befreundet, für den er 1931 ein Wohnhaus plante, das allerdings aus finanziellen Gründen erst 1933/1934 gebaut wurde. Schwend seinerseits war mit Wilhelm Suwelack befreundet, der in den 1920er-Jahren in

Abb. 3: Im Frühjahr 2017 trafen historische und moderne Architektur in der Kolvenburg zusammen, als der Verein Bau-Kultur-Werkstatt e.V. in dem Kulturzentrum des Kreises eine Ausstellung über Rufs Arbeiten zeigte.

München studiert hatte. Über Schwend lernte Suwelack, der inzwischen in Billerbeck mit seinem Bruder eine Bonbonfabrik führte, Silvester 1930/31 nicht nur Ruf kennen, sondern auch Marie Luise Cunz, eine Kusine Schwends, die schon bald seine Frau wurde. Das junge Paar bat Ruf, der zu diesem Zeitpunkt in der Abschlussphase seines Studiums war, ihm ein Wohnhaus in Billerbeck zu bauen. Im August 1931 wurde die Baugenehmigung erteilt.[10] Bereits am 19. Dezember konnte das frisch getraute Paar das Haus beziehen.[11]

„Inmitten schöner Wiesen und alter Bäume", so beschreibt die Fachzeitung „Der Baumeister" 1934 die Lage des Wohnhauses Suwelack, das Ruf möglichst weit entfernt von der Straße auf die höchste Stelle des Grundstücks setzte.[12] Die Schlichtheit des Baukörpers wird in seinem heutigen, stark veränderten Zustand nicht mehr sofort deutlich. Ruf verzichtete auf jeglichen Bauschmuck. Die Fenster mit ursprünglich weißen Fensterrahmen sind flächenbündig – also ohne eine traditionelle Fensterlaibung – eingesetzt. An der schmalen Westseite mit dem Haupteingang platzierte Ruf die Fenster oberhalb und neben der Tür, auf der rechten Seite des Obergeschosses ließ er die Wandfläche ungeöffnet. Andere Elemente sind dagegen traditionellen Bauformen geschuldet: so das Walmdach und die Rundbogentür im Westen. Auch die symmetrische Anordnung des Fensterbandes auf der Südseite und die Fensterläden gehören dazu.

„Schon bei diesem frühen Haus ist Sep Rufs Intention ablesbar, traditionelle oder regionale Elemente aufzunehmen und doch eine eigenständige Architektur zu schaffen", heißt es zusammenfassend in einer Ausstellung zum Werk Sep Rufs, die im Frühjahr 2017 im Kulturzentrum Kolvenburg zu sehen war. Der Bau-Kultur-Werkstatt e.V. konnte mit der Ausstellung, die schon 2008 an der TU München gezeigt wurde, auf den architektonischen Stellenwert des Wohnhauses Suwelack aufmerksam machen.

## 53
### Wohnhaus Stahl, Havixbeck

# Der Landarzt

Bauzeit: 1927

Auf der Sandsteintafel neben der Eingangstür des Wohnhauses Stahl windet sich eine Schlange um einen Stab. Es ist das Attribut des Asklepios – auch Äskulap genannt –, dem Gott der Heilkunde. Seit der zweiten Hälfte des 19. Jahrhunderts, als das preußische Militär den Asklepiosstab als Zeichen auf den Uniformen der Stabsärzte einführte, wird er als Symbol des Arztwesens und der Heilkunde verstanden.[1] Am Wohnhaus Stahl zeugt er davon, dass der Bauherr hier seine Praxis führte.

Als Fritz Stahl d. J., der Sohn des Bauherrn, und seine Frau Ortrud vor einigen Jahren die kleine Sandsteintafel erneuern mussten, machten sie eine freudige Entdeckung. Hinter der Tafel befand sich in einem Metallbehälter eine Urkunde. „Dieses Haus", steht darauf zu lesen, „welches ich trage, wurde erbaut im Jahre des Heils 1927 durch den Baumeister und Architekt B.D.A. Eduard Comes in Coesfeld i/W. für den Doktor Medizinae Fritz Stahl, geb[oren] am 10. Nov. 1892 in Münster und seine Ehefrau Maria, geb[orene] von der Beeck, geboren am 10. April 1899, in Beverungen a/d Weser, beide wohnhaft in Havixbeck."[2]

Die drei genannten Personen unterzeichneten die Urkunde am 10. Dezember 1927. Sie sind es nicht, die im Text sprechen. Das „ich" bezieht sich auf den Grundstein. Gerade bei öffentlichen und kirchlichen Bauvorhaben war und ist die Niederlegung des Grundsteins ein feierlicher Akt, bei dem eine Urkunde für die Nachwelt in der Bausubstanz eingeschlossen wird. Der Text der Urkunde aus dem Hause Stahl nimmt sich ein Beispiel an den dabei üblichen Formulierungen. So enthält etwa die Urkunde zur Grundsteinlegung von St. Ludgerus in Billerbeck die herrschaftliche Einordnung: „im Jahre des Heils 1893, am 7. Mai, unter dem Pontifikate Leo's XIII. und der Regierung Wilhelms II. Kaiser von Deutschland und König von Preußen". Einen König gab es 1927 im Deutschen Reich nicht mehr und so bezieht sich der Urkundentext zum Wohnhaus Stahl auf die politischen Ämter dieser Zeit. „In diesem segensreichen Jahre vollendete unser greiser Staatspräsident, der grosse Heerführer im Kriege Generalfeldmarschall von Hindenburg seinen ach[t]zigsten Geburtstag. An der Spitze der Provinz Westfalen stand z. Zeit der Oberpräsident Gronowski."

Maria Stahl dürfte gemeinsam mit dem Architekten über die Bauform des Hauses entschieden haben. „Meine Mutter war eine Frau mit viel Geschmack und einem Faible für Architektur", erzählt Fritz Stahl d. J.[3] Das Haus wirkt ganz anders als die anderen alten Bauten des Ortes. Fachwerk- und Sandsteinbauten

Abb. 1: Wohnhaus Stahl, Havixbeck. An der Gartenmauer gab es früher Metallringe zum Festbinden der Pferde.

Abb. 2: Hinter der Sandsteinplatte mit dem Asklepiosstab befindet sich in einem Metallröhrchen die Urkunde.

herrschen hier vor und häufig rahmen Sandsteine die Fenster und Türen der hellroten Backsteinbauten.

Das Mauerwerk am Wohnhaus Stahl ist dunkler. Es ist aus schwarzrotem niederländischen Klinker gemauert. Besonders markant ist der Staffelgiebel des vorspringenden Zwerchhauses, dem Gebäudeteil, dessen Dach quer zum Hauptdach verläuft. Er ist ganz anders als die typischen Dreistaffelgiebel des Münsterlandes aus dem 16. Jahrhundert. Die vier Staffeln sind unterschiedlich hoch, gerade die obere wirkt in die Länge gezogen. Helle Gesimse betonen die Horizontale, runde Formen fehlen. Am Giebel wird der Einfluss einer expressionistischen Architektur deutlich. Auch im Inneren war das Haus höchst modern. Zahlreiche Einbauschränke, eine Küche mit fließendem Wasser, eine Regenwassersammlung im Keller und eine Zentralheizung machten den Alltag der Hausherrin leichter, die gleichzeitig noch die Patientinnen und Patienten in Empfang nahm.[4] Am hinteren Teil des Hauses gab es von Anfang an eine Garage. Der Arzt besaß eines von zwei Automobilen im Ort, das andere gehörte dem Baron von Twickel.[5]

Das Wartezimmer und das Sprechzimmer lagen vom Wohnbereich getrennt links hinter dem Eingang. „Früher, das sieht man hier auch an den kleinen Räumen, war das Sprechzimmer im wahrsten Sinne des Wortes ein Sprechzimmer," berichtet Fritz Stahl d. J. „Wenn irgendwie was getan werden musste, dann gingen sie sofort rüber ins Krankenhaus und haben da die Kranken verarztet." Deshalb hat sein Vater direkt neben dem 1887 als Krankenhaus gestifteten Marienstift Droste zu Hülshoff gebaut. Dort hatte der Arzt, der bereits seit 1922 in Havixbeck tätig war, einige Belegbetten. „Gegen Mittag ging er immer ins Krankenhaus rüber und am Nachmittag machte er Hausbesuche. Das war im viel größeren Maße damals nötig als heute, weil die Leute in der Regel gar nicht beweglich waren. Autos hatten sie nicht und Pferdefuhrwerke waren zu langsam."

In Havixbeck gab es Ende der 1920er-Jahre noch einen zweiten Arzt, der zusätzlich zu seiner Privatpraxis noch die Bewohnerinnen und Bewohner des Stifts Tilbeck versorgte.[6] Auch er verfügte über Belegbetten in dem von Franziskanerinnen geleiteten Marienstift. Einen eigenen Arzt oder gar einen Chirurgen hatte das Krankenhaus nicht. Kleinere Operationen übernahm Fritz Stahl, der Allgemeinmediziner war, selbst. „Wenn es aber spezielle Techniken brauchte, dann konnte er aufgrund seiner Verbindungen nach Münster, wo er studiert hatte, die Spezialisten nach Havixbeck holen. Die Patienten blieben hier und die Chefärzte kamen rüber zum Operieren."

Viele seiner Patientinnen und Patienten waren nicht in einer Krankenkasse. Eine Versicherungspflicht in der Land-

Abb. 3: Die Treppe ist eines der vielen Details, die Maria Stahl für das Haus in Auftrag gegeben hatte. Sie zeichnet sich nicht nur durch ihre Eleganz aus, sondern bietet zugleich reichlich Stauraum.

krankenkasse Nottuln-Havixbeck, die 1913 gegründet wurde, bestand unter anderem für Dienstboten, Landarbeiter und Arbeiterinnen. Die Landwirte und ihre Familien waren nicht versicherungspflichtig, wenngleich sie sich unter bestimmten Umständen freiwillig versichern konnten.[7] Eine Bezahlung mit Naturalien war da nicht ungewöhnlich. „Deshalb gab es auch keine Probleme mit der Lebensmittelversorgung während des Zweiten Weltkriegs. Gegen ein Kilo Speck hat mein Vater dann die Arbeit gemacht."

Inzwischen gibt es keine Arztpraxis mehr im Wohnhaus Stahl. Nach dem Tod des Arztes in den 1960er-Jahren führte ein Verwandter noch einige Jahre die Praxis im Haus, dann wurde das Gebäude vermietet. Da zwei Parteien ins Haus zogen, ließ Familie Stahl die eigens für das Haus entworfene Jugendstiltreppe abbauen. Doch Maria Stahl bestand darauf, ihre Einzelteile auf dem Dachboden aufzubewahren. „Sie hat immer gesagt: ‚Werft die Sachen nicht weg!'", erinnert sich Ortrud Stahl. So konnten sie und ihr Mann die Treppe wieder aufbauen, als sie in den Familienbesitz zogen.

## 54
### Barackenlager Lette, Coesfeld

# Braune Revolution im schwarzen Münsterland

Bauzeit: 1933/1934

Zur Antwerpener Weltausstellung von 1885 hatten das Internationale Rote Kreuz und das preußische Militär einen Architektenwettbewerb ausgerufen. Gesucht wurde der beste Entwurf eines Bauwerks „zur Behandlung von Verwundeten und Infektionskranken für Kriegs- und Friedenszwecke". Hauptkriterium war, dass das Gebäude leicht zu versenden wäre. Der Rittmeister Johann Doecker gewann den Wettbewerb. Er hatte ein Fertigbausystem entwickelt, bei dem Baracken auf unterschiedlichste Art und Weise variiert werden konnten. Länge, Anzahl und Ausrichtung der Fenster und Türen waren flexibel. Zudem war das Stecksystem so einfach, dass selbst Laien in fünf Stunden eine Baracke aufbauen konnten.[1]

Nicht nur das preußische Militär nutzte fortan Doeckers Fertigbauten, sondern auch im Städtebau wurden die kostengünstigen Baracken bald eingesetzt, sei es als Obdachlosenheime oder Schulen. Anfang des 20. Jahrhunderts hatte eine einzige Firma die Normteile gefertigt. Das NS-Regime stellte die Herstellung auf eine größere Basis. 400 Firmen produzierten nun die Elemente. Die Massenproduktion erlaubte es, die Baracken in Truppen-, Zwangsarbeiter- und Konzentrationslagern aufzustellen.[2]

Abb. 1: Die Baracke im Nordosten des Lagergeländes spiegelt den Zustand vor 1960 am besten wider.

Auch in Lette wurden auf einem Grundstück an einer der Hauptverkehrsstraßen, aber abseits des Dorfes, Baracken des Doecker-Systems aufgestellt.[3] Fünf sind noch erhalten. Sie gruppieren sich um einen großen Platz. Es war der Appellplatz der SA-Sportschule, die hier 1933/1934 entstand.[4]

Die SA, die Sturmabteilung der Nationalsozialistischen Deutschen Arbeiterpartei (NSDAP), war Anfang der 1920er-Jahre gegründet worden. Schnell tat sie sich als äußerst brutale Kampftruppe hervor, die mit Gewalt die Gegner und Gegnerinnen der NSDAP einschüchterte und gleichzeitig eine hohe Anziehungskraft ausstrahlte. Nachdem Adolf Hitler am 30. Januar 1933 zum Reichskanzler ernannt worden war, strömten noch mehr junge Männer in die schon vorher rasant anwachsende SA.[5] Überall im Reichsgebiet entstanden deshalb SA-Sportschulen. Hinter dem harmlosen Begriff verbarg sich eine paramilitärische Ausbildung einschließlich Schießunterricht. Zudem wurden die Mitglieder auf die Ideologie der SA und des Nationalsozialismus eingeschworen.[6]

Es ist ungeklärt, warum in Lette eine SA-Sportschule entstanden ist. Die Dülmener Brüder Franz und Julius Bielefeld könnten, so vermutet Ingeborg Höting, die die Geschichte des Lagers erforscht hat, ausschlaggebend gewesen sein.[7] Franz war bereits seit 1927 SA-Führer Westfalen-Nord und Süd und hatte mit

Abb. 2: Blick ins Innere der Baracke. Deutlich ist zu erkennen, wo Wände eingesetzt werden können.

seinem Bruder eine Dülmener Sektion in der NSDAP-Ortsgruppe Haltern gegründet. Als ein Jahr später die Sektion selbständig wurde, formierte sich auch ein SA-Trupp.[8] Damit ist der Dülmener Trupp vergleichsweise alt. In Lüdinghausen wurde zum Beispiel erst im März 1933 eine SA-Gruppe gegründet.[9]

Zwar hatte die SA in Dülmen nur wenige Mitglieder, doch gelang es dem Trupp, eine Atmosphäre der Angst in der Stadt zu verbreiten. In einer Beschwerde von Juli 1933 heißt es: Die Brüder „bilden den Schrecken von Dülmen. ... Die politische Umwälzung ist diesen Elementen die erwünschte Gelegenheit, mit Knüppeln und Gummischläuchen ihr Mütchen zu kühlen; kein Bürger wagt Widerstand, aus Furcht, das nächste Opfer dieser Raufbolde zu sein."[10]

Auf kommunaler Ebene war die Umwälzung anfangs nicht ganz so deutlich wie auf Reichsebene. Dort hatte die NSDAP bei der Reichstagswahl am 5. März 1933 43 % der Stimmen erhalten, wobei in Dülmen – wie in den meisten Orten des katholischen Münsterlandes – die Mehrheit die Zentrumspartei gewählt hat. Eine Woche später erlangten die Nationalsozialisten bei der Kommunalwahl 21,7 % der Stimmen, etwas mehr als bei der Reichstagswahl und das bei einer niedrigeren Wahlbeteiligung.[11]

Bei der Durchdringung von Stadtbehörden, Institutionen und Gesellschaft (Gleichschaltung) war die SA von besonderer Bedeutung. Der von ihr ausgehende Terror erdrückte die Opposition. In Dülmen war dies stärker zu beobachten als in den anderen Orten des Kreisgebietes. Nach und nach traten so zum Beispiel die Zentrumspolitiker aus dem Dülmener Stadtparlament zurück, bis es schließlich vollständig von der NSDAP kontrolliert wurde, die anfangs nur ein Fünftel der Mandate innehatte.[12]

Das äußerst brutale Vorgehen der SA und NSDAP-Ortsgruppe in Dülmen entsprach nicht immer den Vorstellungen der mittleren und oberen Führungsschicht der Partei. Als die Dülmener Nationalsozialisten versuchten, den Bürgermeister Sicking (Zentrum) – ehemals Pieper genannt (Kap. 47) – abzusetzen, schritt der Kreisleiter ein.[13] Der Eingriff ist symptomatisch für das gespannte Verhältnis zwischen der SA und der NSDAP-Führungselite. Nachdem die Gleichschaltung weitestgehend vollzogen war, entledigte sich die NSDAP-Spitze der SA. Im Röhm-Putsch wurde im Juni 1934 die gesamte SA-Führungselite ermordet. Danach versank die SA in der Bedeutungslosigkeit.[14] Die Sportschulen wurden nicht mehr benötigt.

Die Baracken dienten aber weiter als Ausbildungsstätten. Ab Juni 1935 mussten Männer und Frauen zwischen 18 und 25 Jahren im Deutschen Reich einen sechsmonatigen Reichsarbeitsdienst (RAD) leisten – zuvor war der RAD freiwillig gewesen. In Lette wurden nun in dreimonatigen Kursen zusätzliche Truppführer ausgebildet. Wehrertüchtigung war in der Truppführerschule wie zuvor in der Sportschule ein wichtiger Bestandteil des Unterrichts.[15]

Im März 1945 marschierten die Alliierten ein. Die wenigen während des Kriegs verbliebenen RAD-Männer hatten Lette

Abb. 3: Der Heidefriedhof grenzt an das Lager an. Eine der beiden Stelen ist aus Wünschelburger Sandstein; sie steht für die Herkunft der Vertriebenen.

zu diesem Zeitpunkt schon verlassen. Nun erhielten befreite Zwangsarbeitskräfte aus Russland und Polen in dem kargen Lager ein Obdach, bis sie in ihre Heimatländer zurückgeführt werden konnten. Ihnen folgten im nächsten Jahr die im Kreisgebiet eintreffenden Ostvertriebenen (Kap. 58). Schätzungsweise 10.000 Menschen haben es zwischen April und September 1946 durchlaufen, bevor sie an Unternehmen und Bauernhöfe vermittelt werden konnten und damit eine Bleibe fanden. Aus dem Durchgangslager wurde ein Altenheim für Ostvertriebene. Bis zu 170 Bewohnerinnen und Bewohner hatte der Heidehof, wie das Heim ab 1950 hieß. 1960 siedelten die letzten in ein neues Seniorenheim in Dülmen um und der Technische Hilfsdienst zog ein.[16]

Im Jahr 1998 erreichte die wechselhafte Nutzungsgeschichte ein vorläufiges Ende. Nach mehreren Jahren Leerstand versteigerte die Bundesanstalt für Immobilienaufgaben (BIMA) das Gelände. „In der Ausschreibung fehlte der Hinweis, dass die Baracken seit 1993 unter Denkmalschutz standen", berichtet der neue Eigentümer Hilmar Stracke.[17] Er hatte die Baracken für einen ökologischen Landwirtschaftsbetrieb nutzen wollen. Inzwischen arbeiten der Eigentümer und der Verein „Denkmal Barackenlager Lette e.V." an einem tragfähigen Nutzungs- und Gedenkstättenkonzept.[18]

## 55
### Hof Pentrop, Nordkirchen

# Überleben im Versteck

Bauzeit: 1919

„Ein gutes Pferd" – mit dem Geld aus seinem Verkauf finanzierte die Familie Pentrop im Jahr 1919 den Neubau ihres Bauernhauses. Das neue Haus wurde massiv aus Backstein gebaut. Der Hof liegt idyllisch an einem schmalen Bauerschaftsweg, abseits der Straße von Nordkirchen nach Capelle. Das nächste Haus liegt keine 100 Meter entfernt. Zur Zeit des Dritten Reiches war das anders. Der erste Nachbar hatte seinen Hof 500 Meter weiter.

Im Frühjahr 1943 erwartete Josefine Pentrop gerade ihr siebtes Kind. Wegen Komplikationen musste sie den Großteil der Schwangerschaft im Krankenhaus verbringen. Der Bruder des Bauern lebte auch auf dem Hof, war aber zu dieser Zeit an der Front. In seinem Zimmer im ersten Obergeschoss des Hauses fand Siegmund Spiegel, ein Jude, mehrere Monate Unterschlupf.

Hubert Pentrop und Siegmund Spiegel kannten sich seit einiger Zeit, denn Spiegel war als Viehhändler häufig in diesem Teil des Münsterlandes unterwegs gewesen. An ihn wandte sich Spiegel 1942, als er nach einem Unterschlupf für sich und seine Familie suchte. Bisher hatte er den Deportationen entgehen können. Ein Zechenbesitzer in Dortmund, wohin die Familie gegangen war, nachdem ihre Heimatstadt Ahlen für „judenfrei" erklärt worden war, stellte jüdische Arbeiter an und verhinderte so ihren „Transport nach Osten".[1] Was ein solcher „Transport" bedeutet hätte, wusste Spiegel genau. Ein Dortmunder Polizist hatte ihm zugeraunt: „Wenn sie dich zum Osten schicken, sieh zu, dass du eines Tages nicht in einen geschlossenen Wagen steigst. Dann bist du in fünf Minuten vergast! Ich habe es selbst gesehen."[2]

Auch Hubert Pentrop hatte davon gehört. „Wenn sie dich nach Polen schicken wollen, geh nicht mit. Von dort hört man nichts Gutes. Komm zu mir, ich verstecke dich!", so hält Marga Spiegel später das Angebot Pentrops an ihren Mann fest.[3] Fieberhaft suchte Spiegel nun nach einem Unterschlupf für Marga und die gemeinsame Tochter Karin. Er fand ihn in Herbern, etwa acht Kilometer vom Hof Pentrop entfernt. „Frau Aschoff ... konnte ihr gutes Herz nicht verschließen. Sie wußte, weil sie es von Soldaten und Kraftfahrern gehört hatte, von der Existenz der Konzentrationslager..."[4]

Am 27. Februar 1943 sollten die Spiegels mit den letzten im Deutschen Reich verbliebenen Jüdinnen und Juden deportiert werden. Stattdessen flohen sie ins Münsterland. „Gewiß hatten wir mit Frau Aschoff verabredet, daß wir sie anrufen wollten, wenn Gefahr drohe. Aber insgeheim haben doch Familie Aschoff und auch wir immer noch gehofft, daß es nicht dazu kommen möge. Und jetzt

Abb. 1: Hof Pentrop, Nordkirchen

Abb. 2: Marga und Karin Spiegel auf dem Hof Aschoff, wo sie zuerst Unterschlupf fanden

war es soweit. ... In Werne hatte der Zug Aufenthalt. Ich rief von dort aus an und sagte Frau Aschoff, daß ich kurz vor Mittag in Capelle sei. Welchen Schrecken mag die Ärmste bekommen haben! Sie ließ mich aber nichts davon merken und schickte uns ihre Tochter, die uns mit dem Fahrrad am Bahnhof Capelle abholte."[5]

Marga und die fünfjährige Karin waren im Kreisgebiet nicht bekannt, deshalb nahmen sie einen falschen Namen an und hofften, dass sie niemandem auffielen. Wochenlang hatte Siegmund mit seiner kleinen Tochter den falschen Nachnamen „Krone" geübt. Er selber war zu häufig dort gewesen, um eine andere Identität anzunehmen. Er musste sich komplett verstecken. Bei den ersten beiden Familien konnte er nicht lange bleiben. Das eine Versteck lag direkt an der Straße und im anderen hielten die Frauen, die alleine auf dem Hof zurückgeblieben waren, die Angst, entdeckt zu werden, nicht aus. „Wer kann ihnen deswegen zürnen?", merkte Marga Spiegel später an.[6]

So war der Hof Pentrop schon das dritte Versteck, in das sich Siegmund begab. Er verbrachte Tag für Tag in dem Zimmer im Obergeschoss. Abends, wenn alle anderen zu Bett gegangen waren, brachte Hubert Pentrop etwas zu essen nach oben. Dann konnte Spiegel die Treppe hinunterschleichen, um zur Toilette zu gehen. Bis auf Maria Südfeld, die Tochter eines befreundeten Bauern, die mit den Kindern half, wohnte das Personal in einem anderen Teil des Hauses. Maria hörte das Knarren der Treppe und glaubte schon, es würde spuken. Aus Angst, jemand könnte neugierig werden, wenn sie davon erzählte, weihten Pentrop und Spiegel sie ein. Auch auf dem Hof Südfeld war Spiegel bekannt. Maria schwieg und später fanden Marga und Karin auch dort einige Zeit Unterschlupf.

Die Neugier des Pflichtjahrjungen führte dagegen dazu, dass Spiegel den Hof Pentrop verlassen musste. Der Junge, der von einem Hof aus der Umgebung stammte, hatte die Klopfzeichen gehört, mit denen der Hausherr an die Zimmertür klopfte. Er wiederholte sie und nichtsahnend öffnete Spiegel die Tür.

„Das Netz der Helfer war nicht so organisiert, wie es im Nachhinein scheint", stellt die Enkeltochter Pentrops Lucia Lücke klar. Als Pentrop und Spiegel am nächsten Morgen aufbrachen, war noch ungewiss, wohin sich Spiegel als nächstes wenden sollte. Zu guter Letzt boten Heinrich und Therese Silkenbömer, die ebenfalls in Nordkirchen einen Bauernhof besaßen, ein Versteck an. Dort blieb er bis zum Einmarsch der Alliierten 1945 in einer ungeheizten Kammer verborgen.

Trotz des Lebens unter falschen Namen mussten auch Marga und Karin immer wieder den Wohnort wechseln. Schließlich sollte niemand neugierig werden. Zeitweise fanden auch sie bei den Pentrops ein Dach über den Kopf, zudem bot die Familie Sickmann aus Werne ihre Hilfe an. Das Glück war auf ihrer Seite. Die Spiegels blieben unentdeckt

Abb. 3: Helga Becker-Leeser (r.) und ihre Schwester Ingrid bei der Präsentation der Graphic Novel „Von allem etwas …"

und überlebten so die Shoa, 37 ihrer Verwandten wurden ermordet.
Das Schicksal der Familie Spiegel ist durch den 2009 erschienenen Film „Unter Bauern" über das Kreisgebiet hinaus bekannt geworden. Weniger beachtet war dagegen lange die Familie des Textilherstellers Leeser aus Dülmen. Die beiden Töchter Helga und Ingrid gehören zu den wenigen im Kreisgebiet aufgewachsenen Jüdinnen und Juden, die die Shoa überlebt haben.[7]
2012 verschrieb sich die Geschichts-AG der Dülmener „Hermann-Leeser-Schule" dem Projekt, ein Buch über die jüdische Kindheit Helga Becker-Leesers zu schreiben. Es sollte ein Buch sein, das sich an andere Schülerinnen und Schüler richtet, weshalb sich die Gruppe für eine Graphic Novel entschied. Mit einem Blick für Details setzten sich die Jugendlichen der 5. bis 10. Jahrgangsstufe mit der Biografie Helga Becker-Leesers auseinander, stellten Rückfragen und recherchierten.
2015 erschien ihr Buch „Von allem etwas …"[8] Es beginnt mit der frühesten Kindheit Helgas und erzählt vom Urlaub der Familie am Meer. Dass Helga am katholischen Religionsunterricht teilnahm und dass sie gerne puzzelte und Fahrrad fuhr. Mit der Pogromnacht am 9. November 1938 veränderte sich Helgas Leben radikal. In dieser Nacht brannte die Dülmener Synagoge und ihr Vater wurde ins Polizeigefängnis geschleppt. Verzweifelt beging er dort Suizid. Wenige Wochen später wurde Helga, die an Scharlach erkrankt war, in die Niederlande geschickt. Ihre Mutter und Schwester folgten. Versteckt überlebten sie in Rotterdam.

## 56

**WBK, Coesfeld**

# Vom Militärgelände zur Kulturmeile

Bauzeit: 1938–1939

„Meine Herren, Sie sind hier zur Musterung für die Bundeswehr erschienen; bitte, glauben Sie mir, daß hier nichts Geheimnisvolles oder Unheimliches geschieht ...", begrüßte am Morgen des 21. Januars 1957 ein freundlich dreinblickender Beamter die jungen Männer, die sich an diesem Tag in Hamburg melden mussten. „Auf jeden Wehrpflichtigen entfielen etwa zwei Diener der öffentlichen Meinung", beschrieb „Die Zeit" in der nächsten Ausgabe das Ereignis.[1] Das Besondere an diesem Morgen war, dass an ihm die ersten Musterungen in der Geschichte der Bundesrepublik durchgeführt wurden.

Im Mai 1955 waren die Pariser Verträge in Kraft getreten. Die Bundesrepublik erhielt damit weitgehende Souveränität und sie wurde Mitglied im westlichen Verteidigungsbündnis NATO. Letzteres erforderte die Wiederbewaffnung. Ein Jahr später verabschiedete der Deutsche Bundestag das Wehrpflichtgesetz. Die SPD, die Gewerkschaften und die Kirchen hatten gegen die Einführung der Wehrpflicht protestiert. Nun waren alle Männer zwischen 18 und 45 Jahren – im Verteidigungsfall 60 Jahren – wehrpflichtig. Ausgenommen waren Geistliche und Schwerkriegsbeschädigte.

Abb. 1: WBK. Straßenansicht. Die riesige Architektur verzichtete auch auf eine Betonung der zentralen Achse.

Ins Grundgesetz – Art. 4 Abs. 3 – wurde das Recht mitaufgenommen, den Wehrdienst aus Gewissensgründen zu verweigern. Dieses Recht war in den 1950ern und 1960ern entscheidend für die Akzeptanz der Wehrpflicht.[2] Unabhängig von der Entscheidung für oder gegen den Wehrdienst mussten sich die jungen Männer einer Musterung unterziehen.

Im Altkreis Coesfeld stellten sich 2119 Wehrpflichtige, die in der zweiten Jahreshälfte 1937 geboren worden waren, dem Verfahren. Am 25. Januar 1957 meldete die Dülmener Zeitung: „Die ersten Musterungen in Coesfeld nach elf Jahren haben stattgefunden. Den Anfang machten die Osterwicker Wehrpflichtigen. Am heutigen Freitag sind die Coesfelder an der Reihe." Ausführlicher berichtete die Zeitung über die Ergebnisse der Musterungen in Dülmen und zeigte sich mit den Ergebnissen zufrieden. Von 26 Wehrpflichtigen der Stadt waren 20 tauglich und vier nur vorübergehend untauglich. Die letzten beiden würden nur im Verteidigungsfall dienen müssen. Positiv wertete die Berichterstattung den Umgang mit den „Bundeswehraspiranten". So wurden die „Wünsche nach der Waffengattung ... weitgehend berücksichtigt. Die meisten Wehrpflichtigen wollten gern zur Marine. (Eigentlich erstaunlich für die ‚Landratten' des Münsterlandes! Oder sollte es daran liegen, daß Dülmen kein Freibad hat?)"

*235*

Abb. 2: Auf der Fläche hinter dem WBK steht nun statt der Fahrzeughalle der moderne Konzertsaal.

Die Musterungen wurden vom Kreiswehrersatzamt in Coesfeld koordiniert, wobei sich der Namensbestandteil „Kreis" nicht auf den Landkreis bezieht, sondern auf die untere Organisationseinheit der Bundesbehörde. Zuständig war das Amt für die Kreise Ahaus, Borken, Coesfeld, Steinfurt und die Stadt Bocholt.[3]

Sitz der Behörde war das ehemalige Wehrbezirkskommando (WBK) an der Osterwicker Straße. Es war bereits das zweite Mal, dass hier eine Behörde zur Koordination des Militärwesens der Umgebung untergebracht war. Knapp 20 Jahre zuvor war das riesige Gebäude, das sich auf 65 Metern entlang der Straße erstreckt, für diese Funktion gebaut worden. Auch damals war kurz zuvor die Wehrpflicht eingeführt worden. Allerdings geschah dies zu diesem Zeitpunkt entgegen den Bestimmungen des Versailler Vertrags, der die Stärke des deutschen Heeres auf 100.000 Mann beschränkte und schwere Waffen verbot.[4]

Anfang 1935 hatte Hermann Göring als Reichsminister für Luftfahrt die Existenz einer deutschen Luftwaffe verkündet, an deren Errichtung zuvor im Verborgenen gewirkt worden war. Als die Reaktionen aus dem Ausland gering blieben, folgte die Einführung der Wehrpflicht mit der Einziehung der 1914 geborenen Männer. Bis 1939 sollte ein kriegsfähiges Heer mit 580.000 Soldaten entstehen. Sanktionen der Großmächte blieben auch jetzt aus, da dies als Vorsichtsmaßnahme gegen die Sowjetunion deklariert wurde.[5]

In Coesfeld wurde zuerst auf dem hinteren Teil des Geländes eine große Fahrzeughalle gebaut. 1937 erteilte die Stadt dann die Baugenehmigung für den riesigen Komplex an der Osterwicker Straße. Trotz seines großen Ausmaßes wurde auf die monumentale Formensprache der NS-Architektur verzichtet. Mit seinen zwei Geschossen passt sich der Bau der ortstypischen Bauhöhe an, obwohl ursprünglich drei Volletagen geplant waren. Auch fehlt jede kolossale – geschossübergreifende – Baugliederung in Form von Säulen oder Stützen. In der Baugenehmigung wurde empfohlen, die „Außenflächen des Gebäudes mit den hiesigen dunkelroten Ziegelsteinen zu verblenden."[6]

Der Bau wurde im Sommer 1939 fertiggestellt. Eine ursprünglich vorgesehene feierliche Einweihung gab es nicht mehr. Denn mit dem Überfall auf Polen am 1. September 1939 hatte das Deutsche Reich den Zweiten Weltkrieg begonnen. Das Wehrbezirkskommando stand nun unter Geheimhaltung.[7]

Ausgerechnet dieses Bauwerk überstand den Zweiten Weltkrieg und die verheerenden Luftangriffe auf Coesfeld (Kap. 57) fast unbeschadet. Am 30. März 1945 marschierten die alliierten Truppen in die Stadt ein. Eine kleine Gruppe der Hitlerjugend stellte sich ihnen noch entgegen, doch ansonsten verlief der Einmarsch friedlich. Die meisten Bewohnerinnen und Bewohner hatten die Stadt während der Bombenangriffe verlassen. An einigen der noch bewohnbaren Häuser wurden nun weiße Tücher aufgehängt, einen „Kampf bis aufs Messer" gab es nicht.

Gleich nach ihrem Eintreffen begannen die Alliierten die wichtigsten Straßen zu räumen. Das ehemalige WBK diente ihnen als Sitz der Militärregierung. In der Nähe beschlagnahmten sie einige ebenfalls verschonte Wohnhäuser. Auch deutsche Behörden und Einrichtungen drängten sich bald in den Räumen zusammen. Im linken Seitenflügel wurde eine Notkirche errichtet, die Kreisverwaltung einschließlich der Kreissparkasse zog ebenfalls ein. Die

Abb. 3: WBK – die Abkürzung ist geblieben, trägt aber nun eine friedliche und kulturelle Zuschreibung.

Polizei richtete sich in drei Räumen im Obergeschoss ein. Im Keller befanden sich drei Arrestzellen. 1946 eröffnete ein Behelfskino mit 400 Sitzen im WBK. Es blieb bis 1951. Noch lange wurde der Name WBK mit dem Kino verbunden, auch noch, als das Gebäude wieder nur militärisch genutzt wurde.[8]

Die Bezeichnung WBK hat sich bis heute erhalten. Die Buchstaben haben nun aber eine andere Bedeutung. Sie stehen für „Wissen – Bildung – Kultur". Das Coesfelder Unternehmerehepaar Lilly und Kurt Ernsting hatte das Gebäude erworben und siedelte bewusst kulturelle Einrichtungen an, um den ursprünglichen Zweck des Gebäudes ins Gegenteil zu kehren. Seit 2001 residieren unter anderem die Musikschule, die Volkshochschule und die Fernuniversität Hagen in dem Bau. Hinter dem Gebäude, wo einst die Fahrzeughalle stand, wurde 2007 das „konzert theater coesfeld" fertiggestellt. Aus dem militärischen Gelände wurde eine Kulturmeile, die Publikum aus dem Kreis Coesfeld und dem weiteren Umland anzieht.[9]

## 57
### Stufenportal von St. Jakobi, Coesfeld

# Zerstörung und Wiederaufbau

Bauzeit: 13. Jahrhundert, Wiederaufbau ab 1947

Dem Löwen über der Türöffnung des Stufenportals fehlt der Kopf. Eine Pfote hat er ebenfalls eingebüßt. Einst streckte er das Haupt noch weiter nach oben, während er unbeeindruckt von der rankenartigen Zunge des Drachens zu den Menschen schaute, die durch das Portal gingen. In seiner erhaltenen Pfote ist der Grund für seine Ruhe zu entdecken. Er hält ein Buch, genauer gesagt die Bibel. Der Löwe symbolisiert das Gute, der Drache im Zwickel links über der Öffnung das Böse.[1]

Drachen und Löwen sind auch an den Kapitellen und im Rankenwerk zwischen den glatten Säulen des Portals zu erkennen. Weitere fabelhafte Wesen mit langen, verdrehten Hälsen zieren die architektonischen Bauglieder. Sie beißen einander, drohen sich zu verschlingen oder fressen von den in den Ranken versteckten Trauben. Ihre Darstellung ist anders als bei den Figuren über der Öffnung schon weitestgehend dekorativ zu verstehen.

Das reich ornamentierte Portal entstand im zweiten Viertel des 13. Jahrhunderts. Es gilt als eines der prächtigsten spätromanischen Stufenportale im Münsterland. Andere Beispiele sind in Legden, Vreden, Meppen, sowie im Kreisgebiet an St. Johanni Billerbeck erhalten. Doch wer hofft, das Portal an einem mittelalterlichen Kirchenbau zu finden, der wird enttäuscht. St. Jakobi wurde bei den Luftangriffen der Alliierten zum Ende des Zweiten Weltkriegs komplett zerstört.

Franz Roesmann war noch im Schulalter, als die Bomben im März 1945 auf die Kleinstadt Coesfeld fielen: „Am 21. März kommt das Furchtbarste. Wiederum ein herrlicher Tag. ... Bald kommen die Flugzeuge heran, und wir sehen sie vom Walde aus, in dem wir uns befinden, Kurs auf Coesfeld nehmen. Plötzlich ruft mein Freund: ‚Was ist das? Sind das schon die Bomben?' Wir gewahren über uns schwarze Pünktchen, zwei, drei, fünf, zehn ... immer mehr. Und jetzt ein unheimliches Zischen und Heulen, Bomben sausen nach unten. Wir stecken den Kopf in den Graben. Die Erde bebt, es kracht ... Erleichtert atmen wir auf. Die erste Angriffswelle ist vorüber. Jetzt sehen wir in Richtung Coesfeld Rauchwolken und Staub."

Gegen Mittag, als die Angriffe zu Ende schienen, begaben sich die beiden Jungen zurück in die Stadt. „Auf dem Wege dorthin begegnen uns die Menschen, die sich während des Angriffs in der Stadt aufgehalten haben. Sie sind verrußt und schwarz. Nun kommen wir in die Stadt, und es bietet sich uns ein erschütterndes Bild. Links und rechts, wohin wir nur schauen, sehen wir Trümmer, Ruinen, grausige Brände, die sich durch die

Abb. 1: Das wiederhergestellte Stufenportal befindet sich nun in der Turmhalle der modernen Kirche St. Jakobi.

Abb. 2: Aufnahme 1947. Bei der symbolischen Grundsteinlegung waren die Trümmer noch nicht beseitigt.

Häuserreihen wälzen und einstürzende Häusermassen."[2]

Die Angriffe waren noch nicht vorbei. Wieder und wieder warfen die Westmächte Bomben über der Stadt ab. An den nächsten Tagen flogen sie weitere Attacken. Erst nach vier Tagen endeten die Bombardements. Über 400 Menschen starben. Coesfeld war zu 70–80 % zerstört.[3] Neben Coesfeld waren in diesen Tagen noch zahlreiche andere Städte in Westfalen bombardiert worden. Dülmen war sogar noch schwerer getroffen worden als Coesfeld.

Der massive Abwurf von Bomben über deutschen Innenstädten erfolgte kalkuliert. Es ging der britischen und amerikanischen Armee dabei nicht darum, kriegswichtige Industrien zu treffen – diese Punktangriffe gab es zusätzlich. Vielmehr sollten die Bomben die Kampfmoral der Bevölkerung im Deutschen Reich zerstören. Begonnen hatten die gezielten Angriffe auf die Zivilbevölkerung 1942 mit der Bombardierung Lübecks durch britische Kampfflieger. Während anfangs vor allem große Städte angesteuert worden waren – wobei es allerdings in diesem Jahr auch einen Angriff auf Coesfeld gab –, flogen die Fliegerstaffeln gegen Ende des Kriegs verstärkt kleinere Städte an. Sie bereiteten damit auch ihren Einmarsch vor.[4] Fünf Tage später nahmen amerikanische Soldaten die Stadt kampflos ein.[5]

Von 3.400 Wohnungen waren nur 145 intakt geblieben, 620 weitere waren nur leicht beschädigt worden, 710 mittelschwer bis schwer. 1.920 existierten gar nicht mehr. Von den historischen Bauwerken waren das Rathaus und die Jakobikirche komplett zerstört worden, das Schloss und die Jesuitenkirche stark beschädigt. Nur die Lambertikirche war einigermaßen unbeschadet davongekommen.

Die Trümmer- und Schuttmassen der Stadt zu beseitigen, sollte bis 1951 dauern. Mit dem sogenannten „Tageswerk" leisteten die Bürgerinnen und Bürger zwischen 16 und 55 Jahren einen achtstündigen Pflichtdienst zur Beseitigung der Trümmer auf öffentlichen Wegen und Plätzen. Jeder Einsatz darüber hinaus zählte als „Ehrendienst", um die Aufräumbereitschaft zu fördern. Mehr als zweieinhalb Millionen Ziegelsteine wurden aus dem Schutt geborgen und in mühevoller Handarbeit „abgepickt", um wiederverwendet werden zu können. Ab 1947 sorgte eine Trümmerverwertungsanlage für weiteres Baumaterial.

Statt eines Wiederaufbaus auf alten Grundstücksgrenzen nutzten die städtischen Gremien die Chance, die Innenstadt neu zu ordnen. So wurde eine zentrale Kreuzung angelegt, über die der Verkehr zukünftig die Stadt entlang der Haupthimmelsrichtungen durchfahren sollte. Auch die Baublöcke und die Nebenstraßen wurden neu angelegt, wobei von Grundstücksbesitzenden „harte Opfer zugunsten der Allgemeinheit gefordert" wurden, wie es der Bürgermeister ausdrückte.[6]

Während bei diesen Punkten praktische Beweggründe im Vordergrund standen, besaß der Wiederaufbau markanter historischer Bauten symbolischen Wert. Ihre Zerstörung hatte der Stadt Zeugnisse der Vergangenheit und damit ein wesentliches Identifikationsmerkmal genommen. Ihre Wiederherstellung bedeutete in der Zeit der Besatzung eine Rückbesinnung auf die eigene Geschichte – eine Geschichte vor dem Nationalsozialismus. So wurde im Rahmen der

Abb. 3: Die verschlungene Eidechsengestalt links ist auf keinem der alten Bilder zu entdecken.

750-Jahrfeier der Stadt Coesfeld am 1. Juni 1947 feierlich der Grundstein für den Wiederaufbau des Stufenportals gelegt.[7]

Etliche Bruchstücke des Portals konnten aus den Trümmern geborgen werden. Fotografien und eine Dokumentation ermöglichten, fehlende Teile zu ersetzen. Anders als in der aktuellen Denkmalpflege, die Erneuerungen gestalterisch absetzt, sind sie kaum von den Originalstücken zu unterscheiden.[8]

Dass die Kirche, die von 1954 bis 1959 gebaut wurde, und ihr freistehender Turm (1958–1962) neueren Datums sind, ist dagegen augenscheinlich. Der rote Backsteinbau mit seinen modernen Formen hebt sich deutlich von dem hellen Sandstein des Portals ab.[9]

## 58

### Gnadenkapelle, Ascheberg

# Eine neue Heimat

Bauzeit: 1950

Ein architektonisches Kleinod verbirgt sich in einer Seitenstraße abseits des Ortskerns von Ascheberg. Von außen präsentiert sich die Gnadenkapelle der evangelischen Gemeinde Ascheberg als verbretterter und verputzter Bau mit Satteldach. Nur der Dachreiter, der die Glocke verbirgt, und das schlichte Kreuz weisen auf die sakrale Funktion des Gebäudes hin. Im Inneren eröffnet sich ein selbst an Regentagen überraschend heller und warmer Saal. Große Fensterbänder im Giebel lassen das Licht in den im Scheitelpunkt sechs Meter hohen Raum einströmen. Es riecht auch nach 60 Jahren noch nach Holz.

Sofort fallen die Türen an der Altarnische ins Auge. Sie können verschlossen werden, um den Saal auch für weltliche Veranstaltungen zu nutzen. Ihr gegenüber können weitere Klappläden verschlossen werden, um einen Nebensaal abzuteilen. Ein grüner Kachelofen spendete dort ausreichend Wärme, um im Winter für kleinere Gottesdienste und Veranstaltungen genutzt zu werden.

Otto Bartning plante die Kirche. Er ist neben Dominikus Böhm (Kap. 66) einer der wichtigsten Vertreter des modernen Kirchenbaus. Während Böhm überwiegend katholische Gotteshäuser errichtete, die durch ihre Monumentalität beeindrucken, widmete sich Bartning dem evangelischen Kirchenbau. Viele seiner Bauten sind alles andere als monumental. Sie sind nach dem Zweiten Weltkrieg als sogenannte Notkirchen entstanden. Auch die Gnadenkapelle gehört dazu und in Billerbeck war ebenfalls eine gebaut worden. Letztere gibt es inzwischen nicht mehr.

Den Hintergrund ihrer Entstehung bilden die starken Kriegszerstörungen in Deutschland, von denen auch viele Kirchen betroffen waren. Gleichzeitig stieg die Zahl der Gottesdienstbesucherinnen und -besucher sprunghaft an. Für das Münsterland spielt noch ein weiterer Punkt eine entscheidende Rolle. Die Notkirchen sollten den Menschen, die nach Ende des Krieges aus ihrer Heimat vertrieben worden waren, eine neues geistige Zuhause bieten. Denn anders als die alteingesessene Bevölkerung waren sie zum Großteil evangelisch.

Auf der Potsdamer Konferenz hatten die Alliierten 1945 die „geregelte Aussiedlung" der Deutschen aus den Ostgebieten, Polen, Ungarn und der Tschechoslowakei beschlossen. Gemäß einer Zählung des Alliierten Kontrollrats waren 1946 9,6 Millionen Menschen auf der Flucht nach Westen. Unter ihnen war auch die evangelische Schülerin Inge Zemenz: „Von meiner Heimatstadt Lauenberg in Pommern brachte uns der Pole bis Stettin. Dann ging es weiter nach Westen. Kurz vor der Zonengrenze

Abb. 1: Die Altarnische im Westen kann geschlossen werden, um den Raum auch weltlich zu nutzen.

Abb. 2: Blick von Osten. Hinter den Sprossenfenstern befindet sich der beheizbare Nebensaal.

hatte uns der Russe zusammengetan und in einem großen Lager untergebracht. Es hatten sich in wenigen Tagen 6.000 Menschen angesammelt. Die Verpflegung war schlecht und nicht ausreichend. Da kam der Befehl: Alles fertig machen, es geht zur Grenze. ... Hier haben uns die Russen noch das Letzte abgenommen. Auf der englischen Seite ging es uns aber besser. Dort standen Fahrzeuge bereit, sie brachten uns in ein Lager. Dort wurden wir für die Aufnahme in der britischen Zone registriert. Dann durften wir nach dem bestimmten Reiseziel weiter. So kamen wir nach Recklinghausen und von dort nach Ascheberg."[1]

Pfarrer Gerhard Barten hielt später im Gemeindebuch der evangelischen Kirchengemeinde Lüdinghausen fest: „Diese Elendszüge überschwemmten die Bundesrepublik. In den Kreis Lüdinghausen wurden innerhalb eines Jahres 20.000 ostdeutsche Heimatvertriebene, zumeist Schlesier, eingewiesen."[2] Hatte die mehrere Orte umfassende evangelische Gemeinde Lüdinghausen zuvor 800 Mitglieder gehabt, stieg die Zahl der Protestanten und Protestantinnen 1945/1946 auf 6.600 an. In Ascheberg, Senden und Ottmarsbocholt wurden 2.100 Seelen gezählt.[3]

Die evangelische Kirche in Lüdinghausen war viel zu klein für die angewachsene Gemeinde. Außerdem war sie für viele Gläubige zu weit entfernt. Gottesdienste fanden deshalb auch in Gasthäusern statt. „Der Gasthaussaal wurde auch fleißig zu gesellschaftlichen Veranstaltungen genutzt und mußte am Sonntagmorgen erst hergerichtet, gelüftet und für den Gottesdienst eingerichtet werden", erinnerte sich Pfarrer Barten. „So feierten wir die Gottesdienste zur Karnevalszeit in einem karnevalistisch ausgeschmückten Saal."[4]

Indes sammelte der Lutherische Weltbund Gelder für Notkirchen. Anfangs kamen Baracken zum Einsatz, die allerdings als unpassend empfunden wurden. Aus diesem Grund trat das Evangelische Hilfswerk auf Otto Bartning zu, um Konzepte für kostengünstige Montagekirchen – Fertigbauten – entwickeln zu lassen. So entstand eine Serie von Diaspora-Kirchen (gr. *diasporá* = Zerstreuung) für Gebiete, in denen die evangelische Gemeinde die konfessionelle Minderheit bildete. Trotz der Bezeichnung als „Notkirchen" sah Bartning die Bauten nicht als Provisorium an und so gleicht keine Notkirche exakt der anderen. Denn die Gemeinden, die den Baugrund stellen und das Fundament herstellen mussten, konnten zum Beispiel über die Art des Mauerwerks bestimmen. So finden sich unter den 43 gebauten Notkirchen – 48 waren geplant – welche mit Mauerwerk aus Ziegelsteinen, andere verwendeten Trümmersteine oder auch Naturstein.[5]

Zu dem Zeitpunkt, da die Planung der Kirche für Ascheberg im vollen Gange war, hatten die Spendengelder bereits nachgelassen. So musste der Bau, sehr zum Ärgernis Pfarrer Ohlenburgs, kleiner ausfallen als gewünscht. „Das wesentliche Unterscheidungsmerkmal gegenüber dem bisherigen Typ ist der Fortfall der Pfarrerwohnung", schrieb Pfarrer Martin Braun, Leiter des Evangelischen Hilfswerks Westfalen an Ohlenburg. „Der künftige Kirchenraum wird etwas kleiner als der bisherige sein. Er wird nur noch über etwa 180 vorgesehene Sitzplätze verfügen."[6]

Ohlenburg erwiderte: „Man weiß wohl immer noch nicht, daß in den rein ka-

Abb. 3: Die evangelische Friedenskapelle in Senden (1955). 1992 wurde dort zusätzlich eine Kirche errichtet.

tholischen Gegenden die bodenständige Bevölkerung uns sowieso als Maulesel ansieht, die weder Pferd noch Esel sind. Wie stellt man sich denn die weitere Entwicklung vor, wenn ich in Ascheberg an jedem Sonntag, an dem ich dort predige, bisher 200–250 Menschen zum Gottesdienst versammelt fand und soll nun diese Zahl, die natürlich an hohen Feiertagen noch größer ist, in einem Räumchen für 180 Menschen unterbringen."[7]

Seinem Wunsch, die Kirche so zu bauen, dass sie später erweitert werden könne, konnte Bartning nicht entsprechen. So wurde in Ascheberg im Sommer 1950 eine Kirche vom Typ „Kleiner Gemeindesaal" gebaut. Finanziert wurde sie durch Spenden aus den Vereinigten Staaten von Amerika. Schon im Dezember konnte sie eröffnet werden. Sie ist mitsamt dem originalen Inventar eine der am besten erhaltenen Bartningschen Notkirchen in der Bundesrepublik.

## 59

### Mensa der Fachhochschule für Finanzen, Schlosspark Nordkirchen

## ... oder kann das weg?

Bauzeit: 1969–1971

Als im November 1918 die Monarchie im Deutschen Reich abgeschafft wurde, beschloss die herzogliche Familie von Arenberg Schloss Nordkirchen, das sie erst 15 Jahre zuvor erworben hatte, als Wohnsitz aufzugeben. Die kostbaren Gobelins aus dem Hauptsaal hatten sie schon bei Ausbruch des Ersten Weltkriegs nach Belgien geschickt und nun folgte in vier großen Lastwagen der restliche wertvolle persönliche Besitz. Ab und zu weilte der Sohn des Herzogs, der die deutschen Besitztümer verwaltete, noch im Ostflügel des Schlosses, in dem alle verbliebenen Kunstschätze zusammengetragen worden waren.[1]

Schließlich fand das verwaiste Hauptgebäude 1921 einen neuen Nutzen. Die Reichspost mietete das Schloss, um darin ein Erholungsheim einzurichten. Die symbolische Jahresmiete betrug eine Mark, dafür übernahm die Reichspost die Unterhaltung der gemieteten Räume. Was eine durchaus kostspielige Angelegenheit war – und so bat sie darum, aus dem Mietvertrag entlassen zu werden. Als Folgemieter meldete sich die NSDAP, die im September 1933 im Schloss eine Führerschule eröffnete.[2]

Den Zweiten Weltkrieg überstand das Gebäude ohne schwerwiegende Kriegsschäden. Dennoch war der Zustand des Gebäudes und des Parks nach dem Krieg besorgniserregend, so dass sich nicht nur die herzogliche Verwaltung, sondern auch die Behörden des neuen Landes Nordrhein-Westfalen mit dem Bauwerk beschäftigten. Mehrere Nutzungsideen, unter anderem die Einrichtung eines Museums, wurden verworfen. 1949 mietete dann das Land das Schloss – erneut für einen symbolischen Mietpreis – und richtete dort die Landesfinanzschule (ab 1976 Fachhochschule für Finanzen – FHF) ein.[3]

Für die Erhaltung des Baudenkmals war dies die Rettung. Sofort wurde eine eigene Bauleitung für das Schloss gegründet, die die langfristige Restaurierung von Bauten und Garten in Angriff nahm und die Neugestaltung im Inneren für die Schulräume leitete. Neun Jahre später kaufte das Land die Schlossinsel und das östliche Außengelände.[4]

Hatte der Schulbetrieb 1950 mit 115 Studierenden begonnen, stieg ihre Zahl im nächsten Jahrzehnt rasant an. Schon Anfang der 1960er-Jahre war deshalb die Entscheidung gefallen, die Räumlichkeiten durch Neubauten zu erweitern. Doch stellte sich nun die Frage, wo und in welcher Form diese in das Ensemble integriert werden sollten.

Das Finanzbauamt Münster-Ost schrieb 1962 in Zusammenarbeit mit der Denkmalpflege einen Architektur-Wettbewerb aus, bei dem das wichtigste Kriterium für die Erweiterungsbauten war,

Abb. 1: Mensa, Schlosspark Nordkirchen. Blick von Westen über die Brücke aus den Jahren 1970/1971

Abb. 2: Blick von der Schwanenallee auf das Schloss. Der Bauteil mit dem runden Fenster ist von 1913.

den „Charakter des Schlosses und seiner nächsten Umgebung" nicht zu stören.[5] Die Bauten, darunter ein Wohnheim und eine Mensa, sollten im Waldgelände an der Straße nach Südkirchen und in der „Lichtung des ehemaligen Schwanenteiches" erstellt werden.[6] Diese Lichtung liegt in einer der Sichtachsen des Schlosses. Dies darf als einer der Gründe gelten, warum die Ausschreibung Verblendmauerwerk vorsah.

Der mit dem ersten Platz gekrönte Entwurf sah sogar vor, auf Bauten auf der Lichtung zu verzichten und dafür den Teich wiederherzustellen. Doch entschied sich 1964 das Finanzbauamt dazu, das Wohnheim außerhalb des Parks zu errichten, die anderen Bauten sollten auf der Lichtung bleiben.[7]

Vier Jahre später – während das Finanzbauamt auf Grundlage des zweiten Platzes das Projekt plante – thematisierte das damalige Westfälische Amt für Denkmalpflege die Erweiterungen auf der Jahrestagung der Vereinigung der Denkmalpfleger. Der Beschluss der Tagung beurteilte zuerst die Erweiterungen des Herzogs von Arenberg ab 1910: „Eine erste Erweiterung ... [gemeint sind unter anderem die Zwischenpavillons], vor der Zeit der Nutzung der Schule, übernahm auf eine etwas vereinfachte Weise den Gestaltungscharakter der Altbauten, zerstörte aber die der Gesamtanlage eigene, für sie charakteristische, lockere Anordnung von Gebäuden und Gebäudegruppen ... Jede Gestaltung von geplanten Erweiterungen sollte ... in einer konservativen Weise erfolgen ... ohne Seitenblick auf moderne Bauführungen, also ganz ähnlich dem Vorgang von 1910, ohne jedoch ängstlich historische Details zu verwenden und dem Gesamtkunstwerk Gewalt anzutun."[8]

Im darauffolgenden Jahr wurde der Entwurf des Finanzbauamtes bekannt. Er sah vor, die Mensa und eine Sport-/Schwimmhalle auf der Lichtung zu bauen. Die Mensa sollte etwa 10 Meter von der Schwanenallee, die entlang der Gräfte durch den Ostgarten führt, auf der Querachse direkt gegenüber dem Ostflügel liegen. In der Architektursprache sind der Entwurf und die Ausführung erkennbar modern. Glas, Aluminiumrahmen und Stahlbeton sind die entscheidenden Materialien des Baus, der auf das ursprünglich geforderte Verblendmauerwerk ganz verzichtet. Mit seiner geringen Höhe übt der Flachdachbau Zurückhaltung gegenüber dem barocken Schloss, doch wagt er mehr als einen Seitenblick auf die Moderne, lehnt sich der Bau doch an die kurz zuvor fertiggestellte Neue Nationalgalerie in West-Berlin an.

Der Entwurf löste eine heftige Debatte aus. Vernichtend fiel vor allem das Urteil Karl Eugen Mummenhoffs aus, der sich als Mitarbeiter des Amtes für Denkmalpflege um die Inventarisierung der Baudenkmäler im Münsterland verdient gemacht hatte. „Kantine gefährdet Schloß Nordkirchen" lautete etwa die Überschrift eines Beitrags in den Westfälischen Nachrichten, der auf seine Kritik einging.[9] Auch die Arenberg'sche Verwaltung reagierte negativ.[10]

Nur zwei Dinge wurden noch geändert. Die Mensa rückte noch etwas weiter nach Osten zwischen die flankierenden Baumbestände. Zudem wurde die geplante Stahlbetonbrücke für die Querachse aufgegeben und durch eine historisierende Form mit Sand- und Backsteinoberfläche ersetzt.[11]

Als 1983 das Schloss Nordkirchen mit Park und der historisierenden Brücke – aber ohne die Mensa – in die Denkmalliste der Gemeinde Nordkirchen eingetragen wurde, war vermutlich niemand wirklich dagegen. Anders sah es 33 Jahre später aus, als die Mensa und

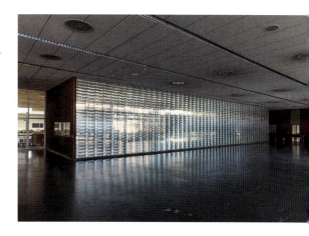

Abb. 3: Die Hohlspiegelwand des Künstlers Adolf Luther im Foyer der Mensa spiegelt den Baukontext wider.

die Sport-/Schwimmhalle auch eingetragen wurden. Ab 2014 waren Pläne diskutiert worden, ob die Gebäude angesichts eines Neubaus einer größeren Mensa abgerissen werden sollten. Bei einer Onlineabstimmung der Ruhrnachrichten hatten vom 29. Oktober bis 12. November 2014 657 Personen eine Meinung abgegeben. 59,06 % stimmten für die Antwort: „Die Mensa kann ruhig abgerissen werden. Die Architektur im Stil der 1970er-Jahre passt einfach nicht zum Schloss und zum Schlosspark".[12]

Dass die Mensa und die Sport-/Schwimmhalle nun Denkmäler sind, liegt vor allem daran, dass sie von der Formensprache der 1970er-Jahre geprägt sind. Vielfach wurden Bauten aus dieser Zeit ohne lange Überlegungen als Bausünden abgerissen. Sie sind aber ebenso wie barocke Schlösser Ausdruck ihrer Epoche. Im Fall der Mensa in Nordkirchen ist zudem sowohl die Innenausstattung als auch die hochkarätige Kunst am Bau erhalten – und erhaltenswert.

## 60
### Rosengarten Seppenrade, Lüdinghausen
# Müll und Rosen

Entstehung: 1969–1972

Wer Ende der 1960er-Jahre von Lüdinghausen kommend nach Seppenrade fuhr, passierte direkt vorm Ortseingang einen gigantischen Müllberg. Bis zu zehn Metern war der Abfall an einigen Stellen aufgetürmt, schließlich wurde hier seit 1955 der Haushaltsmüll der Umgebung abgeladen.[1]

Der Standort so nah an der Bebauung scheint ungewöhnlich. Er dürfte der Beschaffenheit des Geländes geschuldet sein. Denn ähnlich wie bei der Wolfsschlucht auf der Südseite des alten Ortskerns gab es hier eine Siepe, eine schmale, schluchtartige Geländeeinkerbung, in die der Müll anfangs hineingekippt wurde. Von diesen Siepen, so lautet eine alte Erklärung, könnte Seppenrade seinen Namen haben.[2]

Die Siepe war bald verfüllt, denn die Abfallmengen stiegen von Jahr zu Jahr. 1965 fiel im Altkreis Lüdinghausen eine Bruttomüllmenge von 190 Kilogramm pro Kopf an, 1970 würden es 250 Kilogramm sein und 2016 – bezogen auf den Kreis Coesfeld – 507 Kilogramm.[3]

Der Müll – Plastik, Papier, Lebensmittelreste und was sonst noch weggeworfen wurde – bot einen unangenehmen Anblick und verbreitete einen noch unangenehmeren Geruch. Nicht selten wurde dieser noch verstärkt, da sich der Unrat entzündet hatte. Dann rückte die Freiwillige Feuerwehr Seppenrade von der nahen Feuerwache an.

1968 wurde die Müllkippe geschlossen, da in der Davert ein neues Gelände als zentrale Mülldeponie des Altkreises Lüdinghausen eröffnet wurde. Nur Bockum-Hövel war nicht angeschlossen, da der Ort über eine eigene Müllkippe verfügte. 450.000 Kubikmeter Abfall kamen dort zusammen.[4] Auf die Müllberge der alten Deponie in Seppenrade wurde Erde angeschüttet und das Bodenniveau wurde vereinheitlicht.

Das Dorf stand vor der Frage, wie das Gelände zu nutzen sei. Zu diesem Zeitpunkt bewarb sich der Ort im Bundeswettbewerb „Unser Dorf soll schöner werden", der alle drei Jahre ausgeschrieben wurde. Der Wettbewerb war zum ersten Mal 1961 als eine Maßnahme gegen die Landflucht ausgerufen worden. Da immer mehr Menschen während der Wirtschaftswunderjahre in die Städte gezogen waren, sollte mit dem Wettbewerb die Attraktivität der Dörfer gefördert werden. Anfangs beachteten die Bewertungskriterien vor allem die Grüngestaltung, Blumenschmuck und Verschönerungsaktionen im Dorf. Maßnahmen zur Verbesserung der Infrastruktur und Zukunftsplanung waren weniger relevant.

Das Konzept Seppenrades verband Verschönerung und Zukunftsperspektive. Im Zuge des Wettbewerbs entstand zum Beispiel ein neues Gemeinde- und Jugendhaus, das Don-Bosco-Haus, und

Abb. 1: Nicht nur Rosen sind hier zu entdecken. Lavendel und Frühblüher locken Bienen und Menschen gleichermaßen an.

Abb. 2: Historische Aufnahme vor 1969. Hinter dem Müllberg erhebt sich die katholische Kirche.

der Bildhauer Norbert Ahlmann schuf auf dem Kirchplatz einen Brunnen mit drei Kugeln, aus denen im Sommer immer noch das Wasser sprudelt. Mauern wurden abgerissen und durch Hecken ersetzt. Der Ort erhielt weitere Parkplätze und ein Sportplatz wurde geplant. Der Spielplatz des Kindergartens wurde erweitert und in den Straßen um den Drosselweg wurde eine einheitliche Vorgartengestaltung festgelegt. Schon vorab hatten verschiedene Ehrenamtliche und Vereine, darunter die Feuerwehr, die heruntergekommene Wolfsschlucht gereinigt, eine neue Brücke über den Quellbach errichtet und Bänke aufgestellt.[5]

Auch die ehemalige Mülldeponie wurde in die Planung mit einbezogen. „Noch als sich Seppenrade um den Titel des Golddorfes bewarb, hätte es dort Abstriche geben können", heißt es in einer der Schriften im Archiv des Heimatvereins, „wäre nicht durch die einsichtige und umsichtige Prüfungskommission das Planen und der Wille der Bürger, hier etwas Besonderes zu schaffen, mit in die Waagschale geworfen worden."[6] Bei dem Besonderen handelte es sich um den Rosengarten.

1965 hatte der Rosenkongress in Baden-Baden die Initiative angeregt, Rosendörfer zu schaffen. Mit ihnen sollte das Interesse an Rosen im dörflichen Bereich geweckt werden. Zwei vom „Verein Deutscher Rosenfreunde" anerkannte Rosendörfer gab es zu diesem Zeitpunkt bereits: Schmitshausen im Landkreis Südwestpfalz und Nöggenschwiel im Schwarzwald. Die Initiative richtete sich an die Dörfer des Bundeswettbewerbs. Sie wurden als geeignete Kandidaten angesehen.

In Seppenrade nahmen das Gemeindeparlament und der Heimatverein die Anregung auf. Beschlossen wurde nun, auf der ehemaligen Mülldeponie einen Rosengarten mit Parkplatz anzulegen – zuvor war die Idee, das Gelände für den Sportplatz zu nutzen aufgrund des abfallenden Terrains verworfen worden. Das Konzept des Dorfes ging auf. Es wurde 1969 Bundessieger und darf sich seither Golddorf nennen. Die verliehene Goldmedaille hat ihren Ehrenplatz im Rosengarten gefunden.

Während der Auswertungsphase des Wettbewerbs war er noch lange nicht fertiggestellt. Einige erste Rosenbeete gab es aber schon. In den nächsten zweieinhalb Jahren war fast das gesamte Dorf an dem Projekt beteiligt. Gerade die Vereine – Heimatverein, Karnevalsverein, Spielmannszug, Feuerwehr und die Kegelclubs – brachten den Garten durch ihren ehrenamtlichen Arbeitseinsatz voran. Kreis, Gemeinde und Amt trugen einen Großteil der Finanzierung, für die einheimische und auswärtige Unternehmen spendeten. Sachspenden – in Form von Rosen und anderen Pflanzen – kamen von Rosenschulen, einheimischen Baumschulen und dem Landschaftsverband Westfalen-Lippe (LWL).

Seither ist der Garten dreimal erweitert worden. Nun nimmt er 18.753 Quadratmeter ein. 600 verschiedene Rosenarten lassen sich hier bestaunen. Ihre botanischen Namen verraten kleine Schilder. 1997/1998 baute der Heimatverein das Heimathaus, das seither Ort vielfältiger Veranstaltungen ist. Unter anderem wird hier beim legendären Rosenfest, das alljährlich am dritten Wochenende im August stattfindet, Kaffee und Kuchen serviert. Gleich daneben tickt die alte Kirchturmuhr und 300 Zierfische tummeln sich im Seerosen bedeckten Teich.

Das große Engagement der Anfangszeit ist im Rosengarten immer noch zu spüren. 54 Rosenfrauen und 63 Rosenmänner – Stand Frühjahr 2017 – kümmern sich liebevoll um die 24.000 Rosenpflanzen. Viele von ihnen haben die Patenschaft für ein bestimmtes Beet übernommen, andere versehen allgemeine Aufgaben.[7]

Regelmäßig finden Messungen im Rosengarten statt. Eine Gefahr für Mensch und Umwelt besteht nicht. „Aus dem entsetzlichen Bild der Müllkippe, wo jeder Autofahrer rasch auf das Gaspedal trat, um möglichst schnell aus dem Bereich zu kommen, ist eine Anlage geworden, zu der sich jeder hingezogen fühlt. Der penetrante Gestank wurde abgelöst durch Rosenduft …"[8]

Abb. 3: Neben Strauch- und Kletterrosen unterschiedlichster Farben präsentiert der Rosengarten auch verschiedene Bodendeckerrosen. Zahlreiche Bänke laden zum Verweilen, Schauen und Riechen ein.

## 61
### Ehemaliges Kreishaus, Lüdinghausen

# Die Kreisreform

Bauzeit: 1966–1968

Eine der Nachrichten in der Lüdinghauser Zeitung, die im Jahr 1974 den Erweiterungsbau der Kreisverwaltung des Altkreises Lüdinghausen betrafen, hebt sich von den anderen ab. „Wieder kaputt" lautet die Überschrift. „Je komplizierter die Technik, je anfälliger ist sie auch. Dieses stellte sich – übrigens zum wiederholten Male – erneut gestern nachmittag im Gebäude der Kreisverwaltung Lüdinghausen heraus. Die Kältemaschine streikte mal wieder und sorgte für fast unerträgliche Temperaturen im Glaspavillon an der Graf-Wedel-Straße. Als das Thermometer auf 30 Grad rückte, stellte Oberkreisdirektor Goß es den Bediensteten frei, den ‚Brutkasten' zu verlassen. Es sollte nicht unerwähnt bleiben, daß nicht alle von diesem Angebot Gebrauch machten."

Im Gegensatz zu den zwei Altbauteilen hat der Erweiterungsbau eine moderne Struktur mit drei durchgehenden Fensterbändern. Die Planung der Erweiterung hatte 1963 begonnen, „zu dieser Zeit bestanden keine Vorstellungen darüber, wie die Neuordnung im Münsterland aussehen würde. Die vage Behauptung, man habe bereits über Pläne gesprochen, die Kreise so neu zu ordnen, daß Lüdinghausen nicht mehr Kreissitz bleiben könne, erscheint jedem

Abb. 1: Von der Steverstraße aus sind alle Bauteile des alten Kreishauses zu sehen (1912, 1898, 1968 v.l.).

absurd, der die Neuordnungsdiskussion in diesem Raum aufmerksam verfolgt hat", erklärten Landrat Kortmann und Oberkreisdirektor Goß im März 1974.[1] Sie reagierten damit auf die Kritik, dass die Erweiterung eine vermeidbare „Neuordnungsruine" gewesen sei.

Die Kreisstruktur war weit über 100 Jahre alt, als in den 1960er-Jahren die Überlegungen einer Neuordnung aufkamen. Die Bevölkerung war seit der Gründung deutlich angewachsen. Allein seit 1945 war die Bevölkerung im Altkreis Lüdinghausen von über 110.000 auf über 155.000 im Jahr 1974 angestiegen. Gegenüber 1816 hatten sich die Verwaltungsaufgaben und -felder extrem vermehrt, wie sich an der Notwendigkeit ablesen lässt, dass das Kreishaus gleich zweimal innerhalb von 60 Jahren erweitert werden musste. Der ursprüngliche Bauteil mit dem Treppengiebel und dem Turm stammt aus dem Jahr 1898 und entstand auf freiem Feld. Bereits 1912 wurde gen Osten ein hell verputztes Gebäude mit Mansarddach angebaut, der das Kreishaus architektonisch und räumlich an die nun vorhandene Bebauung des Umfeldes anschloss. Doch auch dieser Platz reichte nicht und so wurde 1968 der Glasbau fertiggestellt.

Die Kommunale Neuordnung sollte nun zum einen in den ländlichen Gebieten Nordrhein-Westfalens Gemeinden mit mindestens 8–10.000 Einwohnerinnen und Einwohnern schaffen, die ihnen eine verwaltungstechnische Grundversorgung bieten konnten. Aus 2.365 wurden 396 Gemeinden. Im Kreisgebiet verringerte sich die Zahl von 34 auf 11 Gemeinden.

Betroffen war unter anderem das Dorf Seppenrade, das nach Lüdinghausen eingemeindet wurde. Trotz aller vorangegangenen Widerstände setzten die Bürgermeister beider Orte zum Stichtag des Zusammenschlusses ein positives Zeichen, als sie sich zum symbolischen Händedruck trafen. „Sie trugen es mit Fassung", heißt es in der ersten Zeitung des Jahres 1975, „die Vertreter der ehemaligen Gemeinde Seppenrade, die sich auf Einladung von Bürgermeister Holtkamp zu einem letzten Treffen genau auf der Grenze zwischen den beiden Gemeinden, nämlich auf der Mitte der Brücke des Dortmund-Ems-Kanals gestern morgen zum letzten Mal trafen."[2] Einige Tage später wurde ein neues Ortsschild am Eingang des Dorfes aufgestellt. In den Westfälischen Nachrichten war ein Bild des Schildes zu sehen: „Auch optisch hat die Stadt Lüdinghausen inzwischen von der Gemeinde Seppenrade Besitz genommen. Die vor wenigen Tagen offiziell vollzogene Zusammenlegung beider Gemeinden erhielt so ihren sichtbaren Ausdruck. Immerhin haben die Seppenrader ihren Ortsnamen mit den größeren Buchstaben erhalten. Kleine, aber feine Unterschiede ..."[3]

Auf dem Schild war – und ist immer noch – auch der zweite Bestandteil der Neuordnung zu erkennen. „Kreis Coesfeld" steht mit noch etwas kleineren Lettern auf dem Ortsschild. Der Kreis Lüdinghausen war zum 31. Dezember 1974 aufgelöst worden. Im Rahmen der Reform wurde die Anzahl der Kreise drastisch reduziert, aus 57 Altkreisen wurden 31 neue Gebilde. Die neuen Kreisstädte sollten dabei Mittelstädte mit Zentralfunktion sein. Für den Altkreis Lüdinghausen stand der Verlust des Kreissitzes im Frühjahr 1974 schon mehr oder weniger fest. Der Kreis Coesfeld sollte in neuer Formation weiterbestehen. Ungeklärt war aber die Frage, welche Gemeinden zum neuen Kreis Coesfeld gehören sollten.[4]

Für die Bewohnerinnen und Bewohner des Kreises Lüdinghausen war vor allem der Verbleib der Lippe-Randgemeinden, darunter Werne und Selm, entscheidend. Für diese stand eine Zuordnung zum Ruhrgebiet im Raum. Drensteinfurt und das vergrößerte Ascheberg sollten in Richtung Warendorf abwandern. Für den Kreis Coesfeld stand Gescher zur Disposition – Haltern gehörte schon seit 1929 zum Kreis Recklinghausen.

Viele verschiedene Vorschläge der Kreisgliederung im Münsterland wurden diskutiert. Letztendlich entschied erst die Landtagsdebatte vom 8. Mai 1974 über die Gestalt des neuen Kreises, bei der die Neugliederungsgesetze in Kampfabstimmungen verabschiedet wurden. Mit 1108 Quadratkilometern lag der neue Kreis über der Durchschnittsgröße, von der Einwohnerzahl rangierte er dagegen unter den kleinsten nach der Neuordnung. Als „Restkreis-Verlegenheitslösung" bezeichnete ihn die Verfassungsbeschwerde des Kreistags des Altkreises Coesfeld. Gemeinden aus den drei Altkreisen – Coesfeld, Lüdinghausen und Münster – wurden zusammengeschlossen. Die Lippe-Randgemeinden wurden aus den münsterländischen Kreisen ausgesondert. Drensteinfurt kam zum Kreis Warendorf, Gescher zum Kreis Borken.[5]

Für viele ging die Neuordnung mit einem Verlust der Identität zusammen. Zwei Verfassungsklagen wurden in Karlsruhe angestrebt. Die des alten Lüdinghauser Kreistages wurde wegen eines Formfehlers gar nicht angenommen, die des alten Coesfelder Kreistages

Abb. 2: Blick von Westen. Die letzte Erweiterung (rechts) von 1968 kostete 5,5 Millionen DM.

zogen die Kläger schließlich zurück. Denn bereits nach einem Jahr hatten sich neue Strukturen entwickelt, die den Unkenrufen, dass der neue Kreis Coesfeld, der anfangs über eine geringe Wirtschaftskraft verfügte, das „Armenhaus des Münsterlandes" sei, trotzten.[6] Inzwischen „glänzt" der Kreis Coesfeld schon zehn Jahre in Folge mit der niedrigsten Arbeitslosenquote des Landes Nordrhein-Westfalen. Statt erwarteter sinkender Einwohnerzahlen ist die Bevölkerung von 161.000 auf etwa 220.000 gestiegen. Und an den Altkreis Lüdinghausen erinnert wieder das alte KFZ-Kennzeichen LH. Seit 2013 darf es alternativ zum Kennzeichen COE geführt werden.[7]

Die Frage, was mit der „Neuordnungsruine", dem ehemaligen Lüdinghauser Kreishaus, passiert, ist auch schon lange geklärt. Die Sparkasse Westmünsterland nutzt das das dreiteilige Gebäude nun als einen ihrer Sitze.

## 62
### Wohnsiedlung Am Mühlenfeld, Senden

# Aus Besatzern werden Freunde

Bauzeit: 1973–1974

Am 19. Januar 1974 brachte die Lüdinghauser Lokalausgabe der Westfälischen Nachrichten die Fotografie zweier Rohbauten. Mit ihren vier Geschossen und den zahlreichen Wohnungen in einem Haus stellten die Bauten, die am Mühlenfeld errichtet wurden, in Senden eine Ausnahme dar. „Englische Siedlung nahezu fertig" titelte der zugehörige Beitrag. „Schon in den nächsten Wochen wird es in der Gemeinde Senden eine weitere Bevölkerungs-Invasion geben, dann nämlich, wenn die an der Bulderner Straße errichteten Wohnblocks für englische Soldatenfamilien bezogen werden. Rund 60 Wohnungen – aufgeteilt in vier Blocks – sind im großen und ganzen fertig, was auch für die Parkflächen und Zuwege zutrifft. Weitere Wohnblocks sind im Entstehen begriffen: sie dürften etwa Mitte des Jahres fertiggestellt sein. Nach Abschluß der Bauaktion werden rund 1000 Engländer in Senden wohnen."[1]

Das Wort „Invasion" spiegelt ungewollt die Umstände, unter denen die ausländischen Soldaten nach Deutschland kamen. Sie marschierten 1945 ein und beendeten den Zweiten Weltkrieg. In Senden ereignete sich dies schon Wochen vor der bedingungslosen Kapitulation der deutschen Wehrmacht am 8. Mai 1945. In der Karwoche rollten die Panzer der Alliierten durch Senden. Während die Bevölkerung einerseits erleichtert war, dass der Krieg vorbei war, musste sie sich nun den Besatzern fügen.

Als eine der ersten Maßnahmen in Senden verfügten die Amerikaner eine Ausgehsperre. Nur von 9.00 bis 12.00 Uhr durften die Bürgerinnen und Bürger ihre Häuser verlassen. Die Sperrzeit wurde eine Woche später verkürzt und dauerte nun von 18.00 bis 6.00 Uhr. Die Benutzung eines Fahrzeuges – und sei es ein Pferdegespann oder ein Fahrrad – war verboten. Zudem beschlagnahmten die Besatzer Häuser für ihre Soldaten. So musste etwa der Lehrer Lücke sein Haus verlassen und fand gemeinsam mit etwa 50 anderen im Pastorat Zuflucht. Ein neuer Bürgermeister ohne NSDAP-Mitgliedschaft wurde eingesetzt.

Am 8. April verließen die amerikanischen Soldaten Senden, sie wurden von der britischen Armee abgelöst. Im Juli wechselte die Besatzung noch einmal. Diesmal trafen belgische Soldaten in der Gemeinde ein. Sie kamen in einer deutlich geringeren Stärke, so dass die ersten Bewohnerinnen und Bewohner in ihre Häuser zurückkehren konnten, 20 Häuser blieben in ihrer Hand. Die belgischen Besatzer verließen Senden im April 1946 – ohne Ablösung. Zu diesem Zeitpunkt war gerade die kommunale Selbstverwaltung durch die Deutsche

Abb. 1: Die ehemalige englische Siedlung liegt am Mühlenbach, weitere Bauten liegen auf der anderen Seite der Bulderner Straße.

Gemeindeordnung geregelt worden. Im Oktober würden die ersten Kommunal- und Kreistagswahlen stattfinden. Die Entnazifizierung und die Re-education, das heißt die Erziehung der deutschen Bevölkerung zur Demokratie, hatte begonnen.[2]

Großbritannien, das den Nordwesten des Deutschen Reiches als Besatzungszone erhalten hatte, errichtete das Hauptquartier der British Army of the Rhine – der britischen Rheinarmee – in Ost-Westfalen, in Bad Oeynhausen. Aber auch in Münster wurden unter anderem Truppen stationiert.[3]

In der kriegszerstörten Stadt bedeutete dies ebenfalls Wohnungsbeschlagnahmungen. Im Juni 1946 beschloss die britische Armee dann auch noch als letzte Besatzungsmacht, den Zuzug der Familienangehörigen zu erlauben. Denn sie befürchtete den Verfall der Moral, sollten die zum Berufssoldatentum zurückkehrenden Truppen jahrelang ohne ihre Familien bleiben. „Operation Union" ließ weitere Beschlagnahmungen von Wohnraum erwarten. So gab es bald von deutscher Seite den Vorschlag, Wohnungen zu errichten, doch noch lehnte die britische Militärregierung mit Verweis auf den Rohstoffmangel ab. Diese Haltung änderte sich 1948.[4]

Ab 1950 entwickelte das Land Nordrhein-Westfalen unter dem Namen „Build" (engl. = bauen) mehrere Konzepte für den Siedlungsbau. Einheimische Architektinnen und Architekten entwarfen die Häuser für die Familien der Rheinarmee und deutsche Wohnungsbaugenossenschaften sollten sie ausführen.[5] Die Wohnungen wiesen einen höheren Standard auf als die meisten Wohnungen in Nordrhein-Westfalen, was für einen gewissen Unmut sorgte. Zu diesem Zeitpunkt war die Bundesrepublik schon gegründet. Doch besaß sie aufgrund des Besatzungsstatuts noch nicht die volle Souveränität. Dennoch waren Besatzer und Besetzte allein schon durch das enge Zusammenleben einander nähergekommen. Im Mai 1955 trat die Bundesrepublik der NATO bei. Sie hatte zuvor mit den Pariser Verträgen ihre weitgehende Souveränität erhalten. Die Rheinarmee war nun als Verbündeter im Kalten Krieg in Nordrhein-Westfalen.

Etwa 5.000 britische Soldaten waren in Münster stationiert. Jene Soldaten, die Familien hatten, waren nicht kaserniert. Um die Wohnungssituation in Münster zu entspannen, wurden auch in Senden Wohnungen gebaut. Nur die Mannschaftsgrade lebten mit ihren Familien dort. Die Offiziere wohnten in Münster. „Die Soldaten waren zum Großteil junge Männer – einige aus einfachen Verhältnissen", erinnert sich Patricia Bollmann, „Die Armee hat Perspektiven eröffnet."[6] Die Schottin hat als zivile Ärztin für die Rheinarmee, genauer gesagt für die „Field Ambulance" in Münster gearbeitet. Sie war auch für die medizinische Versorgung der Soldatenfamilien zuständig.

In Senden gab es nicht nur Wohnungen, sondern auch einen Laden, die „NAAFI" – die Abkürzung steht für „Navy, Army and Air Force Institutes" – der direkt neben den Wohnbauten errichtet worden war. Diese Läden, die es an den meisten größeren Wohnstandorten der Briten gab, versorgten die Mitglieder der Streitkräfte mit heimischen und vergünstigten Waren. Hinter dem Laden lag die Grundschule mit dem Namen Swinton School. In dem Gebäude befindet sich jetzt der DRK-Bewegungskindergarten „Am Schloss". Die höhere Schule besuchten die Kinder der Soldaten in Münster.

Meist lebten die Familien nur für einige Jahre in der englischen Siedlung in Senden. Sie wurden versetzt oder ver-

Abb. 2: In den Räumen des NAAFI befindet sich nun der ökumenische Jugendtreff „Vivo".

ließen die Armee. „Die evangelische Kirchengemeinde hat versucht, Kontakte aufzubauen", berichtet Rüdiger Bausch, ehemaliger Vorsitzender des Heimatvereins Senden. „Doch dann wechselten die Soldaten und dann schlief das Ganze wieder ein." Allgemein lässt sich das Verhältnis als freundlich bezeichnen, auch wenn die großen Gemeinschaftsveranstaltungen eher in Münster stattfanden. „Wenn mal was nicht geklappt hat, dann haben wir uns an die Offiziere gewandt. Und die mussten nur an die Einsätze in Nordirland erinnern, dann lief alles."[7]

Die Bundesrepublik war ein beliebter Einsatzort, sicherlich beliebter und ungefährlicher als Nordirland. 1994 begann der Abzug der Rheinarmee. Der Kalte Krieg war vorbei. Die englische Siedlung ist kaum noch als solche bekannt. Auch ein anderes Bauwerk aus dem Kalten Krieg ist mehr oder weniger vergessen. Unter der Straße „Biete" befindet sich ein Atomschutzraum, dessen Freifläche als Parkhaus genutzt wird. Hinter verschlossenen Türen befand sich aber zumindest vor einigen Jahren noch ein ausgerüstetes Lazarett.[8]

## 63

### Teufgerüst, Schacht Donar 1, Herbern, Ascheberg
# Bergbau im Kreisgebiet

Bauzeit: 1986

Wer im Frühsommer 2017 in der Bauerschaft Nordick ganz im Osten des Kreisgebietes unterwegs war, konnte immer wieder ein Metallgerüst über den Baumwipfeln sehen – das Teufgerüst des Bergbauschachts Donar 1 oder auch Radbod VI. Es ist ungewiss, wie lange dieser ungewöhnliche Anblick noch erhalten bleibt. Die Eigentümerin des Gerüsts, die Ruhrkohle AG (RAG), hat im Jahr 2016 den Rückbau beantragt. Es ist ein Prozess, der länger dauern kann, teilte der stellvertretende Pressesprecher Frank Schwarz mit.[1]

Der Schacht und das darüberstehende Teufgerüst wurden im Jahr 1986 als Teil des Steinkohlebergwerks Zeche Radbod in Hamm gebaut. 1300 Meter ging der Schacht mit dem Namen Radbod VI in die Tiefe. Er und ein zweiter Schacht in Herbern sollten Seilfahrten und die Materialförderung übernehmen. Ein fünf Kilometer langer Querschlag verband den Schacht VI mit einem Schacht in Hamm. Obwohl das Bergwerk 1989 über eine Millionen Tonnen Kohle förderte, wurde es im darauffolgenden Jahr geschlossen. Schacht Radbod VI kam nicht mehr zum Einsatz.[2]

Doch damit war das letzte Wort bezüglich des Schachtes in Herbern noch nicht gesprochen. 2005 warb die RAG für die Erschließung eines neuen Grubenfelds unter den Gemeinden Hamm, Drensteinfurt und Ascheberg. Das Kohlevorkommen Donar, eine hochqualitative Fettkohleschicht, wird auf 100 Millionen Tonnen geschätzt, die allerdings in rund 1500 Metern Tiefe liegt. Der vorhandene Schacht sollte als Donar 1 Seilfahrten, Frischwetter- und Materialversorgung übernehmen. Eine Projektion zeigt auf dem Gelände rund um das Teufgerüst mehrere Gebäude, einen Hubschrauberlandeplatz und einen großen Parkplatz.[3]

Da der Weltmarktpreis für Koks sank, fanden sich keine Investoren. Anfang Januar 2013 rollten 1200 Betonmischer durch Nordick. Der Schacht Donar 1/Radbod VI wurde verfüllt. Nicht bis zur Sohle – in 250 Metern Tiefe wurde eine 20 Meter dicke Betonbühne eingezogen. Um den darüber liegenden Hohlraum zu füllen, arbeiteten zehn Personen etwa eineinhalb Wochen rund um die Uhr.[4]

Auch an anderen Stellen des Kreisgebietes, so etwa im südlichsten Winkel, hatte es einmal konkrete Bergbaupläne gegeben – allerdings über 100 Jahre zuvor. Im Jahr 1902 war bei Probebohrungen bei Olfen die Existenz eines abbauwürdigen Kohlenflözes bestätigt worden. In 800–900 Metern Tiefe befindet sich eine Fettkohleschicht von über einem Meter Dicke. „Wann die hier entdeckten Kohlenschätze durch Abteufen nutzbar gemacht werden", fasste das Lüdinghauser Volksblatt zusammen, „entzieht sich

Abb. 1: Teufgerüst, Schacht Donar 1, Herbern. Das Zeugnis der Bergbaugeschichte soll abgerissen werden.

vorläufig jeder Berechnung, hoffentlich währt es nicht gar zu lange."[5]

Die Hoffnung, dass Olfen auch an dem Wohlstand des Ruhrgebietes anknüpfen könne, war zu diesem Zeitpunkt noch groß. Und das, obwohl ein tragischer Unfall, der sich am 28. Juni 1902 bei einer der Probebohrungen ereignet hatte, bereits gezeigt hatte, wie gefährlich das Bergbaugeschäft war: „Eine Katastrophe, durch welche ein Bohrturm zerstört und drei Personen verletzt wurden, ereignete sich heute Nachmittag gegen vier Uhr", hieß es in der Abendzeitung, „Nach dem Durchstoßen einer Steinschicht drang aus dem Bohrloch plötzlich ein heißer Strom, dann schlug eine gewaltige Flamme hervor, setzte den Turm in Brand und sprengte mit einem furchtbaren Knall die Kuppel des Bohrturmes, sodass die brennenden Bretter wohl 200 Meter weit geschleudert wurden und fast einen Brand im Walde veranlasst hätten ... Aus dem Bohrloch drangen 2–3 Stunden lang mit großer Wucht abwechselnd brennende Gase und Wassermassen empor, dann erst beruhigten sich die Elemente."[6]

Letztendlich war und ist es auch in Olfen die Tiefe der Flözschicht, die einen Abbau der Kohle verhindert.

Sehr viel erfolgreicher und gewinnbringender war im Münsterland dagegen der Abbau des Minerals Strontianit, das auch unter seinem plattdeutschen Namen „Strunz" bekannt ist.[7] Bereits 1834 hatte ein Bauer das Mineral in Nienberge entdeckt. Wirkliches Interesse erregte das Strontianitvorkommen aber erst, nachdem 1871 eine Zuckerfabrik in Dessau begann, mit Hilfe des Minerals den Restzucker aus Melasse zu gewinnen. Denn während das Wort „Restzucker" andeuten mag, dass es sich dabei um geringe Mengen handelt, ist genau das Gegenteil der Fall.

Bei der Zuckergewinnung aus Zuckerrüben kann nur die Hälfte des Zuckergehalts durch Kristallisierung gewonnen werden. Der „Rest" verbleibt in der übelriechenden Melasse. Der Rohstoffverlust alleine hatte die Zuckerfabrikanten nach Wegen zur besseren Ausbeute suchen lassen, die Zuckerbesteuerung nach Anzahl der Rüben statt nach Gewicht des gewonnenen Zuckers erhöhte dieses Interesse noch. Strontianit war so plötzlich ein gefragter Rohstoff.

700 Gruben mit 2200 Bergleuten entstanden im Münsterland.[8] Der große Vorteil für die Bauern war, dass Strontianit nicht zu den „bergfreien Erzen und Mineralien" gehört. Zu deren Abbau war – und ist – zwar eine behördliche Genehmigung nötig, aber nicht das Einverständnis der Grundbesitzenden, unter deren Grund abgebaut wurde. Anders beim Strontianit, dies war ihr Eigentum. Die Grubenbetreiber mussten für jeden abgebauten Zentner eine „Gebühr" zahlen.[9] Es verwundert also kaum, dass im Münsterland eine Art Goldgräberstimmung aufkam.

Schon 1883 flaute der Boom wieder ab. Mit dem günstigeren Coelestin war ein neuer Weg zur Zuckerproduktion gefunden worden. Dennoch wurden in Herbern weiterhin Gruben betrieben und neue errichtet. 1931 etwa wurde der Versuchsschacht Adrian südlich des Hauses Itlingen angelegt. Das Bergbauverfahren war schlicht: „Der Schacht soll", so heißt es im Antrag an den Preußischen Revierbeamten, „einen lichten Durchmesser von 2,30 m x 1,15 m erhalten und mit eichen [!] Holz von 0,15 m x 0,20 m Stärke ausgebaut werden ... Die Förderung soll nach Errichtung eines kleinen Förderturms mittels Lokomobile und kleinen Kübeln erfolgen."[10] Der Schacht war scheinbar nicht rentabel, schon im nächsten Jahr wurde der Betrieb eingestellt.[11]

Die letzte Herberner Grube schloss 1945. Sie war mit langen Unterbrechungen

Abb. 2: Strontianitgrube Adrian während des Baus 1931. Das Gerüst steht schon lange nicht mehr. Oberirdisch zeugen nur einige Mergelhalden von dem „Strontianitrausch" im Kreisgebiet.

seit 1898 betrieben worden, wie aus einem Brief an den Bergrevierbeamten aus dem Jahr 1941 hervorgeht: „Wir beabsichtigen, die von 1898–1906 und von 1911–1914 ... [betriebene] Grube Wilhelm I/II zu sümpfen [abzupumpen] und unter dem Namen Wickesack wieder in Betrieb zu nehmen. Die Grube ... hat eine Teufe von 75 m."[12] Das abgebaute Strontianit war diesmal nicht für die Zuckerproduktion gedacht. Wie ein zweites Schreiben zeigt, stand für den Fall eines Stromausfalls Rohöl bereit, „um ein Versaufen des kriegswichtigen Betriebes zu verhindern."[13] Das Mineral wurde nun zur Herstellung von Leuchtspurmunition benötigt.[14] Mit dem Einmarsch der Alliierten kam der Abbau zum Erliegen. Im selben Jahr noch soff die Grube ab. 1951 wurde sie verfüllt.[15] Die Suche nach den unterirdischen Schätzen im Kreisgebiet ist indes nicht vorbei. Im Jahr 2016 wurde in Herbern nach Gas gebohrt.

## 64
## Teilstück der Berliner Mauer, Havixbeck

# Der Tag X

Aufstellung: 1991

Unvermutet stoßen Spaziergängerinnen und Spaziergänger in Havixbeck auf ein Stück deutsch-deutscher Geschichte. Zwischen Friedhof und Anne-Frank-Gesamtschule steht ein Stück der Berliner Mauer. Auf der Seite zum Weg weist es ein verblasstes Graffiti auf. Die andere Seite ist grau. Dort stabilisiert ein langer Fuß das Mauersegment. An ihm lässt sich erkennen, dass diese Seite einst zum Ostteil der Stadt Berlin ausgerichtet war.

Neben dem Mauerelement erhebt sich eine kupferfarbene Stele. „... Eine Mauer ist verdammt noch mal besser als ein Krieg ..." ist darauf zu lesen. Das Zitat, das dem US-amerikanischen Präsidenten J.F. Kennedy zugeschrieben wird, hat ein Geschichtskurs der Anne-Frank-Gesamtschule ausgewählt.

Am Sonntag, den 13. August 1961 um 1.00 Uhr nachts hatten Mitglieder der Volks- und Grenzpolizei sowie Angehörige von Betriebskampfgruppen der DDR mit der Abriegelung West-Berlins begonnen. Auf 160 Kilometern versperrten sie die Straßen und unterbrachen die Nahverkehrsverbindungen. Als die Stadt erwachte, war das Straßenpflaster an der Sektorengrenze aufgerissen, das ein Befahren unmöglich machte. Mobile Straßensperren – Spanische Reiter – und Stacheldraht blockierten den Weg.[1]

Abb. 1: Segment der Berliner Mauer an der Anne-Frank-Gesamtschule in Havixbeck

Ohnmächtig mussten die Menschen in Ost und West dem Geschehen zuschauen. Willy Brandt, damals Regierender Bürgermeister von Berlin, fand drastische Worte: „... das kommunistische Regime [hat] in den letzten 48 Stunden das Eingeständnis dafür geliefert, daß es selbst Schuld ist an der Flucht von Deutschen nach Deutschland. Eine Clique, die sich Regierung nennt, muß versuchen, ihre eigene Bevölkerung einzusperren. Die Betonpfeiler, der Stacheldraht, die Todesstreifen, die Wachtürme und die Maschinenpistolen, das sind die Kennzeichen eines Konzentrationslagers."[2]

Zwar war West-Berlin nun eingeschlossen, doch richtete sich die Abriegelung gegen die Menschen in Ost-Berlin und der DDR, die den Weg über den Westteil der Stadt als letztes Schlupfloch gen Westen genutzt hatten. Denn die Innerdeutsche Grenze war schon seit 1952 abgeriegelt, seit 1949 hatten viele Menschen die DDR verlassen. Allein in den ersten sieben Monaten des Jahres 1961 hatten rund 125.000 Personen dem Land den Rücken gekehrt.[3]

Die Mauer, die seinerzeit errichtet wurde, sah ganz anders aus als das Mauersegment, das in Havixbeck steht. Anfangs wurden einfache Hohlblocksteine verwendet. In den knapp drei Jahrzehnten bis zum Mauerfall wurde die Vorderlandmauer – „die" Berliner Mauer, die von Westen aus zu sehen war – mehrfach ausgetauscht. Nach jedem Fluchtversuch wurden die Schwächen der Grenzen ausgewertet. Das Havixbecker Teilstück gehört zur letzten Mauergeneration, der sogenannten „Grenzmauer 75", die ab 1975 aufgestellt wurde. Die Seite nach Ost-Berlin war weiß oder hellgrau gestrichen, damit die Schatten der Flüchtenden auf ihr schneller zu entdecken waren. Die glatte Oberfläche und die runde Mauerkrone – diese fehlt beim Havixbecker Stück – sollten keine Möglichkeit zum Festhalten bieten.[4]

45.000 Mauerelemente, davon 29.000 im Innenstadtbereich, wurden in den nächsten Jahren aufgestellt. Erst jetzt wurde die Mauer auf der Westseite mit Graffiti bemalt – die Oberfläche der früheren Generationen war nicht zum Bemalen geeignet gewesen.

Nordrhein-Westfalen und damit auch das Kreisgebiet waren keine Anrainer der Innerdeutschen Grenze. Die Teilung Deutschlands war aber auch tief im Westen ein Thema. 1988 rief das Kreiskuratorium Coesfeld „Unteilbares Deutschland" Jugendliche zu einem Wettbewerb auf. Gesucht wurde die beste Geschichte zum Thema „Am Tag X, als die Mauer fiel ..." Eine der Geschichte ist im Kreisarchiv Coesfeld erhalten. Die Schülerin Heike aus Coesfeld verfasste ihren Beitrag im Stil einer Nachrichtensendung:

„Studiosprecher:
... Im Verlauf des heutigen Vormittags wurde der Vertrag über den Abriß der Berliner Mauer von DDR-Staatsrat Erich Honnecker, Bundespräsident Richard von Weizsäcker, sowie von dem amerikanischen Präsidenten Ronald Reagen und dem russischen Staatschef Michael Gorbatschow in Ost-Berlin unterschrieben. Kurz darauf wurde die Mauer von Jugendlichen aus beiden Teilen Deutschlands gestürmt und teilweise abgerissen ...

Reporter vor der Berliner Mauer:
... Im Hintergrund sehen Sie die stark beschädigte und in weiten Teilen abgerissene Mauer, über der Jugendliche und ältere Bürger aus beiden Teilen Deutschlands ausgelassen feiern ...

Erich Honnecker:
Der Antifaschistische Schutzwall ist heute gefallen, doch wir dürfen nicht vergessen, daß immer noch zwei sehr verschiedene Staaten mit unterschiedlichen Staatsformen existieren ... "[5]

Ein Jahr später fiel die Berliner Mauer durch die friedliche Revolution in der DDR tatsächlich. Wie in der Fiktion der Schülerin feierten Menschen von Ost und West auf und vor der Mauer und lagen sich in den Armen. Der Abriss der verhassten Mauer begann bald darauf. Eine Unterschutzstellung und Erhaltung der Anlage als Gedenkstätte gelang nur auf – vergleichsweise – wenigen Metern.[6]

Während ein Großteil der Mauersegmente nach dem Abriss zerkleinert und für den Straßenbau und ähnliches benutzt wurde, begann schon bald der gewinnbringende Verkauf von Mauerstücken – sowohl als kleine Brocken für Touristinnen und Touristen, als auch als vollständiges Segment mit Kunstwert. 360 besonders hochwertig bemalte Mauerteile wurden zu Preisen bis zu 40.000 DM verkauft. Letztere verkauften nicht die „Mauerspechte", sondern mit Beschluss vom 29. Dezember 1989 der DDR-Außenhandelsbetrieb Limex-Bau. Die Einnahmen sollten dem Staatshaushalt zugeführt werden. Als in der Bevölkerung Ost-Berlins und der DDR Proteste gegen die kommerzielle Nutzung aufbrausten, beschloss die neue Regierung, die Einnahmen dem Denkmalschutz und dem Gesundheitswesen zugutekommen zu lassen.[7]

Abb. 2: Am 17. Januar 1991 wurde das Segment am Feuerwehrgerätehaus, seinem vorläufigen Standort, aufgestellt.

Das Mauersegment in Havixbeck wurde der Gemeinde durch ihre Bundeswehr-Patenbatterie geschenkt. Wie das 3. Panzerartilleriebattaillon 195 aus Münster-Handorf an das Stück gekommen ist, bleibt offen. Zwar erhielten westdeutsche Unternehmen, die sich an der Beseitigung der Grenzanlage beteiligten, als Dank drei vollständige Mauersegmente geschenkt, doch war die Bundeswehr hier nicht beteiligt.[8]

Den Weg ins Münsterland fanden auch Übersiedlerinnen und -siedler aus der DDR. Schon vor dem Mauerfall waren zahlreiche Flüchtlinge über die Prager Botschaft in den Westen gelangt. In Schöppingen, unweit des Kreisgebietes, wurde in der ehemaligen NATO-Kaserne ein Auffanglanger errichtet.[9] Auch im Kreis Coesfeld fanden die Übersiedelnden – vor und nach der Vereinigung der deutschen Staaten 1990 – ein neues Zuhause. So notiert der Pfarrer in der Olfener Pfarrchronik, dass in Olfen eine Stelle frei sei, für die sich in der Gemeinde niemand gefunden habe. „Auf eine Zeitungsanzeige meldeten sich einige Bewerber. Die Zustimmung erhielten J. und I.S. aus Sachsen. Sie hatten einzeln vor und nach der Öffnung der Grenze ihre Heimat verlassen und wollten eine neue Existenz aufbauen ..."[10]

## 65
### Freilichtbühne Billerbeck

# Ein Ort für Einheimische und Gäste

Gründung: 1950

„Billerbeck Westf" ist auf dem Poststempel anlässlich des 1250. Geburtstages des Heiligen Liudger zu lesen. Eine Zeichnung des Heiligen mit den Gänsen als Attribut und dem Ludgerus-Dom vervollständigt das Sonderpostwertzeichen aus dem Jahr 1992. Der Poststempel einer Sendung, die im Jahr 2017 in Billerbeck abgeschickt wird, trägt dagegen im Regelfall nur den Hinweis auf das Postzentrum 48 und das Datum. Eine Nutzung von Poststempeln als Werbeträger des Fremdenverkehrs, wie es in den 1960ern und 1970ern zum Beispiel üblich war, kommt nur noch selten vor.

Genau dies schlug der Billerbecker Anzeiger im Juni 1928 vor. Der Ort erlebte seit dem Bahnanschluss 1908 einen Anstieg an Reisenden, die jenseits einer Wallfahrt in die Stadt kamen, so dass die wirtschaftliche Bedeutung der Gäste bekannt war. Nun kritisierte die Zeitung, dass nicht aktiv für Billerbeck als Ausflugsort geworben wurde: „Woher wissen nun die Fremden, daß Billerbeck und seine Umgebung sehenswert sind? ... Wir verlassen uns auf unser Glück; kommen Fremde, dann freuen wir uns, kommen sie nicht, na, wir bedauern das mit einem Seufzer ... Wenn nun schon so manche Leute aus anderen Gegenden zu uns kamen, weil sie zufällig von Billerbeck, und dass es dort schön sei, gehört hatten, wie viel mehr Fremde würden unsere Stadt besuchen, wenn sie direkt auf sie aufmerksam gemacht würden ... Wie wäre es, wenn sich die Stadtvertretung einmal ernstlich mit dem Gedanken der Werbung für Billerbeck als Ausflugsort befasst und mal mit einem heroischen Entschluss den Anfang macht mit der Poststempelreklame."[1]

Der Appell zeigte Wirkung. Drei Tage später gründete die Stadtvertretung eine Verkehrs- und Werbekommission. Eine der ersten Aktivitäten des Ausschusses war ein Aufruf im Billerbecker Anzeiger. Die früher um Billerbeck verteilten Ruhebänke für Wandernde sollten erneuert werden. „Da dem Ausschuß selbst bisher noch keinerlei Mittel zur Verfügung gestellt sind, wird der Vorschlag gemacht, die einzelnen Vereine möchten solche Ruhebänke stiften ..." Schon mit dem Aufruf konnte die erste Spende – eine Bank für den Weihgarten – bekannt gegeben werden.[2] Es scheint, als habe kein Verein als „Nicht-Spender" dastehen wollen, ein „gewisser Wetteifer" brach unter ihnen aus. Rund zwei Wochen später waren bereits acht Bänke gespendet worden und einige standen bereits an ihrem Platz.[3]

In den folgenden Jahren veröffentlichte der Verkehrsausschuss den wohl ersten Stadtführer und errichtete gemeinsam

Abb. 1: 2016 führte das Ensemble der Freilichtbühne Billerbeck das Stück „Zauberer von Oz" auf.

*271*

Abb. 2: Motivstempel Billerbeck aus Anlass der Sonderbriefmarke zum 1025. Geburtstag des Hl. Liudger

mit anderen Orten des Münsterlandes ein Hauptwanderstreckennetz. Blumenschmuckwettbewerbe sollten die Bevölkerung animieren, an der Verschönerung der Straßen und Plätze teilzunehmen. Schon vorher war der Slogan „Perle der Baumberge" entstanden, der immer noch genutzt wird. „Da meine Geburtsheimat Lügde", berichtete Amtsinspektor Fasse später, „... schon damals sich ‚Perle des Weserberglandes' nannte, lag es nahe, diese Bezeichnung auch für Billerbeck vorzuschlagen, was allgemeinen Anklang gefunden und seit dem nicht mehr wegzudenken ist."

Eine weitere Maßnahme der touristischen Erschließung – diese aus der Nachkriegszeit – besteht ebenfalls noch. Im Jahr 1950 schlugen Bäcker Bernhard Engbers und Elektromeister Alex Hesselmann in Billerbeck vor, eine Freilichtbühne zu errichten. Im März stellte die neu gegründete Gemeinschaft der Billerbecker Theaterfreunde, den Antrag an die Stadtgemeindevertretung, ein Stück des Weihgarten nutzen zu dürfen. Sie argumentierte, dass eine Freilichtbühne der Hebung des Fremdenverkehrs diene, „da hier sämtliche Industrie fehlt".[4] Die Stadtgemeindevertretung entschied positiv.[5]

Nicht nur in Billerbeck, sondern auch in Coesfeld-Flamschen und in der gesamten Bundesrepublik, wurden in den Nachkriegsjahren Freilichtbühnen gegründet. Als Laientheater ohne Notwendigkeit eines Theaterbaus boten sie eine kostengünstige Möglichkeit in Gegenden ohne Theaterhäuser das kulturelle Angebot zu erweitern.[6] Gleichzeitig war sie ein Zeichen der Normalisierung des Alltags. Der Krieg und die schwersten Nachkriegsjahre lagen hinter der Bevölkerung. „Wir waren nicht nur körperlich, sondern auch seelisch ausgehungert, das Bedürfnis nach kulturellen Gütern war allenthalben groß", beschrieb der damalige Bürgermeister Bernhard Westphal die Gründungsphase rückblickend in der Festschrift zum 25-jährigen Bestehen. „Besonders in einer Kleinstadt wie Billerbeck gab es wenig Abwechslung ..."[7]

Unter dem Klang der Feuerwehrkapelle zog am 25. März 1950 die Laienspielgruppe mit den Stadtverordneten und zahlreichen Gästen zum Weihgarten. „Es war 18.00 Uhr, und der Boden im Weihgarten wartete auf den ‚ersten Spatenstich' zur Gründung der Freilichtbühne", heißt es in der Festschrift. Als erstes Stück wurde Schillers „Die Räuber" ausgewählt. Am 4. Mai wurden beim Gastwirt Elfers die Rollen unter den Mitgliedern der beiden bestehenden Theatervereine und interessierten „Ostvertriebene[n]", wie der Billerbecker Anzeiger meldete, verteilt.[8] Schon am 29. Juli 1950 fand die erste Aufführung statt. „Die Bühne verfügt in dem dichten Tannenwald über eine Naturkulisse, die gerade bei den „Räubern" gut zu brauchen war", urteilte die Zeitung, „Während der letzten Akte standen über dem Bühnenbild zwei schwere schwarze Wolken, das tragische Geschen auf der Bühne gleichsam unterstreichend..."

Abb. 3: Immer noch dient der Baumbestand um die Bühne als natürliche Kulisse.

In den folgenden Jahren führte die Gruppe weitere Klassiker auf. 1951 stand Shakespeare mit „Was ihr wollt" auf dem Programm, 1952 „Jedermann" von von Hofmannsthal, dann 1953 Lessings „Minna von Barnhelm". In der Saisonverlängerung dieses Jahres wagte sich Intendant Johannes Poetsch an eine Operette. „Der Zuspruch war nicht so überwältigend, und Poetsch vertraute seinen Freunden später an, daß er wünsche, diese Sache ungeschehen machen zu können."[9]

Bis 1954 hatten 12.000 Zuschauerinnen und Zuschauer die Freilichtbühne besucht. Zu einem Aufschwung des Fremdenverkehrs hatte sie beigetragen. Doch stellte der Kultur- und Verkehrsausschuss bedauernd fest, dass „nur der geringste Anteil auf die Bürger von Billerbeck falle." Die Bürgerschaft habe „nicht den gewünschten Rückhalt geboten, für eine Institution, die die Stadt weit bekannt" gemacht habe.[10] Zwar besuchte die Billerbecker Bevölkerung die Aufführungen nicht so zahlreich, als aber 1957 die Stadt den Zuschuss für neue Sitzbänke strich, sprang sie bei.[11]

Seit 1962 ist die Freilichtbühne Billerbeck auch für ihre Kinderstücke bekannt, denen sie den Beinamen „Märchenbühne" verdankt. Neben den klassischen Märchen sorgte später auch moderne Kinderliteratur für gefüllte Zuschauerbänke. Den Zuschauerrekord verbuchte 1996 Angelika Obers Inszenierung von „Jim Knopf und Lukas der Lokomotivführer". Mehr als 20.000 Menschen sahen das Stück.[12]

## 66
### Heilig-Kreuz-Kirche, Dülmen

# Eine Selige auf der Straße der Moderne

Bauzeit: 1936–1938

Kirchenarchitektur scheint in eine Zeit sich leerender Gotteshäuser etwas zu sein, das insbesondere im Urlaub interessant ist. Romanische Kirchen, gotische Dome und barocke Kapellen stehen auf den Ausflugsprogrammen vieler Reisender. Der Kirchenbau des 20. Jahrhunderts ist selten ein Ziel. „Warum eigentlich?", fragte sich das Deutsche Liturgische Institut in Trier und rief das Projekt „Straße der Moderne"[1] ins Leben. Viele der Bauten, die es seit 2015 in einer Online-Ausstellung vorstellt, liegen abseits des Ortskerns – auch die Heilig-Kreuz-Kirche in Dülmen. Die Bauten wirken von außen schlicht oder irritierend, werden übersehen oder mit einem Kopfschütteln quittiert. Dabei waren bei vielen die großen Architekten des 20. Jahrhunderts am Werk.[2]

Einer dieser Architekten war Dominikus Böhm. 55 Kirchen baute er in seinem Leben und verwendete dabei die unterschiedlichsten Stile – gerne auch an einem Bau. Er war der erste deutsche Architekt, der das neue Material Beton für den Kirchenbau verwendete. Es ermöglichte ihm, den Bau als Skulptur zu behandeln, Wände zu falten oder die Außenmauern parabelförmig zu schwingen. Letzteres brachte ihm 1931 eine Ermahnung von Papst Pius XI. ein. St. Engelbert in Köln gefiel dem Pontifex gar nicht. Böhm solle künftig die Tradition wahren.[3] Tatsächlich verzichtete Böhm an seinen späteren Bauten auf solche Formen. Nun bevorzugte er wehrhafte, romanisierende Bauwerke, wie es sich auch an der Heilig-Kreuz-Kirche zeigt. Raues Sandsteinmauerwerk verblendet den Stahlbeton.[4]

Die Pfarrgemeinde Dülmen hatte den Bau des Gotteshauses 1936 in Auftrag gegeben, da St. Viktor (Kap. 28), die einzige Kirche im Ort, zu klein geworden war.[5] Nicht selten verblüfft sind jene, die zum ersten Mal durch die Portale der Kirche treten. Hier erstreckt sich ein großer, majestätischer Raum. Geschickt unterstreicht die Lichtführung Böhms den Eindruck der Weite. Gen Osten steigert sich die Helligkeit. Mit voller Kraft strömt das Licht durch die langen Fenster in den quadratischen Anbau hinter dem Kreuz, der gemeinsam mit der Krypta eine Unterkirche bildet.

Traditionell wäre ein solcher Ostanbau der Ort des Hochaltars. Stattdessen platzierte der Katholik Böhm den Altarraum um 14 Stufen erhöht im Langhaus vor dem Lichtraum. Bis wenige Jahre nach dem II. Vatikanum (1962–1965) feierte der Pfarrer die Messe mit dem Rücken zur Gemeinde. Die Reform der Liturgie war eine der prägnantesten Entscheidungen dieser Versammlung von Papst und Bischöfen. Sichtbar wurde diese Veränderung am freistehenden Altar. Der Pfarrer zelebrierte nun die Messe

Abb. 1: Innenraum der Heilig-Kreuz-Kirche in Dülmen mit Blick nach Osten

*275*

Abb. 2: Unterkirche mit Blick nach Westen. Das Grab Anna Katharina Emmericks liegt im Lichtraum. In der Krypta steht der Taufstein. Die Böhmsche Taufkapelle wurde im Zweiten Weltkrieg zerstört.

mit dem Gesicht zur Gemeinde. In den 1970er-Jahren reagierte die Heilig-Kreuz-Gemeinde baulich auf diese Veränderung. Ein Zelebrationsaltar wurde vorn auf dem Stufenberg aufgestellt. Mit dem erneuten Umbau 2004/2005 rückte der Altar ins Zentrum, er befindet sich nun auf der hölzernen Altarinsel inmitten der Gemeinde. Anstelle des Hochaltars erhebt sich ein schlankes Kreuz auf dem Stufenberg.[6]

Darin steckt Symbolik. Der Stufenberg steht für den Kreuzweg mit seinen 14 Stationen und damit für den Leidensweg Christi. Sinngemäß ist dies der Berg Golgatha, auf dem Christus gekreuzigt wurde. „Das Kreuz steht für den Tod Christi", erklärt Gemeindepfarrer Peter Nienhaus, „aber auch für unseren Tod.

Es bildet hier nicht den Schlusspunkt, sondern steht an einer Schwelle. Es will sagen, da kommt was hinterher. Unser Leben endet nicht mit dem Tod. Wenn die Sonne scheint, dann flimmert der Raum hinter dem Kreuz. Das soll der Himmel sein."[7] Der Lichtraum, der Himmel, birgt eine weitere Besonderheit. Dort liegt die Grabstätte der Seligen Anna Katharina Emmerick.

Anna Katharina wurde 1774 in der Coesfelder Bauerschaft Flamschen als Tochter eines Kötters geboren. Armut prägte ihren Lebensweg. Schon als junges Mädchen war ihr sehnlichster Wunsch, Nonne zu werden. Doch kein Kloster wollte die arme Kötterstochter aufnehmen, da sie keine Mitgift besaß. Erst 1802 erreichte die 28-Jährige durch die Vermittlung von anderen ihr Ziel. Sie durfte in das Kloster Agnetenberg eintreten.

Es war eine Zeit des Umbruchs für Klöster. Schon kurz nachdem Anna Katharina aufgenommen worden war, gingen die geistlichen Güter aufgrund des Reichsdeputationshauptschlusses 1803 (Kap. 19) in adeligen Besitz über. Anfangs konnten die Nonnen der Schließung entgehen, da sie die Bürgerstöchter der Stadt unterrichteten. Doch löste Napoleon 1811 auch die verbliebenen Klöster auf.[8] Bei dem ehemaligen Hausgeistlichen des Klosters, dem französischen Priester Abbé Lambert, fand Anna Katharina Unterschlupf. Ein halbes Jahr führte die Nonne seinen Haushalt, bevor sie schwer erkrankte.

Am 28. August 1812 zeigten sich am Körper der tief gläubigen Frau zum ersten Mal die Wundmale Christi. Sie blutete an Händen, Füßen und der Stirn. Auch die Seitenwunde Christi zeichnete sich ab und auf ihrer Brust erschien ein Doppelkreuz. Die Stigmata der Nonne lösten in Dülmen und weit darüber hinaus heftige Kontroversen

Abb. 3: Gedenkstätte Anna Katharina Emmerick. Sie befindet sich unter dem Lichtraum.

aus. Kritiker versuchten Anna Katharina vergeblich als Betrügerin zu überführen.[9] Der Dülmener Bevölkerung galt sie bald als heilig. Viele suchten sie auf, um Rat einzuholen und sie um ihr Gebet zu bitten. Auch hochrangige Personen kehrten in ihr Krankenzimmer ein, denn Anna Katharina war zu diesem Zeitpunkt fast durchgängig bettlägerig. Für die Verehrung der Mystikerin ist der bekannte Schriftsteller Clemens Brentano besonders entscheidend. Er sah seine Berufung darin, die Visionen Anna Katharinas aufzuzeichnen. 1832 veröffentlichte er ihre Visionen über das Leiden Christi.[10] Das Buch, das sie als Urheberin nennt, machte die Mystikerin auch in den USA und in Südamerika bekannt.[11]

1824 starb Anna Katharina Emmerick. Ihr Leichnam wurde unter großer Anteilnahme der Bevölkerung auf dem neuen Friedhof außerhalb der Stadt begraben. Dort baute Böhm die Heilig-Kreuz-Kirche, denn auch während der Zeit des Nationalsozialismus war die Verehrung für Anna Katharina ungebrochen. Die neue Kirche sollte zugleich Grab- und Wallfahrtskirche werden. „Böhm hat von Anfang an vorgesehen, dass Emmerick in dem Lichtraum begraben wird", berichtet Peter Nienhaus, „das heißt, sie ist im Licht Gottes angekommen."[12] Dazu kam es aber erst nach dem Umbau 2004/2005.

Zum Zeitpunkt der Umbettung war endlich erreicht, wofür sich die Gemeinde, der Emmerick-Bund und viele andere seit Jahrzehnten eingesetzt hatten: Anna Katharina war am 3. Oktober 2004 durch Papst Johannes Paul II. seliggesprochen worden.

### 67
**Ernsting Service Center, Lette, Coesfeld**

# Motivierende Meisterwerke

Bauzeit: 1998–2001

Welchen Stellenwert hat Architektur für ein Unternehmen? Muss sie lediglich ein Dach über dem Kopf der Mitarbeiterinnen und Mitarbeiter bereitstellen sowie eine Halle für Geräte und Produkte bieten, wie es manches Gewerbegebiet in der Bundesrepublik suggerieren mag? Auf dem Betriebsgelände des Textilhandelsunternehmens Ernsting's family am Rande von Lette zeigt schon ein Blick auf die gepflegte Parkanlage, in die die einzelnen Bauten eingebettet sind, dass hier nicht nur Zweck und Funktionalität entscheidend sind. Zwischen den grünen Bäumen und sanften Hügeln mit ihrem Ziergrasbewuchs liegt ein verschachtelter, zweigeschossiger Bau – das Ernsting's family Service Center. Nach außen öffnet sich der Bau durch an- und aufeinandergesetzte Loggien aus dunkelgrauem Sichtbeton mit tief zurückliegenden Glasscheiben. Massive Außenwände scheint er kaum zu besitzen.

Auch im Inneren setzt sich das Prinzip der Offenheit fort. Zentrum des Bauwerks ist eine große, hohe Halle. Sie ist der Zentralort des Unternehmens. Von hier aus erreichen die Mitarbeiterinnen und Mitarbeiter ihre Arbeitsplätze. Hier treffen sie in der kleinen Cafeteria wieder zusammen und hier warten Gäste auf ihre Termine. Zu drei Seiten ist sie von einer zweigeschossigen Galerie umfasst, die das Raster der Loggien übernimmt. Auf der vierten Seite erhebt sich eine glatte Sichtbetonwand bis nach oben zu dem Fensterband, über dem das Dach zu schweben scheint. Auch die Treppe, die zum Obergeschoss führt, erhebt sich schwerelos. Zu den Materialen Glas und Beton fügte der Architekt David Chipperfield im Inneren Holz hinzu, das dem Raum eine warme Atmosphäre verleiht.[1]

David Chipperfields bekannteste Arbeit in der Bundesrepublik ist sicherlich die Wiederherstellung des Neuen Museums auf der Museumsinsel in Berlin. Dass der Entwurf für die Unternehmenszentrale von dem international gefeierten Architekten stammte, wussten die Ernstings zu dem Zeitpunkt, als sie sich für den Entwurf entschieden, nicht. Sie hatten 1998 einen anonymen Wettbewerb ausgeschrieben.

Schon bei seinem ersten Bauprojekt war Kurt Ernsting eine inspirierende Architektur wichtig. „Architektur, das gehört zu den zehn, vielleicht zu den sechs wichtigsten Dingen im Leben", erklärte der Unternehmensgründer einmal. „Weil die Architektur mich täglich umgibt, und weil sie mich formt."[2]

Eigentlich wollte Kurt Ernsting Landwirt werden. Sein älterer Bruder sollte das elterliche Bekleidungsgeschäft in Coesfeld führen. Doch dem Bruder

Abb. 1: Ernsting Service Center, Lette. In den Vitrinen rechts liegen Objekte aus der Firmengeschichte.

Abb. 2: Die bewegte Gartenlandschaft dient als Gegenpol zur ruhigen Form des Ernsting Service Center.

lag das Geschäft nicht und so begann Kurt Ernsting 1951 eine Textillehre und übernahm 1958 das Geschäft. In dem Coesfelder Geschäft wurde feinere Damenbekleidung verkauft – mit Bedienung. Einfache Kleidungsstücke wie die in dieser Zeit beliebte Kittelschürze für Frauen gehörten nicht zum Sortiment.[3] Alltagskleidung, die günstig und qualitativ hochwertig war – Kurt Ernsting erkannte darin einen Absatzmarkt.

Auf dem Lebensmittelmarkt entstanden in den 1960er-Jahren die ersten Discounter, die haltbare Lebensmittel zu günstigen Preisen anboten und das Personal durch Selbstbedienung verringerten. Kurt Ernsting orientierte sich an ihnen, als er im Oktober 1967 den ersten Minipreis-Laden eröffnete. Der kleine Laden befand sich in der Waschküche des elterlichen Geschäftes. Diese Beschreibung lässt es nach einem Geheimtipp klingen, doch wurde ganz offen auf den Laden hingewiesen. Seine Kontakte ermöglichten ihm, gute Waren günstig einzukaufen. Während im elterlichen Geschäft die Vertreter kleine Warenmengen anboten, wandte sich Kurt Ernsting nun direkt an die Hersteller und kaufte größere Mengen.[4]

Das Konzept hatte Erfolg. Schon wenige Monate später öffnete Ernsting eine Filiale in Coesfeld. „Bei zehn ist Schluss", steht an einer der Vitrinen in der großen Halle des Service Centers. Sie präsentieren Erinnerungsstücke aus der 50-jährigen Firmengeschichte. Es ist ein Ausspruch Kurt Ernstings. Mehr als 10 Filialen sollte der Miniladen nicht haben. 1969 waren es dann schon 15 Filialen mit 23 Mitarbeiterinnen und Mitarbeitern. Und bald brauchte das wachsende Unternehmen größere Lagerfläche.

Kurt Ernsting entschloss sich Anfang der 1970er-Jahre in Lette zu bauen. Der befreundete Architekt Herbert Falk, der Ernstings Interesse für Architektur geweckt hatte, plante ein Bürogebäude im Bungalowstil. Es stand an der Stelle des Ernsting Service Centers. Als Ernsting den stützenlosen Raum sah, ent-

Abb. 3: Die gläserne Fassade des Hochregallagers wurde von dem deutschen Glaskünstler Nabo Gaß gestaltet. Hier kommt Lily Ernstings Leidenschaft für Glaskunst zum Tragen, der Lette auch ein Glasmuseum verdankt.

Abb. 4: Vertriebszentrum von 1984. Der Entwurf stammt von Santiago Calatrava.

schied er, auf die geplanten Raumteiler zu verzichten.⁵

Viermal erweiterte das Unternehmen das Betriebsensemble mit meisterhafter Architektur. Bei der ersten Erweiterung 1984, dem Vertriebszentrum, war ein funktionaler Bau gefragt. Aber die Fassade sollte nicht nur wie eine „Kiste" aussehen. Bernd Ernsting, Kurts Sohn, schlug vor, einen Wettbewerb für die Fassadengestaltung auszuschreiben und begründete damit die Ernstingsche Tradition der Ausschreibungen. Als letztes baute die Firma ein Parkhaus, bei dem der Wettbewerb an Absolventinnen und Absolventen von Architekturhochschulen gerichtet war. Das Ergebnis ist ein Bau, auf den ein Blick zu werfen sich lohnt.⁶

Inzwischen hat das Unternehmen 1.800 Filialen und 12.000 Mitarbeiterinnen und Mitarbeiter. Die Kleidung wird inzwischen nicht mehr einfach angekauft, sondern in Lette design und dann von Partnern im Ausland hergestellt. Nach dem Einzug in den Chipperfield-Bau – zuvor waren die Büroräume auf alle Bauten verteilt gewesen – bemerkte Kurt Ernsting: „Nach wenigen Monaten konnten wir mit frohem Erstaunen feststellen, dass unsere zählbaren Erfolgsergebnisse besser waren, als gewohnt oder erwartet. Der Grund: In der neuen, für unsere family gestalteten Umgebung, machen wir weniger Fehler als vorher. ... So einfach ist das. Dank guter Baukunst."⁷

# 68
## Photovoltaikanlage Coesfeld-Flamschen

# Neue Energien

Bauzeit: 2011

Im Bundestagswahlkampf 1961 stellte der SPD-Politiker Willy Brandt eine Forderung auf, die inzwischen seltsam wirkt, ihm damals aber einigen Hohn einbrachte. Er verlangte: „Der Himmel über dem Ruhrgebiet muss wieder blau werden!"[1]

130 mit Kohle befeuerte Hochöfen und Konverter und fast 100 Kraftwerke sorgten im Ruhrgebiet für das Wirtschaftswunder der Bundesrepublik. Auf jede Tonne Roheisen entfielen 8,6 Kilogramm Staub. Jeden Tag mussten die Werksdächer geräumt werden, da sonst die Stabilität der Gebäude gefährdet würde. Staub und Schwefeldioxid verdunkelten den Himmel. Und sie führten zu höheren Raten bei Krebs (u.a. Leukämie) und anderen Krankheiten.

Langsam, wenn auch nicht durch Brandts Versprechen, der die Wahl verlor, wurden Maßnahmen getroffen. In Nordrhein-Westfalen wurde 1962 ein Immissionsschutzgesetz erlassen. Auch im Kreis Lüdinghausen wurden nun Staubniederschlag und Schwefeldioxyd-Konzentration gemessen. In den folgenden Jahrzehnten brachten ein Abstandserlass, die umstrittene Erhöhung der Hochschornsteine – die den Staub in noch weiterer Entfernung verteilten – und Filteranlagen eine Reduktion der Staubbelastung. Die Gefahren durch den $CO_2$-Ausstoß blieben bestehen.

Als saubere Energiegewinnung wurde lange die Atomkraft hochgehalten. Doch spätestens seit der Katastrophe von Fukushima am 11. März 2011 hat ein Umdenken stattgefunden. In der Bundesrepublik produzierten zu dieser Zeit 17 Atomkraftwerke etwa 25,9 % des Stroms.[2] Zwar gibt es im Kreis Coesfeld kein Atomkraftwerk, in ganz Nordrhein-Westfalen gibt es keins. Doch liegt der Kreis in der Außenzone des Atomkraftwerkes Lingen. In dieser Zone mit einem Radius von 100 Kilometern sollen im Fall eines Supergaus Jodtabletten ausgegeben werden. Die Menschen würden zum Aufenthalt in Gebäuden aufgefordert und sollte der Wind ungünstig stehen oder es regnen, könnte auch diese Zone evakuiert werden.

Ganz abgesehen davon gilt es, mit dem Umdenken die Nutzung von anderswo erzeugtem Atomstrom zu beenden. Schon vor der Katastrophe von Fukushima engagierte sich der Kreis Coesfeld für die Förderung von erneuerbaren Energien. So war die Planung der Photovoltaikanlage in Coesfeld-Flamschen schon vor dem 11. März 2011 in Angriff genommen worden. Etwa eineinhalb Monate nach der Katastrophe begann der Bau der Photovoltaik-Freiflächenanlage. Bewusst war als Standort für die Anlage die ehemalige Bauschuttdeponie in Flamschen

Abb. 1: Die Photovoltaikanlage in Coesfeld-Flamschen erzeugt Strom für ca. 200 Vier-Personen-Haushalte.

Abb. 2: Biogasanlage bei Billerbeck. In einer solchen Anlage werden Energiepflanzen – etwa Mais –, Gülle, und Bioabfälle mikrobiell abgebaut – gegärt –, wobei Gas entsteht, das in Energie umgewandelt wird.

ausgewählt worden. So wurden weder landwirtschaftliche Nutzfläche noch Grünflächen verbraucht. Jedes Modul der Anlage erzeugt unabhängig vom Einstrahlwinkel und selbst bei Bewölkung aus Sonnenlicht Gleichstrom mit einer Leistung von 80 Watt. Durchschnittlich speist die Anlage 900.000 Kilowattstunden in das öffentliche Stromnetz, genug für den Jahresverbrauch von 200 Vier-Personen-Haushalten.[3] Damit wird ein jährlicher $CO_2$-Austausch von 680 Tonnen vermieden.[4] Neben dieser großen Anlage gab es im Jahr 2014 6.562 kleine private Sonnenkollektoren. Damit haben 11 % der 59.139 Wohnhäuser im Kreisgebiet eine Anlage auf dem Dach.[5] Hier gibt es, wie aus dem Energie- und Klimaschutzkonzept des Kreises hervorgeht, noch viel Ausbaupotenzial.

Wenig Potenzial zur Erweiterung hat aufgrund der vorhandenen Anlagendichte die Energiegewinnung aus Biomasse. Schon 2013 waren 43 Anlagen im Kreis mit einer Gesamtleistung von 99.334.000 Kilowattstunden installiert.[6]

Neben diesen beiden verhältnismäßig jungen Formen der Gewinnung von erneuerbarer Energie, wird die Nutzung von Wind und Wasserkraft schon seit Jahrhunderten im Kreisgebiet praktiziert. Die Wassermühle Westerath (Kap. 13) beispielsweise treibt nicht nur beim Schaumahlen das Mahlwerk an, sondern erzeugt auch Strom. Einige andere Mühlen im Kreisgebiet, so die Coesfelder Bischofsmühle oder die Füchtelner Mühle in Olfen, speisen diesen Strom sogar in das Netz ein. Zugegebenermaßen ist das Ergebnis im Vergleich eher klein. Die Füchtelner Mühle etwa führte im Jahr 2011 49 Kilowattstunden ins Netz ein.[7]

Die auffälligste Form der Energiegewinnung sind die Windräder. Eines der ältesten steht in Ascheberg. Seit April 2000 produziert es im Durchschnitt 850.000 Kilowattstunden im Jahr. Mit 87 Metern ist es deutlich kleiner als die inzwischen üblichen Windräder. 2013 gab es 67 Windanlagen im Kreis Coesfeld, die 129.357 Megawattstunden Strom gewannen.[8] Weitere Anlagen sind seitdem entstanden und sollen noch entstehen. In Senden wurden im April 2017 mit den Stimmen aller Parteien fünf Konzentrationsflächen für Windenergienutzung bestimmt. So soll eine „Verspargelung" der Landschaft, wie Bürgermeister Sebastian Täger es ausdrückt, verhindert werden. Im nächsten Schritt der Planung werden auch die Bürgerinnen und Bürger einbezogen.[9]

Alle Typen der regenerativen Energie zusammen erzeugten in 2013 bereits 42 % des Stromverbrauchs des gesamten Kreises. Damit liegt der Kreis Coes-

Abb. 3: Moderne Windkraftanlagen sind häufig 200 Meter hoch und können drei Megawattstunden im Jahr erzeugen.

feld schon jetzt vor dem erklärten Ziel der Bundesregierung, die bis spätestens 2020 35 % des Energiebedarfs regenerativ gewinnen will.[10]
Das Klimaschutzkonzept des Kreises sieht nicht nur den Ausbau der regenerativen Energien vor, sondern setzt auch auf die Reduzierung des Stromverbrauchs. Ein Fokus liegt auf der energetischen Sanierung von Altbauten. 503.000 Megawatt könnten hier gespart werden. 2,12 Milliarden Euro würde dies kosten. Doch diese Ausgaben würden gleichzeitig 30 Jahre lang für mehr als 700 neue Arbeitsplätze sorgen.[11]
Auch im Verkehrswesen kann gespart werden. Das Konzept des Kreises zeigt dabei unter anderem die Idee auf, ein Internetportal „Kulturtaxis" zu etablieren, über das Mitfahrgelegenheiten zu Kulturveranstaltungen gefunden werden können. Auch könnte der Fahrradbus ausgebaut werden und ein one-way-Fahrradverleih für den Fahrradtourismus gegründet werden.[12]
Eine bundesweite Initiative, an der der Kreis im Sommer 2017 teilnahm, war das „Stadtradeln". Alle Bürgerinnen und Bürger waren eingeladen, drei Wochen lang möglichst häufig mit dem Fahrrad zu fahren. Ziel des Projektes ist es, für die Nutzung des Fahrrads im Alltag zu sensibilisieren. Von insgesamt 125.827 registrierten Radlerinnen und Radlern kamen 1.123 Personen aus dem Kreis Coesfeld, acht von ihnen gehörten dem Kommunalparlament an. Sie fuhren insgesamt 257.586 km, das entspricht der 6,43-fachen Länge des Äquators und vermieden 36.577 kg $CO_2$.

## 69
### Artenschutzhaus Animal's Inn, Industriepark Nord.Westfalen, Coesfeld

# Zimmer frei

Errichtung: 2012

Einfach und funktional wäre 2008 noch eine passende Beschreibung für das dreigeschossige Bauwerk gewesen. Am 15. Dezember verließen die letzten Soldaten, vielleicht auch einige Soldatinnen, die Zimmer des Kasernengebäudes. Die Möbel wurden ausgeräumt. Als letzter Akt wurde die Truppenfahne eingeholt.

Als vier Jahre zuvor die Liste der zu schließenden Kasernen bekanntgegeben wurde, war Bürgermeister Heinz Öhmann erschüttert. Bis zuletzt hatte die Stadt gehofft, dass die Freiherr-vom-Stein-Kaserne nicht geschlossen würde. Schließlich gehörte die militärische Ausrüstung in Coesfeld zur Spitze der Bundeswehr, so zum Beispiel „das Artillerieaufklärungsbataillon 71, das erst 2003 von Dülmen hierhin verlegt wurde. Zu ihm gehören modernste Aufklärungsmittel wie die KZO (Kleinfluggerät-Zielortung) oder die LUNA (luftgestützte unbemannte Nahaufklärungsausstattung)."[1]

Etwa 1.440 bis 2.000 Personen hatten hier gearbeitet. „Es bricht ein wichtiger Wirtschaftsfaktor weg. Handel und Gewerbe stöhnen schon jetzt, viele Berufssoldaten haben in der Region gewohnt, sie haben hier ihr Geld ausgegeben. Ganz zu schweigen von den Zivilbediensteten – sie sind nun arbeitslos."[2]

Die etwa 60 Hektar große Kaserne war 1973 gegründet worden. Benannt wurde sie nach dem preußischen Politiker Freiherr vom Stein (1757–1831), dessen Reformen auch das preußische Heer betrafen und schließlich zur Einführung der allgemeinen Wehrpflicht für alle Stände führte. Die Freiherr-vom-Stein-Kaserne wurde unter anderem Basis für verschiedene Aufklärungs- und Fernmeldebataillons. Auch ein Sanitätszentrum gab es.

Mit der angekündigten Schließung stellte sich die Frage, was mit dem Gelände passieren würde. Es gehörte dem Bund und ein Nachnutzungskonzept gab es noch nicht. „Das muss jetzt schnell gehen", beschwor Bürgermeister Öhmann 2004, „denn wenn wir hier nicht rasch eine alternative Nutzung des Geländes finden, wuchern dort bald wieder Birken, und das Gebiet kehrt in den Schoß der Natur zurück. Das darf nicht passieren." Selber kaufen könne die Stadt das Gelände mit den 80 Gebäuden nicht.

Genau das tat sie dann doch. Das vorhandene Industrie- und Gewerbegebiet sollte erweitert oder ein neues geschaffen werden. „Bei diesem Abwägungsprozess haben wir auch die Interessen unserer Landwirte berücksichtigt. Warum sollten wir erneut guten Acker beanspruchen, wenn an anderer Stelle im

Abb. 1: Artenschutzhaus Animal's Inn. Auf dem Dachboden ist noch ein Zimmer für die Schleiereulen frei.

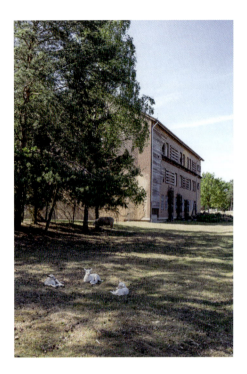

Abb. 2: Die Pflege der Heide und des Sandmagerrasens übernehmen Bentheimer Landschafe.

Stadtgebiet eine Kaserne leer steht?", fasst Öhmann zusammen. Die Kaserne war gut gelegen. Vier Kilometer von der Stadt entfernt und von den Autobahnen leicht zu erreichen. Ende 2009 zog das erste Unternehmen ein.[3]

Bei der Umnutzung musste der Artenschutz berücksichtigt werden. Nach dem Grundsatz, dass ein Eingriff nicht zum Nachteil von Artenvielfalt und Umwelt sein darf, verlangt die Gesetzgebung die Anlage von Ausgleichsflächen. Ein Büro für Landschaftsgestaltung untersuchte das Gelände auf die dort lebenden Tierarten. „Wir haben auf dem Kasernengelände viele Tierarten entdeckt", erklärt Olaf Miosga. Darunter waren mehrere Tiere, die auf der Roten Liste der gefährdeten Arten stehen: Gartenrotschwanz, Schwalbe, Baumpieper, Steinkauz, Fledermaus, Kreuzkröte und Zauneidechse. „Offenbar fühlten sie sich durch die Bundeswehr nicht gestört." Es war ein überraschender Befund. „Wir haben mehrere Kasernengelände untersucht, aber nirgends so eine Vielfalt an Tieren entdeckt."[4] Auch in der ehemaligen St.-Barbara-Kaserne in Dülmen nicht, dort waren die Soldatinnen und Soldaten 2003 abgerückt.

Der großen Artenvielfalt auf dem Kasernengelände wurde Rechnung getragen. Die Tiere sollten bleiben. Im Zentrum des Industrieparks wurde deshalb eine „Grüne Mitte" gestaltet. Etwa 10 Hektar ist sie groß. Der Schutt abgerissener Bauten wurde hier zu einer hügeligen Landschaft aufgeschüttet. Sand kam oben drauf und Heide vom artenreichen Truppenübungsgelände Borkenberge wurde angepflanzt. Dort weiden jetzt Bentheimer Landschafe, eine seltene, robuste Schafrasse. An anderer Stelle wachsen Wacholdersträucher, kleine künstliche Kleingewässer und eine kleine Baumgruppe, die den 2008 vorhandenen Bestand berücksichtigen, vervollständigen das Bild.[5]

Ein besonderer Clou sind die beiden Artenschutzhäuser, die den Namen Animal's Inn – Tierhotel – erhalten haben. Zwei der alten Kompaniegebäude blieben dafür stehen. Die Fenster wurden weitgehend zugemauert. An der Außenwand sind verschiedene Nisthilfen für Vögel angebracht worden. Lehmputz wurde an einigen Stellen aufgetragen, dort leben Bienen und Käfer. Zusätzlich stehen ihnen Holzkästen als Nisthöhlen bereit.

Die Keller der Häuser wurden mit Sand angefüllt und durchnässt. Regenwasser wird dafür über die Fallrohre eingeleitet. Das feuchte Klima ist optimal für Fledermäuse. Die Quermauern wurden herausgenommen, so dass sie ungehindert hin und her fliegen können. Auch auf dem Dachboden ist für sie Platz.

Abb. 3: Dank der Aktion „Blütenpracht am Wegesrand" des Landwirtschaftlichen Kreisverbandes blühen von Sommer bis in den Spätherbst an vielen Stellen im Kreis Coesfeld Klatschmohn, Kamille und Co.

Im Erdgeschoss können sich die Schafe unterstellen.

„Es brüten Mehl- und Rauchschwalben", erklärt Thomas Zimmermann, Geschäftsführer des Naturschutzzentrums Kreis Coesfeld begeistert. Das Naturschutzzentrum betreut die „Grüne Mitte" und wertet das Artenschutzexperiment wissenschaftlich aus. „Gartenrotschwanz und Baumpieper wurden hier ebenso gesichtet wie Zauneidechse und Kreuzkröte. 60 Zwergfledermäuse konnten erfolgreich von den alten Schießanlagen umgesiedelt werden. Für Schleiereulen hätten wir auch noch ein Zimmer frei."[6]

Das Experiment verläuft erfolgreich. Artenschutz und Gewerbe können gemeinsam bestehen, ein „Entweder-oder" ist nicht nötig.

Ein ebenso positives Ergebnis lässt sich bei einer ganz anderen Artenschutzaktion ziehen: im Sommer sprießen vielerorts im Kreis Coesfeld farbenfrohe Blumen am Wegesrand, genauer gesagt, am Rand der Felder. Diese Blütenpracht ist kein Zufall. 200 Landwirtinnen und Landwirte haben sich an der Aktion beteiligt und auf 1,5 – 3 Metern breiten Streifen Blumen statt Getreide oder Mais ausgesät. Die Kosten für Saatgut und Ernteausfall tragen sie selbst.[7]

Begonnen hatte die Aktion im Jahr 2014 in Hohenholte.[8] Nun blühen auf zusammengenommen 150 Kilometern im Kreis Malven, Klatschmohn, Wicken ... Die Blühstreifen sind eine Maßnahme, neue Lebensräume zu schaffen, denn die Artenvielfalt ist rückläufig. Nun bietet das Blumenmeer Hummeln, Bienen und anderen Insekten Schutz und Nahrung. Und auch Feldhasen, Kiebitze und Rebhühner profitieren – Artenschutz von einer besonders schönen Seite.

## 70
### Dettener Dorfladen, Schapdetten, Nottuln

# Einer für alle

Eröffnung: 2014

Dass dieser Supermarkt anders ist, lässt sich schon von außen erkennen. Kein Logo einer großen Supermarkt-Kette ist dort zu sehen und kein Nachname steht in Großbuchstaben über dem Eingang. Stattdessen verkündet das Schild an der Hauswand „Dettener Dorfladen" und die Preisanzeige der Kasse begrüßt die Einkaufenden mit der Aussage: „Willkommen in unserem Dorfladen".

Das „unserem" deutet hier keine übliche Geschäftsbeziehung zwischen dem Unternehmen auf der einen und den Verbraucherinnen und Verbrauchern auf der anderen Seite an. Mit „uns" sind sowohl die Verkäuferinnen als auch die Kundinnen und Kunden gemeint, denn viele von ihnen besitzen einen Anteil am Laden. Der Dettener Dorfladen ist eine Genossenschaft.

Hinter den großen, unverhangenen Fenstern sind die unterschiedlichsten Sorten Obst und Gemüse zu finden. Daneben laden Cafétische und Stühle zum Verweilen ein und an der Längsseite verlocken die Angebote der Bäckerei. Die Regalreihen bieten neben Lebensmitteln auch Haushaltsmittel und Hygieneartikel. Die Preise sind nicht höher als in anderen Märkten. Eine Frischetheke gibt es auch. Im Foyer stehen Selbstbedienungsautomaten zweier Banken und seit einiger Zeit dient der Laden auch als Poststation. Es gibt hier fast alles, was das Herz begehrt und wer doch einmal etwas vermisst, kann einen Vorschlag in der Wünschebox hinterlassen. Wer den Weg zum Dorfladen nicht mehr schafft, dem werden die Waren geliefert. Es ist ein Laden für alle.

Es ist noch gar nicht so lange her, da sah es hier anders aus. „Das einzige, was im Schapdettener Bäckerladen brummt, ist der halbleere Kühlschrank", beschrieb im Jahr 2013 ein Artikel in den Westfälischen Nachrichten das Ladenlokal, das allein von der Bäckerei genutzt wurde. „Gegen 11 Uhr vormittags baumeln Mettendchen in der Filiale an der Roxeler Straße 10 zwischen einem Brotregal und ein paar Packen Zigaretten von Metallhaken. Ein Gast trinkt einen Kaffee am einzigen Plastikstehtisch. Hinter ihm ein eierschalenfarbenes Metallregal mit fünf Packungen Prinzenrolle, sechs Kartons Caprisonne, vier Senfgläsern, ein paar Getränkekisten und noch ein paar anderen Lebensmitteln. ... Das Hauptgeschäft ist um die Zeit gelaufen. In anderthalb Stunden wird [die Verkäuferin] den Laden schließen. Wer danach noch Lebensmittel im Ort kaufen will, muss fünf Kilometer weiter nach Nottuln oder Appelhülsen fahren, wo es eine Handvoll Supermärkte gibt."[1]

Dass überhaupt noch Brötchen in Schapdetten gekauft werden konnten, lag an der Verbundenheit der Großbäckerei Fröndhoff mit ihrem Heimatdorf,

Abb. 1: 2014 eröffnete in Schapdetten der genossenschaftliche Dettener Dorfladen.

Abb. 2: Gemeinsam haben die Schapdettenerinnen und Schapdettener den Dorfladen geschaffen.

denn das Geschäft in dem 1.300-Seelen-Dorf rentierte sich nicht. In den 1980er-Jahren hatte es zwei Lebensmittelgeschäfte, einen Metzger, einen Arzt und drei Gaststätten gegeben. Sogar die Post betrieb noch eine Filiale. 2013 waren nur noch eine Gaststätte und die Bäckerei geblieben.[2]

Doch die Schapdettenerinnen und Schapdettener hatten beschlossen, dem Dorfsterben entgegenzuwirken. Ein erster Schritt war 2012 die Gründung des Vereins „Schapdettener für Schapdetten" gewesen. „Mehr Dorf für weniger, ältere Menschen" war eine Devise, die bei der Vereinsgründung zu hören war.[3] Wie die meisten ländlichen Gemeinden erwartet auch Schapdetten eine Überalterung. Im Jahr 2016 lag der Anteil der Bewohnerinnen und Bewohner im Rentenalter bei fast 20 %, in Zukunft soll der Anteil noch wachsen. Gleichzeitig werden noch mehr junge Menschen vorziehen in den großen Städten – im Münsterland ist das Münster – zu wohnen.[4] Damit das Dorf als Wohnort attraktiv bleibe, sollte die Infrastruktur gestärkt werden. Deshalb schlug der Verein die Gründung eines genossenschaftlichen Dorfladens vor, wie sie in den letzten Jahren schon vereinzelt in anderen westfälischen Orten entstanden waren.[5]

Eine bayerische Unternehmensberatung, die auf die Gründung von Dorfläden spezialisiert ist, unterstützte das Projekt und empfahl als Rechtsform die Bürgergenossenschaft. Diese Form hat den Vorteil, dass sich viele im Dorf für den Laden verantwortlich fühlen.[6]

Bis zum 30. September 2013 konnten Bürgerinnen und Bürger Beteiligungen kaufen. 320 gezeichnete Anteile à 250 Euro waren für den Start – nicht nur finanziell, sondern auch rechtlich – nötig. Noch am 27. September vermeldete die Lokalpresse, dass noch 38 Anteile fehlten. Doch dann gab es in den letzten beiden Tagen eine Rekordnachfrage. Mit 362 Anteilen konnte das Projekt starten. „Wir sind begeistert, auch über die Solidarität aus den anderen Ortsteilen und den Nachbarorten", erklärte das neue Aufsichtsratsmitglied des Dorfladens Friedhelm Reimann. Nicht nur die Menschen aus Schapdetten hatten sich beteiligt.[7]

Nur wenige Monate später, am 28. Februar 2014, eröffnete der Dettener Dorfladen. Seither bietet der kleine Laden mehr als Lebensmittel und Putzzeug. Er ist ein Zentrum in Schapdetten geworden. Im Café-Bereich treffen sich Einheimische und Touristinnen und Touristen, die mit dem Fahrrad durch die Baumberge fahren. Des Öfteren gibt es dort Veranstaltungen, sei es eine Buchlesung oder ein Bürgerdialog. Wer etwas verkünden will, hängt im Laden einen Aushang aus.

2015 erhielt das Projekt den Nottulner Johann-Conrad-Schlaun-Preis für bürgerliches Engagement. Genauso viel Begeisterung, wenn nicht mehr, lösen aber die soliden Zahlen des Ladens aus. Der Laden wird angenommen. Rund 100 Euro, so hatte das ursprüngliche Gutachten ergeben, müssten die Schapdettener Haushalte im Monat im Laden ausgeben, damit er läuft. Mehr, damit Rücklagen gebildet werden können. Für unerwartete Personalkosten, die 2016 für ein geringes Defizit gesorgt

Abb. 3: Das Sortiment des Ladens steht den Supermarktketten nicht nach.

haben, hat die Genossenschaft noch nicht genug Reserven. Deshalb gilt: regelmäßige Einkäufe erhalten den Laden. Und die sind sogar sonntags möglich. Anteile können ebenso noch gezeichnet werden.[8]

Der Dettener Dorfladen ist ein Unikum im Kreis Coesfeld. Strategien mit dem demografischen Wandel umzugehen, werden auch in den anderen Orten und im Kreis insgesamt entwickelt. Sie haben insbesondere gemeinsam, dass sie die Infrastruktur verbessern oder überhaupt erst wiederaufbauen wollen. Ohne das Engagement der Bürgerinnen und Bürger lässt sich eine Dorf-Vitalisierung nicht erreichen. Der Dettener Dorfladen zeigt, dass es dieses Engagement und das Interesse für den eigenen Ort gibt.

# Anmerkungen

## Anmerkungen zu Kapitel 1

1 Mündliche Auskunft von Johannes Busch vom 23.03.2017.
2 Inzwischen gibt es mehrere Bücher zu Bauernhöfen im Kreisgebiet. Hier sei beispielhaft genannt: Boer, Hans-Peter, u.a.: Schöne Höfe im Münsterland, Münster 2007.
3 Unveröffentlichtes Gespräch zwischen Johannes Busch, Besitzer des Hofes und Hausforscher, Ludger Schröer, Historiker, Andreas Lechtape und Marion Bayer vom 09.02.2017.
4 Vgl. Schepers, Josef: Haus und Hof westfälischer Bauern, Münster 1977, S. 44–45 sowie Stiewe, Heinrich: Fachwerkhäuser in Deutschland, Darmstadt 2015, S. 18, 23.
5 Vgl. Busch, Johannes: Von 1362 bis 2013. Über wesentliche Etappen der Baugeschichte eines 650-jährigen Münsterländer Gräftenhofes, in: Thomas Spohn (Hrsg.), Hausbau in Etappen. Bauphasen ländlicher Häuser in Nordwestdeutschland, Münster 2015, S. 95.
6 Gespräch vom 09.02.2017.
7 Vgl. Busch, Johannes: Von 1362 bis 2013, S. 94.
8 Vgl. Stiewe, Heinrich: Fachwerkhäuser in Deutschland, S. 14.
9 Vgl. ebenda. Siehe zur vorherigen Datierung von Vierständerhäusern Schepers, Josef: Haus und Hof westfälischer Bauern, S. 103.
10 Hartig, Joachim (Bearb.): Die Register der Willkommschatzung von 1498 und 1499 im Fürstbistum Münster, Münster 1976, S. 187.
11 Vgl. Ilisch, Peter: Zur älteren Siedlungsgeschichte im Kirchspiel Seppenrade, in: Liane Schmitz, 800–2000. Zur Geschichte von Lüdinghausen und Seppenrade, Lüdinghausen 2000, S. 134.
12 Siehe zur Eigenhörigkeit im Kreisgebiet etwa: Ilisch, Peter: Grundherrschaft und hartes Leben, in: Heimatverein Holtwick (Hrsg.), Holtwick, Holtwick 1997, S. 42–63.
13 Vgl. Ilisch, Peter: Zur älteren Siedlungsgeschichte im Kirchspiel Seppenrade, S. 143 sowie Staatsarchiv Münster, Domkapitel Münster, Amt Lüdinghausen Kol. G 3.
14 Vgl. Ilisch, Peter: Bäuerliches Leben in Olfen im Mittelalter und in der Frühen Neuzeit, in: Werner Frese (Hrsg.), Geschichte der Stadt Olfen, Bielefeld 2011, S. 81.
15 Vgl. Eynck, Andreas: Steinspeicher und Gräftenhöfe. Aspekte der Bau- und Wohnkultur der großbäuerlichen Führungsschicht des Münsterlandes, in: Günter Wiegelmann/Fred Kaspar (Hrsg.), Beiträge zum städtischen Bauen und Wohnen in Nordwestdeutschland, Münster 1988, S. 314–316 sowie Kneppe, Cornelia: Gewässer im historischen Umfeld, in: Cornelia Kneppe u. a. (Hrsg.), Gräften, Teiche, Mergelkuhlen. Gewässer im historischen Umfeld, Münster 2005, S. 17.
16 Vgl. Schröer, Ludger: Der Hof-Raum als Ankerpunkt von Geschichtsbewusstsein, in: Der Holznagel. Zeitschrift der Interessengemeinschaft Bauernhaus (2016), S. 18 sowie Busch, Johannes: Von 1362 bis 2013, S. 94.
17 Vgl. Busch, Johannes: Von 1362 bis 2013, S. 97.
18 Vgl. ebenda, S. 99.
19 Datenblatt des Landwirtschaftlichen Kreisverbandes Coesfeld: http://www.wlv.de/kreisverbaende/coesfeld/dokumente/Fakten_Landwirtschaft_KreisCOE.pdf (abgerufen am 25.03.2017) sowie Datenblatt des Kreises Coesfeld: https://www.kreis-coesfeld.de/fileadmin/Kreis_Coesfeld/downloads/01-12/Landwirtschaft_-_1-2016.pdf (abgerufen am 25.03.2017).
20 Vgl. Busch, Johannes: Von 1362 bis 2013, S. 93. Zu Hof Grube erscheint im September

2017: Busch, Johannes/Schröer, Ludger: Bauernhof – Ruine – Baudenkmal. Hof Grube in Lüdinghausen-Seppenrade. Raumspuren und Zeitmomente aus 1000 Jahren, Lage 2017.

## Anmerkungen zu Kapitel 2

1 Arnold, Hellmut: Das Quartär im Landkreis Coesfeld, in: Kreis Coesfeld (Hrsg.), Der Landkreis Coesfeld 1816–1966, Coesfeld 1966, S. 212.
2 Archiv Haus Darfeld IV-2-4. Zit. nach: Wermert, Christian: Holtwick – eine geographische Einordnung, in: Heimatverein Holtwick (Hrsg.), Holtwick, Steinfurt 1997, S. 28.
3 Wegner, Th.: Die Findlinge Westfalens, in: Heimatblätter der Roten Erde 2 (1921), S. 154.
4 Siehe zu Volkssagen im Münsterland: Bügener, Heinz: Volks-Geschichten. Sagen und Spukgeschichten aus dem alten Kreis Coesfeld und seinen Randgemeinden, Coesfeld 1981.
5 Vgl. Ødum, Hilmar: Contributions to the literature on erratic boulders, in: Meddelelser fra Dansk Geologisk Forening 10 (1945), S. 499.
6 Vgl. Krüger, Tobias: Die Entdeckung der Eiszeiten. Internationale Rezeption und Konsequenzen für das Verständnis der Klimageschichte, Basel 2008, S. 46.
7 Vgl. ebenda.
8 Vgl. Otto, Karl-Heinz: Wie die Findlinge nach Westfalen kamen!, in: Heinz Heineberg (Hrsg.), Westfalen Regional, Münster 2007, S. 38.
9 Vgl. Niedermeier, Michael: Goethe und der steinige Weg wissenschaftlicher Erkenntnis, in: Gegenworte 9 (2010), S. 83.
10 Goethe, Johann Wolfgang von: Schriften zur Geologie und Mineralogie. Schriften zur Meteorologie, Cotta 1959, S. 505.
11 Zeitschrift der Deutschen Geologischen Gesellschaft 23 (1875), S. 961–962. Siehe zudem: Speetzen, Eckhard: Findlinge in Nordrhein-Westfalen und angrenzenden Gebieten, Krefeld 1998, S. 10.
12 Vgl. Thiermann, Arend: Das Holtwicker Ei, ein nordischer Findling, in: Geologische Karte von Nordrhein-Westfalen 1:100.000. Erläuterungen zu C 3906 Gronau (Westf.), Krefeld 1993, S. 59–61.
13 Vgl. Arnold, Hellmut: Das Quartär im Landkreis Coesfeld, S. 212.
14 Kemper, Joseph: Der Bonenjäger, eine Forschung auf dem Gebiete der münsterschen Mundart, Münster 1881, S. 7.
15 Dechen, Heinrich von: Erläuterungen zur Geologischen Karte der Rheinprovinz und der Provinz Westphalen, sowie einiger angrenzender Gegenden. Band 2, Bonn 1884. Zit. nach: Speetzen, Eckhard: Findlinge in Nordrhein-Westfalen, in: Heinz Günter Horn (Hrsg.), Neandertaler + Co.: Eiszeitjägern auf der Spur – Streifzüge durch die Urgeschichte Nordrhein-Westfalens, Mainz 2006, S. 64.
16 Vgl. Speetzen, Eckhard: Findlinge in Nordrhein-Westfalen, S. 66–68.

## Anmerkungen zu Kapitel 3

1 Vgl. Bellen, Heinz: Politik – Recht – Gesellschaft. Studien zur Alten Geschichte, Stuttgart 1997, S. 71–84 sowie Roddaz, Jean-Michel: Marcus Agrippa, Rom 1984, S. 596.
2 Vgl. Ilisch, Peter: Nemausus, in: Johannes Hoops/Heinrich Beck (Hrsg.), Reallexikon der germanischen Altertumskunde. 21 Naualia – Østfold, Berlin 2002, S. 66.
3 Vgl. Tremmel, Bettina: Olfen-Sülsen. Ein neues Römerlager aus der Zeit der Drususfeldzüge, in: Archäologie in Westfalen-Lippe 2011 (2012), S. 86, 88.
4 Vgl. Song, Baoquan: Luftbildarchäologie in Westfalen – methodische Erfahrungen im Jahr 2011. Kreise Coesfeld und Recklinghausen, Regierungsbezirk Münster, in: Archäologie in Westfalen-Lippe 2011 (2012), S. 204–205.
5 Vgl. Tremmel, Bettina: Olfen-Sülsen. Ein neues Römerlager aus der Zeit der Drususfeldzüge, in: Varus-Kurier 14 (2012), S. 24.

6 Unveröffentlichtes Gespräch zwischen Bettina Tremmel (LWL-Archäologie für Westfalen), Andreas Lechtape und Marion Bayer vom 15.11.2016.
7 Vgl. Wolters, Reinhard: Die Schlacht im Teutoburger Wald. Arminius, Varus und das römische Germanien, München 2008, S. 36–54 sowie Kehne, Peter: Limitierte Offensiven: Drusus, Tiberius und die Germanienpolitik im Dienste des augusteischen Prinzipats, in: Jörg Spielvogel (Hrsg.), Res Publica Reperta. Zur Verfassung und Gesellschaft der römischen Republik und des frühen Prinzipats, Stuttgart 2002, S. 298–299.
8 Vgl. Tremmel, Bettina: Die Römer im Kreis Coesfeld, in: Alois Bosman (Bearb.), Deutsche Landkreise im Portrait: Kreis Coesfeld, Oldenburg 2012, S. 30–32.
9 Vgl. Grünewald, Christoph: Römer und Germanen, in: Werner Frese (Hrsg.), Geschichte der Stadt Olfen, Bielefeld 2011, S. 45–47.
10 Gespräch vom 15.11.2016.

## Anmerkungen zu Kapitel 4

1 Siehe dazu: Jentgens, Gerard/Peine, Hans-Werner: Wem die Glocke schlägt – 1200 Jahre Kirche und Siedlung in Dülmen, in: Archäologie in Westfalen-Lippe 2015 (2016), S. 79–83, ebenfalls veröffentlicht als: Jentgens, Gerard/Peine, Hans-Werner: Glockenklang im Münsterland – 1200 Jahre Kirche und Siedlung in Dülmen, in: Dülmener Heimatblätter (2016), S. 31–38.
2 Vgl. Jentgens, Gerard/Peine, Hans-Werner: Nachklang karolingerzeitlicher Glocken in Dülmen, in: Archäologie in Westfalen-Lippe 2016 (2017), im Erscheinen.
3 Vgl. Isenberg, Gabriele: Glocke, Griffel, Brille. Schriftkultur und Zeitmessung, in: Wilfried Menghin/Dieter Planck (Hrsg.), Menschen – Zeiten – Räume. Archäologie in Deutschland, Berlin 2002, S. 365.
4 Vgl. König, Sonja: Untersuchungen zur Gusstechnik mittelalterlicher und neuzeitlicher Glocken aufgrund archäologischer Befunde in Europa, in: Ralph Röber (Hrsg.), Mittelalterliche Öfen und Feuerungsanlagen, Stuttgart 2002, S. 143–146.
5 Vgl. Jentgens, Gerard/Peine, Hans-Werner: 1200 Jahre Kirche und Siedlung in Dülmen, S. 81.
6 C14-Analyse, auch Radiokarbonmethode: Lebende Organismen nehmen Kohlenstoff (C) aus der Atmosphäre auf. Dabei kann zwischen C12, C13 und C14 unterschieden werden. Während der C12-Gehalt nach dem Tod des Organismus gleichbleibt, zerfällt C14 langsam. Aus dem Verhältnis zwischen C12 und C14 lässt sich so bestimmen, wann ein Organismus gelebt hat. Da der Kohlenstoffgehalt in der Atmosphäre schwankt, müssen die Daten einer C14-Analyse durch den Abgleich mit Eichkurven kalibriert (cal.) werden. Hierzu wird für den Zeitraum bis vor 11.850 Jahren vor allem die Dendrochronologie genutzt.
7 Analyse durch beta analytics, Miami, 2015, 2016.
8 Siehe dazu: Jentgens, Gerard/Peine, Hans-Werner: Nachklang karolingerzeitlicher Glocken in Dülmen, im Erscheinen.
9 Siehe zu den Sachsenkriegen u.a.: Lampen, Angelika: Fränkische Expansion und sächsischer Widerstand – Westfalen im 8. und 9. Jahrhundert, in: Gabriele Isenberg/Barbara Rommé (Hrsg.), 805: Liudger wird Bischof. Spuren eines Heiligen zwischen York, Rom und Münster, Münster 2005, S. 25–28. Zur Christianisierung siehe u.a.: Stiegemann, Christoph u.a. (Hrsg.): Credo. Christianisierung Europas im Mittelalter, Paderborn 2013.
10 Coesfeld und Billerbeck werden in der zweiten Vita Liudgers als Orte genannt, die Liudger an seinem Todestag besuchte. Er verstarb in Billerbeck. Vgl. Freise, Eckhard: Vita Secunda Sancti Liudgeri. Deutsche Übersetzung und Kommentar, in: Eckhard Freise (Hrsg.), Die Vita Sancti Liudgeri. Vollständige Faksimile-Ausgabe der Handschrift Ms. theol. lat. fol. 323 der Staatsbibliothek zu Berlin – Preußischer

Kulturbesitz. Faksimile bzw. Text, Übersetzung und Kommentar, Forschungsbeiträge, Bielefeld 1999, S. 47. Lüdinghausen geht auf eine Schenkung an Liudger zurück. Vgl. Schmitz, Liane: 800-2000. Zur Geschichte von Lüdinghausen und Seppenrade. Mit Beiträgen von Peter Ilisch und Ilona Tobüren-Bots, Lüdinghausen 2000, S. 22-25.

11 Siehe dazu zusammenfassend: Albert, Marcel: Die mittelalterliche Kirchengeschichte der Stadt Dülmen, in: Stefan Sudmann (Hrsg.), Geschichte der Stadt Dülmen, Dülmen 2011, S. 561-562.

12 Vgl. Freise, Eckhard: Vita Secunda Sancti Liudgeri, S. 36.

13 Vgl. Drescher, Hans: Die Glocken der karolingerzeitlichen Stiftskirche in Vreden, Kreis Ahaus, in: Christoph Stiegemann/Matthias Wemhoff (Hrsg.), 799 - Kunst und Kultur der Karolingerzeit. Karl der Große und Papst Leo III. in Paderborn. Bd. 3: Beiträge zum Katalog der Ausstellung Paderborn 1999. Handbuch zur Geschichte der Karolingerzeit, Mainz 1999, S. 361.

14 Vgl. Drescher, Hans: Die Glocken der karolingerzeitlichen Stiftskirche in Vreden, S. 356.

15 Vgl. Isenberg, Gabriele: Kulturwandel einer Region. Westfalen im 9. Jahrhundert, in: Christoph Stiegemann/Matthias Wemhoff (Hrsg.), 799 - Kunst und Kultur der Karolingerzeit. Karl der Große und Papst Leo III. in Paderborn. Bd. 1 Katalog der Ausstellung Paderborn 1999, Mainz 1999, S. 318-319.

16 Vgl. Schäfer, Hermann: Deutsche Geschichte in 100 Objekten, München 2015, S. 48.

17 Zukünftige Forschungsergebnisse werden u.a. in der Publikationsreihe „Archäologie in Westfalen-Lippe" veröffentlicht.

## Anmerkungen zu Kapitel 5

1 Vgl. Noehles, Karl: Die westfälischen Taufsteine des 12. und 13. Jahrhunderts, Diss. Münster 1953, S. 120-121.

2 Zur Ikonographie des Löwen siehe: Liebl, Ulrike: Löwe. 2. Ikonographie, in: Lexikon des Mittelalters, 10 Bde, Stuttgart 1977-1999, Bd. 5, Col. 2141-2142.

3 Offb. 20, 1-10. Siehe zum Kampf zwischen Löwe und Drachen: Reese, Elke: Drache und Löwe - Freund oder Feind? Romanische Tympana in Straubing, Isen und Wartenberg - ein Vergleich, in: Verhandlungen des Historischen Vereins für Niederbayern 136 (2010), S. 31-37.

4 Vgl. Noehles, Karl: Die westfälischen Taufsteine des 12. und 13. Jahrhunderts, S. 121.

5 Ueffing, Werner: Der Taufstein zu Darfeld. Zur Entwicklung des Dämonenbildes im 13. Jahrhundert, in: Geschichtsblätter des Kreises Coesfeld 6 (1981), S. 31-43 interpretiert die Figuren als Bezüge auf ketzerische Vorstellungen.

6 Siehe dazu: Angenendt, Arnold: Der Taufexorzismus und seine Kritik in der Theologie des 12. und 13. Jahrhunderts, in: Albert Zimmermann (Hrsg.), Die Mächte des Guten und Bösen. Vorstellungen im XII. und XIII. Jahrhundert und ihr Wirken in der Heilsgeschichte, Berlin 1977, S. 388-409.

7 Vgl. Schlegel, Silvia: Mittelalterliche Taufgefässe. Funktion und Ausstattung, Köln 2012, S. 53-59.

8 Vgl. Karrenbrock, Reinhard: Baumberger Sandstein. Ausstrahlung westfälischen Kunstschaffens in den Hanseraum, in: Jörgen Bracker (Hrsg.), Die Hanse - Lebenswirklichkeit und Mythos, Lübeck 1998, S. 674-689.

9 Vgl. Nordhoff, J. B.: Der Holz- und Steinbau Westfalens in seiner Entwicklung, in: Zeitschrift für vaterländische Geschichte und Altertumskunde 7 (1867), S. 105-223.

10 Vgl. ebenda.

11 Vgl. Nordhoff, J. B.: Der Holz- und Steinbau Westfalens in seiner Entwicklung, S. 105-223.

12 Vgl. Eichler, Joachim: Baumberger Sandstein und die Arbeit der Steinhauer und Bildhauer aus dem Münsterland, in: Jenny Sarrazin (Hrsg.), Baumberger und Bentheimer Sandstein im Gebiet zwischen Ijssel und Berkel, Coesfeld 1999, S. 22.

13 Vgl. Lobbedey, Uwe: Bemerkungen zur mittelalterlichen Steinbearbeitung in Westfalen, in: Jenny Sarrazin (Hrsg.), Baumberger und Bentheimer Sandstein im Gebiet zwischen Ijssel und Berkel, Coesfeld 1999, S. 104.

14 Vgl. Eichler, Joachim: Geschichte(n) um den Baumberger Sandstein. Handwerk, Kunst und Geschichte im Baumberger-Sandstein-Museum, Coesfeld 1992, S. 11.

15 Vgl. Karrenbrock, Reinhard: Baumberger Sandstein. Ausstrahlung westfälischen Kunstschaffens in den Hanseraum, S. 674–677.

16 Vgl. Schlegel, Silvia: Taufgefässe, S. 58.

## Anmerkungen zu Kapitel 6

1 Weber, Heinrich (Hrsg.): Coesfeld um 1800. Erinnerungen des Abbé Baston, Coesfeld 1961, S. 74–75.

2 Vgl. Hörnemann, Daniel: Das Coesfelder Kreuz. 1200 Jahre Kreuzverehrung in Coesfeld, Münster 2000, S. 9–10.

3 Vgl. Hoffmann, Godehard: Das Gabelkreuz in St. Maria im Kapitol zu Köln und das Phänomen der Crucifixi dolorosi in Europa, Worms 2006, S. 12–13 sowie S. 140.

4 Vgl. ebenda, S. 140.

5 Vgl. Hörnemann, Daniel: Das Coesfelder Kreuz, S. 69–70.

6 Vgl. Darpe, Franz: Coesfelder Urkundenbuch. Bd. 1, Schluß, Coesfeld 1900, S. 130.

7 Vgl. Weber, Heinrich (Hrsg.) Coesfeld um 1800, S. 75.

8 Vgl. Hoffmann, Godehard: Das Gabelkreuz in St. Maria im Kapitol zu Köln, S. 96 sowie S. 136–137. Zu Vorsicht bei dieser Annahme mahnte Wenning, Wilhelm: Kunstwerke der Stadt Coesfeld. Ein Beitrag zur Geschichte der Stadt, Coesfeld 1988, S. 20–24.

9 Vgl. Hoffmann, Godehard: Das Gabelkreuz in St. Maria im Kapitol zu Köln, S. 96. Eine Abbildung des Pisaer Kreuzes findet sich u. a. bei: Damberg, Norbert: Das Coesfelder Kreuz und seine Geschichte, in: Mitteilungen des Heimatvereins Coesfeld (2013), S. 21 sowie bei: Hagenbruch, Karlheinz: Das Coesfelder Kreuz im Lichte neuer Erkenntnisse über die Crucifixi dolorosi, in: Mitteilungen des Heimatvereins Coesfeld 26 (2008), S. 22.

10 Vgl. Hörnemann, Daniel: Das Coesfelder Kreuz, S. 58.

11 Vgl. Besselmann, Karl Ferdinand: Stätten des Heils. Westfälische Wallfahrtsorte des Mittelalters, Münster 1998, S. 44–47.

12 Brief von Galens von 1660. Zit nach: Damberg, Norbert: Das Coesfelder Kreuz und seine Geschichte, S. 28.

13 Weber, Heinrich (Hrsg.): Coesfeld um 1800, S. 78.

14 Vgl. Hörnemann, Daniel: Das Coesfelder Kreuz, S. 71.

## Anmerkungen zu Kapitel 7

1 Junk, Heinz-Karl: Landwehr, in: Lexikon des Mittelalters, 10 Bde, Stuttgart 1977–1999, Bd. 5, Col. 1682.

2 Vgl. Kneppe, Cornelia/Tenbergen, Bernd: Exkursionsstationen im Münsterland, in: Landschaftsverband Westfalen-Lippe/LWL-Archäologie für Westfalen (Hrsg.), Landwehren – Von der mittelalterlichen Wehranlage zum Biotop, Münster 2007, S. 40. Zur Altenberger Landwehr siehe: Capelle, Torsten: Die Landwehr von Altenberge, Kreis Steinfurt, Münster 2014. Die Altertumskommission für Westfalen erschließt die Landwehren in Westfalen in einer Schriftenreihe. Auch zur Havixbecker Landwehr soll ein Heft erscheinen. Siehe: https://www.lwl.org/LWL/Kultur/Altertumskommission/publikationen/landwehren.

3 Vgl. Capelle, Torsten: Landwehrbau, in: Cornelia Kneppe (Hrsg.), Landwehren. Zu Erscheinungsbild, Funktion und Verbreitung spätmittelalterlicher Wehranlagen, Münster 2014, S. 26 sowie: Tenbergen, Bernd: Gebückt und niedergelegt – Die Pflanzenwelt der Landwehren, in: Landschaftsverband Westfalen-Lippe/LWL-Ar-

chäologie für Westfalen (Hrsg.), Landwehren – Von der Mittelalterlichen Wehranlage zum Biotop, Münster 2007, S. 30.
4 Vgl. Kneppe, Cornelia: Aufbau und Funktion von westfälischen Landwehren. Ein Überblick, in: Cornelia Kneppe (Hrsg.), Landwehren. Zu Erscheinungsbild, Funktion und Verbreitung spätmittelalterlicher Wehranlagen, Münster 2014, S. 16.
5 Vgl. Kneppe, Cornelia: Landwehren im Schnittpunkt von Archäologie und Landesgeschichte, in: Landschaftsverband Westfalen-Lippe/LWL-Archäologie für Westfalen (Hrsg.), Landwehren – Von der mittelalterlichen Wehranlage zum Biotop, Münster 2007, S. 5–6.
6 Ebenda, S. 7–8. Zur Fehde siehe u.a.: Algazi, Gadi: Herrengewalt und Gewalt der Herren im späten Mittelalter. Herrschaft, Gegenseitigkeit und Sprachgebrauch, Frankfurt 1996.
7 Vgl. Kneppe, Cornelia: Landwehren im Schnittpunkt von Archäologie und Landesgeschichte, S. 15.
8 Krumbholtz, R. (Bearb.): Westfälisches Urkunden-Buch 8: Die Urkunden des Bistums Münster von 1301–1325, Münster 1913, Neudruck 1980, S. 552 Nr. 1518. Deutsche Übersetzung zit. nach: Kneppe, Cornelia: Zu den Anfängen des Landwehrbaus in und außerhalb von Westfalen, S. 336, Fn. 34.
9 Ilisch, Peter: Die Landwehren im Bereich des Kreises Coesfeld, in: Cornelia Kneppe (Hrsg.), Landwehren. Zu Erscheinungsbild, Funktion und Verbreitung spätmittelalterlicher Wehranlagen, Münster 2014, S. 175.
10 Vgl. Kneppe, Cornelia: Landwehren im Schnittpunkt von Archäologie und Landesgeschichte, S. 11.
11 Vgl. Boockmann, Andrea: Fehde, Fehdewesen, in: Lexikon des Mittelalters, 10 Bde, Stuttgart 1977–1999, Bd. 4, Col. 334.
12 Vgl. Ilisch, Peter: Die Landwehren im Bereich des Kreises Coesfeld, S. 175–178.
13 Einen Überblick über die Landwehren im Kreisgebiet bietet Ilisch, Peter: Die Landwehren im Bereich des Kreises Coesfeld.

## Anmerkungen zu Kapitel 8

1 Vgl. Frohne, Ludwig: Die Coesfelder Stadtmauer und das Marktkreuz, in: Norbert Damberg (Hrsg.), Coesfeld 1197–1997. Bd. 2, Münster 1999, S. 789.
2 Vgl. Stadtarchiv Coesfeld, P320. Eine Auflistung der Stadttore und -türme bietet: Frohne, Ludwig: Die Coesfelder Stadtmauer, S. 789–799.
3 Vgl. Frohne, Ludwig: Die Coesfelder Stadtmauer, S. 798.
4 Vgl. Lammers, Joseph/Hagenbruch, Karlheinz: Alte Ortskerne leben auf. Entwicklung, Ausbau und Sanierung in zentralen Orten des Kreises Coesfeld, 1945–2000, Bd. 4: Coesfeld, Münster 2004, S. 70 sowie Frohne, Ludwig: Die Coesfelder Stadtmauer, S. 798.
5 Vgl. Darpe, Franz: Coesfelder Urkundenbuch. Bd. 1. Nebst einer Einleitung über die Gründung der Stadt Coesfeld zur Feier des 700jährigen Bestehens der Stadt, Coesfeld 1897, Nr. 38. Siehe zur Ersterwähnung 1339 statt 1383: Nagel, Norbert: Viel älter als bislang bekannt. In: Allgemeine Zeitung vom 22.08.2016.
6 Biller, Thomas: Die mittelalterlichen Stadtbefestigungen im deutschsprachigen Raum. Ein Handbuch, Darmstadt 2016, Bd. 2, S. 163.
7 Vgl. Eiynck, Andreas: Mittelalterliche Bauinschriften in Coesfeld – verzeichnet von J. H. Nünning, in: Geschichtsblätter des Kreises Coesfeld 13 (1988), S. 133–134.
8 Vgl. Eiynck, Andreas: Bau- und Kunstdenkmäler in Coesfeld, in: Norbert Damberg (Hrsg.), Coesfeld 1197–1997. Bd. 2, Münster 1999, S. 749.
9 Vgl. Bräutigam, Ernst: Hermann II. (1174–1203) – Münsters erster Fürstbischof. Der Mann, der 1197 Coesfeld die Stadtrechte verlieh, in: Mitteilungen des Heimatvereins Coesfeld 27 (2009), S. 38–41.
10 Zur komplizierten Vorgeschichte und dem Verhältnis zwischen dem Kloster Varlar und Fürstbischof Hermann siehe u.a.: Widder, Ellen: Die Zeit der frühen Stadt: Coesfelds Geschichte im späten 12. und 13. Jahrhun-

dert, in: Norbert Damberg (Hrsg.), Coesfeld 1197-1997. Bd. 1, Münster 1999, S. 30-40.
11 Original im Stadtarchiv Coesfeld. Siehe dazu: Bockhorst, Wolfgang: Die Urkunde vom 12. März 1197, in: Norbert Damberg (Hrsg.), Coesfeld 1197-1997. Bd. 1, Münster 1999, S. 5-16.
12 Vgl. Widder, Ellen: Die Zeit der frühen Stadt: Coesfelds Geschichte im späten 12. und 13. Jahrhundert, in: Norbert Damberg (Hrsg.), Coesfeld 1197-1997. Bd. 1, Münster 1999, S. 32-33.
13 Vgl. ebenda, S. 40-49.
14 Vgl. ebenda. Sowie Schulte, Monika M.: Herrschaft und Verwaltung in einer spätmittelalterlichen Stadt: Coesfeld zwischen 1320 und 1600, in: Norbert Damberg (Hrsg.), Coesfeld 1197-1997. Bd. 1, Münster 1999, S. 79-86.
15 Vgl. Wolf, Manfred: Geschichte des Kreisgebietes von der Römerzeit bis 1815, in: Heinrich A. Mertens/Josef Limbach (Bearb.), Kreis Coesfeld, Dülmen 1985, S. 77-78.
16 Vgl. Ilisch, Peter: Der Wigbold Olfen, in: Werner Frese (Hrsg.), Geschichte der Stadt Olfen, Bielefeld 2011, S. 152.

## Anmerkungen zu Kapitel 9

1 Vgl. Füssel, Johann Michael: Unser Tagebuch oder Erfahrungen und Bemerkungen eines Hofmeisters und seiner Zöglinge auf einer Reise durch einen großen Theil des Fränkischen Kreises nach Carlsbad und durch Bayern und Passau nach Linz, Erlangen 1787, S. 222. Siehe auch: Timmermann, Achim: Highways to heaven (and hell). Wayside crosses and the making of late medieval landscape, in: Celeste Brusati u. a. (Hrsg.), The authority of the word, Leiden 2012, S. 365.
2 Füssel, Johann Michael: Unser Tagebuch, S. 222-223.
3 Vgl. Heimatverein Seppenrade (Hrsg.): Seppenrade – Kreuze, Kapellen, Bildstöcke, Seppenrade 2016 sowie Heimatverein der Gemeinde Nordkirchen: Wegekreuze, Bildstöcke und Mahnmale in und um Nordkirchen, Südkirchen und Capelle, Nordkirchen 1997.
4 Vgl. Brockpähler, Wilhelm: Steinkreuze in Westfalen, Münster 1963, S. 25.
5 Fotografien von 1952 zeigen jeweils eine Heiligenfigur auf beiden Seiten. http://www.lwl.org/marsLWL/searchresult/searchresult.xhtml?searchId=0&searchString=poppenbecker+kreuz&searchType=detailed&conversationId=301103, (abgerufen am 19.02.2017).
6 Spießen, Max von: Wappenbuch des Westfälischen Adels, Bd. 2, Görlitz 1901-1903, Taf. 27.
7 Siehe dazu u. a. Battenberg, Friedrich J.: Seelenheil, gewaltsamer Tod und herrschaftliches Friedensinteresse. Zur Auswirkung eines kulturellen Codes auf die Sühne- und Strafpraxis der vormodernen Gesellschaft, in: Markus J. Wenninger (Hrsg.), Du guoter tôt. Sterben im Mittelalter – Ideal und Realität, Klagenfurt 1998, S. 347-376.
8 Vgl. Deutsch, Andreas: Späte Sühne – Zur praktischen und rechtlichen Einordnung der Totschlagsühneverträge in Spätmittelalter und früher Neuzeit, in: Zeitschrift der Savigny-Stiftung für Rechtsgeschichte/Germanistische Abteilung 122 (2005), 113-149.
9 Vgl. Brockpähler, Wilhelm: Steinkreuze in Westfalen, S. 122.
10 Vgl. ebenda, S. 105.
11 Vgl. ebenda, S. 25.
12 Unveröffentlichtes Gespräch zwischen Joachim Eichler (Leiter des Sandsteinmuseums Havixbeck) und Marion Bayer vom 11.01.2017. Siehe auch den Teitekerlkens-Blog des Sandsteinmuseums vom 02.07.2015, unter: https://www.facebook.com/TeitekerlkensBlog (abgerufen am 07.02.2017).

## Anmerkungen zu Kapitel 10

1 Vgl. Schmitz, Liane: 800-2000. Zur Geschichte von Lüdinghausen und Seppenra-

de. Mit Beiträgen von Peter Ilisch und Ilona Tobüren-Bots, Lüdinghausen 2000, S. 66.
2 Vgl. Wilmans, Roger (Bearb.): Westfälisches Urkundenbuch. Bd. 3,1: Die Urkunden des Bistums Münster 1201–1300, Münster 1859, Nr. 896.
3 Vgl. Kaspar, Fred/Barthold, Peter: Bis unters Dach – neue Fragen an Burg Vischering, in: Westfalen 88 (2010), S. 99.
4 Staatsarchiv Münster, Domkapitel Münster, Amt Lüdinghausen, Urkunden 2 und 3. Auch bei: Wilmans, Roger (Bearb.): Westfälisches Urkundenbuch. Bd. 3,1: Die Urkunden des Bistums Münster 1201–1300, Nr. 898–899.
5 Vgl. Schmitz, Liane: Zur Geschichte von Lüdinghausen und Seppenrade, S. 66–67.
6 Vgl. Kaspar, Fred/Barthold, Peter: Bis unters Dach – neue Fragen an Burg Vischering, S. 99.
7 Vgl. Schmitz, Liane: Zur Geschichte von Lüdinghausen und Seppenrade, S. 68.
8 Vgl. ebenda, S. 71–72.
9 Vgl. ebenda, S. 72–73 sowie Bulla, Andrea: Patzlar – eine Burg wird wiederentdeckt, in: Archäologie in Westfalen-Lippe 2009 (2010), S. 122–126.
10 Vgl. Schmitz, Liane: Zur Geschichte von Lüdinghausen und Seppenrade, S. 73–76 sowie S. 239–263.
11 Vgl. ebenda. S. 55–59
12 Siehe dazu: Bayer, Marion: Eine Geschichte Deutschlands in 100 Bauwerken, Köln 2015, S. 151–154 sowie S. 207–210.
13 Zur Baugeschichte siehe: Sarrazin, Jenny (Hrsg.): Burg Vischering. Wehrburg und Wohnsitz, Dülmen 1993; Friedrich, Reinhard: Wasserburg Vischering. Der Schatz des Münsterlandes, in: Uwe Oster (Hrsg.), Burgen in Deutschland, Darmstadt 2006, S. 141–146; Tobüren-Bots: Burg Vischering, in: Liane Schmitz, 800–2000. Zur Geschichte von Lüdinghausen und Seppenrade, Lüdinghausen 2000, S. 255–258; Kaspar, Fred/Barthold, Peter: Bis unters Dach – neue Fragen an Burg Vischering, S. 85–104.
14 Schmitz, Liane: Zur Geschichte von Lüdinghausen und Seppenrade, S. 68.
15 Vgl. ebenda, S. 239.
16 Vgl. Tobüren-Bots: Burg Vischering, S. 258.

## Anmerkungen zu Kapitel 11

1 Vgl. Ludorff, Albert: Die Bau- und Kunstdenkmäler des Kreises Lüdinghausen, Münster 1893, S. 53.
2 Vgl. Kirchhoff, Karl-Heinz: Die Täufer im Münsterland. Verbreitung und Verfolgung des Täufertums im Stift Münster 1533–1550, in: Westfälische Zeitschrift 113 (1963), S. 181.
3 Vgl. Kirchhoff, Karl-Heinz: Die Wiedertäufer in Coesfeld, in: Westfälische Zeitschrift 106 (1956), S. 128.
4 Zum Täuferreich in Münster siehe: Seifert, Thomas: Die Täufer zu Münster, Münster 1993.
5 Vgl. Schmitz, Liane: 800–2000. Zur Geschichte von Lüdinghausen und Seppenrade. Mit Beiträgen von Peter Ilisch und Ilona Tobüren-Bots, Lüdinghausen 2000, S. 181.
6 Staatsarchiv Münster, Reichskammergericht, R 248, Zeugenverhöre. Die Bekenntnisse Pelkens und Gertrud Sundermanns sind publiziert: Hövel, Ernst: Ein Beitrag zur Geschichte der wiedertäuferischen Bewegung nach 1535, in: Quellen und Forschungen zur Geschichte der Stadt Münster 4 (1931), S. 340–354.
7 Vgl. Schmitz, Liane: Zur Geschichte von Lüdinghausen und Seppenrade, S. 181–182.
8 Staatsarchiv Münster, FML 518/19, Bd. 9a, Nr. 190.
9 Vgl. Kirchhoff, Karl-Heinz: Die Wiedertäufer in Coesfeld, S. 143–144.
10 Vgl. Schmitz, Liane: Zur Geschichte von Lüdinghausen und Seppenrade, S. 182.
11 Archiv Höllinghofen, Wolfsberg, III C 1 a. Zit. nach: Schmitz, Liane: Zur Geschichte von Lüdinghausen und Seppenrade, S. 183.
12 Staatsarchiv Münster, Domkapitel Münster, Akte 4843. Zit. nach: Ebenda, S. 182.

13 Vgl. Baron, Norbert: Hauptwerke der letzten Phase des spätgotischen Sakralbaus in Westfalen, Münster 1993, S. 146.

## Anmerkungen zu Kapitel 12

1 Vgl. Lülf, Paul: Havixbeck in den vergangenen Jahren. Die Spanier im Jahre 1585 in Havixbeck, in: Reinhold Holtstiege (Hrsg.), Havixbeck und seine Vergangenheit, Dülmen 1991, S. 75.
2 Zum Spanisch-Niederländischen Krieg siehe u. a.: Israel, Jonathan: Der niederländisch-spanische Krieg und das Heilige Römische Reich Deutscher Nation (1568-1648), in: Klaus Bußmann (Hrsg.), 1648: Krieg und Frieden in Europa, Münster 1998, S. 111-122.
3 Vgl. Warnecke, Hans Jürgen: Der Spanisch-Niederländische Krieg (1566-1609) und der Überfall bei Senden, in: Werner Frese/Christian Wermert (Hrsg.), Senden. Eine Geschichte der Gemeinde Senden mit Bösensell, Ottmarsbocholt, Venne, Senden 1992, S. 205.
4 Die Chronik ist ediert: Röchell, Melchior: Röchell's selbständige Chronik, in: Johannes Janssen (Hrsg.), Die Münsterischen Chroniken von Röchell, Stevermann und Corfey, Münster 1856, S. 1-175.
5 Brief des Freigrafen Johann Kerckerinck vom 8. April 1587. Zit. nach: Warnecke, Hans Jürgen: Der Überfall bei Senden, S. 209.
6 Röchell, Melchior: Röchell's selbständige Chronik S. 93-96.
7 Vgl. Gillner, Bastian: Dülmen vom Ausgang des Mittelalters bis zum Ende des Dreißigjährigen Krieges: Stadtherrlichkeit und Kriegsschrecken, in: Stefan Sudmann (Hrsg.), Geschichte der Stadt Dülmen, Dülmen 2011, S. 87.
8 Ebenda. Sieh auch: Röchell, Melchior: Röchell's selbständige Chronik, S. 97.
9 Vgl. Eiynck, Andreas: Steinspeicher und Gräftenhöfe. Aspekte der Bau- und Wohnkultur der großbäuerlichen Führungsschicht des Münsterlandes, in: Günter Wiegelmann/Fred Kaspar (Hrsg.), Beiträge zum städtischen Bauen und Wohnen in Nordwestdeutschland, Münster 1988, S. 322-334 sowie S. 343-344 sowie Eiynck, Andreas: Spätmittelalterliche Backsteinspeicher im Kirchspiel Coesfeld, in: Geschichtsblätter des Kreises Coesfeld 10 (1985), S. 40-43.

## Anmerkungen zu Kapitel 13

1 Unveröffentlichtes Gespräch zwischen der Familie Schulze Westerath und Marion Bayer vom 16.01.2017.
2 Vgl. Petersen, Peter: Die Wassermühle Schulze Westerath in Nottuln-Stevern, in: Geschichtsblätter des Kreises Coesfeld 37 (2012), S. 138-140.
3 Gespräch vom 16.01.2017.
4 Vgl. Zatsch, Angela: Alte und neue Getreidemühlen, in: Hans-Jürgen Teuteberg (Hrsg.), Westfalens Wirtschaft am Beginn des „Maschinenzeitalters", Dortmund 1988, S. 153.
5 Petersen, Peter: Die Wassermühle Schulze Westerath in Nottuln-Stevern, S. 121.
6 Vgl. ebenda, S. 127.
7 Vgl. ebenda, S. 126 sowie Theißen, Peter: Mühlen im Münsterland. Der Einsatz von Wasser- und Windmühlen im Oberstift Münster vom Ausgang des Mittelalters bis zur Säkularisation (1803), Münster 2001, S. 139-141.
8 Vgl. Theißen, Peter: Mühlen im Münsterland, S. 133-134.
9 Vgl. Petersen, Peter: Die Wassermühle Schulze Westerath in Nottuln-Stevern, S. 130.
10 Vgl. Petersen, Peter: Das ländliche Steinwerk Schulze Steveren in Nottuln-Stevern, in: Guido von Büren/Alfred Schuler (Hrsg.), Die Burg in der Ebene, Petersberg 2016, S. 65.
11 Vgl. ebenda, S. 70.
12 Vgl. ebenda, S. 66-67.
13 Vgl. ebenda, S. 69.
14 Definition nach: Koepf, Hans/Binding, Günther: Bildwörterbuch der Architektur, Stuttgart 1999, S. 435-436. Siehe dazu auch: Eiynck, Andreas: Steinspeicher und Gräftenhöfe. Aspekte der Bau- und Wohnkultur

der großbäuerlichen Führungsschicht des Münsterlandes, in: Günter Wiegelmann/ Fred Kaspar (Hrsg.), Beiträge zum städtischen Bauen und Wohnen in Nordwestdeutschland, Münster 1988, S. 307–374.
15 Darpe, Franz (Bearb.): Güter- u. Einkünfte-Verzeichnisse der Klöster Marienborn und Marienbrink in Coesfeld, des Klosters Varlar sowie der Stifte Asbeck und Nottuln, Münster 1907, S. 263.
16 Zur Funktion des Schulten siehe u.a. Rösener, Werner: Grundherrschaft und Bauerntum im hochmittelalterlichen Westfalen, in: Westfälische Zeitschrift 139 (1989), S. 9–41.
17 Darpe, Franz (Bearb.): Güter- u. Einkünfte-Verzeichnisse der Klöster Marienborn und Marienbrink in Coesfeld, des Klosters Varlar sowie der Stifte Asbeck und Nottuln, S. 275.
18 Vgl. Petersen, Peter: Die Wassermühle Schulze Westerath in Nottuln-Stevern, S. 110–111.
19 Landesarchiv NRW, Abteilung Westfalen, Staatsarchiv Münster, Stift Nottuln, A 160 II, Akte 236, fol. 21v.
20 Vgl. Theißen, Peter: Mühlen im Münsterland, S. 348.
21 Vgl. Petersen, Peter: Die Wassermühle Schulze Westerath in Nottuln-Stevern, S. 112.
22 Vgl. Theißen, Peter: Mühlen im Münsterland, S. 71.

### Anmerkungen zu Kapitel 14

1 Zu Burg Davensberg siehe: Schwieters, Julius: Geschichtliche Nachrichten über den östlichen Theil des Kreises Lüdinghau, die Pfarrgemeinden Werne, Herbern, Bockum, Hövel, Walstedde, Drensteinfurt, Ascheberg, Nordkirchen, Südkirchen und (Filiale) Kapelle umfassend, Münster 1886, S. 130–133; Ludorff, Albert: Die Bau- und Kunstdenkmäler des Kreises Lüdinghausen, Münster 1893, S. 9, S. 14 sowie Heimatverein Davensberg (Hrsg.): Davensberg – Burg und Flecken. Ein Lese- und Bilderbuch, 1993.
2 Vgl. Moeller, Katrin: „Es ist ein überaus gerechtes Gesetz, dass die Zauberinnen getötet werden" – Hexenverfolgung im protestantischen Norddeutschland, in: Rosmarie Beier-de Haan (Hrsg.), Hexenwahn. Ängste der Neuzeit. Begleitband zur gleichnamigen Ausstellung des Deutschen Historischen Museums, Wolfratshausen, 2002, S. 96.
3 Vgl. ebenda, S. 100.
4 Vgl. Gersmann, Gudrun: Wasserprobe und Hexenprozesse. Ansichten der Hexenverfolgung im Fürstbistum Münster, in: Westfälische Forschungen 48 (1998), S. 452.
5 Vgl. ebenda, S. 453. Zur Hexenverfolgung in Lüdinghausen siehe: Tobüren-Bots, Ilona: Wie der Teufel dem Henker ins Handwerk pfuschte. Hexenwahn im Kirchspiel Lüdinghausen anno 1624, in: Lüdinghauser Geschichtshefte 10 (1994), S. 25–30 sowie Tobüren-Bots, Ilona: Hexenwahn in Lüdinghausen, in: Liane Schmitz, 800–2000. Zur Geschichte von Lüdinghausen und Seppenrade, Lüdinghausen 2000, S. 227–238. Zu Coesfeld siehe: Gersmann, Gudrun: Hexenverfolgung im Fürstbistum Münster, S. 465–470 sowie Gersmann, Gudrun: „In Criminal Sachen Fisci zu Coesfelt" – Hexenverfolgung und Machtpolitik einer münsterländischen Stadt, in: Norbert Damberg (Hrsg.), Coesfeld 1197–1997. Bd. 1, Münster 1999, S. 1215–1262.
6 Vgl. Gersmann, Gudrun: Hexenverfolgung im Fürstbistum Münster, S. 459.
7 Vgl. Gersmann, Gudrun: Konflikte, Krisen Provokationen im Fürstbistum Münster. Kriminalgerichtsbarkeit im Spannungsfeld zwischen adeliger und landesherrlicher Justiz, in: Andreas Blauert/Gerd Schwerhoff (Hrsg.), Kriminalitätsforschung. Beiträge zur Sozial- und Kulturgeschichte der Vormoderne, Konstanz 2000, S. 430.
8 Vgl. Gersmann, Gudrun: Hexenverfolgung im Fürstbistum Münster, S. 457.
9 Vgl. Gersmann, Gudrun: Kriminalgerichtsbarkeit, S. 440.
10 Vgl. ebenda, S. 437–444 sowie Gersmann, Gudrun: Hexenverfolgung im Fürstbistum Münster S. 460–464.

11 Vgl. Gersmann, Gudrun: Hexenverfolgung im Fürstbistum Münster, S. 461.
12 Siehe zum Fall Anna Walboem: Archiv Nordkirchen 10720 sowie Staatsarchiv Münster, Altertumsverein 317b.
13 Zit. nach: Gersmann, Gudrun: Kriminalgerichtsbarkeit, S. 441.
14 Staatsarchiv Münster, Altertumsverein 317b, Bl. 55b.
15 Vgl. Gersmann, Gudrun: Hexenverfolgung im Fürstbistum Münster, S. 460-464.

## Anmerkungen zu Kapitel 15

1 Vgl. Spießen, Max von: Wappenbuch des Westfälischen Adels, Bd. 1, Görlitz 1901-1903, S. 63.
2 Für den Hinweis danke ich Liane Schmitz vom Stadtarchiv Lüdinghauen.
3 Vgl. Schwieters, Julius: Geschichtliche Nachrichten über den westlichen Theil des Kreises Lüdinghausen, die Pfarrgemeinden Venne, Ottmarsbocholt, Senden, Lüdinghausen, Seppenrade, Olfen, Selm, Bork, Kappenberg und Altlünen umfassend, Münster 1891, S. 156. Das kursierende Datum um 1670 für das Aussterben der Linie ist falsch.
4 Pfarrarchiv Lüdinghausen, Transcription des Testaments von Dietrich von Hake.
5 Vgl. Bernhardt, Kirsten: Armenhäuser. Die Stiftungen des münsterländischen Adels (16.-20. Jahrhundert), Münster 2012, S. 52.
6 Pfarrarchiv Lüdinghausen, Transkription der Fundation des Armenhauses der von Haken'schen Stiftung zu Lüdinghausen.
7 Vgl. Bernhardt, Kirsten: Die Ordnung im Armenhaus. Zum Wandel von Ordnungsvorstellungen im Spiegel institutioneller Hausgemeinschaften, in: Christoph Heuter, u.a. (Hrsg.), Bauern-, Herren-, Fertighäuser. Hausforschung als Sozialgeschichte, Münster 2014, S. 143.
8 Siehe zum Raesfeldschen Armenhaus: Schmitz, Liane: 800-2000. Zur Geschichte von Lüdinghausen und Seppenrade. Mit Beiträgen von Peter Ilisch und Ilona Tobüren-Bots, Lüdinghausen 2000, S. 211-214.
9 Stadtarchiv Lüdinghausen, Lüdinghausen, Erinnerungen von Alex Weischer, S. 118f. Zit. nach: Schmitz, Liane: Zur Geschichte von Lüdinghausen und Seppenrade, S. 213.
10 Vgl. Schmitz, Liane: Zur Geschichte von Lüdinghausen und Seppenrade, S. 214.
11 Pfarrarchiv Lüdinghausen, Leihbücher der Hakestiftung.
12 Vgl. Deilmann, Clemens: Das Armenhaus von Hake in Lüdinghausen, jetzt Jugendheim, in: Heimat-Kalender (1932), S. 34.
13 Vgl. Bernhardt, Kirsten: Armenhäuser, S. 115.
14 Vgl. Schmitz, Liane: Zur Geschichte von Lüdinghausen und Seppenrade, S. 214.

## Anmerkungen zu Kapitel 16

1 Vgl. Furrer, Daniel: Wasserthron und Donnerbalken. Eine kleine Kulturgeschichte des stillen Örtchens, Darmstadt 2004, S. 62.
2 Vgl. Newton, William Ritchey: Hinter den Fassaden von Versailles. Mätressen, Flöhe und Intrigen am Hof des Sonnenkönigs, Berlin 2013, S. 85-86.
3 Haberl, Annedore (Hrsg.): Briefe der Liselotte von der Pfalz, München 1996, S. 283.
4 Vgl. Newton, William Ritchey: Hinter den Fassaden von Versailles, S. 87-88.
5 Vgl. Mummenhoff, Karl Eugen/Dethlefs, Gerd: Schloss Nordkirchen, Berlin 2012, S. 54-54, 59-69.
6 Unveröffentliches Gespräch zwischen Gerhard Rengshausen, ehemaliger Finanzbaurat, zuständig für das Schloss Nordkirchen und Marion Bayer vom 10.02.2017 sowie Schlutius, Hildegard: Wo der Kaiser zu Fuß hingeht … Neuere Erkenntnisse über Heimblichkeiten im Westfälischen Versailles, in: Geschichtsblätter des Kreises Coesfeld 23 (1998), S. 183-188.
7 Vgl. Mummenhoff, Karl Eugen/Dethlefs, Gerd: Schloss Nordkirchen, S. 88.
8 Archiv für westfälische Volkskunde der Volkskundlichen Kommission für Westfalen in Münster, Bericht Nr. 2190 von Ernst

Langenbach über Eversum und Soest. Zit. nach: Oeben, Stephanie: Von „Waskköken" und „Schiethüsken" – Orte der Hygiene im und am Haus, in: Britta Spies (Hrsg.), „Wo geht's denn hier aufs Klo? – Sauberkeit und Hygiene auf dem Land im 19. und 20. Jahrhundert, Osnabrück 2002, S. 38–39.
9 Vgl. Reizner, Karl-Heinz: Vom „Scheiß- und Seichkübel" zum „wasser-closet", in: Karl-Heinz Reizner (Hrsg.), Hygienische Verhältnisse und Krankheiten auf dem Lande in früherer Zeit, Tübingen 1992, S. 33.
10 Freundliche Auskunft von Joachim Eichler, Leiter des Sandsteinmuseums.
11 Vgl. Speckle, Birgit: Vom Nachttopf zum Laserklo. Zur Kulturgeschichte der Fäkalienentsorgung, in: Franziska Lobenhofer-Hirschbold/Ariane Weidlich (Hrsg.), Sauber! Hygiene früher in Oberbayern. Eine Annäherung an historische Wirklichkeiten, Großweil 1995, S. 63–66.
12 Vgl. Hermanns, Rudolf: Kriegsgefangene im Weltkrieg – Das Lager Dülmen, in: Geschichtsverein des Kreises Euskirchen (Hrsg.), Das Jahr 1914 – Deutsch-französische Partnerstädte erinnern an den Ersten Weltkrieg, Weilerswist 2015, S. 161.
13 Vgl. Schmuhl, Hans-Walter: Geschichte der Stadt Olfen im 20. Jahrhundert, in: Werner Frese (Hrsg.), Geschichte der Stadt Olfen, 2011, S. 470–472.
14 Gespräch vom 10.02.2017.

## Anmerkungen zu Kapitel 17

1 Landesarchiv Nordrhein-Westfalen, Westfalen, Fürstbistum Münster, Kabinettsregistratur 2708, Nr. 15, Schreiben des Obervogtes Reinhartz an den Amtsdrosten Freiherr Droste zu Vischering. Zit. nach: Spannhoff, Christof: Die christlichen Billerbecker Begräbnisstätten. Vom Mittelpunkt kleinstädtischen Lebens zum Ort der Stille, in: Werner Freitag u. a. (Hrsg.), Geschichte der Stadt Billerbeck, Bielefeld 2012, S. 540.
2 Siehe dazu: Sörries, Reiner: Ruhe sanft. Kulturgeschichte des Friedhofs, Kevelaer 2009.
3 Vgl. Bistumsarchiv Münster, GV AA, Billerbeck St. Johannes A 1, Status ecclesiarum juxta quem relationes archidiaconales formandae, Bl. 107v–108r sowie Spannhoff, Christof: Billerbecker Begräbnisstätten, S. 540.
4 Vgl. Spannhoff, Christof: Billerbecker Begräbnisstätten, S. 540.
5 Vgl. Ilisch, Peter: Zum Erscheinungsbild münsterländischer Kirchhöfe vor 1800 – das Beispiel St. Johann zu Billerbeck, in: Geschichtsblätter des Kreises Coesfeld 4 (1979), S. 120–121.
6 Vgl. ebenda, S. 121.
7 Vgl. ebenda, S. 126.
8 Siehe zur Funktion von Kirchhöfen: Brademann, Jan/Freitag, Werner (Hrsg.): Leben bei den Toten. Kirchhöfe in der ländlichen Gesellschaft der Vormoderne, Münster 2007.
9 Landesarchiv Nordrhein-Westfalen, Westfalen, Regierung Münster, Nr. 6799, Brief des Billerbecker Pfarrers Wessing und des Rektors von St. Ludgerus an den Bischof von Münster 1813. Zit. nach: Spannhoff, Christof: Billerbecker Begräbnisstätten, S. 542.
10 Vgl. Ilisch, Peter: Münsterländische Kirchhöfe, S. 120.
11 Zit. nach: Spannhoff, Christof: Billerbecker Begräbnisstätten, S. 548.
12 Vgl. ebenda, S. 548–549.
13 Vgl. Dautermann, Christoph: Neue Erkenntnisse zur Bebauung des Johannis-Kirchplatzes in Billerbeck, in: Geschichtsblätter des Kreises Coesfeld 9 (1984), S. 65–67.

## Anmerkungen zu Kapitel 18

1 Vgl. Boer, Hans-Peter: Der Große Brand zu Nottuln, in: Geschichtsblätter des Kreises Coesfeld 1 (1976), S. 4–13; Boer, Hans-Peter: Ein weiterer Bericht zum Nottulner „Großen Brand vom 3. Mai 1748, in: Geschichtsblätter des Kreises Coesfeld 12 (1987), 131–132 sowie Boer, Hans-Peter: Die Alte Amtmannei in Nottuln, in: Geschichtsblätter des Kreises Coesfeld 6 (1981), S. 125–139.

2 Staatsarchiv Münster, Nottuln, A 46, Protokoll vom 8. Mai 1748. Zit. nach: Boer, Hans-Peter: Die Alte Amtmannei in Nottuln, S. 132.
3 Vgl. Matzner, Florian/Schulze, Ulrich: Johann Conrad Schlaun. 1695–1773. Das Gesamtwerk, Stuttgart 1995, S. 592.
4 Vgl. Boer, Hans-Peter: Der Große Brand, S. 10.
5 Vgl. Boer, Hans-Peter: Der Nottulner Stiftsbezirk von 1748, ein Werk Johann Conrad Schlauns, in: Ulf D. Korn (Hrsg.), Johann Conrad Schlaun 1695–1774. Schlaun als Soldat und Ingenieur, Münster 1976, S. 261–269 sowie Kohl, Wilhelm: Das (freiweltliche) Damenstift Nottuln, Berlin 2005, S. 42–45 sowie 468.
6 Vgl. Boer, Hans-Peter: Der Große Brand, S. 11 sowie Boer, Hans-Peter u.a.: J.C. Schlaun. Sein Leben, seine Zeit, sein Werk, Münster 1995, S. 33.
7 Vgl. ebenda.
8 Vgl. ebenda, S. 34 sowie Boer, Hans-Peter: Katholische Stifts- und Pfarrkirche St. Martinus Nottuln/Westf., Regensburg 2003, S. 6.

## Anmerkungen zu Kapitel 19

1 Siehe zum Kloster Varlar u.a.: Frese, Werner (Bearb.): Urkunden und Regesten des Prämonstratenserstiftes Varlar (1118–1782), Coesfeld 2016.
2 Siehe zur Klosterbebauung: Roters, Dorothea: Osterwick. Geschichte eines Dorfes im Münsterland, Dülmen 1989, S. 267–271.
3 Vgl. Oepen, Joachim: Die Säkularisation von 1802 in den vier rheinischen Departements, in: Harm Klueting (Hrsg.), 200 Jahre Reichsdeputationshauptschluss. Säkularisation, Mediatisierung und Modernisierung zwischen Altem Reich und neuer Staatlichkeit, 2005, S. 89.
4 Unveröffentlichtes Gespräch zwischen Philipp-Otto Fürst zu Salm-Horstmar und Marion Bayer am 19.04.2017. Zum Geschlecht Salm siehe: Bruns, Alfred: Fürstentum Salm-Salm, in: Gerhard Taddey (Hrsg.), Lexikon der Deutschen Geschichte, Stuttgart 1998, S. 1104–1105.
5 Vgl. Roters, Dorothea: Osterwick, S. 307.
6 Vgl. Junk, Heinz-K.: Kaiserliche Adler am Dümmerbach, in: Werner Frese/Christian Wermert (Hrsg.), Senden. Eine Geschichte der Gemeinde Senden mit Bösensell, Ottmarsbocholt, Venne, 1992, S. 369.
7 Vgl. Roters, Dorothea: Osterwick, S. 304.
8 Münsterisches Intelligenzblatt vom 20.04.1804. Zit. nach: Dickhoff, Erwin: Wo blieben die Glocken des Klosters Varlar, in: Mitteilungen des Heimatvereins Coesfeld (2011), S. 62.
9 Vgl. Dickhoff, Erwin: Wo blieben die Glocken des Klosters Varlar, in: Mitteilungen des Heimatvereins Coesfeld (2010), S. 39.
10 Münsterisches Intelligenzblatt vom 19.10.1810. Zit. nach: Dickhoff, Erwin: Glocken des Klosters Varlar 2011, S. 64.
11 Vgl. Kordt, Walter: Adolph von Vagedes. Ein rheinisch-westfälischer Baumeister der Goethezeit, Ratingen 1961, S. 95–96.
12 Vgl. Dehio, Georg/Quednau, Ursula (Bearb.): Handbuch der Deutschen Kunstdenkmäler. Nordrhein-Westfalen II. Westfalen, München 2011, S. 939.

## Anmerkungen zu Kapitel 20

1 Zur Kölner Decke siehe: Rinn, Barbara: Die Kölner Decke – ein bis in die Niederlande exportierter Stuckbestseller der Barockzeit, in: Geschichte in Köln 55 (2008), S. 37–62.
2 Vgl. Dehio, Georg/Quednau, Ursula (Bearb.): Handbuch der Deutschen Kunstdenkmäler. Nordrhein-Westfalen II. Westfalen, München 2011, S. 991.
3 Zur Abfolge der Herrschaftsverhältnisse siehe ausführlich: Junk, Heinz-K.: Kaiserliche Adler am Dümmerbach, in: Gemeinde Senden (Hrsg.), Senden. Eine Geschichte der Gemeinde Senden mit Bösensell, Ottmarsbocholt, Venne, 1992, S. 369–376.
4 Vgl. ebenda, S. 376–377.
5 Hessisches Staatsarchiv Darmstadt, GhB 4288. Zitiert in der Übersetzung von: Junk,

Heinz-K.: Kaiserliche Adler am Dümmerbach, S. 380.
6 Staatsarchiv Münster, KsF, E 5 Nr. 1. Zit. nach: Ebenda, S. 387.
7 Schmitz, Liane: 800–2000. Zur Geschichte von Lüdinghausen und Seppenrade. Mit Beiträgen von Peter Ilisch und Ilona Tobüren-Bots, Lüdinghausen 2000, S. 307–308.

## Anmerkungen zu Kapitel 21

1 Schmitz, Liane: 800–2000. Zur Geschichte von Lüdinghausen und Seppenrade. Mit Beiträgen von Peter Ilisch und Ilona Tobüren-Bots, Lüdinghausen 2000, S. 308.
2 Siehe dazu: Walter, Bernd: Der Wiener Kongress und die Gründung der Provinz Westfalen 1815, in: Korbinian Böck (Hrsg.), 200 Jahre Westfalen. Jetzt!, Münster 2015, S. 60–63.
3 Amtsblatt der Königlichen Regierung zu Münster 1816, S. 13–16. Zit. nach: Schulze Pellengahr, Christian: Zur Geschichte des Hauses Darup zu Darup und seiner Besitzer, in: Westfälische Zeitschrift 155 (2005), S. 127. Zu Bönninghausen siehe: Schmitz, Willy: Die preußischen Landräte des Kreises Coesfeld 1816–1945, Coesfeld 1974, S. 26–39.
4 Vgl. Kochs, Heinrich: Von der Kreisstube in Darup zur heutigen Kreisverwaltung, in: Heinrich Kochs (Hrsg.), Der Landkreis Coesfeld 1816–1966, Coesfeld 1966, S. 276.
5 Siehe dazu: Schmitz, Margun: Der Landrat als Mittler zwischen Staatsverwaltung und kommunaler Selbstverwaltung – Der Wandel der funktionalen Stellung des Landrats vom Mittelalter bis ins 20. Jahrhundert, Baden-Baden 1991.
6 Bistumsarchiv Münster, Dep. Pfarrarchiv Darup, Karton 3. Zit. nach: Schulze Pellengahr, Christian: Haus Darup, S. 129.
7 Vgl. Schulze Pellengahr, Christian: Haus Darup, S. 135.
8 Stadtarchiv Dülmen, Amt Rorup A 8, Acta über Anstellung und Vertretung der Königlichen Landräthe. Zit. nach: Schulze Pellengahr, Christian: Haus Darup, S. 130.
9 Staatsarchiv Münster, Regierung Münster Nr. 4890. Zit. nach: Ebenda.
10 Vgl. Schulze Pellengahr, Christian: Haus Darup, S. 131.
11 Vgl. Kochs, Heinrich: Von der Kreisstube zur Kreisverwaltung, S. 278–280.

## Anmerkungen zu Kapitel 22

1 Zur Architektur von Schloss Westerwinkel wie Schloss Lembeck siehe: Dehio, Georg/Quednau, Ursula (Bearb.): Handbuch der Deutschen Kunstdenkmäler. Nordrhein-Westfalen II. Westfalen, München 2011, S. 57–58 sowie 246–247.
2 Vgl. Drees, Josef: Die sogenannten „Neuen Häuser" bei Schloß Westerwinkel, mit geschichtlichen Anmerkungen über Lebensverhältnisse und Umwelt einer Gruppe von Schloßbediensteten, in: Geschichtsblätter des Kreises Coesfeld 12 (1987), S. 17.
3 Landschaftsverband Westfalen-Lippe, LWL-Amt für Landschafts- und Baukultur in Westfalen (Hrsg.): Gartenreiches Westmünsterland. Gärten und Parks in den Kreisen Borken und Coesfeld, Steinfurt 2007, S. 211.
4 Vgl. Drees, Josef: Neue Häuser, S. 20.
5 Vgl. ebenda, S. 27.
6 Vgl. Landschaftsverband Westfalen-Lippe, LWL-Amt für Landschafts- und Baukultur in Westfalen (Hrsg.): Gärten und Parks, S. 212–213.

## Anmerkungen zu Kapitel 23

1 Sämtliche Werke der Dichterin sind veröffentlicht durch: Plachta, Bodo/Woesler, Winfried (Hrsg.): Annette von Droste-Hülshoff. Sämtliche Werke in zwei Bänden, Frankfurt a.M. 1994. Eine Online-Edition ihrer Werke bietet zudem das Droste-Portal: http://www.lwl.org/LWL/Kultur/Droste/ (abgerufen am 16.05.2017).
2 Vgl. Koepf, Hans/Binding, Günther: Bildwörterbuch der Architektur, Stuttgart 1999, S. 431.

3 Vgl. Raub, Anneliese: Burg Hülshoff, Regensburg 2003, S. 3.
4 Vgl. Frommknecht-Hitzler, Marlies: Annette von Droste-Hülshoff – „aber nach hundert Jahren möcht ich gelesen werden", in: Elke Pilz (Hrsg.), Bedeutende Frauen des 19. Jahrhunderts: elf biographische Essays, Würzburg 2010, S. 53.
5 Vgl. Maurer, Doris: Annette von Droste-Hülshoff. Biographie, Meersburg 1996, S. 14.
6 Zit. nach: Plachta, Bodo (Hrsg.): Annette von Droste-Hülshoff (1797–1848) – „aber nach hundert Jahren möcht ich gelesen werden", Wiesbaden 1997, S. 88.
7 Brief an die Mutter vom 11.02.1838. Zit. nach: Woesler, Winfried (Hrsg.): Annette von Droste-Hülshoff. Historisch-kritische Ausgabe. Werke, Briefwechsel. Bd. 8, S. 298–299.
8 Brief an Jenny von Laßberg vom 29.01.1839. Zit. nach: Gödden, Walter: Tag für Tag im Leben der Annette von Droste-Hülshoff. Daten – Texte – Dokumente, Paderborn 1996, S. 174.
9 Vgl. Frommknecht-Hitzler, Marlies: Annette von Droste-Hülshoff, S. 74.

## Anmerkungen zu Kapitel 24

1 Unveröffentlichtes Gespräch zwischen Hermann Josef Freiherr Raitz von Frentz und Marion Bayer am 19.06.2017.
2 Katasteramt Kreis Coesfeld. Zum Urkataster siehe: Kreucher, Gerald: Die Urkatasteraufnahme in Westfalen, Düsseldorf 2008.
3 Dieses Gesinde lässt sich zum Beispiel für das Haus Senden oder die Burg Dinklage nachweisen. Vgl. Frese, Werner: Herrschaft und Gesinde auf Haus Senden, in: Werner Frese/Christian Wemert (Hrsg.), Senden. Eine Geschichte der Gemeinde Senden mit Bösensell, Ottmarsbocholt, Venne, Senden 1992, S. 255–258 sowie Michaels, Sonja: Leben auf einem Adelssitz im Niederstift Münster, Cloppenburg 2008.
4 Sauermann, Dietmar (Hrsg.): Knechte und Mägde in Westfalen um 1900, Münster 1979, S. 19.
5 Vgl. Heise, Sabine: Frauen-Arbeiten – Zwischen Beruf und Berufung, unter: Internet-Portal „Westfälische Geschichte", http://www.westfaelische-geschichte.de/web405 (abgerufen am 06.06.2017).
6 Zit. nach: Plaum, Bernd D.: „Sparen für die Tage der Noth" – Zur Geschichte der Sparkasse Coesfeld seit 1848, Dülmen 1998, S. 20.
7 Ebenda.
8 Vgl. Heise, Sabine: Frauen-Arbeiten, unter: http://www.westfaelische-geschichte.de/web405 (abgerufen am 06.06.2017).
9 Gespräch vom 19.06.2017.

## Anmerkungen zu Kapitel 25

1 Vgl. Lorenz, Jörg: Vom Kloster zum Stiftsdorf. 850 Jahre Hohenholte, Havixbeck 1992, S. 163.
2 Zit. nach: Lorenz, Jörg: Wenn der Rote Hahn kräht... Freiwillige Feuerwehr Havixbeck/Löschzug Havixbeck, Havixbeck 1999, S. 15.
3 Gemeindearchiv Havixbeck, A 3-1, Manual-Akten Rinteln, fol. 23. Zit. nach: ebenda Lorenz, Jörg: Feuerwehr Havixbeck, S. 38.
4 Vgl. ebenda.
5 Lösch-Reglement für die Gemeinde Havixbeck. Zit. nach: Lorenz, Jörg: Feuerwehr Havixbeck, S. 25–26.
6 Ebenda.
7 Vgl. Freiwillige Feuerwehr Seppenrade (Hrsg.): 75 Jahre Freiwillige Feuerwehr in Seppenrade, Seppenrade 1999, o. Nummerierung.
8 Vgl. Lorenz, Jörg: Feuerwehr Havixbeck, S. 27.
9 Freiwillige Feuerwehr Bösensell (Hrsg.): 50 Jahre Freiwillige Feuerwehr Löschzug Bösensell, Bösensell 1984, S. 16–17.
10 Vgl. Weidner, Marcus: 15. April 1768 – „Feuer!" Die Einrichtung einer Brandversicherung im Fürstbistum Münster, unter: Internet-Portal „Westfälische Geschichte", http://www.westfaelische-geschichte.de/web603 (abgerufen am 25.05.2017).

## Anmerkungen zu Kapitel 26

1 Siehe dazu: Zückert, Hartmut: Allmende und Allmendaufhebung. Vergleichende Studien zum Spätmittelalter bis zu den Agrarreformen des 18./19. Jahrhunderts, Stuttgart 2003 sowie Bradensiek, Stefan: Agrarreform und ländliche Gesellschaft. Die Privatisierung der Marken in Nordwestdeutschland 1750–1850, Paderborn 1991.
2 Unveröffentlichtes Gespräch zwischen Joachim Eichler, Leiter des Sandsteinmuseums und Marion Bayer vom 11.01.2017.
3 Vgl. Eichler, Joachim: Geschichte(n) um den Baumberger Sandstein. Handwerk, Kunst und Geschichte im Baumberger-Sandstein-Museum, Coesfeld 1992, S. 8–9.
4 Gespräch vom 11.01.2017.
5 Baumberger Sandsteinmuseum, Objektakte „Wappentafel des Steinhauers Franz Formann".
6 Vgl. Eichler, Joachim: Geschichte(n) um den Baumberger Sandstein, S. 29.
7 Staatsarchiv Münster, Regierung Münster, Nr. 17612. Zit. nach: Boer, Hans-Peter: Läuten und sozialer Rang – Das Beispiel der Baumberger Steinhauer, in: Rheinisch-westfälische Zeitschrift für Volkskunde 22 (1976), S. 118.
8 Vgl. Boer, Hans-Peter: Läuten und sozialer Rang, S. 119.
9 Vgl. ebenda, S. 121.

## Anmerkungen zu Kapitel 27

1 Vgl. Korsmeier, Claudia M.: Die Ortsnamen des Kreises Coesfeld, Bielefeld 2016, S. 267–268.
2 Vgl. Krumbholtz, Robert (Bearb.): Westfälisches Urkunden-Buch 8: Die Urkunden des Bistums Münster von 1301–1325, Münster 1913, Neudruck 1980, Nr. 1106.
3 Vgl. Opora, Jeannette: Die Wildbahngestüte Westfalens. Geschichte, Entwicklung und Zukunft, Bristol 2006, S. 119–120 sowie Scholz, Philipp: Wildpferde im Merfelder Bruch, unter: Westfalen regional, https://www.lwl.org/LWL/Kultur/Westfalen_Regional/Naturraum/Wildpferde (abgerufen am 24.05.2017).
4 Vgl. Schneider, Karl H.: Bauernbefreiung. Aus: Lexikon zu Restauration und Vormärz. Deutsche Geschichte 1815 bis 1848, unter: https://www.historicum.net/themen/restauration-und-vormaerz/lexikon/artikel/bauernbefreiung/ (abgerufen am 12.04.2017).
5 Vgl. ebenda.
6 Siehe dazu u.a.: Aufbruch in die Moderne – Das Beispiel Westfalen – Markenteilung, unter: https://www.lwl.org/LWL/Kultur/Aufbruch/themen_start/oekonomie/neue_denkweisen/grundherrschaft/markenteilungen/index2_html (abgerufen am 12.04.2017).
7 Vgl. Sieger, Constanze: Die Ludgerusstadt im 19. Jahrhundert, in: Werner Freitag u.a. (Hrsg.), Geschichte der Stadt Billerbeck, Bielefeld 2012, S. 212.
8 Vgl. Opora, Jeannette: Die Wildbahngestüte Westfalens, S. 122.
9 Vgl. ebenda, S. 134–141.
10 Vgl. ebenda, S. 125–126.
11 Stadtarchiv Dülmen, Amt Dülmen, C 99. Zit. nach: Sudmann, Stefan: Ein Stierkampf in Merfeld 1969, in: Geschichtsblätter des Kreises Coesfeld 39 (2014), S. 203.
12 Ebenda, S. 204.
13 Ebenda, S. 205.
14 Vgl. Westfälische Nachrichten vom 20.04.2017.

## Anmerkungen zu Kapitel 28

1 Heimatverein Dülmen e.V.: Der letzte Angriff... Facebook-Eintrag vom 22.03.2015, unter: https://www.facebook.com/Heimatverein.Duelmen/?fref=nf (abgerufen am 25.05.2017).
2 Vgl. Hemann, Friedrich-Wilhelm: Gesindel oder Revolutionäre? Der Verlauf der Revolution von 1848/49 am Beispiel der Stadt Dülmen im Befund der Quellen, in: Westfälische Forschungen 49 (1999), S. 99. Zu St. Viktor siehe u.a.: Pieper, Roland: Die Architekturgeschichte Dülmens bis 1648,

in: Stefan Sudmann (Hrsg.), Geschichte der Stadt Dülmen, Dülmen 2011, S. 769–778.
3 Rautenberg, Eraddo C.: Schwarz-Rot-Gold: Das Symbol für die nationale Identität der Deutschen!, Potsdam 2008, S. 40–46.
4 Vgl. Eckerwiegert, Dirk: Dülmen 1813–1849: Die ersten preußischen Jahrzehnte von der Restauration zur Revolution, in: Stefan Sudmann (Hrsg.), Geschichte der Stadt Dülmen, Dülmen 2011, S. 201–204.
5 Zum Vormärz und zur Revolution 1848 siehe zum Beispiel: Lebendiges Museum Online: unter: https://www.dhm.de/lemo/kapitel/vormaerz-und-revolution/revolution-1848.html (abgerufen am 25.05.2017).
6 Vgl. Blume, Doris: März 1848 – Revolution in Berlin: unter http://www.dhm.de/lemo/rueckblick/maerz-1848-revolution-in-berlin.html (abgerufen am 25.05.2017).
7 Hemann, Friedrich-Wilhelm: Revolution von 1848/49, S. 104.
8 Vgl. Eckerwiegert, Dirk: Dülmen 1813–1848, S. 205.
9 Vgl. Hemann, Friedrich-Wilhelm: Revolution von 1848/49, S. 106.

### Anmerkungen zu Kapitel 29
1 Pfarrarchiv Olfen St. Vitus, Kirchenbuch Nr. 5 (Taufen 1804–1836), S. 329–330. Zit. nach: Fleck, Beate S.: Evangelische Taufeinträge in einer katholischen Pfarrei im Münsterland. Das Beispiel Olfen, in: Claudia Brack u. a. (Hrsg.), Kirchenarchiv mit Zukunft, Bielefeld 2007, S. 217.
2 Pfarrarchiv Olfen St. Vitus, Kirchenbuch Nr. 5, S. 349–350. Zit. nach: Fleck, Beate S.: Taufeinträge, S. 218.
3 Vgl. Fleck, Beate S.: Taufeinträge, S. 220–221.
4 Vgl. Barten, Gerhard/Braumann, Georg: Evangelische Kirche im Kreis Coesfeld, in: Heinrich A. Mertens/Josef Limbach (Bearb.), Kreis Coesfeld, Dülmen 1985, S. 270.
5 Vgl. Fleck, Beate S.: Taufeinträge, S. 222.
6 Vgl. Schmitz, Liane: 800–2000. Zur Geschichte von Lüdinghausen und Seppenrade. Mit Beiträgen von Peter Ilisch und Ilona Tobüren-Bots, Lüdinghausen 2000, S. 340.
7 Zit. nach: ebenda, S. 340.
8 Zit. nach: Westfälische Nachrichten vom 02.01.2010.
9 Wochenschrift für Stadt und Land, Oktober 1859. Zit. nach: Westfälische Nachrichten vom 02.01.2010.
10 Ebenda.

### Anmerkungen zu Kapitel 30
1 Vgl. Berghaus, Peter: Einhundert Jahre Stadtsparkasse zu Billerbeck, Billerbeck 1966, S. 2.
2 Vgl. Stadtsparkasse Billerbeck (Hrsg.): 125 Jahre Stadtsparkasse Billerbeck, Dülmen 1991, S. 26.
3 Vgl. u.a. Schmitz, Liane: 800–2000. Zur Geschichte von Lüdinghausen und Seppenrade. Mit Beiträgen von Peter Ilisch und Ilona Tobüren-Bots, Lüdinghausen 2000, S. 367.
4 Vgl. Frohne, Ludwig: Erhaltenswerte Bausubstanz und Stadtkernsanierung in Billerbeck, Billerbeck 1974, S. 20–21.
5 Vgl. ebenda.
6 Vgl. Plaum, Bernd D.: „Sparen für die Tage der Noth" – Zur Geschichte der Sparkasse Coesfeld seit 1848, Dülmen 1998, S. 51.
7 Landesarchivamt Nordrhein-Westfalen, Westfalen, Kreis Coesfeld, Nr. 151, Statut vom 20.12.1865. Zit. nach: Sieger, Constanze: Die Ludgerusstadt im 19. Jahrhundert, in: Werner Freitag, u.a. (Hrsg.), Geschichte der Stadt Billerbeck, Bielefeld 2012, S. 135.
8 Preußisches Sparkassengesetz von 1838 sowie Statistische Nachrichten über den Kreis Coesfeld pro 1862, 1863, 1864, Münster 1865, S. 59.
9 Vgl. Plaum, Bernd D.: Sparkasse Coesfeld, S. 44.
10 Vgl. ebenda.
11 Vgl. Sieger, Constanze: Die Ludgerusstadt im 19. Jahrhundert, S. 135.
12 Vgl. ebenda.
13 Vgl. Volksbank Nordkirchen-Südkirchen-Capelle (Hrsg.): 100 Jahre Volksbank Süd-

kirchen-Capelle-Nordkirchen eG. 1887 1987, Nordkirchen 1987, S. 9.
14 Vgl. ebenda, S. 12–16.

## Anmerkungen zu Kapitel 31

1. Vgl. Westfälischer Merkur vom 19.09.1873.
2. Vgl. Stähler, August: Der Ursprung der Pfarrei Sankt Laurentius und die Geschichte ihrer Kunstwerke, in: Werner Frese/Christian Wermert (Hrsg.), Senden. Eine Geschichte der Gemeinde Senden mit Bösensell, Ottmarsbocholt, Venne, Senden 1992, S. 720 sowie S. 731 Abbildung.
3. Zur Agrarrevolution siehe: Kopsidis, Michael: Agrarentwicklung. Historische Agrarrevolutionen und Entwicklungsökonomie, Stuttgart 2006, S. 324–361. Zur Textilindustrie siehe: Ditt, Karl: Münster und die Textilindustrialisierung im Münsterland während des 19. und 20. Jahrhunderts, in: Helene Albers (Hrsg.), Industrie in Münster 1870–1970, Dortmund 2001, S. 314–337.
4. Zu St. Agatha in Rorup siehe: Dehio, Georg/Quednau, Ursula (Bearb.): Handbuch der Deutschen Kunstdenkmäler. Nordrhein-Westfalen II. Westfalen, München 2011, S. 306.
5. Vgl. Stähler, August: Sankt Laurentius, S. 730.
6. Staatsarchiv Münster, Reg. Münster, Nr. 16569.
7. Vgl. Stähler, August: Sankt Laurentius, S. 730.
8. Unveröffentlichte Kirchen-Chronik, Pfarrbüro St. Laurentius, Senden. Siehe dazu: Stähler, August: Sankt Laurentius, Endnote 17.
9. Vgl. Stähler, August: Sankt Laurentius, S. 731.
10. Staatsarchiv Münster, Reg. Münster, Nr. 16569. Zit. nach: Stähler, August: Sankt Laurentius, S. 732.
11. Vgl. Stähler, August: Sankt Laurentius, S. 732.
12. Ebenda, S. 736–737.
13. Staatsarchiv Münster, Reg. Münster, Nr. 16569. Zit. nach. Stähler, August: Sankt Laurentius, S. 738.
14. Vgl. Stähler, August: Sankt Laurentius, S. 742.
15. Zu St. Pankratius in Südkirchen siehe: Dehio, Georg/Quednau, Ursula (Bearb.): Westfalen, S. 805–806 sowie Gemeinde Nordkirchen (Hrsg.): Dorfführer der Gemeinde Nordkirchen. Nordkirchen entdecken, Nordkirchen 2007, S. 22–24.

## Anmerkungen zu Kapitel 32

1. Identifikation der Figuren durch Hans-Peter Boer im Jahr 1983. Vgl. Eckhardt, Werner: Zeitgeschichte und Kunst. Untersuchung des Nottulner Kreuzweges weist auf den Kulturkampf hin, in: Auf Roter Erde – Beiträge zur Geschichte des Münsterlandes und den Nachbargebieten/Beilage der „Westfälischen Nachrichten" 39 (1983), S. 23.
2. Vgl. Schweiger, Peter: Werkverzeichnis der Arbeiten von Heinrich Fleige, Icking 2016, unveröffentlichtes Manuskript, S. 9. In Boer, Hans-Peter: Katholische Stifts- und Pfarrkirche St. Martinus Nottuln/Westf., Regensburg 2003, S. 14 ist als Datierung „um 1890" angegeben. Da Fleige im Mai 1890 starb und zuvor gleiche Kreuzwegstationen auch für mehrere andere Kirchen – so in Beckum 1875 – schuf, ist eine Frühdatierung in die 1870er-Jahre plausibler.
3. Pfarrarchiv Olfen, Chronik St. Vitus, S. 63, Nr. 31, zit. nach: Pago, Ludwig: Turbulenzen im preußisch-deutschen Kulturkampf, in: Geschichtsblätter des Kreises Coesfeld 31 (2006), S. 91.
4. Vgl. Morsey, Rudolf: Bismarcks Kulturkampf gegen das Zentrum und gegen die katholische Kirche, in: Bistum Essen (Hrsg.): „Am Weihwasser die Finger verbrannt". Der Bismarcksche Kulturkampf – Konfliktverläufe im Ruhrgebiet, Essen 2000, S. 9–11.
5. Das Strafgesetzbuch für das Deutsche Reich, § 130a, Reichsgesetzblatt, 1871, S. 442.
6. Vgl. Gesetz-Sammlung für die Königlich-Preußischen Staaten, 1873, Nr. 14, S. 191–197.

7 Vgl. Roerkohl, Anne: Der Kulturkampf in Westfalen, Münster 1992, S. 11–12.
8 Vgl. Pago, Ludwig: Turbulenzen im preußisch-deutschen Kulturkampf, S. 94; Mertens, Heinrich A./Limbach, Josef: Aus der Geschichte des Kreises Lüdinghausen, 1803–1974, Lüdinghausen 1974, S. 35 sowie Schmitz, Liane: 800–2000. Zur Geschichte von Lüdinghausen und Seppenrade. Mit Beiträgen von Peter Ilisch und Ilona Tobüren-Bots, Lüdinghausen 2000, S. 345.
9 Vgl. Schwarze, Karl-Heinz: Setzt Landrat von Wedel Gewalt gegen seine Bürger ein? Ein Beispiel aus dem Kulturkampf – Lüdinghausen 1875, in: Geschichtsblätter des Kreises Coesfeld 33 (2008), S. 123–140.
10 Staatsarchiv Münster, Westfälischer Merkur vom 21.07.1875. Zit. nach: Schwarze, Karl-Heinz: Ein Beispiel aus dem Kulturkampf – Lüdinghausen 1875, S. 124.
11 Ebenda, S. 130.
12 Ebenda, S. 132.
13 Vgl. Morsey, Rudolf: Bismarcks Kulturkampf gegen das Zentrum und gegen die katholische Kirche, S. 17.
14 Zu Heinrich Fleige siehe: Schneider, Wilhelm M.: Der Kreuzweg von Heinrich Fleige für St. Stephanus in Beckum im Zeichen des Kulturkampfes, in: Kreis Warendorf (Hrsg.): 200 Jahre Kreis Warendorf – Werden und Identität im Wandel der Zeit, Wadersloh 2003, S. 68–69 sowie Lingens, Peter: Kulturkampf mit künstlerischen Mitteln, in: Geldrischer Heimatkalender 2006 (2005), S. 224–230.
15 Pfarrarchiv Beckum, Pfarrchronik von St. Stephanus, S. 106. Zit. nach: Schneider, Wilhelm M.: Der Kreuzweg von Heinrich Fleige, S. 68.

## Anmerkungen zu Kapitel 33

1 Vgl. Rheinische Eisenbahn-Gesellschaft (Hrsg.): Geschäfts-Bericht der Rheinischen Eisenbahn-Verwaltung für das Betriebsjahr 1879, Köln 1880, S. 139. Der Geschäfts-Bericht kann auf der Seite des Eisenbahnmuseums Alter Bahnhof Lette unter http://www.bahnhof-lette.de/downloads.html eingesehen werden (abgerufen am 07.06.2017).
2 Vgl. ebenda.
3 Staatsarchiv Münster, Westfälischer Merkur vom 26.05.1848.
4 Vgl. Gussek-Revermann, Anja/Kilian, Heinz: Münster und die Eisenbahn. Von den Anfängen bis zum Wiederaufbau nach dem Zweiten Weltkrieg, Münster 2003, S. 31.
5 Vgl. Rheinische Eisenbahn-Gesellschaft (Hrsg.): Geschäfts-Bericht 1879, S. 139.
6 Vgl. Schulz, Ingo: Die Entwicklung der Eisenbahn und der Kreis Coesfeld, in: Heinrich A. Mertens/Josef Limbach (Bearb.), Kreis Coesfeld, Dülmen 1985, S. 337–339 sowie Schmitz, Liane: 800–2000. Zur Geschichte von Lüdinghausen und Seppenrade. Mit Beiträgen von Peter Ilisch und Ilona Tobüren-Bots, Lüdinghausen 2000, S. 362.
7 Vgl. Lammers, Heinz: Das Dorf Lette erhält Bahnanschluß, in: Geschichtsblätter des Kreises Coesfeld 14 (1989), S. 170.
8 Vgl. Fischer, Caroline: Ein Bahnhof für Billerbeck, in: ebenda 41 (2016), S. 113.
9 Vgl. Schulz, Ingo: Die Entwicklung der Eisenbahnen und der Kreis Coesfeld, S. 339.
10 Vgl. Informationstafeln am Bahnhof Darfeld.

## Anmerkungen zu Kapitel 34

1 Vgl. Ester, Matthias M.: Der jüdische Friedhof in Billerbeck. Begräbnisstätte – Familienarchiv – Gedenkort, in: Werner Freitag (Hrsg.), Geschichte der Stadt Billerbeck, Bielefeld 2012, S. 567.
2 Vgl. Determann, Andreas u.a.: Die Deportationen aus dem Münsterland. Katalog zur Ausstellung im Gepäcktunnel des Hauptbahnhofs Münster vom 18. Mai bis 15. Juni 2008, Münster 2009, S. 134.
3 Vgl. Ester, Matthias M.: Jüdischer Friedhof, S. 561.
4 Simon, Heinrich: Leben im Judentum, Berlin 2003, S. 56.

5 Übersetzung nach: Drovs, Dagmar: Zechor – Erinnere Dich! Die jüdischen Familien in Billerbeck von den Anfängen bis zur Shoa; Wer die Toten vergißt, bringt sie noch einmal um; Man muß den Toten auf der Spur bleiben, in: Geschichtsblätter des Kreises Coesfeld 28 (2003), S. 168.

6 Vgl. Ester, Matthias M.: Jüdischer Friedhof, S. 561.

7 Vgl. Ilisch, Peter: Das jüdische Leben im Wigbold Billerbeck, in: Geschichtsblätter des Kreises Coesfeld 32 (2007), S. 31.

8 Vgl. Ilisch, Peter: Jüdisches Leben, S. 16.

9 Vgl. Aschoff, Diethard: Juden in Olfen bis zum Beginn der Preußenzeit, in: Gertrud Althoff, Geschichte der Juden in Olfen, Münster 2000, S. 28–31.

10 Stadtarchiv Billerbeck, Best. C, Nr. 717. Zit. nach: Ester, Matthias M.: Jüdischer Friedhof, S. 556.

11 Vgl. Ester, Matthias M.: Jüdischer Friedhof, S. 556.

## Anmerkungen zu Kapitel 35

1 Pressestimmen des Jahres 1923, unter: http://www.nyland.de/veroeffentlichungen/winkler-werkausgabe/der-tolle-bomberg/ (abgerufen am 24.05.2017).

2 Die Angabe zur Gesamtauflagenhöhe bezieht sich auf das Jahr 1992.

3 Zu den vorangegangenen Veröffentlichungen siehe: Auch, Hans G.: „Ist der Dichter aber ein Spaßmacher, der Feuer frißt vor den Herrschaften? Über die Wirkungsgeschichte des ‚Tollen Bomberg', in: Josef Winckler, Der tolle Bomberg. Ein westfälischer Schelmenroman, Emsdetten 1986, S. 345–398.

4 Winckler, Josef: Der tolle Bomberg – Ein Westfälischer Schelmenroman, Emsdetten 1986, S. 5.

5 Vgl. Delseit, Wolfgang: Der „tolle" Romberg – Sturz eines Mythos?, in: Jahrbuch Westfalen 47. 1993 (1992), S. 8.

6 Reininghaus, Wilfried: Das wirtschaftliche Handeln der Familie von Romberg im 17. bis 20. Jahrhundert, unter: zeitenblicke 4 (2005), http://www.zeitenblicke.de/2005/2/Reininghaus/index_html (abgerufen am 25.05.2017).

7 Vgl. ebenda.

8 Vgl. Delseit, Wolfgang: Der „tolle" Romberg – Sturz eines Mythos?, S. 12 und S. 14.

9 Winckler, Josef: Der tolle Bomberg, Stuttgart 1923, S. 109–110.

10 Landesarchiv Nordrhein-Westfalen W, Kreis Coesfeld, Nr. 196. Zit. nach: Potente, Dieter: Buldern, Bomberg und der Bahnhof. Bulderns Aufbruch in die Moderne zwischen Dichtung und Wahrheit, in: Dülmener Heimatblätter 63 (2016), S. 23.

11 Siehe dazu ausführlich: Potente, Dieter: Buldern, Bomberg und der Bahnhof, S. 18–26.

12 Vgl. ebenda, S. 25.

13 Vgl. König-Heuer, Ursula: Vom fidelen Baron zu Wissenschaft und Bildung. Schlaglichter aus der bewegten Geschichte des Schlosses Buldern, in: Jahrbuch Westfalen 68. 2014 (2013), S. 191–193.

## Anmerkungen zu Kapitel 36

1 Pfarrarchiv Olfen, Chronik St. Vitus, S. 64. Im folgenden zit. nach: Bloch Pfister, Alexandra: Geschichte der Stadt Olfen im 19. Jahrhundert, in: Werner Frese (Hrsg.), Geschichte der Stadt Olfen, Bielefeld 2011.

2 Siehe dazu: Veltmann, Claus: Zur Vorgeschichte des Dortmund-Ems-Kanals, in: Veronica Albrink (Hrsg.), 100 Jahre Dortmund-Ems-Kanal, Sögel 1999, S. 9–22.

3 Vgl. Bloch Pfister, Alexandra: Olfen im 19. Jahrhundert, S. 387.

4 Vgl. ebenda, S. 389.

5 Pfarrarchiv Olfen, Chronik St. Vitus, S. 64.

6 Stadtarchiv Olfen, E 5, 13.11.1891. Vgl. Bloch Pfister, Alexandra: Olfen im 19. Jahrhundert, S. 391.

7 Pfarrarchiv Olfen, Chronik St. Vitus, S. 64.

8 Vgl. Bloch Pfister, Alexandra: Olfen im 19. Jahrhundert, S. 390.

9 Vgl. Kanalbrücke Alte Fahrt, Route Industriekultur http://www.route-industriekultur.ruhr/themenrouten/07-industriekultur-an-

der-lippe/kanalbruecke-alte-fahrt.html (abgerufen am 08.04.2017).
10 Vgl. Bloch Pfister, Alexandra: Olfen im 19. Jahrhundert, S. 390.
11 Pfarrarchiv Olfen, Chronik St. Vitus, S. 64.
12 Vgl. Wasserstraßen- und Schifffahrtsverwaltung des Bundes, Historie http://www.wna-datteln.wsv.de/projekt_wna/dek_suedstrecke/historie/index.html (abgerufen am 08.04.2017)
13 Vgl. Wasser- und Schifffahrtsverwaltung des Bundes (Hrsg.): Der Dortmund-Ems-Kanal. Ausbau der Stadtstrecke Münster, Rheine 2014, S. 8.

## Anmerkungen zu Kapitel 37

1 Zu Liudger siehe u.a.: Freise, Eckhard: Vita Secunda Sancti Liudgeri. Deutsche Übersetzung und Kommentar, in: Eckhard Freise (Hrsg.), Die Vita Sancti Liudgeri. Vollständige Faksimile-Ausgabe der Handschrift Ms. theol. lat. fol. 323 der Staatsbibliothek zu Berlin – Preußischer Kulturbesitz. Faksimile bzw. Text, Übersetzung und Kommentar, Forschungsbeiträge, Bielefeld 1999.
2 Vgl. https://www.kreis-coesfeld.de/kreisportrait/wappen.html (abgerufen am 25.05.2017).
3 Vgl. Bongartz, Roswitha: Steinmetzhandwerk und Sakralarchitektur. Die Baugeschichte der Propsteikirche St. Ludgerus zu Billerbeck/Westf. 1892–1898, Münster 2011, S. 261.
4 Billerbecker Anzeiger vom 29.01.1882. Siehe auch: Ribbrock, Gerhard: St. Ludgerus zu Billerbeck (1892-98), in: Westfalen 64 (1986), S. 68.
5 Vgl. Sieger, Constanze: Die Ludgerusstadt im 19. Jahrhundert, in: Werner Freitag u. a. (Hrsg.), Geschichte der Stadt Billerbeck, Bielefeld 2012, S. 197.
6 Billerbecker Anzeiger vom 29.05.1898.
7 Vgl. Dehio, Georg/Quednau, Ursula (Bearb.): Handbuch der Deutschen Kunstdenkmäler. Nordrhein-Westfalen II. Westfalen, München 2011, S. 809.

## Anmerkungen zu Kapitel 38

1 Klosterarchiv, Chronik des Antoniusklosters zu Lüdinghausen. Von 1893 bis 1923, Abschrift, S. 3.
2 Ebenda.
3 Vgl. Ostermann, Ursula: Anfänge der Kongregation in Deutschland, in: Ursula Ostermann (Red.), Geschichte der Franziskanerinnen von Heythuysen, Niederlande in Deutschland. Nonnenwerth und Lüdinghausen 1900–1995, Aachen 1995, S. 23–36.
4 Zur Krankenpflege der Franziskanerinnen siehe: Löhr, Wolfgang: Die Kongregation der Franziskanerinnen von Nonnenwerth/Lüdinghausen und die Sorge um die Kranken, in: Ursula Ostermann (Red.), Geschichte der Franziskanerinnen von Heythuysen, Niederlande in Deutschland. Nonnenwerth und Lüdinghausen 1900–1995, Aachen 1995.
5 Zum Schulwesen im Kulturkampf siehe u. a.: Sturm, Christoph: „Wer die Schule besitzt, der besitzt die Herrschaft über die Zukunft und über die Welt" – die Auseinandersetzungen um die katholischen Elementarschulen in Münster während des Kulturkampfes (1872–1888), in: Westfälische Forschungen 56 (2006), S. 187–212.
6 Vgl. Ostermann, Ursula: Unterricht und Erziehung (mit besonderer Berücksichtigung der St.-Antonius-Schule in Lüdinghausen), in: Ursula Ostermann (Red.), Geschichte der Franziskanerinnen von Heythuysen, Niederlande in Deutschland. Nonnenwerth und Lüdinghausen 1900–1995, Aachen 1995, S. 215.
7 Ebenda, S. 216–218.
8 Vgl. Klosterchronik, S. 6.
9 Vgl. ebenda, S. 4.
10 Ebenda, S. 5–6.
11 Vgl. Schmitz, Liane: 800–2000. Zur Geschichte von Lüdinghausen und Seppenrade. Mit Beiträgen von Peter Ilisch und Ilona Tobüren-Bots, Lüdinghausen 2000, S. 348–353.
12 Vgl. Ostermann, Ursula: Unterricht und Erziehung, S. 209.

13 Vgl. Börste, Rita: Aufbruch in die Wissenschaft: Die Anfänge der Frauenbildung am Beispiel des Hochschulstudiums, unter: Internet-Portal „Westfälische Geschichte", http://www.westfaelische-geschichte.de/web276 (abgerufen am 15.05.2017).
14 Vgl. Klosterchronik, S. 52.
15 Vgl. Ostermann, Ursula: Anfänge der Kongregation in Deutschland, S. 229–237.
16 Klosterchronik, S. 4.

## Anmerkungen zu Kapitel 39

1 Häufig findet sich das Datum 23.02.1895. An diesem Tag erhielt Landois die Depesche. Der Fund ereignete sich am Tag zuvor. Vgl. Landois, H.: Die Riesenammoniten von Seppenrade, in: Jahresbericht des Westfälischen Provinzial-Vereins für Wissenschaft und Kunst 23 (1895), S. 99.
2 Vgl. Wurche, Bettina: Ammoniten-Rekonstruktion. Forscher erschaffen Urzeittiere neu, in: Spiegel Online vom 08.01.2011, unter: http://www.spiegel.de/wissenschaft/natur/ammoniten-rekonstruktion-forscher-erschaffen-urzeittiere-neu-a-738252.html (abgerufen am 06.06.2017).
3 Landois, H.: Die Riesenammoniten von Seppenrade, S. 100.
4 Ebenda, S. 99.
5 Ebenda.
6 Ebenda, S. 100.
7 Ebenda, S. 100–101.
8 Ebenda.
9 Vgl. Pressemitteilung der Universität Bonn: „Fossil des Jahres 2008 kommt aus Westfalen: der größte Ammonit der Welt!", unter: https://idw-online.de/de/news?print=1&id=242025 (abgerufen am 06.06.2017).
10 Freundliche Auskunft von Bianca Fialla, LWL-Museum für Naturkunde, vom 13.07.2017.

## Anmerkungen zu Kapitel 40

1 Vgl. Liessem, Udo: Eingemauerte Kugeln – ein apotropäisches Phänomen, in: Burgen und Schlösser 23 (1982), S. 76.

2 Zur Geschichte der Jagd siehe u.a.: Rösener, Werner: Die Geschichte der Jagd. Kultur, Gesellschaft und Jagdwesen im Wandel der Zeit, Düsseldorf 2004.
3 Siehe zum Streit um die Jagdrechte des Hauses Darup: Schulze Pellengahr, Christian: Zur Geschichte des Hauses Darup zu Darup und seiner Besitzer, in: Westfälische Zeitschrift 155 (2005), S. 116–120.
4 Huber, Ernst (Hrsg.): Dokumente zur deutschen Verfassungsgeschichte I, Stuttgart 1961, Nr. 102, S. 321.
5 Vgl. Rösener, Werner: Geschichte der Jagd, S. 362–371.
6 Vgl. Boer, Hans-Peter u.a.: Schöne Höfe im Münsterland, Münster 2007, S. 177.
7 Unveröffentlichtes Gespräch zwischen Freifrau Ida von Beverförde und Marion Bayer am 18.01.2017.

## Anmerkungen zu Kapitel 41

1 Meyer, Hugo L.: Paul Bendix, Dülmen. 1824–1949, Köln 1949, S. 12.
2 Vgl. Werp, Wolfgang: Das Textilunternehmen Bendix in Dülmen, in: Dülmener Heimatblätter (2003), unter: http://heimatblaetter.heimatverein-duelmen.de/hefte/1-2003/das_textilunternehmen_bendix_in_duelmen/ (abgerufen am 10.05.2017).
3 Vgl. Asfur, Anke: Wirtschaftlicher Strukturwandel und Herausbildung von ‚Global Playern' in Westfalen im 19. und 20. Jahrhundert, unter: Internet-Portal „Westfälische Geschichte", http://www.westfaelische-geschichte.de/web280 (abgerufen am 10.05.2017).
4 Vgl. Werp, Wolfgang: Zur Geschichte der Dülmener Textilindustrie, in: Dülmener Heimatblätter (2002), unter: http://heimatblaetter.heimatverein-duelmen.de/hefte/2-2002/geschichte_duelmener_textilindustrie/ (abgerufen am 10.05.2017).
5 Vgl. Werp, Wolfgang: Das Textilunternehmen Bendix in Dülmen.
6 Vgl. Cöppicus-Wex, Bärbel: Dülmen 1849–1918, in: Stefan Sudmann (Hrsg.), Ge-

schichte der Stadt Dülmen, Dülmen 2009, S. 217.
7 Vgl. ebenda, S. 216.
8 Vgl. Werp, Wolfgang: Das Textilunternehmen Bendix in Dülmen.
9 Vgl. Werp, Wolfgang: Zur Geschichte der Dülmener Textilindustrie. Sowie Cöppicus-Wex, Bärbel: Dülmen 1849–1918, S. 217. Siehe auch Stadtarchiv Dülmen, Stadt Dülmen, Bh 2.
10 Meyer, Hugo L.: Bendix, S. 18.
11 Vgl. Werp, Wolfgang: Das Textilunternehmen Bendix in Dülmen.
12 Meyer, Hugo L.: Bendix, S. 21.

## Anmerkungen zu Kapitel 42

1 Westfälischer Merkur vom 01.11.1924.
2 Vgl. Reimann, Dorothee: Druck von oben. Immer mehr Wassertürme sind nur noch leere Meisterwerke der Baukunst, in: Monumente. Magazin für Denkmalkultur in Deutschland (2006), unter: https://www.monumente-online.de/de/ausgaben/2006/3/druck-von-oben.php#.WXb-7bYppyV4 (abgerufem am 07.06.2017).
3 Vgl. Frings, Bernhard: Stift Tilbeck 1881–2006, Münster 2006, S. 26.
4 Vgl. ebenda, S. 38.
5 Vgl. Bethel – Diakonie von 1867 bis heute, unter: https://www.bethel.de/fileadmin/Bethel/downloads/grundsaetze/Bethel_-_Diakonie_von_1867_bis_heute.pdf (abgerufen am 07.06.2017).
6 Staatsarchiv Münster, Regierung Münster, VI-10, Nr. 28, Gesuch Gertrud Teigelkempers an die Regierung Münster vom 25.08.1881. Zit. nach: Frings, Bernhard: Stift Tilbeck, S. 28–29.
7 Frings, Bernhard: Stift Tilbeck, S. 298.
8 Vgl. ebenda, S. 19.
9 Vgl. ebenda, S. 30 und S. 40.
10 Zur Geschichte der Kinderheilanstalt Nordkirchen siehe: Erfeld, Wolfgang: Die Geschichte der Kinderheilstätte in Nordkirchen, in: Jahresgeschichtshefte (2004), S. 20–34.
11 Fortbildungsreihe Unterstützende Kommunikation, unter: https://www.stift-tilbeck-gmbh.de/_data/Ausschreibung__UK_Schulung_2017.pdf (abgerufen am 10.06.2017).

## Anmerkungen zu Kapitel 43

1 Vgl. Wilmans, Roger (Bearb.): Westfälisches Urkundenbuch. Bd. 3,1: Die Urkunden des Bistums Münster 1201–1300, Münster 1859, Nr. 505 sowie Ludorff, Albert: Die Bau- und Kunstdenkmäler des Kreises Lüdinghausen, Münster 1893, S. 99–100.
2 Vgl. Tibus, Adolph: Gründungsgeschichte der Stifter, Pfarrkirchen, und Kapellen im Bereiche des alten Bisthums Münster, Regensburg 1867, S. 586.
3 Vgl. Heuer, Bernhard: 750 Jahre Venne – Die Geschichte des kleinsten Kirchspiels im Bistum Münster oder was geschah in loco, qui dicitur Vene, Venne 1998, S. 134.
4 Vgl. ebenda.
5 Staatsarchiv Münster, St. Georg Münster, Akte 66.
6 Vgl. Heuer, Bernhard: 750 Jahre Venne, S. 136–137.
7 Staatsarchiv Münster, St. Georg Münster Akte 56 sowie Domkellnerei Akte 63.
8 Vgl. Heuer, Bernhard: 750 Jahre Venne, S. 141.
9 Vgl. Heuer, Bernhard: 750 Jahre Venne, S. 144–147.
10 Naturschutzzentrum Kreis Coesfeld e.V. (Hrsg.): Faltblatt „Naturschutzgebiet Venner Moor", Nottuln o.J.

## Anmerkungen zu Kapitel 44

1 Kaspar, Fred: Laudatio auf den Preisträger 2012. Rede zur Preisverleihung am 31. Juni [!] 2012 auf Schloss Berleburg, in: Fred Kaspar (Hrsg.), Kleine Häuser in großen Reihen, Petersberg 2014, S. 24.
2 Ebenda.
3 Denkmalantrag. Zit. nach: Kaspar, Fred: Ein kleines Handwerkerhaus in dem Dorf Herbern bei Ascheberg (Kr. Coesfeld), Al-

tenhammstraße 20, in: Fred Kaspar (Hrsg.), Kleine Häuser in großen Reihen, Petersberg 2014, S. 33.
4 Konzept zur Restaurierung des Hauses Altenhammstraße 20 in Herbern. Zit. nach: Kaspar, Fred: Laudatio, S. 24.
5 Unveröffentlichtes Gespräch zwischen Liane Schmitz, Leiterin des Heimathauses, und Marion Bayer vom 14.01.2017. Die Darstellung der Bewohnerschaft bei Kaspar, Fred: Ein kleines Handwerkerhaus ist veraltet, da seither neue Archivalien entdeckt wurden.
6 Vgl. Kaspar, Fred: Ein kleines Handwerkerhaus, S. 38.
7 Gespräch vom 14.01.2017.
8 Vgl. Kaspar, Fred: Ein kleines Handwerkerhaus, S. 38.
9 Gespräch vom 14.01.2017.
10 Vgl. Kaspar, Fred: Ein kleines Handwerkerhaus, S. 39.
11 Gespräch vom 14.01.2017.
12 Ebenda.
13 Vgl. Kaspar, Fred: Ein kleines Handwerkerhaus, S. 43.

## Anmerkungen zu Kapitel 45

1 Lüdinghauser Zeitung vom 30.10.1913. Zit. nach: Böhle, Dieter/Neuhaus, Manfred: Vor hundert Jahren – Als der Strom ins Münsterland kam. In: Ammonit und Glocke 5 (2016), S. 18.
2 Vgl. Böhle, Dieter/Neuhaus, Manfred: Vor hundert Jahren, S. 15.
3 Zur Architektur der Elektrizitätsbauten siehe: Kastorff-Viehmann, Renate: Die Architektur von Bauten für die Elektrizitätsversorgung, Hagen 1990. Einen optischen Überblick über die Architektur von Transformatorenhäuschen gibt: Primus, Illo-Frank: Geschichte und Gesichter der Trafostationen. 125 Trafostationen in Deutschland, Berlin 2013.
4 Vgl. Böhle, Dieter/Neuhaus, Manfred: Vor hundert Jahren, S. 16.
5 Historisches Konzernarchiv RWE, Bildarchiv.
6 Eine Abbildung dieses Transformatorenhäuschens bieten Böhle, Dieter/Neuhaus, Manfred, S. 15.
7 Zum Konflikt zwischen der Kreiselektrizitätsgenossenschaft und dem Elektrizitätswerk Westfalen siehe: Ebenda, S. 21–24.
8 Historisches Konzernarchiv RWE, Bildarchiv.
9 Siehe zur Elektrifizierung Westfalens: Ditt, Karl: Westfalen wird erleuchtet. In: Westfälische Zeitung 164 (2014), S. 79–99.
10 Stadtarchiv Lüdinghausen. Für den Hinweis danke ich Ludger Schröer.
11 Dülmener Zeitung vom 07.06.1925.
12 Vgl. Storksberger, Werner: Kleinod wird meistens übersehen, in: Westfälische Nachrichten vom 10.06.2016.

## Anmerkungen zu Kapitel 46

1 Internationales Komitee vom Roten Kreuze (Hrsg.): Dokumente herausgegeben während des Krieges 1914-1915. Berichte der Herren A. Eugster, Nationalrat (II. Reise) und Dr. C. de Marval, Oberstleutnant (III. und IV. Reise) über ihre Besuche in den Kriegsgefangenenlagern in Deutschland und in Frankreich, Basel 1915, S. 46.
2 Siehe allgemein u. a.: Münkler, Herfried: Der Große Krieg. Die Welt 1914–1918, Berlin 2014 sowie Clark, Christopher: Die Schlafwandler. Wie Europa in den Ersten Weltkrieg zog, München 2013.
3 Vgl. Hermanns, Rudolf: Kriegsgefangene im Weltkrieg – Das Lager Dülmen, in: Geschichtsverein des Kreises Euskirchen (Hrsg.), Das Jahr 1914 – Deutsch-französische Partnerstädte erinnern an den Ersten Weltkrieg, Weilerswist 2015, S. 163.
4 Vgl. Stiftung Deutsches Historisches Museum (Hrsg.): Der Erste Weltkrieg in 100 Objekten, Darmstadt 2014, S. 160.
5 Vgl. Hermanns, Rudolf: Das Lager Dülmen, S. 154.
6 Vgl. Haager Landkriegsordnung (HLKO) Kap. 2 sowie Heinegg, Wolff Heintschel von: Entstehung und Folgen der Haager

Landkriegsordnung, in: Oberbürgermeister der Stadt Osnabrück/Präsident der Universität Osnabrück (Hrsg.), Osnabrücker Jahrbuch Frieden und Wissenschaft, Osnabrück 1998.
7 Vgl. Sudmann, Stefan: Das Jahr 1914 – Dülmen im Ersten Weltkrieg, in: Geschichtsverein des Kreises Euskirchen (Hrsg.), Das Jahr 1914 – Deutsch-französische Partnerstädte erinnern an den Ersten Weltkrieg, Weilerswist 2015, S. 135.
8 Vgl. Hermanns, Rudolf: Das Lager Dülmen, S. 161.
9 Auflistung gemäß Hermanns, Rudolf: Das Lager Dülmen, S. 158. Siehe auch: Stadtarchiv Dülmen, Stadt Dülmen By und Ca.
10 Vgl. https://www.dhm.de/lemo/kapitel/erster-weltkrieg/alltagsleben/kohlruebenwinter-191617.html (abgerufen am 30.03.2017).
11 Zit. nach: Bonsey, Albert: Mein Kriegsdienst 1915–18. Mit Vorbemerkungen von Rudolf Hermanns, in: Dülmener Heimatblätter (2002), unter: http://heimatblaetter.heimatverein-duelmen.de/hefte/2-2002/mein_kriegsdienst_1915-1918/index.html (abgerufen am 30.03.2017). Der Bericht Bonseys wurde von Schülerinnen der Johann-Gutenberg-Schule im Rahmen der Arbeitsgemeinschaft Archäologie übersetzt.
12 Vgl. Hermanns, Rudolf: Das Lager Dülmen, S. 165.

## Anmerkungen zu Kapitel 47

1 Vgl. Brathe, Heinz: „November-Revolution" – Der Dülmener Arbeiter- und Soldatenrat, Teil I, in: Dülmener Heimatblätter, Heft 1/2 (1981), S. 11–12.
2 Vgl. Landschaftsverband Westfalen-Lippe, LWL-Amt für Landschafts- und Baukultur in Westfalen (Hrsg.): Gartenreiches Westmünsterland. Gärten und Parks in den Kreisen Borken und Coesfeld, Steinfurt 2007, S. 183.
3 Vgl. Brathe, Heinz: „November-Revolution" – Der Dülmener Arbeiter- und Soldatenrat, Teil I, S. 9.
4 Siehe einführend: Lebendiges Museum Online: Die Revolution von 1918/19, unter: https://www.dhm.de/lemo/kapitel/weimarer-republik/revolution (abgerufen am 24.05.2017).
5 Stadtarchiv Dülmen, SB 51: Karl Sicking, Verwaltungsbericht für die Stadt Dülmen 1912–1961, Maschinenschrift, Bad Honnef 1962, S. 8. Bürgermeister Karl Pieper nahm später den Namen Sicking an.
6 Ebenda.
7 Dülmener Zeitung vom 12.11.1918.
8 Vgl. Willenberg, Nicola: Dülmen in der Weimarer Republik, in: Stefan Sudmann (Hrsg.), Geschichte der Stadt Dülmen, Dülmen 2011, S. 250.
9 Dülmener Zeitung vom 30.01.1919.
10 Dülmener Zeitung vom 12.11.1918.

## Anmerkungen zu Kapitel 48

1 Longinus: Führer durch die Baumberge. 161 Spaziergänge nebst einer naturgeschichtlichen Einleitung und zwei Anhängen, Münster 1896, S. 43.
2 Ebenda.
3 Siehe dazu: Kleimanns, Joachim: Schau ins Land – Aussichtstürme, Marburg 1999.
4 Münsterischer Anzeiger vom 14.02.1897.
5 Protokoll der Außerordentlichen Generalversammlung des Baumberge-Vereins am 07.02.1897. Zit. nach: Baumberge-Verein e.V. (Hrsg.): 100 Jahre Geschichte des Longinusturms, Münster 2000, S. 2.
6 Ebenda.
7 Vgl. Baumberge-Verein e.V. (Hrsg.): 100 Jahre Geschichte des Longinusturms, S. 47.
8 Münsterischer Anzeiger vom 10.07.1900.
9 Ebenda.
10 Protokoll der Jahreshauptversammlung vom 26.04.1949. Zit. nach: Baumberge-Verein e.V. (Hrsg.): 100 Jahre Geschichte des Longinusturms, S. 67.

## Anmerkungen zu Kapitel 49

1 Vgl. Sieger, Constanze: Die Ludgerusstadt im 19. Jahrhundert, in: Werner Freitag, u.a. (Hrsg.), Geschichte der Stadt Billerbeck, Bielefeld 2012, S. 213.
2 Vgl. ebenda.
3 Zit. nach: Sieger, Constanze: Die Ludgerusstadt im 19. Jahrhundert, S. 213.
4 Vgl. Kreis Coesfeld (Hrsg.): Statistische Nachrichten über den Kreis Coesfeld 1862, Münster 1864, S. 38.
5 Ebenda.
6 Zit. nach: Sieger, Constanze: Die Ludgerusstadt im 19. Jahrhundert, S. 216.
7 Landwirtschaftskammer Westfalen-Lippe, Kreisstelle Coesfeld (Hrsg.): 100 Jahre Landwirtschaftsschule im Kreis Coesfeld, Billerbeck 1983, S. 9.
8 Vgl. ebenda, S. 10.
9 Vgl. Sieger, Constanze: Die Ludgerusstadt im 19. Jahrhundert, S. 215–219.
10 Vildhaut: Jahresbericht über die berechtigte Landwirtsschaftsschule, die Rektorats- und Vorschule und die Ackerbauschule zu Lüdinghausen, Lüdinghausen 1887, S. 4.
11 Vgl. Sieger, Constanze: Die Ludgerusstadt im 19. Jahrhundert, S. 213–215.
12 Vgl. ebenda, S. 215; Landwirtschaftskammer Westfalen-Lippe, Kreisstelle Coesfeld (Hrsg.): 100 Jahre Landwirtschaftsschule, S. 7 sowie Kreis Coesfeld: Zahlen – Daten – Fakten, Landwirtschaft 2010, unter: https://www.kreis-coesfeld.de/fileadmin/Kreis_Coesfeld/downloads/01-12/Daten-Landwirtschaft.pdf (abgerufen am 03.06.2017).
13 Vgl. Landwirtschaftskammer Westfalen-Lippe, Kreisstelle Coesfeld (Hrsg.): 100 Jahre Landwirtschaftsschule, S. 6.
14 Zit. nach: Sieger, Constanze: Die Ludgerusstadt im 19. Jahrhundert, S. 214.
15 Vgl. Gruttmann, Dörthe: Kleinstadt in der Moderne. Billerbeck im 20. Jahrhundert, in: Werner Freitag, u.a. (Hrsg.), Geschichte der Stadt Billerbeck, Bielefeld 2012, S. 323.
16 Vgl. Landwirtschaftskammer Westfalen-Lippe, Kreisstelle Coesfeld (Hrsg.): 100 Jahre Landwirtschaftsschule, S. 13.
17 Vgl. Billerbecker Anzeiger vom 22. Juli 1928.
18 Vgl. Gruttmann, Dörthe: Kleinstadt in der Moderne, S. 334.

## Anmerkungen zu Kapitel 50

1 Vgl. Bloch Pfister, Alexandra: Geschichte der Stadt Olfen im 19. Jahrhundert, in: Werner Frese (Hrsg.), Geschichte der Stadt Olfen, Bielefeld 2011, S. 382–383.
2 Zit nach: Pago, Ludwig: Bau einer Brücke über die Lippe, unter: https://www.heimatverein-olfen.de/arbeitskreise/geschichte/brückenbau/ (abgerufen am 06.06.2017).
3 Vgl. ebenda.
4 Zur Ruhrbesetzung siehe: Schwabe, Klaus (Hrsg.): Die Ruhrkrise 1923. Wendepunkt der internationalen Beziehungen nach dem Ersten Weltkrieg, Paderborn 1984 sowie zusammenfassend: Scriba, Arnulf: Die Ruhrbesetzung, unter: https://www.dhm.de/lemo/kapitel/weimarer-republik/aussenpolitik/ruhr/ (abgerufen am 06.06.2017).
5 Vgl. Schmuhl, Hans-Walter: Geschichte der Stadt Olfen im 20. Jahrhundert, in: Werner Frese (Hrsg.), Geschichte der Stadt Olfen, 2011, S. 422.
6 Vgl. Schmuhl, Hans-Walter: Geschichte der Stadt Olfen im 20. Jahrhundert, S. 422.
7 Familienarchiv Tenkhoff.
8 Unveröffentlichtes Gespräch zwischen Franz Josef Tenkhoff und Maríon Bayer vom 19.06.2017.
9 Vgl. Schmuhl, Hans-Walter: Geschichte der Stadt Olfen im 20. Jahrhundert, S. 423.
10 Vgl. Scriba, Arnulf: Die Ruhrbesetzung, unter: https://www.dhm.de/lemo/kapitel/weimarer-republik/aussenpolitik/ruhr/ (abgerufen am 06.06.2017).
11 Stadtarchiv Olfen, B 49, Brief Gronowskis an Amtmann Weckermann vom 17.04.1923.
12 Stadtarchiv Olfen, A 117, Angaben für den Kreisverwaltungsbezirk des Rechnungsjahres 1923.
13 Vgl. Schmuhl, Hans-Walter: Geschichte der Stadt Olfen im 20. Jahrhundert, S. 425.

## Anmerkungen zu Kapitel 51

1 Zit. nach: Hagenbruch, Karlheinz: Marktplatz und Behördenzentrum in Coesfeld – zwei bemerkenswerte städtebauliche Ensembles aus der Aufbauzeit nach 1945, Coesfeld 2011, S. 87.
2 Vgl. Hagenbruch, Karlheinz: Behördenzentrum Coesfeld, S. 83.
3 Zit. nach: ebenda.
4 Vgl. Kochs, Heinrich: Von der Kreisstube in Darup zur heutigen Kreisverwaltung, in: Heinrich Kochs (Hrsg.), Der Landkreis Coesfeld 1816–1966, Coesfeld 1966, S. 276.
5 Kreis Coesfeld (Hrsg.): Statistische Nachrichten über den Kreis Coesfeld 1862, Münster 1864, S. 159.
6 Staatsarchiv Münster, Regierung Münster, Nr. 5115, Die Kreisversammlungen im Kreise Coesfeld, Bd. 7, 1913–1927. Zit. nach: Schmitz, Willy: Die Bediensteten der Kreisverwaltung Coesfeld im Jahre 1925 – ein Gruppenbild aus Anlaß der Einweihung des neuen Kreishauses, in: Geschichtsblätter des Kreises Coesfeld 15 (1990), S. 188.
7 Vgl. Pressemitteilung des Kreises Coesfeld vom 25.09.2015, unter: https://www.kreis-coesfeld.de/service/presseinformationen/presse-nachrichten-einzelansicht.html?tx_news_pi1%5Bnews%5D=3778&tx_news_pi1%5Bcontroller%5D=News&tx_news_pi1%5Baction%5D=detail&cHash=75e5ef84b3d710e2e4401c705e7c9ac7 (abgerufen am 07.05.2017).

## Anmerkungen zu Kapitel 52

1 Kremer, Ulrich: Der geschmähte Kanzler-Bungalow. Adenauer und Kiesinger diskutieren über Fragen des persönlichen Geschmacks, in: Münchner Merkur vom 7./8.01.1967.
2 Der Spiegel: Kanzler-Bungalow. Bauch oder Fisch, 49 (1963).
3 https://www.hdg.de/haus-der-geschichte/historische-orte/ (abgerufen am 17.05.2017).
4 Vgl. Meissner, Irene: Sep Ruf. 1908–1982, Berlin 2013, S. 24.
5 Vgl. ebenda, S. 30.
6 Zur Weissenhofsiedlung siehe u.a.: Joedicke, Jürgen: Weissenhofsiedlung Stuttgart, Stuttgart 2016. Zum Neuen Bauen siehe: Huse, Norbert: Neues Bauen 1918 bis 1933. Moderne Architektur in der Weimarer Republik, Berlin 1985.
7 Vgl. Meissner, Irene: Sep Ruf, S. 24.
8 Zur Postbauschule siehe: Aicher, Florian (Hrsg.): Robert Vorhoelzer – ein Architektenleben. Die klassische Moderne der Post, München 1990.
9 Vgl. Meissner, Irene: Sep Ruf, S. 26.
10 Vgl. ebenda, S. 367.
11 Vgl. Allgemeine Zeitung Coesfeld vom 17.05.2017.
12 Der Baumeister: Ein Landsitz in Westfalen. Von Architekt Sep Ruf, München, 32 (1934), S. 145.

## Anmerkungen zu Kapitel 53

1 Vgl. Verordnung über die Organisation des Sanitäts-Korps vom 20. Februar 1868, § 28.
2 Familienarchiv Stahl. Zur besseren Lesbarkeit wurde dem Text eine Zeichensetzung hinzugefügt.
3 Unveröffentlichtes Gespräch zwischen dem Ehepaar Stahl und Marion Bayer vom 11.01.2017.
4 Ebenda sowie Gemeindearchiv Havixbeck, Manuskript: Jutta Thamer: Orte des Erinnerns, Haus Stahl, Altenberger Str. 20.
5 Gespräch vom 11.01.2017.
6 Vgl. Frings, Bernhard: Stift Tilbeck 1881–2006, Münster 2006, S. 93.
7 Vgl. Satzung der Landkrankenkasse für die Aemter Nottuln u. Havixbeck (umfassend die Gemeinden Nottuln, Appelhülsen, Schapdetten, Havixbeck) in Nottuln, Nottuln 1913, § 2 und 7.

## Anmerkungen zu Kapitel 54

1 Doßmann, Axel, u.a.: Operative Architektur. Zur Geschichte transportabler Holzbaracken, in: Zuschnitt 36: Schnelle Hilfe, 2009, S. 19.

2 Vgl. ebenda, S. 19.
3 Strugalla, Philipp: Barackenlager Lette. Baulichkeiten und Nutzungsgeschichte eines vielschichtigen Denkmals, in: Denkmalpflege in Westfalen-Lippe, 2016, S. 86, 90.
4 Vgl. Höting, Ingeborg: Das denkmalgeschützte Barackenlager in Lette und seine wechselvolle Geschichte von 1933 bis 1960, in: Geschichtsblätter des Kreises Coesfeld 38 (2013), S. 99.
5 Zur SA siehe: Longerich, Peter: Die braunen Bataillone. Geschichte der SA, München 1989.
6 Vgl. Höting, Ingeborg: Das denkmalgeschützte Barackenlager in Lette, S. 98, 100.
7 Höting, Ingeborg: Das denkmalgeschützte Barackenlager in Lette, S. 100.
8 Schmuhl, Hans-Walter: Dülmen im Nationalsozialismus, in: Stefan Sudmann (Hrsg.), Geschichte der Stadt Dülmen, Dülmen 2009, S. 272–273.
9 Vgl. Schmitz, Liane: 800–2000. Zur Geschichte von Lüdinghausen und Seppenrade. Mit Beiträgen von Peter Ilisch und Ilona Tobüren-Bots, Lüdinghausen 2000, S. 380.
10 Strafanzeige gegen Franz Bielefeld u.a., Bl. 2: Stadtarchiv Dülmen, Sammlung Brathe, Nr. 1, zit. nach: Schmuhl, Hans-Walter: Dülmen im Nationalsozialismus, S. 275.
11 Vgl. ebenda, S. 284.
12 Ebenda, S. 287–291.
13 Ebenda, S. 291–293.
14 Siehe zusammenfassend: https://www.dhm.de/lemo/kapitel/ns-regime/ns-organisationen/sturmabteilung.html (letzter Zugriff: 08.03.2017).
15 Zum Reichsarbeitsdienst im Kreisgebiet siehe Bödiger, Antonius: Die Männer mit den geschulterten Spaten – das Lager des Reichsarbeitsdienstes auf der Karthaus, in: Dülmener Heimatblätter 2012, S. 24–27.
16 Die weitere Nutzung des Barackenlagers wird ausführlich dargestellt bei: Höting, Ingeborg: Das denkmalgeschützte Barackenlager in Lette.
17 Unveröffentlichtes Gespräch zwischen Hilmar Stracke und Marion Bayer vom 07.01.2017. Zum Eintrag in die Denkmalliste vergleiche Strugalla, Philipp: Barackenlager Lette. Baulichkeiten und Nutzungsgeschichte eines vielschichtigen Denkmals, S. 92.
18 Zum Verein siehe: www.barackenlager-lette.de (abgerufen am 08.03.2017).

## Anmerkungen zu Kapitel 55

1 Spiegel, Marga: Retter in der Nacht – wie eine jüdische Familie in einem münsterländischen Versteck überlebte, Berlin 2009, S. 42. Ursprünglich erschienen unter dem Titel Retter in der Nacht, Frankfurt/Main 1969.
2 Ebenda, S. 91.
3 Ebenda, S. 44.
4 Ebenda, S. 46.
5 Ebenda, S. 50.
6 Ebenda, S. 54.
7 Siehe dazu: Aschoff, Diethard: Holocaust im Kreis Coesfeld. Die toten und verschollenen Juden aus den Gemeinden des Kreises, in: Geschichtsblätter des Kreises Coesfeld 12 (1987), S. 107–124.
8 Geschichts-AG der Hermann-Leeser-Schule in Dülmen (Hrsg.): „Von allem etwas ..." – meine jüdische Kindheit in Dülmen und Rotterdam, 1928–1945 – Erinnerungen von Helga Becker-Leeser, Dülmen 2015.

## Anmerkungen zu Kapitel 56

1 Petersen, Jürgen: Mustergültige Musterung, in: Die Zeit vom 24. Januar 1957.
2 Vgl. Steinbach, Peter: Die Wehrpflicht. Eine historische Betrachtung, unter: Bundeszentrale für politische Bildung, http://www.bpb.de/politik/grundfragen/deutsche-verteidigungspolitik/203136/wehrpflicht (abgerufen am 07.06.2017).
3 Dülmener Zeitung vom 25.02.1957.
4 Vgl. Damberg, Norbert: Die Geschichte des WBK an der Osterwicker Straße in Coesfeld, hrsg. von der WBK Holding GmbH, Coesfeld 2001, o. Pag.
5 Vgl. Steinbach, Peter: Die Wehrpflicht, (abgerufen am 07.06.2017).

6 Vgl. Prinz, Claudia: Die Wiedereinführung der allgemeinen Wehrpflicht 1935, unter: Lemo – Lebendiges Museum Online, https://www.dhm.de/lemo/kapitel/ns-regime/aussenpolitik/wehrpflicht-1935.html (abgerufen am 07.06.2017).
7 Zit. nach: Damberg, Norbert: Die Geschichte des WBK, o. Pag.
8 Vgl. ebenda.
9 Vgl. ebenda.
10 Vgl. Geschichte des WBK, unter: www.wbk-coesfeld.de/geschichte.html (abgerufen am 07.06.2017).

## Anmerkungen zu Kapitel 57

1 Vgl. Sankt Jacobi Coesfeld (Hrsg.): St. Jacobi Coesfeld, Erolzheim 1958, S. 7.
2 Zeitzeugenbericht von Franz Roesmann. Zit. nach: Lammers, Joseph/Hagenbruch, Karlheinz: Alte Ortskerne leben auf. Entwicklung, Ausbau und Sanierung in zentralen Orten des Kreises Coesfeld, 1945–2000, Bd. 4: Coesfeld, Kreisheimatverein Coesfeld e.V. 2004, S. 27.
3 Ebenda.
4 Vgl. Lammers, Joseph/Hagenbruch, Karlheinz: Alte Ortskerne leben auf. Entwicklung, Ausbau und Sanierung in zentralen Orten des Kreises Coesfeld, 1945–2000, Bd. 4: Coesfeld, Kreisheimatverein Coesfeld e.V. 2004, S. 36.
5 Vgl. Schnatz, Helmut: Die Zerstörung der deutschen Städte und die Opfer, in: Bernd Heidenreich/Sönke Neitzel (Hrsg.), Der Bombenkrieg und seine Opfer, Wiesbaden 2004, S. 25–44. Siehe auch: Neitzel, Sönke: Der strategische Luftkrieg im Zweiten Weltkrieg, in: Bernd Heidenreich/Sönke Neitzel (Hrsg.), Der Bombenkrieg und seine Opfer, Wiesbaden 2004, S. 5–17.
6 Vgl. Sankt Jacobi Coesfeld (Hrsg.): St. Jacobi Coesfeld, S. 15.
7 Zit. nach: Lammers, Joseph/Hagenbruch, Karlheinz: Alte Ortskerne leben auf. Entwicklung, Ausbau und Sanierung in zentralen Orten des Kreises Coesfeld, 1945–2000, Bd. 4: Coesfeld, S. 47.

8 Vgl. ebenda, S. 61.
9 Vgl. ebenda, S. 63.
10 Vgl. ebenda.

## Anmerkungen zu Kapitel 58

1 Zit. nach: Diener, Jürgen: Gnadenkapelle Ascheberg 1950 bis 1990, Ascheberg 1990, S. 76.
2 Barten, Gerhard: Gemeindebuch der Evangelischen Kirchengemeinde Lüdinghausen zur Hundertjahrfeier der Kirche in Lüdinghausen, Lüdinghausen 1959, S. 45.
3 Vgl. Diener, Jürgen: Gnadenkapelle, S. 39.
4 Niggeloh, Wilfried: Die Evangelische Kirchengemeinde 1945–1990, in: Werner Frese/Christian Wermert (Hrsg.), Senden. Eine Geschichte der Gemeinde Senden mit Bösensell, Ottmarsbocholt, Venne, Senden 1992, S. 758.
5 Vgl. Diener, Jürgen: Gnadenkapelle, S. 136–158 sowie Ricker, Julia: Otto Bartning und seine Kirchen. Spiritualität in Serie, in: Monumente. Magazin für Denkmalkultur in Deutschland (2016), unter: www.monumente-online.de/de/ausgaben/2016/2/Otto_Bartning_Kirchen.php#.WXhK2IppyV4 (abgerufen am 07.04.2017).
6 Brief vom 29.03.1950. Zit. nach: Diener, Jürgen: Gnadenkapelle, S. 155.
7 Brief Pfarrer Ohlenburg an Pfarrer Braun vom 11.04.1950. Zit. nach: Ebenda, S. 157.

## Anmerkungen zu Kapitel 59

1 Vgl. Mummenhoff, Karl Eugen/Dethlefs, Gerd: Schloss Nordkirchen, Berlin 2012, S. 258.
2 Vgl. ebenda, S. 259.
3 Vgl. ebenda, S. 261.
4 Vgl. ebenda.
5 LWL-Archivamt für Westfalen, Akte 711, Nr. 716, Bd. II. Zit. nach: Stegmann, Knut: Umstrittene Moderne, in: Denkmalpflege in Westfalen-Lippe 2.16 (2016), S. 79–80.
6 Ebenda.
7 Vgl. Stegmann, Knut: Umstrittene Moderne, S. 80.

8 Fredrich, Hans: Bericht über die Tagung der Landesdenkmalpfleger in Münster (Westfalen), in: Deutsche Kunst und Denkmalpflege 26 (1968), S. 122–123.
9 Henkel, Karl-Heinz: Kantine gefährdet das Schloß Nordkirchen, in: Westfälische Nachrichten vom 28.03.1969.
10 Vgl. Stegmann, Knut: Umstrittene Moderne, S. 81.
11 Vgl. ebenda.
12 Hauck, Jessica: Mensa der FHF Nordkirchen soll Denkmal werden, unter: Ruhr Nachrichten vom 29.10.2014, http://www.ruhrnachrichten.de/staedte/nordkirchen/Widerstand-gegen-Abrissplaene-Mensa-der-FHF-Nordkirchen-soll-Denkmal-werden;art1054,2523977 (abgerufen am 25.05.2017).

## Anmerkungen zu Kapitel 60

1 Vgl. Schmitz, Liane: 800–2000. Zur Geschichte von Lüdinghausen und Seppenrade. Mit Beiträgen von Peter Ilisch und Ilona Tobüren-Bots, Lüdinghausen 2000, S. 409.
2 Vgl. Korsmeier, Claudia M.: Die Ortsnamen des Kreises Coesfeld, Bielefeld 2016, S. 341–342. Korsmeier deutet den Namen als Rodung des Seppo.
3 Vgl. Brinkmann, Helena: Die Abfallstatistik für 2015, in: Ruhr Nachrichten vom 30.04.2016 sowie Mertens, Heinrich A./Limbach, Josef: Aus der Geschichte des Kreises Lüdinghausen, 1803–1974, Lüdinghausen 1974, S. 235. Die Jahresangabe zur Deponie Davert ist nicht korrekt. Siehe dazu: Sitzungsvorlage „Sanierung der Deponie Ottmarsbocholt" für den Ausschuss für Bauen, Vermessung, Landschaft und Umwelt vom 18.11.2003, unter: https://www.kreis-coesfeld.de/sessionnet/sessionnetbi/vo0050.php?__kvonr=77 (abgerufen am 07.06.2017).
4 Vgl. Vorlage „Sanierung der Deponie Ottmarsbocholt".
5 Vgl. Archiv des Heimatvereins Seppenrade.
6 Archiv des Heimatvereins Seppenrade, vermutlich Zeitung LH-Informationen: Seppenrade gestern – Seppenrade heute, o. J.
7 Vgl. Heimatverein Seppenrade, unter http://seppenrade.de/seppenrade (abgerufen am 07.06.2017).
8 Archiv des Heimatvereins Seppenrade: Seppenrade gestern – Seppenrade heute, o. J.

## Anmerkungen zu Kapitel 61

1 Lüdinghauser Zeitung vom 10.07.1974.
2 Lüdinghauser Zeitung vom 21.03.1974.
3 Westfälische Nachrichten, Lüdinghauser Zeitung vom 02.01.1975.
4 Westfälische Nachrichten, Lüdinghauser Zeitung vom 11.01.1975.
5 Vgl. Eising, Paul: Die Entstehung des heutigen Kreises Coesfeld, in: Heinrich A. Mertens/Josef Limbach (Bearb.), Kreis Coesfeld, Dülmen 1985, S. 380–381.
6 Vgl. Goß, Mathias: Zehn Jahre Kreis Coesfeld, in: Heinrich A. Mertens/Josef Limbach (Bearb.), Kreis Coesfeld, Dülmen 1985, S. 382.
7 Vgl. ebenda.
8 Vgl. Kreisportrait, unter: https://www.kreis-coesfeld.de/kreisportrait/geschichte.html (abgerufen am 31.05.2017).

## Anmerkungen zu Kapitel 62

1 Westfälische Nachrichten, Lüdinghauser Zeitung vom 19.01.1974.
2 Vgl. Wermert, Christian: Alliierte Besatzungszeit und erste Nachkriegsjahre, in: Werner Frese/Christian Wermert (Hrsg.), Senden. Eine Geschichte der Gemeinde Senden mit Bösensell, Ottmarsbocholt, Venne, Senden 1992, S. 521–525.
3 Zur Besetzung Münsters siehe: Tippach, Thomas: Die britische Besatzungszeit, in: Angelika Oelgeklaus (Hrsg.), Die Speicherstadt Münster, Münster 2008. S. 235–289.
4 Vgl. Tippach, Thomas: Wohnungsbau für die Besatzungs- und Stationierungsstreitkräfte in Westfalen, in: Denkmalpflege in Westfalen-Lippe. Erschienen als Westfalen 81 (2007), S. 238–240.

5 Vgl. ebenda, S. 240–242.
6 Unveröffentlichtes Gespräch mit Patricia Bollmann vom 20.06.2017.
7 Unveröffentlichtes Gespräch mit Martin Lütkemann, Helga und Rüdiger Bausch vom 19.01.2017.
8 Gespräch vom 19.01.2017.

## Anmerkungen zu Kapitel 63

1 Freundliche Auskunft von Frank Schwarz, RAG Montan Immobilien GmbH, vom 13.10.2016.
2 Vgl. „Hier steht ein vergessenes Stück Bergbaugeschichte", Ruhrnachrichten 27.06.2014 sowie die Industriedenkmalstiftung, Zeche Radbod http://www.industriedenkmal-stiftung.de/docs/468474924327_de.php (abgerufen am 08.04.2017).
3 Vgl. Sichere Energie für den Industriestandort Deutschland: Das Projekt Donar http://www.dsk.de/medien/pdf/T-1151489296.pdf (abgerufen am 08.04.2017).
4 Vgl. „Radbod 6. Schacht wird mit 1200 Ladungen Beton verfüllt", Ruhrnachrichten 07.01.2013.
5 Stadtarchiv Olfen, A 1414, zit. nach: Bloch Pfister, Alexandra: Geschichte der Stadt Olfen im 19. Jahrhundert, in: Werner Frese (Hrsg.), Geschichte der Stadt Olfen, Bielefeld 2011, S. 402.
6 Ebenda.
7 Siehe dazu u. a.: Gesing, Martin: Der Strontianitbergbau im Münsterland, Warendorf 1995 sowie Börnchen, Martin: Strontianit, Berlin 2005.
8 Vgl. Börnchen, Martin: Der Strontianitbergbau im Münsterland – Spurensuche in Ascheberg und Herbern, in: Geschichtsblätter des Kreises Coesfeld 30 (2005), S. 116.
9 Vgl. Ebenda, S. 122–123.
10 Brief L. Cohens vom 13.08.1931, Amt Herbern, G 616, zit. nach: Börnchen, Martin: Strontianitbergbau, S. 123.
11 Ebenda.
12 Staatsarchiv Münster, Bergämter 8784, Brief vom 16.07.1941. Zit. nach: Börnchen, Martin: Strontianitbergbau, S. 126.
13 Staatsarchiv Münster, Bergämter 5771, Brief vom 01.03.1945. Zit. nach: Börnchen, Martin: Strontianitbergbau, S. 126.
14 Vgl. Börnchen, Martin: Strontianitbergbau, S. 126.
15 Vgl. ebenda, S. 127.

## Anmerkungen zu Kapitel 64

1 Siehe dazu: Klausmeier, Axel: Die Berliner Mauer. Ausstellungskatalog der Gedenkstätte Berliner Mauer, Berlin 2015.
2 Erklärung Willy Brandts vom 13.08.1961, in: Bulletin des Presse- und Informationsamtes der Bundesregierung, Nr. 150, 2. HJ 1961, 3. Quartal, S. 1454.
3 Vgl. Bayer, Marion: 100 Objekte. Berlin im Kalten Krieg, Berlin 2016, S. 76.
4 Eine Beteiligung der Bundeswehr beim Abriss in Berlin ist nicht bekannt. Freundliche Auskunft von Gerhard Sälter, Gedenkstätte Berliner Mauer vom 03.07.2017. Siehe zu Konstruktion und Abriss der Berliner Mauer: Sälter, Gerhard: Die Mauersegmente, aus denen die Mauer errichtet wurde, unter: Gedenkstätte Berliner Mauer, http://www.berliner-mauer-gedenkstaette.de/de/uploads/berliner_mauer_dokumente/mauersegmente.pdf (abgerufen am 13.06.2017).
5 Kreisarchiv Coesfeld, Bestand 10 Nr. 15.
6 Vgl. Sälter, Gerhard: Mauerreste in Berlin – Der Abbau der Berliner Mauer und noch sichtbare Reste in der Berliner Innenstadt, Berlin 2007, S. 10–14.
7 Vgl. ebenda, S. 18–19.
8 Vgl. ebenda, S. 19.
9 Vgl. Kirbach, Roland: Die Euphorie ist abgeklungen, in: Die Zeit vom 10.11.1989.
10 Pfarrarchiv St. Vitus Olfen, Pfarrchronik, S. 327.

## Anmerkungen zu Kapitel 65

1 Billerbecker Anzeiger vom 16.06.1928.
2 Billerbecker Anzeiger vom 29.06.1928.
3 Billerbecker Anzeiger vom 15.07.1928.

4 Zit. nach: Gruttmann, Dörthe: Kleinstadt in der Moderne. Billerbeck im 20. Jahrhundert, in: Werner Freitag u.a. (Hrsg.), Geschichte der Stadt Billerbeck, Bielefeld 2012, S. 350.
5 Stadtarchiv Billerbeck, Sitzungsprotokolle 1952–1968, Antrag vom 08.03.1950.
6 Vgl. ebenda, S. 352–353.
7 Siehe zu Freilichtbühnen allgemein: Voß, Karl: Freilichttheater – Theater unter freiem Himmel. Freilichtbühnen und sommerliche Festspiele in Deutschland und im benachbarten Europa, Münster 2005.
8 Freilichtbühne Billerbeck (Hrsg.): 25 Jahre Freilichtbühne Billerbeck, Billerbeck 1975, S. 3.
9 Billerbecker Anzeiger vom 29.07.1950.
10 Ebenda.
11 Freilichtbühne Billerbeck (Hrsg.): Freilichtbühne Billerbeck, S. 9–12.
12 Freilichtbühne Billerbeck (Hrsg.): Freilichtbühne Billerbeck, S. 13.
13 Vgl. Gruttmann, Dörthe: Billerbeck im 20. Jahrhundert, S. 432.
14 Vgl. www.freilichtbuehne-billerbeck.de/die-buehne/geschichtliches/ (abgerufen am 15.06.2017).

## Anmerkungen zu Kapitel 66

1 www.strasse-der-moderne.de (abgerufen am 02.03.2017).
2 Poschmann, Andreas: Fachbeitrag: Straße der Moderne, unter: www.moderne-regional.de (abgerufen am 02.03.2017).
3 Vgl. Schillig, Christiane: Die Böhms erneuern den Sakralbau. Gott wohnt auch im Beton, in: Monumente. Magazin für Denkmalkultur in Deutschland (2010), S. 76–78.
4 Vgl. Voigt, Wolfgang: „Neue Formen mit dem Urgehalte der Tradition" – Dominikus Böhm zwischen den Strömungen und Brüchen seiner Zeit, in: Wolfgang Voigt/Ingeborg Flagge (Hrsg.), Dominikus Böhm 1880–1955, Tübingen 2005, S. 23.
5 Vgl. Metz, Axel: Die Geschichte der katholischen Kirche in Dülmen 1811–1964, in: Stefan Sudmann (Hrsg.), Geschichte der Stadt Dülmen, Dülmen 2009, S. 605–606. Zum Kirchenbau im Nationalsozialismus siehe: Brülls, Holger: „Deutsche Gotteshäuser" – Kirchenbau im Nationalsozialismus: ein unterschlagenes Kapitel der deutschen Architekturgeschichte, in: Kritische Berichte 23 (1995), S. 57–68.
6 Vgl. Paschke, Oliver: Die böhmsche Heilig Kreuz Kirche in Dülmen, in: Katholische Kirchengemeinde Heilig Kreuz Dülmen (Hrsg.), Die Heilig Kreuz Kirche in Dülmen. „Der Raum, der Freiheit atmet...", Dülmen 2008, S. 13–21.
7 Unveröffentlichtes Gespräch zwischen Pfarrer Peter Nienhaus, Angela Pund (Emmerick-Bund) und Marion Bayer vom 08.02.2017.
8 Vgl. Owzar, Armin: Dülmen in der napoleonischen Zeit (1803–1813). Freiheit, Gleichheit, Krieg, in: Stefan Sudmann (Hrsg.), Geschichte der Stadt Dülmen, Dülmen 2009, S. 178.
9 Eine Übersicht über die Kontroversen bietet das Stadtarchiv Dülmen unter: http://www.duelmen.de/fileadmin/user_upload/duelmen.de/stadtarchiv/pr/ake/index.htm (abgerufen am 03.02.2017).
10 Brentano, Clemens Maria: Das bittere Leiden unseres Herrn Jesu Christi. Historisch-kritische Ausgabe, Stuttgart 1980.
11 Vgl. Scholz, Günter: Führer durch die Gedenkstätte Anna Katharina Emmerick, Dülmen 2011, S. 27. Zur Biografie siehe: Scholz, Günter: Anna Katharina Emmerick – Kötterstochter und Mystikerin, Münster 2010.
12 Gespräch vom 08.02.2017.

## Anmerkungen zu Kapitel 67

1 Siehe zum Service Center: Chipperfield, David (Hrsg.): Zusammenspiel. Ernsting Service Center, Madrid 2004.
2 Tietz, Jürgen: Architektur für Menschen. Der Bauherr Kurt Ernsting, in: David Chipperfield (Hrsg.), Zusammenspiel. Ernsting Service Center, Madrid 2004, S. 10.

3 Unveröffentlichtes Gespräch zwischen Marcello Concilio, Gunnar van Geldern, beide Ernsting's family Unternehmenskommunikation & PR, und Marion Bayer vom 07.02.2017.
4 Unveröffentlichtes Gespräch vom 07.02.2017.
5 Weigel, Ulrich: Ein Ensemble wächst, in: Initiative StadtBauKultur NRW (Hrsg.): Hauspark_Parkplatz. Parkhäuser und Parkideen im 21. Jahrhundert, Aachen 2006, S. 52–57.
6 Landschaftsverband Westfalen-Lippe, LWL-Amt für Landschafts- und Baukultur in Westfalen (Hrsg.): Gartenreiches Westmünsterland. Gärten und Parks in den Kreisen Borken und Coesfeld, Steinfurt 2007, S. 134–137.
7 Ernsting, Kurt: Vorwort, in: Initiative StadtBauKultur NRW (Hrsg.): Hauspark_Parkplatz. Parkhäuser und Parkideen im 21. Jahrhundert, Aachen 2006, S. 4.

## Anmerkungen zu Kapitel 68
1 Vorwärts Nr. 18 (3. Mai 1961), S. 20 Sp. 2.
2 Vgl. Westfälische Nachrichten vom 06.09.2010.
3 Vgl. http://www.wbc-coesfeld.de/deponiestandorte/bodendeponie-coesfeld-flamschen/photovoltaikanlage-coesfeld-flamschen.html (abgerufen am 12.06.2017).
4 Vgl. Wenning, Thomas: Wo früher die Mühlen klapperten … Der vielversprechende Weg des Kreises Coesfeld zur Energieautarkie, in: Alois Bosman (Bearb.), Deutsche Landkreise im Portrait: Kreis Coesfeld, Oldenburg 2012, S. 48.
5 Vgl. Integriertes Energie- und Klimaschutzkonzept Kreis Coesfeld, 2015, S. 58 unter: https://www.kreis-coesfeld.de/fileadmin/Kreis_Coesfeld/downloads/01-12/klimaschutzkonzept-kreis-coesfeld.pdf (abgerufen am 12.06.2017).
6 Vgl. ebenda, S. 59.
7 Vgl. Wenning, Thomas: Wo früher die Mühlen klapperten … Der vielversprechende Weg des Kreises Coesfeld zur Energieautarkie, S. 46.
8 Vgl. Kreis Coesfeld (Hrsg.): Integriertes Energie- und Klimaschutzkonzept Kreis Coesfeld, 2015, S. 57.
9 Vgl. Westfälische Nachrichten vom 03.04.2017.
10 Vgl. Integriertes Energie- und Klimaschutzkonzept Kreis Coesfeld, 2015, S. 51 sowie Wenning, Thomas: Wo früher die Mühlen klapperten … Der vielversprechende Weg des Kreises Coesfeld zur Energieautarkie, S. 47.
11 Vgl. Westfälische Nachrichten vom 28.06.2011.
12 Vgl. Integriertes Energie- und Klimaschutzkonzept Kreis Coesfeld, 2015, S. 84.

## Anmerkungen zu Kapitel 69
1 Welt am Sonntag vom 07.11.2004, unter: https://www.welt.de/print-wams/article117600/Nicht-mit-einer-Schliessung-gerechnet.html (abgerufen am 12.06.2017).
2 Ebenda.
3 Alte Kaserne neu genutzt, unter http://www.ipnw.de/news-details/alte-kaserne-neu-genutzt.html (abgerufen am 12.06.2017).
4 Westfälische Nachrichten vom 04.03.2011.
5 Vgl. http://www.naturschutzzentrum-coesfeld.de/projekte/gruene-mitte/index.html (abgerufen am 12.06.2017).
6 Bild-Zeitung vom 24.03.2017, unter: http://www.bild.de/regional/ruhrgebiet/tiere/kasernen-werden-zu-brutplaetzen-50987784.bild.html#fromWall (abgerufen am 12.06.2017).
7 Vgl. Scherle, Detlef: Blütenpracht aus Bauernhand, in: Westfälische Nachrichten vom 07.07.2017.
8 Vgl. Blütenpracht am Wegesrand, in: Westfälische Nachrichten vom 30.08.2016.

## Anmerkungen zu Kapitel 70
1 Koslowski, Anne: Wie Tante-Emma-Läden das Landleben wieder attraktiver machen sollen, in: Westfälische Nachrichten vom 22.12.2013.

2 Vgl. ebenda.
3 Strohte, Marita: „Engagement ist unentbehrlich", in: Westfälische Nachrichten vom 02.03.2012.
4 Vgl. Alterspyramide für den Ortsteil Schapdetten, unter: buergerservice.nottuln.de/fileadmin/civserv/5558032/forms/Buergerservice_Meldewesen/Alterspyramide_OT_Schapdetten_2016.pdf (abgerufen am 30.06.2017).
5 Vgl. Demographiebericht 2015, Nottuln (im Landkreis Coesfeld), unter: www.wegweiser-kommune.de (abgerufen am 30.06.2017).
6 Vgl. Vogel, Frank: Erfolgsmodell Dorfladen, in: Westfälische Nachrichten vom 16.04.2013.
7 Vogel, Frank: „Der Dorfladen wird Wirklichkeit", in: Westfälische Nachrichten vom 01.10.2013.
8 Vgl. Bergmann, Iris: Personalengpass sorgt für Minus: in Westfälische Nachrichten vom 01.06.2017.

# Literatur

Aicher, Florian (Hrsg.): Robert Vorhoelzer – ein Architektenleben. Die klassische Moderne der Post, München 1990.

Albert, Marcel: Die mittelalterliche Kirchengeschichte der Stadt Dülmen, in: Stefan Sudmann (Hrsg.), Geschichte der Stadt Dülmen, Dülmen 2011, S. 561–576.

Algazi, Gadi: Herrengewalt und Gewalt der Herren im späten Mittelalter. Herrschaft, Gegenseitigkeit und Sprachgebrauch, Frankfurt 1996.

Angenendt, Arnold: Der Taufexorzismus und seine Kritik in der Theologie des 12. und 13. Jahrhunderts, in: Albert Zimmermann (Hrsg.), Die Mächte des Guten und Bösen. Vorstellungen im XII. und XIII. Jahrhundert und ihr Wirken in der Heilsgeschichte, Berlin 1977, S. 388–409.

Arnold, Hellmut: Das Quartär im Landkreis Coesfeld, in: Kreis Coesfeld (Hrsg.), Der Landkreis Coesfeld 1816–1966, Coesfeld 1966, S. 211–216.

Aschoff, Diethard: Holocaust im Kreis Coesfeld. Die toten und verschollenen Juden aus den Gemeinden des Kreises, in: Geschichtsblätter des Kreises Coesfeld 12 (1987), S. 107–124.

Aschoff, Diethard: Juden in Olfen bis zum Beginn der Preußenzeit, in: Gertrud Althoff, Geschichte der Juden in Olfen, Münster 2000, S. 3–38.

Asfur, Anke: Wirtschaftlicher Strukturwandel und Herausbildung von ‚Global Playern' in Westfalen im 19. und 20. Jahrhundert, unter: Internet-Portal „Westfälische Geschichte", http://www.westfaelische-geschichte.de/web280 (abgerufen am 10.05.2017).

Auch, Hans G.: „Ist der Dichter aber ein Spaßmacher, der Feuer frißt vor den Herrschaften? Über die Wirkungsgeschichte des ‚Tollen Bomberg', in: Josef Winckler, Der tolle Bomberg. Ein westfälischer Schelmenroman, Emsdetten 1986, S. 345–398.

Baron, Norbert: Hauptwerke der letzten Phase des spätgotischen Sakralbaus in Westfalen, Münster 1993.

Barten, Gerhard: Gemeindebuch der Evangelischen Kirchengemeinde Lüdinghausen zur Hundertjahrfeier der Kirche in Lüdinghausen, Lüdinghausen 1959.

Barten, Gerhard/Braumann, Georg: Evangelische Kirche im Kreis Coesfeld, in: Heinrich A. Mertens/Josef Limbach (Bearb.), Kreis Coesfeld, Dülmen 1985, S. 269–277.

Battenberg, Friedrich J.: Seelenheil, gewaltsamer Tod und herrschaftliches Friedensinteresse. Zur Auswirkung eines kulturellen Codes auf die Sühne- und Strafpraxis der vormodernen Gesellschaft, in: Markus J. Wenninger (Hrsg.), Du guoter tôt. Sterben im Mittelalter – Ideal und Realität, Klagenfurt 1998, S. 347–376.

Baumberge-Verein e.V. (Hrsg.): 100 Jahre Geschichte des Longinusturms, Münster 2000.

Bayer, Marion: 100 Objekte. Berlin im Kalten Krieg, Berlin 2016.

Bayer, Marion: Eine Geschichte Deutschlands in 100 Bauwerken, Köln 2015.

Bellen, Heinz: Politik – Recht – Gesellschaft. Studien zur Alten Geschichte, Stuttgart 1997.

Berghaus, Peter: Einhundert Jahre Stadtsparkasse zu Billerbeck, Billerbeck 1966.

Bernhardt, Kirsten: Armenhäuser. Die Stiftungen des münsterländischen Adels (16.–20. Jahrhundert), Münster 2012.

Bernhardt, Kirsten: Die Ordnung im Armenhaus. Zum Wandel von Ordnungsvorstellungen im Spiegel institutioneller Hausgemeinschaften, in: Christoph Heuter u.a. (Hrsg.), Bauern-, Herren-, Fertighäuser. Hausforschung als Sozialgeschichte, Münster 2014, S. 141–152.

Besselmann, Karl Ferdinand: Stätten des Heils. Westfälische Wallfahrtsorte des Mittelalters, Münster 1998.

Biller, Thomas: Die mittelalterlichen Stadtbefestigungen im deutschsprachigen Raum. Ein Handbuch, Darmstadt 2016.

Bloch Pfister, Alexandra: Geschichte der Stadt Olfen im 19. Jahrhundert, in: Werner Frese (Hrsg.), Geschichte der Stadt Olfen, Bielefeld 2011, S. 361-412.

Bockhorst, Wolfgang: Die Urkunde vom 12. März 1197, in: Norbert Damberg (Hrsg.), Coesfeld 1197-1997. Bd. 1, Münster 1999, S. 5-16.

Bödiger, Antonius: Die Männer mit den geschulterten Spaten – das Lager des Reichsarbeitsdienstes auf der Karthaus, in: Dülmener Heimatblätter 2012, S. 24-27.

Boer, Hans-Peter u.a.: J.C. Schlaun. Sein Leben, seine Zeit, sein Werk, Münster 1995.

Boer, Hans-Peter u.a.: Schöne Höfe im Münsterland, Münster 2007.

Boer, Hans-Peter: Der Große Brand zu Nottuln, in: Geschichtsblätter des Kreises Coesfeld 1 (1976), S. 4-13.

Boer, Hans-Peter: Der Nottulner Stiftsbezirk von 1748, ein Werk Johann Conrad Schlauns, in: Ulf D. Korn (Hrsg.), Johann Conrad Schlaun 1695-1774. Schlaun als Soldat und Ingenieur, Münster 1976, S. 261-269.

Boer, Hans-Peter: Die Alte Amtmannei in Nottuln, in: Geschichtsblätter des Kreises Coesfeld 6 (1981), S. 125-139.

Boer, Hans-Peter: Katholische Stifts- und Pfarrkirche St. Martinus Nottuln/Westf., Regensburg 2003.

Boer, Hans-Peter: Läuten und sozialer Rang – Das Beispiel der Baumberger Steinhauer, in: Rheinisch-Westfälische Zeitschrift für Volkskunde 22 (1976), S. 114-123.

Boer, Hans-Peter: Ein weiterer Bericht zum Nottulner «Großen Brand» vom 3. Mai 1748, in: Geschichtsblätter des Kreises Coesfeld 12 (1987), S. 131-132.

Böhle, Dieter/Neuhaus, Manfred: Vor hundert Jahren – Als der Strom ins Münsterland kam. In: Ammonit und Glocke 5 (2016), S. 3-26.

Bongartz, Roswitha: Steinmetzhandwerk und Sakralarchitektur. Die Baugeschichte der Propsteikirche St. Ludgerus zu Billerbeck/Westf. 1892-1898, Münster 2011.

Bonsey, Albert: Mein Kriegsdienst 1915-18. Mit Vorbemerkungen von Rudolf Hermanns, in: Dülmener Heimatblätter (2002), unter: http://heimatblaetter.heimatverein-duelmen.de/hefte/2-2002/mein_kriegsdienst_1915-1918/index.html (abgerufen am 30.03.2017).

Boockmann, Andrea: Fehde, Fehdewesen, in: Lexikon des Mittelalters, 10 Bde, Stuttgart 1977-1999, Bd. 4, Col. 331-334.

Börnchen, Martin: Der Strontianitbergbau im Münsterland – Spurensuche in Ascheberg und Herbern, in: Geschichtsblätter des Kreises Coesfeld 30 (2005), S. 113-132.

Börnchen, Martin: Strontianit, Berlin 2005.

Börste, Rita: Aufbruch in die Wissenschaft: Die Anfänge der Frauenbildung am Beispiel des Hochschulstudiums, unter: Internet-Portal „Westfälische Geschichte", http://www.westfaelische-geschichte.de/web276 (abgerufen am 15.05.2017).

Brademann, Jan/Freitag, Werner (Hrsg.): Leben bei den Toten. Kirchhöfe in der ländlichen Gesellschaft der Vormoderne, Münster 2007.

Bradensiek, Stefan: Agrarreform und ländliche Gesellschaft. Die Privatisierung der Marken in Nordwestdeutschland 1750-1850, Paderborn 1991.

Brathe, Heinz: „November-Revolution" – Der Dülmener Arbeiter- und Soldatenrat, Teil I, in: Dülmener Heimatblätter, Heft 1/2 (1981), S. 3-12.

Bräutigam, Ernst: Hermann II. (1174-1203) – Münsters erster Fürstbischof. Der Mann, der 1197 Coesfeld die Stadtrechte verlieh, in: Mitteilungen des Heimatvereins Coesfeld 27 (2009), S. 36-41.

Brentano, Clemens Maria: Das bittere Leiden unseres Herrn Jesu Christi. Historisch-kritische Ausgabe, Stuttgart 1980.

Brockpähler, Wilhelm: Steinkreuze in Westfalen, Münster 1963.

Brülls, Holger: „Deutsche Gotteshäuser" – Kirchenbau im Nationalsozialismus: ein unterschlagenes Kapitel der deutschen Architekturgeschichte, in: Kritische Berichte 23 (1995), S. 57–68.

Bruns, Alfred: Fürstentum Salm-Salm, in: Gerhard Taddey (Hrsg.), Lexikon der Deutschen Geschichte, Stuttgart 1998, S. 1104–1105.

Bügener, Heinz: Volks-Geschichten. Sagen und Spukgeschichten aus dem alten Kreis Coesfeld und seinen Randgemeinden, Coesfeld 1981.

Bulla, Andrea: Patzlar – eine Burg wird wiederentdeckt, in: Archäologie in Westfalen-Lippe 2009 (2010), S. 122–126.

Busch, Johannes: Von 1362 bis 2013. Über wesentliche Etappen der Baugeschichte eines 650-jährigen Münsterländer Gräftenhofes, in: Thomas Spohn (Hrsg.), Hausbau in Etappen. Bauphasen ländlicher Häuser in Nordwestdeutschland, Münster 2015, S. 91–102.

Busch, Johannes/Schröer, Ludger: Bauernhof – Ruine – Baudenkmal. Hof Grube in Lüdinghausen-Seppenrade. Raumspuren und Zeitmomente aus 1000 Jahren, Lage 2017.

Capelle, Torsten: Die Landwehr von Altenberge, Kreis Steinfurt, Münster 2014.

Capelle, Torsten: Landwehrbau, in: Cornelia Kneppe (Hrsg.), Landwehren. Zu Erscheinungsbild, Funktion und Verbreitung spätmittelalterlicher Wehranlagen, Münster 2014, S. 25–34.

Chipperfield, David (Hrsg.): Zusammenspiel. Ernsting Service Center, Madrid 2004.

Clark, Christopher: Die Schlafwandler. Wie Europa in den Ersten Weltkrieg zog, München 2013.

Cöppicus-Wex, Bärbel: Dülmen 1849–1918, in: Stefan Sudmann (Hrsg.), Geschichte der Stadt Dülmen, Dülmen 2009, S. 212–246.

Damberg, Norbert: Das Coesfelder Kreuz und seine Geschichte, in: Mitteilungen des Heimatvereins Coesfeld (2013), S. 21–36.

Damberg, Norbert: Die Geschichte des WBK an der Osterwicker Straße in Coesfeld, hrsg. von der WBK Holding GmbH, Coesfeld 2001.

Darpe, Franz (Bearb.): Güter- u. Einkünfte-Verzeichnisse der Klöster Marienborn und Marienbrink in Coesfeld, des Klosters Varlar sowie der Stifte Asbeck und Nottuln, Münster 1907.

Darpe, Franz: Coesfelder Urkundenbuch. Bd. 1, Nebst einer Einleitung über die Gründung der Stadt Coesfeld zur Feier des 700jährigen Bestehens der Stadt, Coesfeld 1897.

Darpe, Franz: Coesfelder Urkundenbuch. Bd. 1, Schluß, Coesfeld 1900.

Dautermann, Christoph: Neue Erkenntnisse zur Bebauung des Johannis-Kirchplatzes in Billerbeck, in: Geschichtsblätter des Kreises Coesfeld 9 (1984), S. 62–92.

Dechen, Heinrich von: Erläuterungen zur Geologischen Karte der Rheinprovinz und der Provinz Westphalen, sowie einiger angrenzender Gegenden. Band 2, Bonn 1884.

Dehio, Georg/Quednau, Ursula (Bearb.): Handbuch der Deutschen Kunstdenkmäler. Nordrhein-Westfalen II. Westfalen, München 2011.

Deilmann, Clemens: Das Armenhaus von Hake in Lüdinghausen, jetzt Jugendheim, in: Heimat-Kalender (1932), S. 33–35.

Delseit, Wolfgang: Der „tolle" Romberg – Sturz eines Mythos?, in: Jahrbuch Westfalen 47. 1993 (1992), S. 7–22.

Der Baumeister: Ein Landsitz in Westfalen. Von Architekt Sep Ruf, München, 32 (1934), S. 145.

Determann, Andreas u.a.: Die Deportationen aus dem Münsterland. Katalog zur Ausstellung im Gepäcktunnel des Hauptbahnhofs Münster vom 18. Mai bis 15. Juni 2008, Münster 2009.

Deutsch, Andreas: Späte Sühne – Zur praktischen und rechtlichen Einordnung der Totschlagsühneverträge in Spätmittelalter und früher Neuzeit, in: Zeitschrift der Savigny-Stiftung für Rechtsgeschichte/Germanistische Abteilung 122 (2005), S. 113–149.

Dickhoff, Erwin: Wo blieben die Glocken des Klosters Varlar, in: Mitteilungen des Heimatvereins Coesfeld (2011), S. 62–64.

Dickhoff, Erwin: Wo blieben die Glocken des Klosters Varlar, in: Mitteilungen des Heimatvereins Coesfeld (2010), S. 39–40.

Diener, Jürgen: Gnadenkapelle Ascheberg 1950 bis 1990, Ascheberg 1990.

Ditt, Karl: Münster und die Textilindustrialisierung im Münsterland während des 19. und 20. Jahrhunderts, in: Helene Albers (Hrsg.), Industrie in Münster 1870–1970, Dortmund 2001, S. 314–337.

Ditt, Karl: Westfalen wird erleuchtet. In: Westfälische Zeitung 164 (2014), S. 79–99.

Doßmann, Axel, u.a.: Operative Architektur. Zur Geschichte transportabler Holzbaracken, in: Zuschnitt 36: Schnelle Hilfe, 2009, S. 18–20.

Drees, Josef: Die sogenannten „Neuen Häuser" bei Schloß Westerwinkel, mit geschichtlichen Anmerkungen über Lebensverhältnisse und Umwelt einer Gruppe von Schloßbediensteten, in: Geschichtsblätter des Kreises Coesfeld 12 (1987), S. 11–36.

Drescher, Hans: Die Glocken der karolingerzeitlichen Stiftskirche in Vreden, Kreis Ahaus, in: Christoph Stiegemann/Matthias Wemhoff (Hrsg.), 799 – Kunst und Kultur der Karolingerzeit. Karl der Große und Papst Leo III. in Paderborn. Bd. 3: Beiträge zum Katalog der Ausstellung Paderborn 1999. Handbuch zur Geschichte der Karolingerzeit, Mainz 1999, S. 356–364.

Drovs, Dagmar: Zechor – Erinnere Dich! Die jüdischen Familien in Billerbeck von den Anfängen bis zur Shoa. Wer die Toten vergißt, bringt sie noch einmal um. Man muß den Toten auf der Spur bleiben, in: Geschichtsblätter des Kreises Coesfeld 28 (2003), S. 105–189.

Eckerwiegert, Dirk: Dülmen 1813–1849: Die ersten preußischen Jahrzehnte von der Restauration zur Revolution, in: Stefan Sudmann (Hrsg.), Geschichte der Stadt Dülmen, Dülmen 2011, S. 189–214.

Eckhardt, Werner: Zeitgeschichte und Kunst. Untersuchung des Nottulner Kreuzweges weist auf den Kulturkampf hin, in: Auf Roter Erde – Beiträge zur Geschichte des Münsterlandes und den Nachbargebieten/Beilage der „Westfälischen Nachrichten" 39 (1983), S. 23.

Eichler, Joachim: Baumberger Sandstein und die Arbeit der Steinhauer und Bildhauer aus dem Münsterland, in: Jenny Sarrazin (Hrsg.), Baumberger und Bentheimer Sandstein im Gebiet zwischen Ijssel und Berkel, Coesfeld 1999, S. 20–31.

Eichler, Joachim: Geschichte(n) um den Baumberger Sandstein. Handwerk, Kunst und Geschichte im Baumberger-Sandstein-Museum, Coesfeld 1992.

Eising, Paul: Die Entstehung des heutigen Kreises Coesfeld, in: Heinrich A. Mertens/Josef Limbach (Bearb.), Kreis Coesfeld, Dülmen 1985, S. 380–381.

Eiynck, Andreas: Bau- und Kunstdenkmäler in Coesfeld, in: Norbert Damberg (Hrsg.), Coesfeld 1197–1997. Bd. 2, Münster 1999, S. 721–787.

Eiynck, Andreas: Mittelalterliche Bauinschriften in Coesfeld – verzeichnet von J. H. Nünning, in: Geschichtsblätter des Kreises Coesfeld 13 (1988), S. 133–135.

Eiynck, Andreas: Spätmittelalterliche Backsteinspeicher im Kirchspiel Coesfeld, in: Geschichtsblätter des Kreises Coesfeld 10 (1985), S. 39–68.

Eiynck, Andreas: Steinspeicher und Gräftenhöfe. Aspekte der Bau- und Wohnkultur der großbäuerlichen Führungsschicht des Münsterlandes, in: Günter Wiegelmann/Fred Kaspar (Hrsg.), Beiträge zum städtischen Bauen und Wohnen in Nordwestdeutschland, Münster 1988, S. 307–374.

Erfeld, Wolfgang: Die Geschichte der Kinderheilstätte in Nordkirchen, in: Jahresgeschichtshefte (2004), S. 20–24.

Ernsting, Kurt: Vorwort, in: Initiative Stadt-BauKultur NRW (Hrsg.): Hauspark_Parkplatz. Parkhäuser und Parkideen im 21. Jahrhundert, Aachen 2006, S. 4.

Ester, Matthias M.: Der jüdische Friedhof in Billerbeck. Begräbnisstätte – Familienarchiv – Gedenkort, in: Werner Freitag (Hrsg.), Geschichte der Stadt Billerbeck, Bielefeld 2012, S. 554–573.

Fischer, Caroline: Ein Bahnhof für Billerbeck, in: Geschichtsblätter des Kreises Coesfeld

41 (2016), S. 113–192.

Fleck, Beate S.: Evangelische Taufeinträge in einer katholischen Pfarrei im Münsterland. Das Beispiel Olfen, in: Claudia Brack u.a. (Hrsg.), Kirchenarchiv mit Zukunft, Bielefeld 2007, S. 217–224.

Fredrich, Hans: Bericht über die Tagung der Landesdenkmalpfleger in Münster (Westfalen), in: Deutsche Kunst und Denkmalpflege 26 (1968), S. 118–123.

Freilichtbühne Billerbeck (Hrsg.): 25 Jahre Freilichtbühne Billerbeck, Billerbeck 1975.

Freise, Eckhard: Vita Secunda Sancti Liudgeri. Deutsche Übersetzung und Kommentar, in: Eckhard Freise (Hrsg.), Die Vita Sancti Liudgeri. Vollständige Faksimile-Ausgabe der Handschrift Ms. theol. lat. fol. 323 der Staatsbibliothek zu Berlin – Preußischer Kulturbesitz. Faksimile bzw. Text, Übersetzung und Kommentar, Forschungsbeiträge, Bielefeld 1999, S. 29–61.

Freiwillige Feuerwehr Bösensell (Hrsg.): 50 Jahre Freiwillige Feuerwehr Löschzug Bösensell, Bösensell 1984.

Freiwillige Feuerwehr Seppenrade (Hrsg.): 75 Jahre Freiwillige Feuerwehr in Seppenrade, Seppenrade 1999.

Frese, Werner (Bearb.): Urkunden und Regesten des Prämonstratenserstiftes Varlar (1118–1782), Coesfeld 2016.

Frese, Werner: Herrschaft und Gesinde auf Haus Senden, in: Werner Frese/Christian Wermert (Hrsg.), Senden. Eine Geschichte der Gemeinde Senden mit Bösensell, Ottmarsbocholt, Venne, Senden 1992, S. 255–276.

Friedrich, Reinhard: Wasserburg Vischering. Der Schatz des Münsterlandes, in: Uwe Oster (Hrsg.), Burgen in Deutschland, Darmstadt 2006, S. 141–146.

Frings, Bernhard: Stift Tilbeck 1881–2006, Münster 2006.

Frohne, Ludwig: Die Coesfelder Stadtmauer und das Marktkreuz, in: Norbert Damberg (Hrsg.), Coesfeld 1197–1997. Bd. 2, Münster 1999, S. 789–807.

Frohne, Ludwig: Erhaltenswerte Bausubstanz und Stadtkernsanierung in Billerbeck, Billerbeck 1974.

Frommknecht-Hitzler, Marlies: Annette von Droste-Hülshoff – „aber nach hundert Jahren möcht ich gelesen werden", in: Elke Pilz (Hrsg.), Bedeutende Frauen des 19. Jahrhunderts: elf biographische Essays, Würzburg 2010, S. 51–78.

Furrer, Daniel: Wasserthron und Donnerbalken. Eine kleine Kulturgeschichte des stillen Örtchens, Darmstadt 2004.

Füssel, Johann Michael: Unser Tagebuch oder Erfahrungen und Bemerkungen eines Hofmeisters und seiner Zöglinge auf einer Reise durch einen großen Theil des Fränkischen Kreises nach Carlsbad und durch Bayern und Passau nach Linz, Erlangen 1787.

Gemeinde Nordkirchen (Hrsg.): Dorfführer der Gemeinde Nordkirchen. Nordkirchen entdecken, Nordkirchen 2007.

Gersmann, Gudrun: „In Criminal Sachen Fisci zu Coesfelt» – Hexenverfolgung und Machtpolitik einer münsterländischen Stadt, in: Norbert Damberg (Hrsg.), Coesfeld 1197–1997, Bd. 1, Münster 1999, S. 1215–1262.

Gersmann, Gudrun: Konflikte, Krisen Provokationen im Fürstbistum Münster. Kriminalgerichtsbarkeit im Spannungsfeld zwischen adeliger und landesherrlicher Justiz, in: Andreas Blauert/Gerd Schwerhoff (Hrsg.), Kriminalitätsforschung. Beiträge zur Sozial- und Kulturgeschichte der Vormoderne, Konstanz 2000, S. 423–446.

Gersmann, Gudrun: Wasserprobe und Hexenprozesse. Ansichten der Hexenverfolgung im Fürstbistum Münster, in: Westfälische Forschungen 48 (1998), S. 449–479.

Geschichts-AG der Hermann-Leeser-Schule in Dülmen (Hrsg.): „Von allem etwas ..." – meine jüdische Kindheit in Dülmen und Rotterdam, 1928-1945 – Erinnerungen von Helga Becker-Leeser, Dülmen 2015.

Gesing, Martin: Der Strontianitbergbau im Münsterland, Warendorf 1995.

Gillner, Bastian: Dülmen vom Ausgang des Mittelalters bis zum Ende des Dreißigjährigen Krieges: Stadtherrlichkeit und Kriegsschrecken, in: Stefan Sudmann (Hrsg.), Geschichte der Stadt Dülmen, Dülmen 2011, S. 75–103.

Goethe, Johann Wolfgang von: Schriften zur Geologie und Mineralogie. Schriften zur Meteorologie, Cotta 1959.

Goß, Mathias: Zehn Jahre Kreis Coesfeld, in: Heinrich A. Mertens/Josef Limbach (Bearb.), Kreis Coesfeld, Dülmen 1985, S. 382–386.

Grünewald, Christoph: Römer und Germanen, in: Werner Frese (Hrsg.), Geschichte der Stadt Olfen, Bielefeld 2011, S. 43–51.

Gruttmann, Dörthe: Kleinstadt in der Moderne. Billerbeck im 20. Jahrhundert, in: Werner Freitag u.a. (Hrsg.), Geschichte der Stadt Billerbeck, Bielefeld 2012, S. 263–479.

Gussek-Revermann, Anja/Kilian, Heinz: Münster und die Eisenbahn. Von den Anfängen bis zum Wiederaufbau nach dem Zweiten Weltkrieg, Münster 2003.

Haberl, Annedore (Hrsg.): Briefe der Liselotte von der Pfalz, München 1996.

Hagenbruch, Karlheinz: Das Coesfelder Kreuz im Lichte neuer Erkenntnisse über die Crucifixi dolorosi, in: Mitteilungen des Heimatvereins Coesfeld 26 (2008), S. 21–26.

Hagenbruch, Karlheinz: Marktplatz und Behördenzentrum in Coesfeld – zwei bemerkenswerte städtebauliche Ensembles aus der Aufbauzeit nach 1945, Coesfeld 2011.

Hartig, Joachim (Bearb.): Die Register der Willkommschatzung von 1498 und 1499 im Fürstbistum Münster, Münster 1976.

Heimatverein Davensberg (Hrsg.): Davensberg – Burg und Flecken. Ein Lese- und Bilderbuch, 1993.

Heimatverein der Gemeinde Nordkirchen (Hrsg.): Wegekreuze, Bildstöcke und Mahnmale in und um Nordkirchen, Südkirchen und Capelle, Nordkirchen 1997.

Heimatverein Seppenrade (Hrsg.): Seppenrade – Kreuze. Kapellen. Bildstöcke, Seppenrade 2016.

Heinegg, Wolff Heintschel von: Entstehung und Folgen der Haager Landkriegsordnung, in: Oberbürgermeister der Stadt Osnabrück/Präsident der Universität Osnabrück (Hrsg.), Osnabrücker Jahrbuch Frieden und Wissenschaft, Osnabrück 1998, S. 132–146.

Heise, Sabine: Frauen-Arbeiten – Zwischen Beruf und Berufung, unter: Internet-Portal „Westfälische Geschichte", http://www.westfaelische-geschichte.de/web405 (abgerufen am 06.06.2017).

Hemann, Friedrich-Wilhelm: Gesindel oder Revolutionäre? Der Verlauf der Revolution von 1848/49 am Beispiel der Stadt Dülmen im Befund der Quellen, in: Westfälische Forschungen 49 (1999), S. 99–149.

Hermanns, Rudolf: Kriegsgefangene im Weltkrieg – Das Lager Dülmen, in: Geschichtsverein des Kreises Euskirchen (Hrsg.), Das Jahr 1914 – Deutsch-französische Partnerstädte erinnern an den Ersten Weltkrieg, Weilerswist 2015, S. 153–168.

Heuer, Bernhard: 750 Jahre Venne – Die Geschichte des kleinsten Kirchspiels im Bistum Münster oder was geschah in loco, qui dicitur Vene, Venne 1998.

Hoffmann, Godehard: Das Gabelkreuz in St. Maria im Kapitol zu Köln und das Phänomen der Crucifixi dolorosi in Europa, Worms 2006.

Hörnemann, Daniel: Das Coesfelder Kreuz. 1200 Jahre Kreuzverehrung in Coesfeld, Münster 2000.

Höting, Ingeborg: Das denkmalgeschützte Barackenlager in Lette und seine wechselvolle Geschichte von 1933 bis 1960, in: Geschichtsblätter des Kreises Coesfeld 38 (2013), S. 95–246.

Hövel, Ernst: Ein Beitrag zur Geschichte der wiedertäuferischen Bewegung nach 1935, in: Quellen und Forschungen zur Geschichte der Stadt Münster 4 (1931), S. 340–354.

Huber, Ernst (Hrsg.): Dokumente zur deutschen Verfassungsgeschichte I, Stuttgart 1961.

Huse, Norbert: Neues Bauen 1918 bis 1933. Moderne Architektur in der Weimarer Republik, Berlin 1985.

Ilisch, Peter: Bäuerliches Leben in Olfen im Mittelalter und in der Frühen Neuzeit, in: Werner Frese (Hrsg.), Geschichte der Stadt Olfen, Bielefeld 2011, S. 79–90.

Ilisch, Peter: Das jüdische Leben im Wigbold Billerbeck, in: Geschichtsblätter des Kreises Coesfeld 32 (2007), S. 15–37.

Ilisch, Peter: Der Wigbold Olfen, in: Werner Frese (Hrsg.), Geschichte der Stadt Olfen, Bielefeld 2011, S. 135–171.

Ilisch, Peter: Die Landwehren im Bereich des Kreises Coesfeld, in: Cornelia Kneppe (Hrsg.), Landwehren. Zu Erscheinungsbild, Funktion und Verbreitung spätmittelalterlicher Wehranlagen, Münster 2014, S. 173–190.

Ilisch, Peter: Grundherrschaft und hartes Leben, in: Heimatverein Holtwick (Hrsg.): Holtwick, Holtwick 1997, S. 42–63.

Ilisch, Peter: Nemausus, in: Johannes Hoops/Heinrich Beck (Hrsg.), Reallexikon der germanischen Altertumskunde. 21 Nauaila – Østfold, Berlin 2002, S. 65–66.

Ilisch, Peter: Zum Erscheinungsbild münsterländischer Kirchhöfe vor 1800 – das Beispiel St. Johann zu Billerbeck, in: Geschichtsblätter des Kreises Coesfeld 4 (1979), S. 114–131.

Ilisch, Peter: Zur älteren Siedlungsgeschichte im Kirchspiel Seppenrade, in: Liane Schmitz, 800–2000. Zur Geschichte von Lüdinghausen und Seppenrade, Lüdinghausen 2000, S. 79–138.

Internationales Komitee vom Roten Kreuze (Hrsg.): Dokumente herausgegeben während des Krieges 1914–1915. Berichte der Herren A. Eugster, Nationalrat (II. Reise) und Dr. C. de Marval, Oberstleutnant (III. und IV. Reise) über ihre Besuche in den Kriegsgefangenenlagern in Deutschland und in Frankreich, Basel 1915.

Isenberg, Gabriele: Glocke, Griffel, Brille. Schriftkultur und Zeitmessung, in: Wilfried Menghin/Dieter Planck (Hrsg.), Menschen – Zeiten – Räume. Archäologie in Deutschland, Berlin 2002, S. 365–366.

Isenberg, Gabriele: Kulturwandel einer Region. Westfalen im 9. Jahrhundert, in: Christoph Stiegemann/Matthias Wemhoff (Hrsg.), 799 – Kunst und Kultur der Karolingerzeit. Karl der Große und Papst Leo III. in Paderborn. Bd. 1, Mainz 1999, S. 314–323.

Israel, Jonathan: Der niederländisch-spanische Krieg und das Heilige Römische Reich Deutscher Nation (1568–1648), in: Klaus Bußmann (Hrsg.), 1648: Krieg und Frieden in Europa, Münster 1998, S. 111–122.

Jentgens, Gerard/Peine, Hans-Werner: Glockenklang im Münsterland – 1200 Jahre Kirche und Siedlung im Dülmen, in: Dülmener Heimatblätter (2016), S. 31–38.

Jentgens, Gerard/Peine, Hans-Werner: Nachklang karolingerzeitlicher Glocken in Dülmen, in: Archäologie in Westfalen-Lippe 2016 (2017), im Erscheinen.

Jentgens, Gerard/Peine, Hans-Werner: Wem die Glocke schlägt – 1200 Jahre Kirche und Siedlung in Dülmen, in: Archäologie in Westfalen-Lippe 2015 (2016), S. 79–83.

Joedicke, Jürgen: Weissenhofsiedlung Stuttgart, Stuttgart 2016.

Junk, Heinz-K.: Kaiserliche Adler am Dümmerbach, in: Werner Frese/Christian Wermert (Hrsg.), Senden. Eine Geschichte der Gemeinde Senden mit Bösensell, Ottmarsbocholt, Venne, 1992, S. 369–394.

Junk, Heinz-Karl: Landwehr, in: Lexikon des Mittelalters, 10 Bde, Stuttgart 1977–1999, Bd. 5, Col. 1682.

Karrenbrock, Reinhard: Baumberger Sandstein. Ausstrahlung westfälischen Kunstschaffens in den Hanseraum, in: Jörgen Bracker (Hrsg.), Die Hanse – Lebenswirklichkeit und Mythos, Lübeck 1998, S. 674–689.

Kaspar, Fred: Ein kleines Handwerkerhaus in dem Dorf Herbern bei Ascheberg (Kr. Coesfeld), Altenhammstraße 20, in: Fred Kaspar (Hrsg.), Kleine Häuser in großen Reihen, Petersberg 2014, S. 33–47.

Kaspar, Fred: Laudatio auf den Preisträger 2012. Rede zur Preisverleihung am 31. Juni [!] 2012 auf Schloss Berleburg, in: Fred Kaspar (Hrsg.), Kleine Häuser in großen Reihen, Petersberg 2014, S. 22–32.

Kaspar, Fred/Barthold, Peter: Bis unters Dach – neue Fragen an Burg Vischering, in: Westfalen 88 (2010), S. 85–104.

Kastorff-Viehmann, Renate: Die Architektur

von Bauten für die Elektrizitätsversorgung, Hagen 1990.

Kehne, Peter: Limitierte Offensiven: Drusus, Tiberius und die Germanienpolitik im Dienste des augusteischen Prinzipats, in: Jörg Spielvogel (Hrsg.), Res Publica Reperta. Zur Verfassung und Gesellschaft der römischen Republik und des frühen Prinzipats, Stuttgart 2002, S. 297–321.

Kemper, Joseph: Der Bonenjäger, eine Forschung auf dem Gebiete der münsterschen Mundart, Münster 1881.

Kirchhoff, Karl-Heinz: Die Täufer im Münsterland. Verbreitung und Verfolgung des Täufertums im Stift Münster 1533–1550, in: Westfälische Zeitschrift 113 (1963), S. 1–109.

Kirchhoff, Karl-Heinz: Die Wiedertäufer in Coesfeld, in: Westfälische Zeitschrift 106 (1956), S. 8–174.

Klausmeier, Axel: Die Berliner Mauer. Ausstellungskatalog der Gedenkstätte Berliner Mauer, Berlin 2015.

Kleimanns, Joachim: Schau ins Land – Aussichtstürme, Marburg 1999.

Kneppe, Cornelia: Aufbau und Funktion von westfälischen Landwehren. Ein Überblick, in: Cornelia Kneppe (Hrsg.), Landwehren. Zu Erscheinungsbild, Funktion und Verbreitung spätmittelalterlicher Wehranlagen, Münster 2014, S. 13–24.

Kneppe, Cornelia: Gewässer im historischen Umfeld, in: Cornelia Kneppe u.a. (Hrsg.), Gräften, Teiche, Mergelkuhlen. Gewässer im historischen Umfeld, Münster 2005, S. 6–19.

Kneppe, Cornelia: Landwehren im Schnittpunkt von Archäologie und Landesgeschichte, in: Landschaftsverband Westfalen-Lippe/ LWL-Archäologie für Westfalen (Hrsg.), Landwehren – Von der mittelalterlichen Wehranlage zum Biotop, Münster 2007, S. 3–19.

Kneppe, Cornelia: Zu den Anfängen des Landwehrbaus in und außerhalb von Westfalen, in: Cornelia Kneppe (Hrsg.), Landwehren. Zu Erscheinungsbild, Funktion und Verbreitung spätmittelalterlicher Wehranlagen, Münster 2014, S. 323–340.

Kneppe, Cornelia/Tenbergen, Bernd: Exkursionsstationen im Münsterland, in: Landschaftsverband Westfalen-Lippe/LWL-Archäologie für Westfalen (Hrsg.), Landwehren – Von der mittelalterlichen Wehranlage zum Biotop, Münster 2007, S. 38–46.

Kochs, Heinrich: Von der Kreisstube in Darup zur heutigen Kreisverwaltung, in: Heinrich Kochs (Hrsg.), Der Landkreis Coesfeld 1816–1966, Coesfeld 1966, S. 275–289.

Koepf, Hans/Binding, Günther: Bildwörterbuch der Architektur, Stuttgart 1999.

Kohl, Wilhelm: Das (freiweltliche) Damenstift Nottuln, Berlin 2005.

König-Heuer, Ursula: Vom fidelen Baron zu Wissenschaft und Bildung. Schlaglichter aus der bewegten Geschichte des Schlosses Buldern, in: Jahrbuch Westfalen 68. 2014 (2013), S. 191–194.

König, Sonja: Untersuchungen zur Gusstechnik mittelalterlicher und neuzeitlicher Glocken aufgrund archäologischer Befunde in Europa, in: Ralph Röber (Hrsg.), Mittelalterliche Öfen und Feuerungsanlagen, Stuttgart 2002, S. 143–163.

Kopsidis, Michael: Agrarentwicklung. Historische Agrarrevolutionen und Entwicklungsökonomie, Stuttgart 2006.

Kordt, Walter: Adolph von Vagedes. Ein rheinisch-westfälischer Baumeister der Goethezeit, Ratingen 1961.

Korsmeier, Claudia M.: Die Ortsnamen des Kreises Coesfeld, Bielefeld 2016.

Kreis Coesfeld (Hrsg.): Statistische Nachrichten über den Kreis Coesfeld 1862, Münster 1864.

Kreucher, Gerald: Die Urkatasteraufnahme in Westfalen, Düsseldorf 2008.

Krüger, Tobias: Die Entdeckung der Eiszeiten. Internationale Rezeption und Konsequenzen für das Verständnis der Klimageschichte, Basel 2008.

Krumbholtz, R. (Bearb.): Westfälisches Urkunden-Buch 8: Die Urkunden des Bistums Münster von 1301–1325, Münster 1913, Neudruck 1980.

Lammers, Heinz: Das Dorf Lette erhält Bahnanschluss, in: Geschichtsblätter des Kreises Coesfeld 14 (1989), S. 151–180.

Lammers, Joseph/Hagenbruch, Karlheinz: Alte Ortskerne leben auf. Entwicklung, Ausbau und Sanierung in zentralen Orten des Kreises Coesfeld, 1945–2000, Bd. 4: Coesfeld, Coesfeld 2004.

Lampen, Angelika: Fränkische Expansion und sächsischer Widerstand – Westfalen im 8. und 9. Jahrhundert, in: Gabriele Isenberg/Barbara Rommé (Hrsg.), 805: Liudger wird Bischof. Spuren eines Heiligen zwischen York, Rom und Münster, Münster 2005, S. 21–30.

Landois, H.: Die Riesenammoniten von Seppenrade, in: Jahresbericht des Westfälischen Provinzial-Vereins für Wissenschaft und Kunst 23 (1895), S. 99–108.

Landschaftsverband Westfalen-Lippe, LWL-Amt für Landschafts- und Baukultur in Westfalen (Hrsg.): Gartenreiches Westmünsterland. Gärten und Parks in den Kreisen Borken und Coesfeld, Steinfurt 2007.

Landwirtschaftskammer Westfalen-Lippe, Kreisstelle Coesfeld (Hrsg.): 100 Jahre Landwirtschaftsschule im Kreis Coesfeld, Billerbeck 1983.

Liebl, Ulrike: Löwe. 2. Ikonographie, in: Lexikon des Mittelalters, 10 Bde, Stuttgart 1977–1999, Bd. 5, Col. 2141–2142.

Liessem, Udo: Eingemauerte Kugeln – ein apotropäisches Phänomen, in: Burgen und Schlösser 23 (1982), S. 73–76.

Lingens, Peter: Kulturkampf mit künstlerischen Mitteln, in: Geldrischer Heimatkalender 2006 (2005), S. 224–230.

Lobbedey, Uwe: Bemerkungen zur mittelalterlichen Steinbearbeitung in Westfalen, in: Jenny Sarrazin (Hrsg.), Baumberger und Bentheimer Sandstein im Gebiet zwischen Ijssel und Berkel, Coesfeld 1999, S. 102–109.

Löhr, Wolfgang: Die Kongregation der Franziskanerinnen von Nonnenwerth/Lüdinghausen und die Sorge um die Kranken, in: Ursula Ostermann (Red.), Geschichte der Franziskanerinnen von Heythuysen, Niederlande in Deutschland. Nonnenwerth und Lüdinghausen 1900–1995, Aachen 1995, S. 255–268.

Longerich, Peter: Die braunen Bataillone. Geschichte der SA, München 1989.

Longinus: Führer durch die Baumberge. 161 Spaziergänge nebst einer naturgeschichtlichen Einleitung und zwei Anhängen, Münster 1896.

Lorenz, Jörg: Vom Kloster zum Stiftsdorf. 850 Jahre Hohenholte, Havixbeck 1992.

Lorenz, Jörg: Wenn der Rote Hahn kräht... Freiwillige Feuerwehr Havixbeck/Löschzug Havixbeck, Havixbeck 1999.

Ludorff, Albert: Die Bau- und Kunstdenkmäler des Kreises Lüdinghausen, Münster 1893.

Lülf, Paul: Havixbeck in den vergangenen Jahren. Die Spanier im Jahre 1585 in Havixbeck, in: Reinhold Holtstiege (Hrsg.), Havixbeck und seine Vergangenheit, Dülmen 1991, S. 67–80.

Matzner, Florian/Schulze, Ulrich: Johann Conrad Schlaun. 1695–1773. Das Gesamtwerk, Stuttgart 1995.

Maurer, Doris: Annette von Droste-Hülshoff. Biographie, Meersburg 1996.

Meissner, Irene: Sep Ruf. 1908–1982, Berlin 2013.

Mertens, Heinrich A./Limbach, Josef: Aus der Geschichte des Kreises Lüdinghausen, 1803–1974, Lüdinghausen 1974.

Metz, Axel: Die Geschichte der katholischen Kirche in Dülmen 1811–1964, in: Stefan Sudmann (Hrsg.), Geschichte der Stadt Dülmen, Dülmen 2009, S. 593–616.

Meyer, Hugo L.: Paul Bendix, Dülmen. 1824–1949, Köln 1949.

Michaels, Sonja: Leben auf einem Adelssitz im Niederstift Münster, Cloppenburg 2008.

Moeller, Katrin: „Es ist ein überaus gerechtes Gesetz, dass die Zauberinnen getötet werden" – Hexenverfolgung im protestantischen Norddeutschland, in: Rosmarie Beier-de Haan (Hrsg.), Hexenwahn. Ängste der Neuzeit. Begleitband zur gleichnamigen Ausstellung des Deutschen Historischen Museums, Wolfratshausen 2002, S. 96–109.

Morsey, Rudolf: Bismarcks Kulturkampf gegen das Zentrum und gegen die katholische Kirche, in: Bistum Essen (Hrsg.): „Am Weihwasser die Finger verbrannt". Der Bismarcksche Kulturkampf – Konfliktverläufe im Ruhrgebiet, Essen 2000, S. 7–30.

Mummenhoff, Karl Eugen/Dethlefs, Gerd: Schloss Nordkirchen, Berlin 2012.

Münkler, Herfried: Der Große Krieg. Die Welt 1914–1918, Berlin 2014.

Naturschutzzentrum Kreis Coesfeld e.V. (Hrsg.): Faltblatt „Naturschutzgebiet Venner Moor", Nottuln o.J.

Neitzel, Sönke: Der strategische Luftkrieg im Zweiten Weltkrieg, in: Bernd Heidenreich/ Sönke Neitzel (Hrsg.), Der Bombenkrieg und seine Opfer, Wiesbaden 2004, S. 5–17.

Newton, William Ritchey: Hinter den Fassaden von Versailles. Mätressen, Flöhe und Intrigen am Hof des Sonnenkönigs, Berlin 2013.

Niedermeier, Michael: Goethe und der steinige Weg wissenschaftlicher Erkenntnis, in: Gegenworte 9 (2010), S. 83–86.

Niggeloh, Wilfried: Die Evangelische Kirchengemeinde 1945–1990, in: Werner Frese/ Christian Wermert (Hrsg.), Senden. Eine Geschichte der Gemeinde Senden mit Bösensell, Ottmarsbocholt, Venne, Senden 1992, S. 757–762.

Noehles, Karl: Die westfälischen Taufsteine des 12. und 13. Jahrhunderts, Diss. Münster 1953.

Nordhoff, J. B.: Der Holz- und Steinbau Westfalens in seiner Entwicklung, in: Zeitschrift für vaterländische Geschichte und Altertumskunde 7 (1867), S. 105–223.

Ødum, Hilmar: Contributions to the literature on erratic boulders, in: Meddelelser fra Dansk Geologisk Forening 10 (1945), S. 499–506.

Oeben, Stephanie: Von „Waskköken" und „Schiethüsken" – Orte der Hygiene im und am Haus, in: Britta Spies (Hrsg.), „Wo geht's denn hier aufs Klo? – Sauberkeit und Hygiene auf dem Land im 19. und 20. Jahrhundert, Osnabrück 2002, S. 31–40.

Oepen, Joachim: Die Säkularisation von 1802 in den vier rheinischen Departements, in: Harm Klueting (Hrsg.), 200 Jahre Reichsdeputationshauptschluss. Säkularisation, Mediatisierung und Modernisierung zwischen Altem Reich und neuer Staatlichkeit, 2005, S. 87–114.

Opora, Jeannette: Die Wildbahngestüte Westfalens. Geschichte, Entwicklung und Zukunft, Bristol 2006.

Ostermann, Ursula: Anfänge der Kongregation in Deutschland, in: Ursula Ostermann (Red.), Geschichte der Franziskanerinnen von Heythuysen, Niederlande in Deutschland. Nonnenwerth und Lüdinghausen 1900–1995, Aachen 1995, S. 23–36.

Ostermann, Ursula: Unterricht und Erziehung (mit besonderer Berücksichtigung der St.-Antonius-Schule in Lüdinghausen), in: Ursula Ostermann (Red.), Geschichte der Franziskanerinnen von Heythuysen, Niederlande in Deutschland. Nonnenwerth und Lüdinghausen 1900–1995, Aachen 1995, S. 203–242.

Otto, Karl-Heinz: Wie die Findlinge nach Westfalen kamen!, in: Heinz Heineberg (Hrsg.), Westfalen Regional, Münster 2007, S. 38–39.

Owzar, Armin: Dülmen in der napoleonischen Zeit (1803–1813). Freiheit, Gleichheit, Krieg, in: Stefan Sudmann (Hrsg.), Geschichte der Stadt Dülmen, Dülmen 2009, S. 169–188.

Pago, Ludwig: Turbulenzen im preußisch-deutschen Kulturkampf, in: Geschichtsblätter des Kreises Coesfeld 31 (2006), S. 91–104.

Paschke, Oliver: Die böhmsche Heilig Kreuz Kirche in Dülmen, in: Katholische Kirchengemeinde Heilig Kreuz Dülmen (Hrsg.), Die Heilig Kreuz Kirche in Dülmen. „Der Raum, der Freiheit atmet...", Dülmen 2008, S. 11–26.

Petersen, Peter: Das ländliche Steinwerk Schulze Steveren in Nottuln-Stevern, in: Guido von Büren/Alfred Schuler (Hrsg.), Die Burg in der Ebene, Petersberg 2016, S. 60–78.

Petersen, Peter: Die Wassermühle Schulze Westerath in Nottuln-Stevern, in: Geschichtsblätter des Kreises Coesfeld 37 (2012), S. 101–156.

Pieper, Roland: Die Architekturgeschichte Dülmens bis 1648, in: Stefan Sudmann (Hrsg.), Geschichte der Stadt Dülmen, Dülmen 2011, S. 769–800.

Plachta, Bodo (Hrsg.): Annette von Droste-Hülshoff (1797–1848) – „aber nach hundert Jahren möcht ich gelesen werden», Wiesbaden 1997.

Plachta, Bodo/Woesler, Winfried (Hrsg.): Annette von Droste-Hülshoff. Sämtliche Werke in zwei Bänden, Frankfurt a.M. 1994.

Plaum, Bernd D.: „Sparen für die Tage der Noth" – Zur Geschichte der Sparkasse Coesfeld seit 1848, Dülmen 1998.

Poschmann, Andreas: Fachbeitrag: Straße der Moderne, unter: www.moderne-regional.de (abgerufen am 02.03.2017).

Potente, Dieter: Buldern, Bomberg und der Bahnhof. Bulderns Aufbruch in die Moderne zwischen Dichtung und Wahrheit, in: Dülmener Heimatblätter 63 (2016), S. 18–26.

Primus, Illo-Frank: Geschichte und Gesichter der Trafostationen. 125 Trafostationen in Deutschland, Berlin 2013.

Raub, Annelise: Burg Hülshoff, Regensburg 2003.

Rautenberg, Eraddo C.: Schwarz-Rot-Gold: Das Symbol für die nationale Identität der Deutschen!, Potsdam 2008.

Reese, Elke: Drache und Löwe – Freund oder Feind? Romanische Tympana in Straubing, Isen und Wartenberg – ein Vergleich, in: Verhandlungen des Historischen Vereins für Niederbayern 136 (2010), S. 31–37.

Reimann, Dorothee: Druck von oben. Immer mehr Wassertürme sind nur noch leere Meisterwerke der Baukunst, in: Monumente. Magazin für Denkmalkultur in Deutschland (2006), unter: https://www.monumente-online.de/de/ausgaben/2006/3/druck-von-oben.php#.WXb7bYppyV4 (abgerufen am 07.06.2017).

Reininghaus, Wilfried: Das wirtschaftliche Handeln der Familie von Romberg im 17. bis 20. Jahrhundert, unter: zeitenblicke 4 (2005), http://www.zeitenblicke.de/2005/2/Reininghaus/index_html (abgerufen am 25.05.2017).

Reizner, Karl-Heinz: Vom „Scheiß- und Seichkübel" zum „wasser-closet", in: Karl-Heinz Reizner (Hrsg.), Hygienische Verhältnisse und Krankheiten auf dem Lande in früherer Zeit, Tübingen 1992, S. 131–136.

Rheinische Eisenbahn-Gesellschaft (Hrsg.): Geschäfts-Bericht der Rheinischen Eisenbahn-Verwaltung für das Betriebsjahr 1879, Köln 1880.

Ribbrock, Gerhard: St. Ludgerus zu Billerbeck (1892–98), in: Westfalen 64 (1986), S. 66–109.

Ricker, Julia: Otto Bartning und seine Kirchen. Spiritualität in Serie, in: Monumente. Magazin für Denkmalkultur in Deutschland (2016), unter: www.monumente-online.de/de/ausgaben/2016/2/Otto_Bartning_Kirchen.php#.WXhK2IppyV4 (abgerufen am 07.04.2017).

Rinn, Barbara: Die Kölner Decke – ein bis in die Niederlande exportierter Stuckbestseller der Barockzeit, in: Geschichte in Köln 55 (2008), S. 37–62.

Röchell, Melchior: Röchell's selbständige Chronik, in: Johannes Janssen (Hrsg.), Die Münsterischen Chroniken von Röchell, Stevermann und Corfey, Münster 1856, S. 1–175.

Roddaz, Jean-Michel: Marcus Agrippa, Rom 1984.

Roerkohl, Anne: Der Kulturkampf in Westfalen, Münster 1992.

Rösener, Werner: Die Geschichte der Jagd. Kultur, Gesellschaft und Jagdwesen im Wandel der Zeit, Düsseldorf 2004.

Rösener, Werner: Grundherrschaft und Bauerntum im hochmittelalterlichen Westfalen, in: Westfälische Zeitschrift 139 (1989), S. 9–41.

Roters, Dorothea: Osterwick. Geschichte eines Dorfes im Münsterland, Dülmen 1989.

Sälter, Gerhard: Mauerreste in Berlin – Der Abbau der Berliner Mauer und noch sichtbare Reste in der Berliner Innenstadt, Berlin 2007.

Sankt Jacobi Coesfeld (Hrsg.): St. Jacobi Coesfeld, Erolzheim 1958.

Sarrazin, Jenny (Hrsg.): Burg Vischering. Wehrburg und Wohnsitz, Dülmen 1993.

Satzung der Landkrankenkasse für die Aemter Nottuln u. Havixbeck (umfassend die Gemeinden Nottuln, Appelhülsen, Schapdetten, Havixbeck) in Nottuln, Nottuln 1913.

Sauermann, Dieter (Hrsg.): Knechte und Mägde in Westfalen um 1900, Münster 1979.

Schäfer, Hermann: Deutsche Geschichte in 100 Objekten, München 2015.

Schepers, Josef: Haus und Hof westfälischer Bauern, Münster 1977.

Schillig, Christiane: Die Böhms erneuern den Sakralbau. Gott wohnt auch im Beton, in: Monumente. Magazin für Denkmalkultur in Deutschland (2010), S. 75–80.

Schlegel, Silvia: Mittelalterliche Taufgefässe. Funktion und Ausstattung, Köln 2012.

Schlutius, Hildegard: Wo der Kaiser zu Fuß hingeht ... Neuere Erkenntnisse über Heimblichkeiten im Westfälischen Versailles, in: Geschichtsblätter des Kreises Coesfeld 23 (1998), S. 183–188.

Schmitz, Liane: 800–2000. Zur Geschichte von Lüdinghausen und Seppenrade. Mit Beiträgen von Peter Ilisch und Ilona Tobüren-Bots, Lüdinghausen 2000.

Schmitz, Margun: Der Landrat als Mittler zwischen Staatsverwaltung und kommunaler Selbstverwaltung – Der Wandel der funktionalen Stellung des Landrats vom Mittelalter bis ins 20. Jahrhundert, Baden-Baden 1991.

Schmitz, Willy: Die Bediensteten der Kreisverwaltung Coesfeld im Jahre 1925 – ein Gruppenbild aus Anlaß der Einweihung des neuen Kreishauses, in: Geschichtsblätter des Kreises Coesfeld 15 (1990), S. 143–190.

Schmitz, Willy: Die preußischen Landräte des Kreises Coesfeld 1816–1945, Coesfeld 1974.

Schmuhl, Hans-Walter: Dülmen im Nationalsozialismus, in: Stefan Sudmann (Hrsg.), Geschichte der Stadt Dülmen, Dülmen 2009, S. 271–344.

Schmuhl, Hans-Walter: Geschichte der Stadt Olfen im 20. Jahrhundert, in: Werner Frese (Hrsg.), Geschichte der Stadt Olfen, 2011, S. 413–484.

Schnatz, Helmut: Die Zerstörung der deutschen Städte und die Opfer, in: Bernd Heidenreich/Sönke Neitzel (Hrsg.), Der Bombenkrieg und seine Opfer, Wiesbaden 2004, S. 30–46.

Schneider, Wilhelm M.: Der Kreuzweg von Heinrich Fleige für St. Stephanus in Beckum im Zeichen des Kulturkampfes, in: Kreis Warendorf (Hrsg.): 200 Jahre Kreis Warendorf – Werden und Identität im Wandel der Zeit, Wadersloh 2003, S. 68–69.

Scholz, Günter: Anna Katharina Emmerick – Kötterstochter und Mystikerin, Münster 2010.

Scholz, Günter: Führer durch die Gedenkstätte Anna Katharina Emmerick, Dülmen 2011.

Scholz, Philipp: Wildpferde im Merfelder Bruch, unter: Westfalen regional, https://www.lwl.org/LWL/Kultur/Westfalen_Regional/Naturraum/Wildpferde (abgerufen am 24.05.2017).

Schröer, Ludger: Der Hof-Raum als Ankerpunkt von Geschichtsbewusstsein, in: Der Holznagel. Zeitschrift der Interessengemeinschaft Bauernhaus (2016), S. 15–22.

Schulte, Monika M.: Herrschaft und Verwaltung in einer spätmittelalterlichen Stadt: Coesfeld zwischen 1320 und 1600, in: Norbert Damberg (Hrsg.), Coesfeld 1197–1997. Bd. 1, Münster 1999, S. 61–156.

Schulz, Ingo: Die Entwicklung der Eisenbahn und der Kreis Coesfeld, in: Heinrich A. Mertens/Josef Limbach (Bearb.), Kreis Coesfeld, Dülmen 1985, S. 337–345.

Schulze Pellengahr, Christian: Zur Geschichte des Hauses Darup zu Darup und seiner Besitzer, in: Westfälische Zeitschrift 155 (2005), S. 93–160.

Schwabe, Klaus (Hrsg.): Die Ruhrkrise 1923. Wendepunkt der internationalen Beziehungen nach dem Ersten Weltkrieg, Paderborn 1984.

Schwarze, Karl-Heinz: Setzt Landrat von Wedel Gewalt gegen seine Bürger ein? Ein Beispiel aus dem Kulturkampf – Lüdinghausen 1875, in: Geschichtsblätter des Kreises Coesfeld 33 (2008), S. 123-140.

Schweiger, Peter: Werkverzeichnis der Arbeiten von Heinrich Fleige, Icking 2016, unveröffentlichtes Manuskript.

Schwieters, Julius: Geschichtliche Nachrichten über den östlichen Theil des Kreises Lüdinghausen, die Pfarrgemeinden Werne, Herbern, Bockum, Hövel, Walstedde, Drensteinfurt, Ascheberg, Nordkirchen, Südkirchen und (Filiale) Kapelle umfassend, Münster 1886.

Schwieters, Julius: Geschichtliche Nachrichten über den westlichen Theil des Kreises Lüdinghausen, die Pfarrgemeinden Venne, Ottmarsbocholt, Senden, Lüdinghausen, Seppenrade, Olfen, Selm, Bork, Kappenberg und Altlünen umfassend, Münster 1891.

Seifert, Thomas: Die Täufer zu Münster, Münster 1993.

Sieger, Constanze: Die Ludgerusstadt im 19. Jahrhundert, in: Werner Freitag u.a. (Hrsg.), Geschichte der Stadt Billerbeck, Bielefeld 2012, S. 111-262.

Simon, Heinrich: Leben im Judentum, Berlin 2003.

Song, Baoquan: Luftbildarchäologie in Westfalen – methodische Erfahrungen im Jahr 2011. Kreise Coesfeld und Recklinghausen, Regierungsbezirk Münster, in: Archäologie in Westfalen-Lippe 2011 (2012), S. 203-208.

Sörries, Reiner: Ruhe sanft. Kulturgeschichte des Friedhofs, Kevelaer 2009.

Spannhoff, Christof: Die christlichen Billerbecker Begräbnisstätten. Vom Mittelpunkt kleinstädtischen Lebens zum Ort der Stille in: Werner Freitag u.a. (Hrsg.), Geschichte der Stadt Billerbeck, Bielefeld 2012, S. 533-552.

Speckle, Birgit: Vom Nachttopf zum Laserklo. Zur Kulturgeschichte der Fäkalienentsorgung, in: Franziska Lobenhofer-Hirschbold/ Ariane Weidlich (Hrsg.), Sauber! Hygiene früher in Oberbayern. Eine Annäherung an historische Wirklichkeiten, Großweil 1995, S. 52-70.

Speetzen, Eckhard: Findlinge in Nordrhein-Westfalen und angrenzenden Gebieten, Krefeld 1998.

Speetzen, Eckhard: Findlinge in Nordrhein-Westfalen, in: Heinz Günter Horn (Hrsg.), Neandertaler + Co.: Eiszeitjägern auf der Spur – Streifzüge durch die Urgeschichte Nordrhein-Westfalens, Mainz 2006, S. 53-68.

Spiegel, Marga: Retter in der Nacht – wie eine jüdische Familie in einem münsterländischen Versteck überlebte, Berlin 2009.

Spießen, Max von: Wappenbuch des Westfälischen Adels, Bd. 2, Görlitz 1901-1903.

Stadtsparkasse Billerbeck (Hrsg.): 125 Jahre Stadtsparkasse Billerbeck, Dülmen 1991.

Stähler, August: Der Ursprung der Pfarrei Sankt Laurentius und die Geschichte ihrer Kunstwerke, in: Werner Frese/Christian Wermert (Hrsg.), Senden. Eine Geschichte der Gemeinde Senden mit Bösensell, Ottmarsbocholt, Venne, Senden 1992, S. 715-751.

Stegmann, Knut: Umstrittene Moderne, in: Denkmalpflege in Westfalen-Lippe 2.16 (2016), S. 78-85.

Steinbach, Peter: Die Wehrpflicht. Eine historische Betrachtung, unter: Bundeszentrale für politische Bildung, http://www.bpb.de/politik/grundfragen/deutsche-verteidigungspolitik/203136/wehrpflicht (abgerufen am 07.06.2017).

Stiegemann, Christoph u.a. (Hrsg.): Credo. Christianisierung Europas im Mittelalter, Paderborn 2013.

Stiewe, Heinrich: Fachwerkhäuser in Deutschland, Darmstadt 2015.

Stiftung Deutsches Historisches Museum (Hrsg.): Der Erste Weltkrieg in 100 Objekten, Darmstadt 2014.

Strugalla, Philipp: Barackenlager Lette. Baulichkeiten und Nutzungsgeschichte eines vielschichtigen Denkmals, in: Denkmalpflege in Westfalen-Lippe (2016), S. 86-91.

Sturm, Christoph: «Wer die Schule besitzt, der besitzt die Herrschaft über die Zukunft und über die Welt» – die Auseinandersetzungen um die katholischen Elementarschulen in Münster während des Kulturkampfes (1872-1888), in: Westfälische Forschungen 56 (2006), S. 187-212.

Sudmann, Stefan: Das Jahr 1914 – Dülmen im Ersten Weltkrieg, in: Geschichtsverein des Kreises Euskirchen (Hrsg.), Das Jahr 1914 – Deutsch-französische Partnerstädte erinnern an den Ersten Weltkrieg, Weilerswist 2015, S. 73–114.

Sudmann, Stefan: Ein Stierkampf in Merfeld 1969, in: Geschichtsblätter des Kreises Coesfeld 39 (2014), S. 203–207.

Tenbergen, Bernd: Gebückt und niedergelegt – Die Pflanzenwelt der Landwehren, in: Landschaftsverband Westfalen-Lippe/LWL-Archäologie für Westfalen (Hrsg.), Landwehren – Von der Mittelalterlichen Wehranlage zum Biotop, Münster 2007, S. 29–37.

Theißen, Peter: Mühlen im Münsterland. Der Einsatz von Wasser- und Windmühlen im Oberstift Münster vom Ausgang des Mittelalters bis zur Säkularisation (1803), Münster 2001.

Thiermann, Arend: Das Holtwicker Ei, ein nordischer Findling, in: Geologische Karte von Nordrhein-Westfalen 1:100.000. Erläuterungen zu C 3906 Gronau (Westf.), Krefeld 1993.

Tibus, Adolph: Gründungsgeschichte der Stifter, Pfarrkirchen, und Kapellen im Bereiche des alten Bisthums Münster, Regensburg 1867.

Tietz, Jürgen: Architektur für Menschen. Der Bauherr Kurt Ernsting, in: David Chipperfield (Hrsg.), Zusammenspiel. Ernsting Service Center, Madrid 2004, S. 10–15.

Timmermann, Achim: Highways to heaven (and hell). Wayside crosses and the making of late medieval landscape, in: Celeste Brusati u.a. (Hrsg.), The authority of the word, Leiden 2012, S. 385–441.

Tippach, Thomas: Die britische Besatzungszeit, in: Angelika Oelgeklaus (Hrsg.), Die Speicherstadt Münster, Münster 2008, S. 239–249.

Tippach, Thomas: Wohnungsbau für die Besatzungs- und Stationierungsstreitkräfte in Westfalen, in: Denkmalpflege in Westfalen-Lippe. Erschienen als Westfalen 81 (2007), S. 235–289.

Tobüren-Bots, Ilona: Hexenwahn in Lüdinghausen, in: Liane Schmitz, 800–2000. Zur Geschichte von Lüdinghausen und Seppenrade, Lüdinghausen 2000, S. 227–238.

Tobüren-Bots, Ilona: Wie der Teufel dem Henker ins Handwerk pfuschte. Hexenwahn im Kirchspiel Lüdinghausen anno 1624, in: Lüdinghauser Geschichtshefte 10 (1994), S. 25–30.

Tobüren-Bots: Burg Vischering, in: Liane Schmitz (Hrsg.), 800–2000. Zur Geschichte von Lüdinghausen und Seppenrade, Lüdinghausen 2000, S. 255–258.

Tremmel, Bettina: Die Römer im Kreis Coesfeld, in: Alois Bosman (Bearb.), Deutsche Landkreise im Portrait: Kreis Coesfeld, Oldenburg 2012, S. 30–33.

Tremmel, Bettina: Olfen-Sülsen. Ein neues Römerlager aus der Zeit der Drususfeldzüge, in: Varus-Kurier 14 (2012), S. 24–25.

Tremmel, Bettina: Olfen-Sülsen. Ein neues Römerlager aus der Zeit der Drususfeldzüge, in: Archäologie in Westfalen-Lippe 2011 (2012), S. 86–89.

Ueffing, Werner: Der Taufstein zu Darfeld. Zur Entwicklung des Dämonenbildes im 13. Jahrhundert, in: Geschichtsblätter des Kreises Coesfeld 6 (1981), S. 31–43.

Veltmann, Claus: Zur Vorgeschichte des Dortmund-Ems-Kanals, in: Veronica Albrink (Hrsg.), 100 Jahre Dortmund-Ems-Kanal, Sögel 1999, S. 9–22.

Voigt, Wolfgang: „Neue Formen mit dem Urgehalte der Tradition" – Dominikus Böhm zwischen den Strömungen und Brüchen seiner Zeit, in: Wolfgang Voigt/Ingeborg Flagge (Hrsg.), Dominikus Böhm 1880–1955, Tübingen 2005, S. 9–28.

Volksbank Nordkirchen-Südkirchen-Capelle (Hrsg.): 100 Jahre Volksbank Südkirchen-Capelle-Nordkirchen eG. 1887–1987, Nordkirchen 1987.

Voß, Karl: Freilichttheater – Theater unter freiem Himmel. Freilichtbühnen und sommerliche Festspiele in Deutschland und im benachbarten Europa, Münster 2005.

Walter, Bernd: Der Wiener Kongress und die Gründung der Provinz Westfalen 1815, in: Korbinian Böck (Hrsg.), 200 Jahre Westfalen. Jetzt!, 2015, S. 60–63.

Warnecke, Hans Jürgen: Der Spanisch-Niederländische Krieg (1566–1609) und der

Überfall bei Senden, in: Werner Frese/ Christian Wermert (Hrsg.), Senden. Eine Geschichte der Gemeinde Senden mit Bösensell, Ottmarsbocholt, Venne, Senden 1992, S. 205–214.

Wasser- und Schifffahrtsverwaltung des Bundes (Hrsg.): Der Dortmund-Ems-Kanal. Ausbau der Stadtstrecke Münster, Rheine 2014.

Weber, Heinrich (Hrsg.): Coesfeld um 1800. Erinnerungen des Abbé Baston, Coesfeld 1961.

Wegner, Th.: Die Findlinge Westfalens, in: Heimatblätter der Roten Erde 2 (1921), S. 150–170.

Weidner, Marcus: 15. April 1768 – «Feuer!» Die Einrichtung einer Brandversicherung im Fürstbistum Münster, unter: Internet-Portal „Westfälische Geschichte", http://www.westfaelische-geschichte.de/web603 (abgerufen am 25.05.2017).

Weigel, Ulrich: Ein Ensemble wächst, in: Initiative StadtBauKultur NRW (Hrsg.): Hauspark_Parkplatz. Parkhäuser und Parkideen im 21. Jahrhundert, Aachen 2006, S. 52–57.

Wenning, Thomas: Wo früher die Mühlen klapperten ... Der vielversprechende Weg des Kreises Coesfeld zu Energieautarkie, in: Alois Bosman (Bearb.), Deutsche Landkreise im Portrait: Kreis Coesfeld, Oldenburg 2012, S. 46–49.

Wenning, Wilhelm: Kunstwerke der Stadt Coesfeld. Ein Beitrag zur Geschichte der Stadt, Coesfeld 1988.

Wermert, Christian: Alliierte Besatzungszeit und erste Nachkriegsjahre in: Werner Frese/ Christian Wermert (Hrsg.), Senden. Eine Geschichte der Gemeinde Senden mit Bösensell, Ottmarsbocholt, Venne, Senden 1992, S. 521–540.

Wermert, Christian: Holtwick – eine geographische Einordnung, in: Heimatverein Holtwick (Hrsg.): Holtwick, Steinfurt 1997, S. 15–41.

Werp, Wolfgang: Das Textilunternehmen Bendix in Dülmen, in: Dülmener Heimatblätter (2003), unter: http://heimatblaetter.heimatverein-duelmen.de/hefte/1-2003/das_textilunternehmen_bendix_in_duelmen/ (abgerufen am 10.05.2017).

Werp, Wolfgang: Zur Geschichte der Dülmener Textilindustrie, in: Dülmener Heimatblätter (2002), unter: http://heimatblaetter.heimatverein-duelmen.de/hefte/2-2002/geschichte_duelmener_textilindustrie/ (abgerufen am 10.05.2017).

Widder, Ellen: Die Zeit der frühen Stadt: Coesfelds Geschichte im späten 12. und 13. Jahrhundert, in: Norbert Damberg (Hrsg.), Coesfeld 1197–1997. Bd. 1, Münster 1999, S. 25–60.

Willenberg, Nicola: Dülmen in der Weimarer Republik, in: Stefan Sudmann (Hrsg.), Geschichte der Stadt Dülmen, Dülmen 2011, S. 247–270.

Wilmans, Roger (Bearb.): Westfälisches Urkundenbuch. Bd. 3,1: Die Urkunden des Bistums Münster 1201–1300, Münster 1859.

Winckler, Josef: Der tolle Bomberg, Stuttgart 1923.

Wolf, Manfred: Geschichte des Kreisgebietes von der Römerzeit bis 1815, in: Heinrich A. Mertens/Josef Limbach (Bearb.), Kreis Coesfeld, Dülmen 1985, S. 44–96.

Wolters, Reinhard: Die Schlacht im Teutoburger Wald. Arminius, Varus und das römische Germanien, München 2008.

Zatsch, Angela: Alte und neue Getreidemühlen, in: Hans-Jürgen Teuteberg (Hrsg.), Westfalens Wirtschaft am Beginn des „Maschinenzeitalters", Dortmund 1988, S. 129–156.

Zückert, Hartmut: Allmende und Allmendaufhebung. Vergleichende Studien zum Spätmittelalter bis zu den Agrarreformen des 18./19. Jahrhunderts, Stuttgart 2003.

Quellenangaben befinden sich in den Anmerkungen.

# Eine Chronik ausgewählter Ereignisse

Vor 240.000–125.000 Jahren
Saale-Eiszeit. Das Münsterland ist von einer dicken Eisschicht bedeckt.

12–9 v. Chr.
Drususfeldzüge. Im Zuge des Vormarsches römischer Truppen nach Germanien wird auch in Olfen-Sülsen ein Römerlager errichtet. Es wird nach der Befriedung des Gebiets um 8/7 v. Chr. abgebrochen.

772–804
Sachsenkriege. Die fränkischen Truppen unter Karl dem Großen erobern Sachsen, wozu auch das Kreisgebiet zählt. Im Zuge der Eroberung und dauerhaften Befriedung erfolgt die Christianisierung der Sachsen.

Vor/um 775
In Dülmen werden zwei große Glocken gegossen.

792
Liudger erhält das westliche Sachsenland als Missionssprengel.

805
Liudger wird erster Bischof im Bistum Münster.

1174
Hermann II. von Katzenelnbogen wird Bischof von Münster. Er übt auch weltliche Macht aus, indem er zum Beispiel Städte gründet. Er wird in der Geschichtswissenschaft als erster „Fürstbischof" von Münster bezeichnet. Mit der Säkularisierung 1803 verliert das Bistum Münster die weltliche Herrschaft wieder.

1197
Coesfeld wird als zweiter Ort im Münsterland zur Stadt erhoben.

13. Jahrhundert
Im Fürstbistum Münster sind Taufsteine aus Baumberger Sandstein nachgefragt.

1271
Der Münsteraner Fürstbischof belehnt den Drosten Albert von Wulfheim mit einer Burg in Lüdinghausen, der späteren Burg Vischering.

1300/1312
Das Coesfelder Kreuz wird geschaffen. Dies und die darin enthaltene Kreuzpartikel werden Ziel reger Wallfahrten.

1319
Ein westfälischer Landfrieden wird geschlossen, in dessen Folge der Fürstbischof von Münster den Bau von Landwehren anordnet.

1487
Ritter Sweder von Bevern stirbt unweit des Ortes Havixbeck. Für sein Seelenheil errichtete die Familie ein Wegekreuz, das als Poppenbecker Kreuz bekannt ist.

1517
Martin Luthers Thesen verbreiten sich im Heiligen Römischen Reich und setzen die Reformation in Gang. Auch im Kreisgebiet wenden sich viele dem neuen Bekenntnis zu.

1517
Auf Hof Grube, Seppenrade, wird der älteste erhaltene Vierständerbau Westfalens gebaut.

September 1534
Johann Bockelson, auch als Jan van Leiden bekannt, wird in Münster zum König ausgerufen. Das Täuferreich von Münster endet im nächsten Jahr mit der Eroberung der Stadt durch die fürstbischöflichen Truppen.

1558
Nachdem der Bau der Kirche St. Felizitas in Lüdinghausen wegen der Täuferunruhen unterbrochen worden war, wird das Gotteshaus in diesem Jahr fertiggestellt.

1568–1648
Der Spanisch-Niederländische Krieg zieht immer wieder auch das Kreisgebiet in Mitleidenschaft.

1587
Spanische Söldner brennen Senden nieder und überfallen einige Orte im Kreisgebiet, darunter auch Havixbeck, wo Einschussspuren am Torbogen immer noch von dem Angriff zeugen.

Vor 1599
Die Schulten to Steveren bauen ihr Steinwerk zu einer profitablen Wassermühle um, die nun als Wassermühle Schulze Westerath bekannt ist.

17. Jahrhundert
Nach den Bemühungen der Fürstbischöfe von Münster um die Gegenreformation wird das Münsterland zu einem katholischen Gebiet.

1618–1648
Im Heiligen Römischen Reich herrscht der Dreißigjährige Krieg. Er endet ebenso wie der Spanisch-Niederländische Krieg mit dem Westfälischen Frieden von Münster und Osnabrück.

1624
Bei den Hexenprozessen in Lüdinghausen werden mindestens 20 Personen hingerichtet.

1629
Allein in diesem Jahr verlieren 30 Menschen in den Davensberger Hexenprozessen ihr Leben.

1630/1631
Die letzte Welle der Hexenverfolgung im Kreisgebiet trifft Coesfeld. Dort sterben 25 Personen.

1648
Dietrich von Hake stirbt und hinterlässt sein Vermögen den Armen der Kirchspiele Lüdinghausen und Seppenrade. Aus dieser Stiftung geht das Hakehaus in Lüdinghausen hervor.

1703–1712
Baumeister G. L. Pictorius baut im Auftrag des Fürstbischofs von Plettenberg das barocke Schloss Nordkirchen.

1748
Nach dem Großen Brand in Nottuln wird der Stiftsplatz nach Plänen von Johann Conrad Schlaun gestaltet.

1765
Der erste englische Landschaftsgarten entsteht in Wörlitz. Im 19. Jahrhundert werden auch im Kreisgebiet Gärten in diesem Stil angelegt, darunter der Dülmener Wildpark und der Garten des Schlosses Westerwinkel.

1792
Der erste Koalitionskrieg gegen Frankreich beginnt.

1793
Havixbeck kauft eine Feuerspritze.

Vor 1802
wird in Billerbeck ein jüdischer Friedhof angelegt.

1803
Mit dem Reichsdeputationshauptschluss verliert das Fürstbistum Münster seinen weltlichen Herrschaftsanspruch. Die Mehrzahl der Klöster und Stifte im Kreisgebiet wird aufgelöst, die Ländereien gelangen an neue Herren.

1803
Ein erster Kreis Lüdinghausen – dessen Gebiet gehört nach dem Reichsdeputationshauptschluss zu Preußen – wird gegründet.

1806
Franz II., Kaiser des Heiligen Römischen Reiches deutscher Nation legt seine Krone nieder. Das Reich erlischt.

1806
Die französische Armee setzt in Münster eine Militärverwaltung ein.

1806
Der Kreis Lüdinghausen wird aufgelöst.

1807
In den preußischen Gebieten wird die Eigenhörigkeit abgeschafft.

1807
Mit dem Frieden von Tilsit verliert Preußen die Gebiete westlich der Elbe an Frankreich.

1808
Ein Großteil des Kreisgebietes, darunter Senden, wird dem französisch kontrollierten Großherzogtum Berg zugeschlagen.

1808
In Billerbeck wird ein neuer katholischer Friedhof außerhalb des Ortskerns angelegt.

1811
gibt es in Senden Streitigkeiten über den Lauf der Grenze zwischen dem Großherzogtum Berg und Frankreich. Der Großteil Sendens ist nun französisch.

1812
Jüdinnen und Juden können die preußische Staatsbürgerschaft erlangen.

1813
Napoleon wird in der Schlacht bei Leipzig besiegt. Die französischen Beamten verlassen das Kreisgebiet.

1815
Nach dem Wiener Kongress wird das gesamte Kreisgebiet Preußen zugeschlagen.

1816
Die Kreise Coesfeld, Lüdinghausen und Münster werden gegründet.

Ab 1820
werden im Kreisgebiet die Marken oder Gemeinheiten geteilt.

1822–1838
Die Sendener Armen dürfen während des Prozesses der Markenteilung im Venner Moor kostenfrei Torf stechen.

1832
Ein Großbrand vernichtet 154 Häuser in Lüdinghausen.

1837
Der Herzog von Croy kauft der hoch verschuldeten Stadt Dülmen den gesamten Grundbesitz ab. Im Gegenzug für eine zusätzliche Zahlung erhielten er und seine Nachfahren Steuerfreiheit für die Gemeindeabgaben.

1838
In der Aschendorff'schen Buchhandlung erscheint der erste Gedichtband der Annette von Droste-Hülshoff.

1848
März-Revolution. Unbekannte hissen in Dülmen die schwarz-rot-goldene Fahne.

1848
Der Kreis Lüdinghausen gründet die erste Sparkasse im Kreisgebiet.

1848/1849
Die Frankfurter Nationalversammlung reformiert das Jagdrecht.

Mitte des 19. Jahrhunderts
Der Herzog von Croy gesteht den Merfelder Wildpferden einen Lebensraum zu.

1859
Eine kleine Minderheit folgt im Kreis Lüdinghausen dem protestantischem Glauben. Die erste evangelische Kirche wird in Lüdinghausen errichtet.

1865
Die Leinen-Weberei Bendix schafft 66 mechanische Webstühle an.

1866
In Billerbeck wird eine Stadtsparkasse gegründet.

1869
Der Neubau der katholischen Kirche in Senden beginnt.

1871
Das Deutsche Reich – Kaiserreich – wird in Versailles gegründet.

Nach 1871
wird im Kreisgebiet Stontianit abgebaut.

1873
Mit den Maigesetzen ist ein Höhepunkt des Kulturkampfes in Preußen erreicht.

1876
Die Webstühle der Leinen-Weberei Bendix werden von einer Dampfmaschine angetrieben.

1878
In Olfen ersetzt eine Brücke den Fährverkehr über die Lippe.

1879
In Darfeld hält zum ersten Mal ein Zug.

1881
Die Lehrerin Gertrud Teigelkemper stiftet in Tilbeck die „Private Erziehungsanstalt für epileptische Kinder".

1883
Die Landwirtschaftliche Winterschule in Billerbeck soll die Modernisierung der Landwirtschaft fördern.

Zweite Hälfte 19. Jahrhundert
Langsam setzt die Stallhaltung von Tieren im Kreisgebiet ein. Die Viehbestände steigen rasant an.

1887
26 Südkirchener etablieren eine genossenschaftliche Spar- und Darlehnskasse, aus der im Zusammenschluss mit den Kassen aus Capelle und Nordkirchen die Volksbank Südkirchen-Capelle-Nordkirchen hervorgeht.

1892–1894
Der Dortmund-Ems-Kanal entsteht.

1895
Der größte Ammonit der Welt wird in Seppenrade gefunden. Es ist bereits der zweite Riesenammonit, der dort entdeckt wurde.

1896
In Lüdinghausen ziehen die ersten Schülerinnen in das Antoniuskloster.

1900
Die ersten Besucherinnen und Besucher ersteigen den Longinusturm auf der höchsten Erhebung des Kreisgebietes.

1907
Das Stift Tilbeck erhält einen Wasserturm.

1911
In Nordkirchen werden die ersten Teile des Ortes durch eine Kanalisation erschlossen.

1912
wird die katholische Kirche in Rorup erweitert.

1913
In Nottuln wird die Landkrankenkasse Nottuln-Havixbeck gegründet. Ihr Geltungsbe-

reich umfasst auch Appelhülsen und Schapdetten. Landarbeiter, Dienstboten und andere sind versicherungspflichtig.

**1913**
In Seppenrade leuchtet zum ersten Mal elektrisches Licht.

**1913**
Herzog von Croy schließt den Wildpark in Dülmen für die Bevölkerung der Stadt.

**1914–1918**
Erster Weltkrieg

**1914/1915**
Kriegsgefangene müssen beim Bau des Kriegsgefangenenlagers Dülmen mitarbeiten.

**1918**
Im Zuge der Novemberrevolution gibt der Herzog von Croy das Privileg der Steuerfreiheit auf und öffnet den Wildpark wieder für die Bevölkerung.

**1919**
Das aktive und passive Frauenwahlrecht wird eingeführt.

**1921**
Die erste Abgeordnete wird in den Kreistag des Kreises Coesfeld gewählt.

**1923**
Während der Ruhrbesetzung steht die Lippebrücke in Olfen unter französischer Kontrolle.

**1923**
Josef Winckler veröffentlicht seinen Roman „Der tolle Bomberg".

**1936–1938**
Mit der Heilig-Kreuz-Kirche erhält Dülmen ein zweites katholisches Gotteshaus.

**1938**
Pogromnacht

**1939–1945**
Zweiter Weltkrieg

**1941**
Jüdinnen und Juden aus dem Kreisgebiet werden beim ersten Deportationszug ins Ghetto Riga deportiert.

**1942**
Die letzten jüdischen Bewohnerinnen und Bewohner Lüdinghausens werden nach Theresienstadt deportiert.

**1943**
Die jüdische Familie Spiegel versteckt sich im Kreisgebiet und überlebt die Shoa dank der Hilfe einiger Bäuerinnen und Bauern.

**1945**
Bei Bombenangriffen werden Dülmen und Coesfeld nahezu komplett zerstört.

**Ab 1945**
Tausende Ostvertriebene finden im Kreisgebiet Zuflucht.

**Nach 1945**
Aus den Besatzern werden mit den Jahren Freunde und Verbündete.

**1949**
Die Bundesrepublik Deutschland wird gegründet.

**1950**
Mit Schillers „Die Räuber" eröffnet die Freilichtbühne Billerbeck.

**1950**
115 Studierende besuchen im Schloss Nordkirchen die Landesfinanzschule, später Fachhochschule für Finanzen.

**1950**
Durch amerikanische Spendengelder kann in Ascheberg eine Bartningsche Notkirche für die evangelische Gemeinde gebaut werden.

1951
In der Bundesrepublik gibt es die ersten vollautomatischen Waschmaschinen zu kaufen.

1961
8.500 Frauen und 14.800 Männer arbeiten in Westfalen als Mägde und Knechte.

1965–1966
Die katholische Kirche in Südkirchen erhält einen modernen Anbau.

1967
Kurt Ernsting macht in der Waschküche des elterlichen Bekleidungsgeschäftes in Coesfeld den ersten Minipreis-Laden auf.

1969–1972
Aus einer Müllkippe wird ein wunderschöner Rosengarten.

1975
Mit der Kreisreform erlöschen die Kreise Münster und Lüdinghausen. Ein neuer Kreis Coesfeld entsteht.

1983
Das Schloss Nordkirchen erhält Denkmalstatus.

1986
In Herbern wird der Schacht Radbod VI des Steinkohlebergwerks Radbod gebaut.

1989: Fall der Berliner Mauer

1990
Das Gebiet der DDR tritt dem Geltungsbereich der Bundesrepublik Deutschland bei.

1990
Das Baumberger-Sandstein-Museum wird in Havixbeck eröffnet.

1991
Ein Segment der Berliner Mauer erreicht Havixbeck.

1998–2001
In Lette wird das Ernsting Service Center nach dem Entwurf von David Chipperfield gebaut.

2012
Das Heimathaus Herbern erhält den Preis *Scheinbar Unscheinbar.*

2012
Auf dem Gelände der ehemaligen Freiherr-vom-Stein-Kaserne in Coesfeld finden Fledermäuse und andere gefährdete Arten Unterschlupf in zwei umgebauten Mannschaftsbauten.

2013
Durch erneuerbare Energien aus dem Kreis werden bereits 42 % des Energiebedarfs gedeckt.

2014
In Schapdetten eröffnet der genossenschaftliche Dettener Dorfladen.

2016
Die Mensa der Fachhochschule für Finanzen wird unter Denkmalschutz gestellt.

2016
Der Kreis Coesfeld feiert das 200-jährige Jubiläum.

# Adressen

1
Hof Grube
Karin und Johannes Busch
Tetekum 39
59348 Lüdinghausen
02591/8927967
Privatbesitz. Besichtigung nach Rücksprache.

2
Holtwicker Ei
Parkplatz: Kardinal-Galen-Straße 2
48720 Rosendahl-Holtwick
Frei zugänglich.

3
Nemausus-Dupondium
Die Münzen aus dem Römerlager Olfen befinden sich im Depot der LWL-Archäologie für Westfalen. Nemausus-Dupondien aus anderen Lagern in Westfalen sind zu sehen im:
LWL-Römermuseum Haltern
Weseler Straße 100
45721 Haltern am See
www.lwl-roemermuseum-haltern.de

Stadtmuseum Bergkamen
Jahnstraße 31/Museumsplatz
59192 Bergkamen-Oberaden
www.stadtmuseum-bergkamen.de

4
Bruchstück der Gussform aus der Glockengussgrube, Dülmen
LWL-Archäologie für Westfalen
Fachbereich Mittelalter- und Neuzeitarchäologie
www.lwl-archaeologie.de
Präsentation in Ausstellungen geplant.

5
Darfelder Taufstein
St. Nikolaus
Nikolausplatz
48720 Rosendahl-Darfeld
www.fabianundsebastian.de
Während der Kirchenöffnung frei zugänglich.

6
Coesfelder Kreuz
St. Lamberti
Markt
48653 Coesfeld
www.lamberti-coe.de
Während der Kirchenöffnung frei zugänglich.

7
Havixbecker Landwehr
Beginn beim Tilbecker Mordkreuz
48329 Havixbeck
51°56'14.3"N 7°25'55.5"E
Nördlich an der L843 zwischen Tilbeck und Schapdetten
Frei zugänglich. Bitte auf den Wegen bleiben.

8
Walkenbrückentor
Stadtmuseum DAS TOR
Mühlenplatz 3
48653 Coesfeld
www.stadtmuseum.coesfeld.de
Frei zugänglich. Innenbesichtigung möglich.

9
Poppenbecker Kreuz
48329 Havixbeck
51°58'40.6"N 7°23'24.6"E
Nördlich an der L 581 in Poppenbeck zwischen Havixbeck und Billerbeck
Frei zugänglich.

10
Burg Vischering
Münsterlandmuseum
Burg Vischering
Berenbrock 1
59348 Lüdinghausen
www.burg-vischering.de
Frei zugänglich. Innenbesichtigung möglich.

11
St. Felizitas
Mühlenstraße
59348 Lüdinghausen
www.stfelizitas.de
Frei zugänglich. Innenbesichtigung möglich.

12
Torbogen Havixbeck
Hauptstraße
48329 Havixbeck
Frei zugänglich.

13
Wassermühle Schulze Westerath
Stevern 37
48301 Nottuln
www.wassermuehle-stevertal.de
Privatbesitz. Besichtigung von der Straße.
Innenbesichtigung möglich.

14
Burgturm Davensberg
Mühlendamm
59387 Ascheberg-Davensberg
www.heimatverein-davensberg.de
Frei zugänglich. Innenbesichtigung möglich.

15
Hakehaus
Wolfsberger Straße 5
59348 Lüdinghauen
Frei zugänglich.

16
Schloss Nordkirchen
Fachhochschule für Finanzen NRW
Schloß 1
59394 Nordkirchen
www.schloss.nordkirchen.net
Frei zugänglich. Innenbesichtigung möglich.

17
Johannis-Kirchplatz
48727 Billerbeck
Frei zugänglich.

18
Stiftsplatz
48301 Nottuln
Frei zugänglich.

19
Schloss Varlar
Varlar 70
48720 Rosendahl
Privatbesitz. Besichtigung nur von der Straße.

20
Schloss Senden
Holtrup 3
48308 Senden
www.schloss-senden.de
Frei zugänglich. Innenbesichtigung möglich.

21
Haus Darup
Coesfelder Str. 19
48301 Nottuln-Darup
Privatbesitz. Besichtigung nur von der Straße.

22
Schloss Westerwinkel
Horn-Westerwinkel 1
59387 Ascheberg
02599/98878
Privatbesitz. Frei zugänglich. Innenbesichtigung möglich.

23
Burg Hülshoff
Schonebeck 6
48329 Havixbeck
www.burg-huelshoff.de
Außen- und Innenbesichtigung möglich.

24
Bleichhäuschen Haus Stapel
Gennerich 18 b
48329 Havixbeck
www.haus-stapel-konzerte.de
Privatbesitz. Besichtigung nur von der Straße.

25
Spritzenhaus Hohenholte
Am Stiftsgraben/Auf dem Stift
48329 Havixbeck-Hohenholte
Frei zugänglich.

26
Baumberger-Sandstein-Museum
Gennerich 9
48329 Havixbeck
www.sandsteinmuseum.de
Außen- und Innenbesichtigung möglich.

27
Merfelder Wildpferdebahn
Nördlich Hülstener Weg
48249 Dülmen-Merfeld
51°50'07.7"N 7°07'52.4"E
www.wildpferde.de
Privatbesitz. Besichtigung möglich.

28
St. Viktor
Bült 1
48249 Dülmen
www.katholisch-in-duelmen.de
Frei zugänglich. Innenbesichtigung möglich.

29
Evangelische Kirche an der Burg
Klosterstraße 1
59348 Lüdinghausen
Frei zugänglich. Innenbesichtigung möglich.

30
Kleines Steinhaus
Mühlenstraße 8
48727 Billerbeck
Privatbesitz. Besichtigung nur von der Straße.

31
St. Laurentius
Laurentiusplatz
48308 Senden
www.laurentius-senden.de
Frei zugänglich. Innenbesichtigung möglich.

32
VII. Kreuzwegstation
St. Martinus
Stiftsplatz 1
48308 Nottuln
www.st-martin-nottuln.de
Während der Kirchenöffnung frei zugänglich.

33
Bahnhof Darfeld
Generationenpark Darfeld
Am Bahnhof
48720 Rosendahl-Darfeld
www.generationenpark-darfeld.chayns.net
Frei zugänglich.

34
Jüdischer Friedhof Billerbeck
Hagen/Berkelaue
48727 Billerbeck
Frei zugänglich.

35
Schloss Buldern
Dorfbauerschaft
48249 Dülmen-Buldern
Privatbesitz. Park eingeschränkt zugänglich.

36
Kanalüberführung über die Lippe
Lehmhegge/Pumpwerk
59399 Olfen
51°40'46.2"N 7°22'33.9"E
Frei zugänglich.

37
St. Ludgerus
Markt
48727 Billerbeck
www.domsite-billerbeck.de
Frei zugänglich. Innenbesichtigung möglich.

38
Antoniuskloster
Klosterstraße 22
59348 Lüdinghausen
Besichtigung nur von der Straße.

39
Riesenammonit Seppenrade
Original im LWL-Museum für Naturkunde
Sentruper Straße 285
48161 Münster
www.lwl.org/LWL/Kultur/lwl-naturkunde/naturkundemuseum
Während der Öffnungszeiten frei zugänglich.

40
Haus Byink
Byinkstraße 20
59387 Ascheberg-Davensberg
Privatbesitz. Besichtigung nur von der Straße.

41
Forum Bendix
An der Weberei 1
48249 Dülmen
Frei zugänglich.

42
Wasserturm, Stift Tilbeck
Tilbeck 2
48329 Havixbeck
www.stift-tilbeck-gmbh.de
Frei zugänglich.

43
Venner Moor
Östlich des Kappenberger Damms
48308 Senden
51°51'35.0"N 7°32'31.0"E
Frei zugänglich.

44
Heimathaus Herbern
Altenhammstraße 20
59387 Ascheberg-Herbern
www.heimatverein.herbern.de
Besichtigung möglich.

45
Transformatorenhäuschen
B474/Plümer Feldweg
59348 Lüdinghausen-Seppenrade
Frei zugänglich.

46
Objekte aus dem Kriegsgefangenenlager Dülmen
Derzeit nicht ausgestellt.
Anfragen an Rudolf Hermanns, Dülmen
r.i.hermanns@t-online.de

47
Wildpark Dülmen
Hinderkingsweg
48249 Dülmen
Frei zugänglich.

48
Longinusturm
Baumberg 45
48301 Nottuln
www.longinusturm.com
Frei zugänglich. Aufstieg möglich.

49
Kulturzentrum Alte Landwirtschaftsschule
Daruper Straße 10–12
48727 Billerbeck
Frei zugänglich.

50
Hotel Zur Rauschenburg
Lehmhegge 22
59399 Olfen
www.hotel-zur-rauschenburg.de
Privatbesitz. Eingeschränkt zugänglich.

51
Kreishaus II
Schützenwall 18
48653 Coesfeld
Frei zugänglich. Innenbesichtigung eingeschränkt möglich.

52
Wohnhaus Wilhelm Suwelack
Beerlager Straße 32
48727 Billerbeck
Privatbesitz. Besichtigung nur von der Straße.

53
Wohnhaus Stahl
Altenberger Straße 20
48329 Havixbeck
Privatbesitz. Besichtigung nur von der Straße.

54
Barackenlager Lette
Südöstlich der Bruchstraße
48653 Coesfeld-Lette
51°53'05.9"N 7°09'36.7"E
www.barackenlager-lette.de
Privatbesitz. Besichtigung möglich.

55
Hof Pentrop
Nistenkamp 4
59394 Nordkirchen
Privatbesitz. Besichtigung nur von der Straße.

56
WBK Zentrum Wissen, Bildung und Kultur
Osterwicker Straße 29
48653 Coesfeld
www.wbk-coesfeld.de
Frei zugänglich.

57
Stufenportal, St. Jakobi
Kellerstraße 1
48653 Coesfeld
www.lamberti-coe.de
Eingeschränkt zugänglich.

58
Gnadenkapelle Ascheberg
Hoveloh 1
59387 Ascheberg
www.ascheberg.ekvw.de
Frei zugänglich. Innenbesichtigung möglich.

59
Mensa
Fachhochschule für Finanzen NRW
Schlosspark
59394 Nordkirchen
Frei zugänglich.

60
Rosengarten Seppenrade
Am Rosengarten 6
59348 Lüdinghausen-Seppenrade
www.seppenrade.de
Frei zugänglich.

61
Ehemaliges Kreishaus Lüdinghausen
Graf-Wedel-Straße 1
59348 Lüdinghausen
Zugänglich.

62
Wohnsiedlung Am Mühlenfeld
Mühlenfeld
48308 Senden
Frei zugänglich.

63
Teufgerüst Schacht Donar 1
Nordick
51°43'58.9"N 7°44'06.4"E
Privatbesitz. Besichtigung nur von der Straße.

64
Teilstück der Berliner Mauer
Dirkes Allee
48329 Havixbeck
Frei zugänglich.

65
Freilichtbühne Billerbeck
Weihgarten 17
48727 Billerbeck
www.freilichtbuehne-billerbeck.de

66
Heilig-Kreuz-Kirche Dülmen
An der Kreuzkirche
48249 Dülmen
www.heilig-kreuz-duelmen.de
Frei zugänglich. Innenbesichtigung möglich.

67
Ernsting Service Center
Hugo-Ernsting-Platz 1
48653 Coesfeld-Lette
Frei zugänglich. Innenbesichtigung eingeschränkt möglich.

68
Photovoltaikanlage Coesfeld-Flamschen
Curiestraße
48653 Coesfeld
Privatbesitz. Besichtigung nur von der Straße.

69
Artenschutzhaus Animal's Inn
Industriepark Nord.Westfalen
Zusestraße
48653 Coesfeld
Besichtigung nur von der Straße.

70
Dettener Dorfladen
Roxeler Straße 10
48301 Nottuln-Schapdetten
www.dettener-dorfladen.de

Alle Angaben ohne Gewähr. Stand: Juli 2017.

# Bildnachweis

Alle Fotografien, sofern nicht gesondert aufgeführt, stammen von Andreas Lechtape, Münster.

Titelbild: teamfoto MARQUARDT GmbH, Lüdinghausen

Porträt Dr. Christian Schulze Pellengahr: Kreis Coesfeld/Fotostudio Hentschel, Coesfeld

Porträt Maríon Bayer: www.dietlb.de

Fotos in den Kapiteln, aufgeführt nach der Kapitelnummer und der Nummer der Abbildung im Kapitel:

2
2.2: Hans Hild © LWL-Medienzentrum für Westfalen
2.3: Maríon Bayer

3
3.1: Andreas Lechtape/LWL-Archäologie für Westfalen-Lippe
3.2: Andreas Lechtape/LWL-Archäologie für Westfalen-Lippe
3.3: Thorsten Büsing/Stadtmuseum Bergkamen/Römerpark Bergkamen

4
4.1: Jentgens & Partner Archäologie/R. Machhaus/LWL-Archäologie für Westfalen-Lippe
4.2: Jentgens & Partner Archäologie/R. Machhaus/LWL-Archäologie für Westfalen-Lippe

7
7.2: Maríon Bayer

8
8.2: Sammlung Walterbusch, Heuermann Fotografie, Coesfeld

16
16.2: LWL-Landesmuseum für Kunst und Kultur/Westfälisches Landesmuseum (KdZ 7780 LM). Generalplan 1703, Erdgeschoss, Grundriss G.L. und P. Pictorius.

25
25.2: Privat

27
27.2: ArtusArt/fotolia.com
27.3: Maríon Bayer

28
28.3: Foto Kleimann, Dülmen

30
30.3 Volksbank Südkirchen-Capelle-Nordkirchen eG (Hrsg.): 100 Jahre Volksbank Südkirchen-Capelle-Nordkirchen eG – 1887–1987, Nordkirchen 1987, S. 26

36
36.3: Stadtarchiv Olfen, Fotosammlung

39
39.2: Bildarchiv LWL-Museum für Naturkunde

41
41.3: Mechanische Leinen-Weberei von Wwe M. Bendix, Briefkopf aus dem Jahr 1876 (Vorlage aus dem Kreisarchiv Coesfeld)

43
43.3: Archiv des Westfälischen Heimatbundes

45
45.3 Historisches Konzernarchiv RWE, Essen

47
47.4: Bücher Sievert, Dülmen. Stadtarchiv Dülmen, Fotosammlung

48
48.2: Gemeindearchiv Nottuln

50
50.2: Familienarchiv Tenkhoff, Olfen

51
51.2: Kreisarchiv Coesfeld, Fotosammlung
51.3: Kreis Coesfeld/Fotostudio Hentschel, Coesfeld, 2015

52
52.2: Archiv Familie Angele/Suwelack, Kaufbeuren
52.3: Marion Bayer

53
53.2: Marion Bayer

55
55.2: Privat. Reproduziert aus dem Buch „Höfe, Bauern, Hungerjahre. Aus der Geschichte der westfälischen Landwirtschaft 1890–1950." Münster-Hiltrup 1991. Mit freundlicher Genehmigung des Autors Gisbert Strotdrees
55.3: Dülmener Zeitung/M. Michalak

56
56.3: Marion Bayer

57
57.2: Sammlung Walterbusch, Heuermann Fotografie, Coesfeld

60
60.2: Heimatverein Seppenrade

63
63.2: Sammlung J. Farwick

64
64.2: Ansgar Kreuz

65
65.1: Carsten Kottke
65.2: Stadtarchiv Billerbeck
65.3: Carsten Kottke

66
66.3: Marion Bayer

68
68.1: Wirtschaftsbetriebe Kreis Coesfeld

69
69.3: Marion Bayer

# Danksagung

Ein Buch wie dieses entsteht nur durch eine Unterstützung von vielen Seiten. Herzlichen Dank.
Ich möchte speziell all jenen herzlichst danken, die eines der hier vorgestellten Zeugnisse besitzen, erhalten oder vermitteln. Die mir Bauten oder Objekte gezeigt, aus ihrer Familiengeschichte erzählt, meine Fragen beantwortet haben. Mein Dank für ihr Engagement möchte ich zudem all jenen aussprechen, die die vielen anderen erhaltenswerten Zeugnisse des Kreisgebietes bewahren, die hier leider nicht zur Sprache kommen.
Des Weiteren gilt mein Dank all jenen, die sich wissenschaftlich mit der Geschichte des Kreisgebietes, den hier vorgestellten Ereignissen oder Architekturtypen befasst haben. Aus ihren Werken habe ich geschöpft, ohne sie und ihre Arbeiten wäre dieses Buch nicht möglich gewesen.

Dem Landrat Christian Schulze Pellengahr und dem Kreistag möchte ich für ihr Vertrauen in mich danken. Zahlreiche Personen in der Kreisverwaltung waren darüber hinaus an diesem Projekt beteiligt. Ihnen und den Mitarbeiterinnen und Mitarbeitern des Aschendorff Verlags möchte ich danken.
Ursula König-Heuer, die das Projekt von Seiten des Kreises koordiniert und dieses Buch lektoriert hat, und Andreas Lechtape, der mit seinen Fotografien den Leserinnen und Lesern zu ersten Blicken verhilft, – dem engsten Projektteam – danke ich für die wunderbare Zusammenarbeit und das gegenseitige Vertrauen!
Zu guter Letzt gilt mein ganz persönlicher Dank meiner Familie, Kim-Patrick Sabla, Susanne Zimmermann und Wiebke Bozkurt.

# Beiträge zur Landes- und Volkskunde des Kreises Coesfeld

*Band 1:* Fridolin Neu: Eine alte Coesfelder Flora (1959 und 1965)

*Band 2:* Bernhard Riering: Der Kreis Coesfeld und die deutsche Hanse (1960)

*Band 3:* Heinrich Weber: Coesfeld um 1800 – Erinnerungen des Abbé Baston (1961 und 1980)

*Band 4:* Kurt Fischer: Kort Kamphus – Richter in Coesfeld (1963)

*Band 5:* Ludwig Frohne: Die Stadt Coesfeld in Bild und Plan 1450 bis 1850 (1965)

*Band 6:* Iván Köves/Gerd-Wilhelm Kreutzer: Dülmen – Gesichter einer kleinen Stadt (1967)

*Band 7:* Hellmut Arnold: Der Untergrund des Coesfelder Raumes (1967)

*Band 8:* Paul Pieper: Der Coesfelder und der Daruper Altar (1968)

*Band 9:* Cläre Bodlée: Die Vogelwelt des Kreises Coesfeld (1968)

*Band 10:* Marlene und Peter Zlonicky: Städtebauliches Gutachten zur Erneuerung des Stadtkerns von Billerbeck `68 (1969)

*Band 11:* Schwester M. Hildegaris Schier, S.N.D.: Das Weiße Venn. Entwicklung, Kultivierung und Besiedlung einer Moorniederung (1970)

*Band 12:* Ewald Gläßer: Ländliche Siedlung und Wirtschaft des Kreises Coesfeld in Vergangenheit und Gegenwart (1971)

*Band 13:* Kurt Fischer: Sakrale Goldschmiedekunst im Kreise Coesfeld (1973)

*Band 14:* Rudolf Wolters: Fragen und Antworten eines Städtebauers (1974)

*Band 15:* Willy Schmitz: Die preußischen Landräte des Kreises Coesfeld 1816–1945 (1974)

*Band 16:* Carl Göllmann: Die Karthaus bei Dülmen (1975 und 1983)

*Band 17:* Kreis Coesfeld: Die Kolvenburg (1981)

*Band 18:* Heinrich Weber: Erinnerungen des Abbé Baston. Die Leibeigenschaft im Fürstbistum Münster/Dominique Kardinal de la Rochefoucauld (1982)

*Band 19:* Friedrich Kottwitz: Bönninghausens Leben – Hahnemanns Lieblingsschüler (1985)

*Band 20:* Kreis Coesfeld: Burg Vischering 1984 (1984)

*Band 21:* Herbert Wilde: Zur Geschichte der Post in Coesfeld (1986)

*Band 22:* Carl Göllmann: Gottfried von Raesfeld und seine Zeit (1987)

*Band 23:* Winfried und Walter Suwelack: Josef Suwelack und der Traum vom Fliegen (1988)

*Band 24:* Diethard Aschoff u.a.: Juden im Kreis Coesfeld (1990)

*Band 25:* Barbara Kellermann: Ostdeutsches Kulturgut (1991)

*Band 26:* Jenny Sarrazin u.a.: Burg Vischering – Wehrburg und Wohnsitz (1993)

*Band 27:* Marion Bayer: Eindrücke einer Landschaft. 70 Zeugnisse der Geschichte im Kreis Coesfeld (2017)